**Kauderwelsch
Wörterbuch**

Peter W. L. Weber

Schlemmerlexikon für Gourmets
Französisch - Deutsches Wörterbuch
Endlich essen können wie Gott in Frankreich

W0064835

REISE KNOW-HOW
im Internet
**www.reise-know-how.de
info@reise-know-how.de**

*Aktuelle Reisetipps
und Neuigkeiten,
Ergänzungen nach
Redaktionsschluss,
Büchershop und
Sonderangebote
rund ums Reisen*

Inhalt

Wörterbuch

Inhalt

Vorwort

Liebe Freunde der französischen Küche oder die es werden wollen!

Trotz Ausbildung zum Restaurantfachmann in einem der besten deutschen Hotels, dem ehemaligen "Bellevue" in Baden-Baden, mit dem besten Lehrherren, Herrn Herbert Sauer, trotz meiner Französischkenntnisse und Frankreichaufenthalte, konnte ich oft nur die Hälfte einer Speisekarte verstehen.

Aber der Frust bekam erst Beine, als ich als leidenschaftlich Kochender ein regionales, südfranzösisches Kochbuch übersetzen wollte und an den vielen Fach- und Regionalausdrücken scheiterte.

So entschloss ich mich, Fachausdrücke aufzulisten. Jedoch gibt es deren so viele, dass ich den weiteren Entschluß fasste, ein ganzes Buch mit gastronomischen Begriffen zu verfassen und ich bin überzeugt, es besteht genügend Interesse, da sehr viele dieser Ausdrücke an keiner Universität gelehrt werden.

Es wurde eine harte Arbeit von Jahren, die keine Freizeit mehr gestattete. Aber ich glaube, wünsche und hoffe diese Arbeit hat sich auch für Sie gelohnt.

Ein mitnehmbares übersichtliches Taschenbuch anzufertigen war ein schwerer Zwang, bei derartig vielen Informationen, die ich an Sie weitergebe. Trotzdem habe ich versucht, es nicht in trockener Lexikonform zu gestalten. Deshalb sind auch „Schmunzeleien" und Tipps zur Kurzweil eingebaut.

Auch wollte ich kein mit Bildern gestrecktes Buch, sondern nur Information liefern, die Ihnen den größtmöglichsten Gaumengenuss bringen soll.

Außerdem habe ich mich bemüht, viele Ausdrücke aus dem neuen "Küchendeutsch" jedem Normalbürger verständlich zu machen. (Zum Beispiel finde ich gar nicht gut: Kohl an Saumagen)

Dieses Buch soll sowohl dem Touristen, sowie dem Ferienhausgast, als auch dem Einkäufer und dem Gastronomiebeschäftigten ein brauchbarer Führer sein! Es kann Sie in eine neue kulinarische Welt entführen! Nicht nur Steaks mit Fritten! Werden Sie Gourmet, auch zu Hause. Das Leben ist zu kurz, um denMagen nur ruhig zu stellen! Fangen Sie an, zu genießen! Ab sofort!!

Gönnen Sie nicht nur den Franzosen die leiblichen Genüsse! Auch wir müssen bis zu unserem Lebensende essen. Jede versäumte Gaumenfreude ist Betrug an uns selbst. Nutzen Sie das Buch für paradiesische Höhenflüge!

Dieses Buch ist meiner lieben Frau Eleonore Hildegard Weber, Madame Ulrike Herail sowie meinem Sohn Sascha in Dankbarkeit gewidmet.

Ihr Peter Weber

Restaurantfachmann, Weinkaufmann und Juwelier, der mit Leidenschaft kocht und immer allem Edlen, Schönen, Guten und Leckeren zugetan ist!

Hinweise zur Benutzung

Wertungen ♥ bedeutet: sehr lecker,
♥ ♥ = teuflisch lecker,
♥ ♥ ♥ = göttlich
☜ = nicht sonderlich empfehlenswert
(selten in der französischen Küche)

Abkürzungen ugs. = umgangssprachlich,
reg. = regional(-sprachlich),
u. a. = unter anderem
S + P oder auch P + S bedeuten Salz und Pfeffer,
bzw. Pfeffer und Salz
(↑), (↓) (die Pfeile) bedeuten keine Wertung ,
sondern die Suchrichtung!

Schriftstil *Kursiv Geschriebenes bedeutet die regionale Herkunft*
"und" ist bei Platzbedarf durch "&" ersetzt.
Zum schnelleren Finden der Begriffe sind manche
Buchstaben fettgedruckt.

Hinweise Unter **"GARNITURES"** finden Sie die Zubereitungen
oder Beilagen!
Im **ANHANG** sind mehr als 600 KÄSESORTEN zu
finden sowie der Deutsch-Französische Sprachfüh-
rer, Orte, Regionen und vieles andere Wichtige.

Allgemeines "GENIESSEN" heißt für mich auch ein gutes "GE-
WISSEN" haben, die Kreatur zu achten, artgerecht
und erträglich zu behandeln, nicht den Fröschen die
Schenkel "herauszudrehen" und den "Rest" lebend
auf den Müll zu schmeißen, kein Schildkrötensüpp-
chen genüsslich zu schlürfen, weil diese Tiere am
Aussterben sind oder Singvögel, die meine Ohren er-
freuen, zu verzehren. Deshalb habe ich für einige dieser "sadistischen" Spezialitäten" keine näheren Angaben gemacht! Die Natur besitzt so viele kulinari-

sche Köstlichkeiten, daß man darauf verzichten soll und muss!! Danke für Ihr Verständnis! Genießer sein heißt auch: Die Natur und Kreatur achten und lieben, so wie sich selbst.

Manche Angaben über Gerichte sind so gehalten, daß man sie, bei etwas Kochkenntnis, auch nachkochen kann; dazu gibt es einige Tipps. Nutzen Sie das!

Dazu gutes Gelingen und ich hoffe: "Zufriedene Mienen danken es Ihnen".

Um möglichst viel an Begriffen zu bieten, habe ich auf die Artikel der Wörter, Angaben und Aussprache verzichtet und das Buch nicht mit Bildern gestreckt.

Gefällt Ihnen aber die Art und Weise, wie ich dieses Buch gestaltet habe, können Sie an den Verlag schreiben. Jedes Lob von Ihnen wäre Balsam für meine Seele!

Verbesserungsvorschläge und Ergänzungen können in der nächsten Auflage berücksichtigt werden. Im voraus meinen besten Dank!

Noch ein Tipp: mit einem Miniwörterbuch, einer Frankreich-Landkarte, diesem Buch und einem vollen Ersatzkanister sind Sie voll für Ihre Gourmetreise durch "LA FRANCE" gerüstet.

A

à, à la, au, aux	mit, auf, nach Art von ... siehe (↓) Garnitures
à la **br**oche	am Spieß
à la **ca**rte	(Bestellung) nach der (laut) Speisekarte
à la **ca**rte du jour	nach der Speisekarte des Tages essen
à **co**mmander	zu Bestellen
~ au **d**ébut du **re**pas	am Anfang der Mahlzeit zu bestellen
à la **di**scrétion	nach Belieben, soviel man möchte
à **em**porter	zum Mitnehmen
à l'**é**tuvée	im Dampf gegart
à ma **fa**çon	nach meiner Art (nach Art des Hauses)
à la **mi**nute	schnell, auf den Punkt (die Minute) zubereitet
à la **mo**de de ...	auf Art von ... siehe (↓) GARNITURES
à **moi**tié prix	zum halben Preis
à la **na**ge	im Fischsud gekochte Fische oder Meeresfrüchte
à **part**	getrennt, extra serviert, daneben (z. B.: Saucen)
à **pa**rtir de ...	ab ... z. B.: ... Gramm, für ... Personen, Größe ...
à la **pl**ace de ...	anstatt, an der Stelle von ...
à **point**	auf den Punkt, innen rosa, außen knusprig gebraten (der Garpunkt bei Fleisch)
à **re**commander	zu empfehlen
à **ta** **sa**nté!	auf dein Wohl! Prost!
à **vo**lonté	nach Belieben, so viel man mag
à **vo**tre **go**ût	nach Ihrem Geschmack
à **vo**tre **sa**nté (à la votre)	auf Ihr Wohl, Prost
Abaisse (Pâte)	ausgerollter Teig
Abalone	(See-) Ohrschnecke mit breitem Fuß
Abatis oder Abattis	1. Geflügelklein, auch Innereien
	2. (Schlacht-) Abfälle, -Reste
Abatis de **canard**	Entenklein
Abatis de **dinde**	Putenklein
Abatis d'**oie**	Gänseklein
Abatis d'**oie** **pé**rigourdine	Gänseklein mit Gänseschmalz, Zwiebeln, Speck und Gemüse (*Périgord*)
Abatis de volaille	Geflügelklein

Abatis de volaille à la **bo**urguignonne	Geflügelklein mit gehackten Zwiebeln und Speck, in Rotwein geschmort
Abatis de volaille aux **na**vets	Geflügelklein in Sauce Béchamel (Mehl-/Butter-/Eier-Sauce) mit weißen Rüben
Abatis de volaille aux **ra**cines	Geflügelklein mit Wurzelgemüse, wie Schwarzwurzeln, weiße Rüben, Karotten usw. und Kartoffelkugeln
Abatis de volaille à la **ve**ndéenne	Geflügelklein mit weißen Bohnen, Knoblauch und Kräutern (*Loire*)
Abats	1. Innereien
	2. Fleischabfälle, essbare Fleischreste
Abattoir	Schlachthof, Schlachthaus
abattre	schlachten
Abignades	Gericht aus Innereien, Kutteln, Hälsen, Därmen und Gänseblut (*Korsika*)
Able (de mer) (Blanchaille)	1. Kleiner Weißbarsch, Blicke, Ukelei;
	2. Moderlieschen (eine Lachsart)
Ablette	Ukelei, Laube (karpfenartiger Süßwasserfisch)
Ablutions de table	Fingerschalen
Aboyeur, aboyeuse	Annonceur, Annonceuse (Ansager(innen) in größeren Küchen, die Bestellungen durchsagen)
Abricot	1. Aprikose
	2. Aprikosenschnaps
abricoter	die Glasur verstreichen (z. B.: auf Torten)
Abricotine	Aprikosenlikör
Abricots **fl**ambées au ...	Aprikosen flambiert mit ... (variablen Spirituosen)
Abricots à la **mi**stral	Halbierte Aprikosen mit Walderdbeerpüree bedeckt, mit Mandeln und Puderzucker bestreut, darauf Schlagsahne
Abusseau	Streifen-, Ährenfisch (dem Seebarsch ähnlich), Priesterfisch
Acarne	Rotbrasse
Accommodage	Zubereitung
accommoder	(Speise) zubereiten
accommoder les **re**stes	aus Resten ein neues Gericht bereiten
Accompagnement	Beilage, besserer Ausdruck ist „Garniture" (↓)
Accra (Acra)	Salziger Krapfen
Accroche-maniaque	Topflappenhalter

Accueil	Empfang (Hotel)
Accuncciatu	Ragout aus Hammel-, Kalb-, Pferdefleisch und Kartoffeln (*Korsisches* Gericht)
Aceline	Fisch, ähnlich dem Barsch
acerbe	herb, sauer, bitter
Achard(s)	Vorspeise aus italienischem oder ostindischem Gemüse, in Essig und Senf eingelegt (süßsauer)
Acide, acide	Säure, säuerlich, scharf
Acide carbonique	Kohlensäure
acidulé	säuerlich, sauer oder pikant
aciduler	Säuern mit Zitronensaft, Essig oder mit Saft von unreifen Trauben zubereiten
Acquit	Quittung
Addition	Rechnung, Verzehrrechnung mit Aufzählung
additionel	zusätzlich
adoucir	versüßen
Afarf	Gericht aus der *Ariège*: aus Rüben, Milchreis mit Schweinsfüßen und Stockfisch
affiner	verfeinern
Agapes	Festessen/Gastmahl mit Freunden
Agaric	Blätterpilz, dem Champignon ähnlich
Agaric auguste	Riesenchampignon
Agitateur	Rührapparat, Rührmaschine
Agneau	Lamm, Lammfleisch
Agneau de lait	Milchlamm
Agneau de Pauillac	Hervorragendes Lammfleisch aus *Pauillac*
Agneau de pré-salé	Lamm, das auf salzigen Meerwiesen weidete
Agneau à la provençale	Lamm mit Knoblauch, Tomaten und Oliven
Agnelet	Lämmchen, junges Lamm
Agon	Sardinenähnlicher Süßwasserfisch
Agrumes	Sammelbegriff für Zitrusfrüchte
Aiglefin (Aigrefin, Églefin)	Schellfisch
Aiglefin à l'ancienne	Schellfisch in Stücken gekocht, mit Kapernsauce und Pfeffergurkenscheiben
Aiglefin au beurre fondu	Gekochter Schellfisch mit zerlassener Butter

Aiglefin aux **fi**nes **h**erbes	Schellfisch gebacken, mit Kräutern, Champignons, Bröseln, darüber mit Weißwein abgelöschter Fond
Aiglefin **fl**amande	Schellfisch (ohne Bier) gedünstet, mit einer Zwiebel / Champignon-Sauce (*Picardie, Belgien*)
Aiglefin **fu**mé (Haddock)	Schellfisch geräuchert, meist in Milch oder Wasser pochiert, mit Butter und Dampfkartoffeln serviert
Aiglefin à la **ly**onnaise	Schellfischfilets in Butter gebraten, mit gebratenen Zwiebelringen, Petersilie und brauner Sauce
Aiglefin **ma**itre d'hotel	Schellfisch gebraten, mit Kräuterbutter
Aiglefin **Mo**rnay	Schellfisch mit Sauce Mornay (↓) (Milch/Käse-Sauce) im Ofen überbacken
Aïgo boulido	Knoblauchsuppe mit Kräutern, mit Ei gebunden, darauf pochiertes Ei und Croûtons in Olivenöl getränkt (*Provence*)
Aïgo **mé**nagère	Suppe mit Lauch, Röstzwiebeln, Tomaten, Kartoffeln, Kräutern, Safran, Croûtons (*Provence*)
Aïgo-**sa**ou	siehe (↓) Soupe aïgo-saou
aigre	sauer
aigre-**do**ux; aigre **do**uce	süßsauer
aigrelet(te)	säuerlich
Aigrefin	Schellfisch, siehe Aiglefin (↑)
Aiguillat	Dornhai (wird wie Kabeljau zubereitet)
Aiguille	Nadel
Aiguille à brider	Dressiernadel
Aiguille à piquer	Spicknadel
Aiguille à trousser	Dressiernadel
Aiguille de **m**er (Orphie)	Horn-(fisch) Hecht, dem Makrelenhecht ähnlich
Aiguillette **b**aronne	Stück vom Rumpsteak
Aiguillettes	Länglich geschnittene Fleischstreifen von Rind, Wild, Geflügel oder Fisch
Aiguillettes de **ca**nard	Entenbrustfilet
Aiguillettes de **sa**umon Turenne	Gedünstete Lachsfilets mit Champignons, Gurken, Tomaten und Sauce
Aiguisoir	Wetzstahl, Schleifstein
Ail (doux)	Knoblauch (junger Knoblauch)
Ail en **che**mise	Knoblauch mit Schale (Hülse)
à l'ail	mit Knoblauch

Aile(ron)	Flügel(chen), Flosse
Ailerons de poulet	Hähnchenflügel
Ailerons de raie	Rochenflossen
Ailerons de requin	Haifischflossen
Aillade	1. Croûtons mit Knoblauch abgerieben und mit Olivenöl beträufelt
	2. Knoblauch-Salatsauce (*Provence*)
Aillade de veau	Kalbfleischwürfel in Knoblauchsauce
ailler	mit Knoblauch würzen
Ailloli (aïloli)	1. Knoblauchpüree kalt, mit Olivenöl (*Provence*)
	2. Knoblauchsauce oder -Mayonnaise
Ailloli de morue salée	Stockfischwürfel mit Eiern, Gemüse, Muscheln, Knoblauchmayonnaise
Airelles (noires)	Heidelbeeren
Airelles mytrille	Blaubeeren
Airelles rouges	Preiselbeeren
Al(l)ache	Ohrensardine
Albacore (Germon)	Weißer Thunfisch
Albarelle	Baumpilz, Speisepilz
Alberge de Tours	Säuerliches Obst, zwischen Aprikose und Pfirsich
Albran	Sehr junge Wildente (läufiger Teenager)
Alcool	Alkohol (kann Ihrer Leber schaden; befragen Sie vorher Ihren Arzt oder Sanitäter!)
Alcools blancs	Weiße Obstschnäpse (Vitamine flüssig?)
Alénois	Gartenkresse
Alge (verte)	(Grün-) Alge
Alginat	Geliermittel aus Algen
Alico(t) (Alicuit)	Eintopf mit Geflügelragout, Speck, Karotten, Knoblauch, Kartoffeln (*baskisch*), auch mit Steinpilzen und Esskastanien (*Languedoc*) ♥
Aligot	Kartoffelpüree mit Cantal-(Kuhmilch-) Käse und Knoblauch (*Auvergne*)
Aliment(ation)	1. Ernährung
	2. Lebensmittel(-Geschäft)
Alimentation générale	Lebensmittelgeschäft
Allache	Sardine aus dem *Mittelmeer*
allemand(e)	deutsch(e)
Allemande (Sauce ~)	Weiße Sauce mit Eigelb und Sahne gebunden

Allumettes	1. Gebäck aus Blätterteig
	2. Streichhölzer
	3. Kartoffeln oder andere Gemüse in Streifen, Streichholzkartoffeln (Pommes allumettes)
Allumettes aux anchois	Stangenförmige Blätterteigtäschchen mit Sardellenfilets gefüllt
Allumettes au fromage	Käse-Blätterteigstäbchen
All-y-oli	Katalanische Knoblauchmayonnaise (*Roussillon*)
Alose	Maifisch, Alse, Else (nicht Tante Else), Finte, Mutterhering
Alose au court bouillon	Maifisch im Fischsud
Alose à la crème	Pochierter (angekochter) Maifisch mit Rahmsauce
Alose farcie au four	Maifisch gefüllt und im Ofen gegart
Alose à la hollandaise	Gekochter Maifisch mit Sauce hollandaise (↓)
Alose de mer (Bécasseau)	Seelerche, Wasserläufer, Stelzenvogel
Alose à l'oseille	Maifisch mit Sauerampfer gegrillt oder gebacken
Alose à la portugaise	Maifisch mit Pilzen, Tomaten und Zwiebeln, in Wein geschmort
Alose provençale	Alose mit Fischfüllsel garniert, in Öl und Weißwein mit Knoblauch und Tomaten geschmort
Alouette	Lerche, Singvogel! (Keine weiteren Angaben!)
~ de mer (Bécasseau)	Seelerche, Wasserläufer, Stelzenvogel
Alouette sans tête	Gefüllte Rinderroulade (ugs.)
Aloyau	Lendenbraten (vom Rind), ganzes Lendenstück, Rückenstück ♥
Aloyau à la broche	Lendenstück gespickt, in Weißwein und Armagnac, am Spieß gebraten (ha! Armagnac!) ♥
Aloyau à la broche à la landaise	Lendenbraten mit Thymian, Pfefferkörnern, Lorbeerblatt und Muskat in Wein & Armagnac (ja!) mariniert, am Spieß gebraten, dazu Auberginen ♥
Aloyau rôti	Gebratenes Lendenstück
Alphée	Krustentier, Zubereitung wie Hummer oder Languste
Alycuit, (Alico)	Schmorragout von Enten- und Gänseklein, mit Knoblauch, Maronen, Pilzen, Kartoffeln oder Karotten ♥
Amande (mondée)	Mandel (geschält)
Amande de mer (Venus)	Herzmuschel, Venusmuschel (Die schöne Muschel!)

Amande **pra**linée	Gebrannte Mandel
Amande **sa**lée	Gesalzene Mandel
Amandine	Biskuit-Mandeltörtchen mit Früchten, glaciert
Amanite	Lamellenpilz, Wulstling, Holzschwamm ! Manche amanites sind hochgiftig!!
Amanite blanche	Hochgiftiger Lamellenpilz!!
Amanite des Césars	„König der Pilze" ♥ : gelblich-brauner Lamellen-pilz, wächst wild im *Mittelmeerraum* (braucht Wärme, mit wunderbarem Aroma und sehr fei-nem Fleisch; aber wenn er zu jung geerntet wird, kann er mit dem giftigen „Amanite blanche" ver-wechselt werden!
amer, (amère)	bitter
Américaine (à l' ~)	Sauce zu Schalentieren: aus Olivenöl, gehackter Zwiebel, Tomatenmark, Knoblauch, Weißwein, Butter, Sherry oder Madeira
Amidon de blé	Weizenstärke
Ammocète	Querder, dem Neunauge verwandter Fisch
Amourette (de bœuf)	Rückenmark (vom Rind) (macht Männer stark!)
~ de veau, ~ d'agneau	Rückenmark vom Kalb, ~ vom Hammel
Amourettes	1. Rückenmarkscheiben
	2. Ugs.: Hoden vom Stier oder Hammel
Amuse-bouche (-gueule)	„Gaumenkitzler": appetitanregende Vorspeise (!)
Ananas (à la) **ch**antilly	Gezuckerte Ananasscheibe mit Schlagsahne
Ananas **gi**vré	Ananas-Eis in der Ananasschale
Ananas au **kir**sch	Ananasscheibe in Kirschwasser getränkt
Ananas au **ma**rasquin	Ananasscheibe in Maraschino getränkt
Anchoïade	Sardellenpaste mit Knoblauch und Öl (*Provence*), meist auf kleinen Toasts, im Ofen überbacken
Anchoïade **co**rse	Sardellenpaste mit Knoblauch und Öl, Feigen und Nüssen auf kleinen Toasts, im Ofen über-backen (Vorspeise)
Anchoïade **dra**conaise	~ zusätzlich mit hartgekochten Eiern & Zwiebeln
Anchoïade (à la) **la**nguedocienne	Sardellenpaste gemischt mit Tomatenstücken, Eiern, Oliven und gehackter, roter Zwiebel, angemacht mit Essig/Öl/Senfsauce (*Languedoc*)
Anchoïade à la **pr**ovençale	Toasts mit Sardellen- und Knoblauchpaste überbacken (Vorspeise)

Anchois	Anchovis, Sardelle
Anchois à la **ba**sque	Frische Sardellen, paniert und frittiert (*baskisch*)
Anchois à la **co**urtisane	Sardellen mit Duxelles gefüllt, pochiert in Weißwein, auf Croûtons angerichtet, mit Kartoffelkroketten serviert
Anchois à la **di**able (scharf gewürzt)	Sardellen in Streifen, geölt, paniert, frittiert, auf Croûtons serviert
Anchois **ma**rinés	Frische Sardellenfilets, kalt, mariniert, meist auf Gemüse serviert
Anchois à la **ni**çoise	Sardellen „*Nizza*", ohne Gräten, mit Fischfarce gefüllt, in Fischsud mit Weißwein zubereitet
Anchois en **sa**umure	Eingelegte Sardellen
Andouille	1. Schlacken-, Fleischbratwurst, zum Aufschnitt 2. Schweinedarm gefüllt mit Eingeweiden (Kaldaunen); wird kalt gegessen
Andouille **ch**aude	Warme Wurst
Andouille **fu**mée	Mettwurst geräuchert
Andouille de **Ja**rgeau	Wurst aus Schweine-Brust und -Schulter
Andouille à la **po**êle	Wurst(scheiben) in der Pfanne angebraten
Andouille de **vi**re	Geräucherte Schweinekuttelnwurst (*Normandie*)
Andouillette	Kleine Bratwurst aus Kutteln oder Innereien
Andouillette de **Ca**mbrai	Kleine Wurst mit Leber- und Kalbspansen im Schweinedarm, im Kräutersud gekocht (*Nord*)
Andouillette à la **ly**onnaise	Kuttelbratwurst mit Zwiebelringen, Zitronensaft und Petersilie serviert (*Lyon*)
Andouillette de **mo**uton	Hammel-Schlackenwurst
~ à la **st**rasbourgeoise	Straßburger Kutteln-Würstchen mit Sauerkraut
Andouillette de **Tr**oyes	Kleine Schweins-Bratwurst (*südl. Champagne*)
Andouillette au **vin b**lanc	Bratwurst in Weißwein, mit Zwiebeln geschmort
Andouillette **vo**uvrienne	Kleine Bratwurst in Wein gekocht
Anémone de **m**er actinie	Korallentier
Anet (Aneth)	Dill
Ange de mer	Meerengel: Seefisch, circa 2 Meter lang
Angélique	Engelwurz, oft zum Würzen benutzt, aber auch als (oder im) Salat, an Fisch, gekochtem Fleisch, in Marmeladen und in der Likörherstellung

Angélique de Niort	Engelwurz, mit Zucker kandiert (*Poitou*)
	(des Engels Wurz in Zucker eingelegt, das ist himmlisch)
anglais(e)	englisch
anglais	(Fleisch) halb durchgebraten (circa 10 Minuten)
Anglaise au groseilles à maquereaux	Heiße Sauce mit Makrelen, Spinat und mit Bouillion
Anguille	(Fluss-)Aal (Wanderfisch)
Anguille à l'aneth	Aal, gekocht in Dillsauce
Anguille à l'anglaise	Flache Scheiben vom Aal, mariniert und frittiert
Anguille à l'arlésienne	Aal mit Sardellenbutter und Zwiebeln (*Arles*)
Anguille en aspic	Kalter Aal in Sülze frittiert
Anguille de Bicou	Aal mit Zwiebeln, Tomaten und Knoblauch (*Südfrankreich*) (Das fetzt! Ein Armagnac danach!!)
Anguille à la bordelaise	Aalstücke in Bordeaux-Rotweinsauce gegart
Anguille à la bourguignonne	Aal in Burgunder-Rotwein geköchelt, mit Zucker, Knoblauch, Petersilie, Thymian, Lorbeer, Cognac, Champignons, Mehlbutter, Sahne, S + P, mit gebratenen Krebsen und Croûtons serviert
Anguille à la broche	Aalstücke am Spieß gebraten
Anguille à la créme	Aal in Sahne, mit Karotten und Knoblauch, Zwiebeln, Petersilie, Thymian, Lorbeer, trockenem Weißwein, Krebsen, Champignons, Cognac, Crème fraîche und Croûtons
Anguille à la diable	Aal gerollt, in Weißwein gekocht, mit Senf und Butter, mit Bröseln paniert, gegrillt
Anguille à la flamande	Aal „*flämisch*": Aal angebraten, gekocht mit Zwiebeln, Staudensellerie, Weißwein, Kresse, Sauerampfer, Taubnessel, Petersilie, Bohnenkraut, Kerbel, Salbei, Pfefferminze, Eigelb, Sahne
Anguille à la française	Aal in Stücken, gemehlt, in Butter mit Champignons angebraten, in Weißwein, mit Fischfond, gehackten Zwiebeln und Kräutern, S + P, gekocht, mit Sahne und mit Ei legiertem Fond übergossen
Anguille frite	In Öl frittierter Aal
Anguille en fritot	Aal in Brandteig
Anguille à la gelée	Aal in Sülze
Anguille en gelée	Kalter Aal in Sülze
Anguille aux herbes	Aal mit Kräutern

Anguille **ma**rinée **G**ambrinus	Aal in Biersauce gegart (*Belgien*)
Anguille **ma**rinée au **v**in **b**lanc	Aal in Weißwein mariniert und gekocht
Anguille à la **ma**rinière	Aal, in Weißwein mit Schalotten gegart, auf Croûtons, mit Champignons, Zwiebelchen und Krebsschwänzen angerichtet
Anguille à la (en) **ma**telote	Aalragout „Matrosenart", in Rotweinsauce mit Kräutern, Champignons und Schalotten gegart, mit Blätterteighalbmonden serviert
Anguille de **me**r	Großer Meeraal (Congre)
Anguille au(en) **Mu**scadet	Aal in Muskatellerwein gegart
Anguille à la **no**rmande	Aal „*normannisch*": in Stücken, in Apfelwein, mit Zwiebeln, Champignons und Karotten gedünstet, Fond mit Mehlbutter gebunden, mit Austern oder Muscheln vermischt, mit Croûtons
Anguille **Or**ly	Aal durch Backteig gezogen und frittiert, mit Tomatensauce serviert
Anguille en **po**chouse	Aal wie „Burgunder Art" und gewürfeltem Speck
Anguille à la **po**ulette	Aal gemehlt, in Butter angeschwitzt, gekocht, mit Kräuterbündel, Sauce Poulette: Eigelb/Weißweinsauce, mit Champignons, Röstbrotwürfeln
Anguille aux **pr**uneaux	Aal mit Backpflaumen, Speck, Zwiebelchen, in Weißwein gekocht
Anguille **rô**ti	Aal gebraten
Anguille à la **ro**uennaise	Aal in Rotwein, mit Champignons und Austern
Anguille de **sa**ble	Sandaal
Anguille **Ta**(r)tare	Aal mit Sauce Tartare (↓) (richtig wäre „Tatare"!)
Anguille au **ve**rjus	Aal gegrillt, mit saurem Traubensaft beträufelt
Anguille au **ve**rt	siehe (↑) „Anguille à la flamande"
Anguille **Vi**lleroi	Aalstücke in Fischsud gekocht, kalt mit Villeroisauce, paniert, frittiert, Petersilie, Tomatensauce
Anguille au **v**in **b**lanc	Aal in Weißwein gegart
Angulas	Glasaale (sehr junge, durchsichtige Aale)
Anguries	Wassermelonen-Kompott-Vorspeise (*Bugey*)
Animelles	Hoden von Fleischtieren, meist vom Hammel (ho!)
Anis	Anis (Gewürz)

Anis étoilé (Badiane)	Sternanis
Anisbrod	Makronen mit Anis
Anisette	Anislikör (z. B.: „Marie Brizard")
annoncer	Annoncieren, eine Bestellung ausrufen
Annulation	Abbestellung, Streichung
Anodonte	Teichmuschel
Anon	Fisch, ähnlich dem Merlan oder dem Schellfisch
Anone	Tropische Frucht mit hellem Fleisch
antialcoolique	antialkoholisch
A.O.C.	Appellation d'origine contrôlée: die Echtheits-Garantie für Qualitätsprodukte, (z. B.: Käse und Wein, oft auch mit Herkunftsbezeichnung versehen)
à part	gesondert zubereitet oder serviert; extra berechnet
Apéritif	Appetitanregendes, meist alkoholisches Getränk, vor dem Essen
Apéritif offert par maison	Apéritif, vom Haus spendiert (sehr nobel!)
Apéro	Ugs. Aperitif (oft trockener Weißwein)
Apogon	Fisch, ähnlich der Rotbarbe
à point	(bei Fleisch) gar, durchgebraten, medium
Appareil	1. Vorbereitung/Zusammenstellung eines kuli-narischen Gerichtes; 2. Fertige Masse, Bindemittel
Appareil à dégeler	Auftaugerät
Appareil à souder les feuilles	Folienschweißgerät
appétissant	appetitanregend (macht an!)
Appétit	Appetit
Apprenti	Lehrling
Apprêt	Zubereitung/Würze für ein Gericht
apprêter	zubereiten
âpre	1. streng, herb (Geschmack); 2. rauh (Klima)
Apron	Kleiner Süßwasserfisch, (Rhone-)Streber (strebt die Rhone rauf und runter) (wie Barsch zubereitet)
Arachide	Erdnuss
Araignée	Gegrillte Scheibe aus der Rinderhüfte (Beefsteak)

Ar(r)aignée de mer	Ausdruck für krabbenähnliche Krustentiere, verschiedene Meerfische, Meerspinne, Seedrache
Arapède	Napfschnecke (Muschel)
Arbenne	Haselhuhn, „weißes" Rebhuhn
Arbouse	Sandbeere, Baumerdbeere
Arca (arche de noé)	Zweischaliges Weichtier, muschelartig
Ardéchois	Süße Torte mit Maronenpüree gefüllt
Ardine Bardinet	Aprikosen-Fruchtlikör (wer Likör hat, hat Humor!)
Ardoise	1. Schiefertafel
	2. Rechnung in einem billigem Lokal
	(früher auf Schiefertafeln geschrieben)
Arête	Gräte
Argent	1. Geld
	2. Silber
Argenterie	Silbergeschirr
Argentier	1. Besteckschrank
	2. Silberputzer
Argentin	Glasauge (Meerfisch)
Arlequin	Verschiedenes aus Speiseresten (Der Rückblick!)
Armagnac	Traubenbranntwein, ähnlich dem Cognac, in der *Gascogne* aus weißen Trauben gebrannt
Armoire	Schrank
Armoire à vaisselle	Geschirrschrank
Armoise	Beifuß (Würzkraut)
Armoricaine	Belon-Auster
Aromates	Pflanzliche Gewürze, z. B.: Zimt, Lorbeer, Vanille, Muskat, Piment usw.; Geschmacksträger
aromatisé(e)	gewürzt, aromatisiert
aromatiser	würzen
Arôme	Aroma, Duft (Gewürz), Wohlgeruch (z. B.: Wein)
Arquebuse de l'Hermitage	Kräuterdigestif mit 50% Alkohol (!)
Araignée de mer	Meerspinne; Krustentier der Languste oder dem Hummer ähnlich (sieht häßlich aus, aber schmeckt)
Arrière-goût	Beigeschmack
arroser	begießen (z. B.: Fleisch)
Arrouchquilla	Baskische Torte mit Cremefüllung (*Roussillon*)

Artichauts à l'**ag**enoise	Artischocken mit Sellerie, Kalbsnieren und Schalotten (*Agen*, *Lot-et-Garonne*, *Gascogne*)
Artichauts à l'**aï**oli	Artischocken gedämpft, mit Knoblauchmayonnaise
Artichauts au **bar**becue	Auf Holzkohlen oder Rebenästchen gegrillte Artischockenhälften
Artichauts à la **Barigoule**	Artischocken mit einer Masse aus Schinken, Champignons, Sardellenfilets, in Weißwein und Kräutern der Provence
Artichauts à la **bre**tonne	Artischockenstücke in Öl und Butter gekocht, mit gehackten Zwiebeln und Apfelwein (Cidre)
Artichauts à la **can**noise	Artischocken in Wein-Schinken-Champignonsauce (*Cannes*)
Artichauts **cru**s à l'**huile**	Artischocken roh, in Salatsauce
Artichauts à la **di**able	Artischocken gekocht, mit Cayennepfeffer, im Teigmantel, (teuflisch) scharf
Artichauts à la **flo**rentine	Artischockenherzen mit Weißwein, Spinat und Tomaten gegart, nach „Florentiner Art"
Artichauts à la **gre**cque	Artischocken „griechisch", mit Zwiebeln, Zitrone, Fenchel, Sellerie, Koriander, Thymian, Lorbeer
Artichauts de **Jé**rusalem	Erdartischocken
Artichauts **ly**onnais	Artischocken „*Lyoner* Art", in Bouillon
Artichauts en **mari**nade	Artischocken in Essig und Öl mit Kräuterbündel gekocht, als kalte Vorspeise (auch mit Dip)
Artichauts **Mire**ille	Zarte, kleine Artischocken mit Perlzwiebeln und Tomaten in Olivenöl gedünstet
Artichauts au **na**turel	1. Gekochte Artischocken „natur" 2. Kürbisart
Artichauts à la **poi**vrade	Artischockensalat mit Öl-Pfeffer-Marinade
Artichauts au **thy**m	Geschmorte Artischocken mit Zwiebeln, Speck, Knoblauch, Thymian, Pfeffer und Salz
Ascenseur	Aufzug, Lift
asiatique	asiatisch
Asperge (en branche)	Stangenspargel
Asperges **bl**anches	Weißer Spargel
Asperges **Ch**antilly	Spargel gekocht, mit Sauce Chantilly (↓)

Asperges à la **cr**ème	Spargel (Stücke) in Sahnesauce
Asperges à la **fl**amade	Spargel mit hartgekochten, zerdrückten Eiern, ausgelassener Butter, „nach Flandernart"
Asperges à la **Fo**ntenelle	Spargel mit Eiern und zerlassener Butter
Asperges au **gr**atin	Spargel mit Sauce Mornay (↓) (Käse/Sahnesauce) & geraspeltem Emmentalerkäse überbacken
Asperges à la **ho**llandaise	Spargel gekocht, mit Sauce hollandaise (↓) (Eigelb/Buttersauce)
Asperges à l'**hu**ile	Spargel in Öl-Marinade
Asperges au **ja**mbon	Spargel gekocht, mit Schinken
Asperges en **ma**rinade à la **mo**de de **Ni**ce	Spargel „Nizzaer Art", in gewürzter Weißwein-marinade
Asperges à la **mi**lanaise	Spargel mit brauner Butter, Parmesan, Spiegelei
Asperges sc. **mo**usseline	Spargel gekocht, mit Sauce mousseline (↓)
Asperges au **na**turel	Gekochter Spargel, natur, meist nur mit Butter
Asperges à la **po**lonaise	Spargel gekocht, darüber gebutterte, geröstete Semmelbröseln, gehacktes Ei und Petersilie
Asperges en **pe**tits **po**is	Spargel mit grünen Erbsen, in Eigelb-Zwiebel-Kräuter-Sauce
Asperges à la **sa**uce **bl**anche	Spargel gekocht, in weißer Sauce
Asperges **sa**uvages	Wilder Spargel
Asperges **ve**rtes	Zarter grüner Spargel (ungeschält)
Asperges (à la) **vi**naigrette	Kalte Spargeln in Essig/Öl/Kräutersauce
Asperges **vi**olettes	Violette Spargel
Aspérule	Waldmeister
Aspic	1. Aspik Gelee; Sülze; 2. Lavendel
Aspic de **bé**casses	Waldschnepfe in Aspik
Aspic de **fo**ie **gr**as	Gänseleber in Aspik
Aspic de **ve**au	Kalbfleisch in Aspik
a**ss**aisonné(e)	gewürzt, abgeschmeckt, angerichtet (z. B.: Salat)
Assaisonnement	Würze, Würzung, Zugabe, Zutat, auch Salatsauce
a**ss**ez **cu**it	gut gebraten, durchgebraten (Fleisch)
Assiette	1. Teller
Assiette **cr**euse	Suppenteller
Assiette à **de**ssert	Dessertteller

Assiette **pl**ate	Flacher Teller
Assiette en **po**rcelaine	Porzellanteller
Assiette à **so**upe	Suppenteller
Assiette	2. Teller mit Aufschnitt, Gemüse, Salaten usw.
Assiette **an**glaise	Kalte Platte mit Wurst- und Bratenaufschnitt, Schinken und Cornichons (kleine Gürkchen)
Assiette de **ch**arcuterie	Wurstplatte
Assiette de **co**chonailles	Aufschnittplatte vom Schwein: Schinken, Pastete und Wurst
Assiette de **cr**udités	Rohkostplatte
Assiette de **fr**uits de mer	Meeresfrüchteplatte, meist mit Muscheln, Austern, Krabben, Langusten, Seeigeln
Assiette du **pê**cheur	siehe (↑) Assiette de fruits de mer
Assiette (des) **pê**cheurs	siehe (↑) Assiette de fruits de mer
Assiette à **po**isson	Teller mit (verschiedenem) Fisch
Assiette de **sa**lade	Salatteller
Assistant du chef de cuisine	Assistent des Küchenchefs, meist für die Kalkulation, Verwaltung, Einkauf usw. zuständig
assorti(e)	gemischt, ausgewählt
Assortiment	Sortierte Zusammenstellung, Auswahl, Sortiment
Assortiment de **ch**arcuterie	Kalte Platte mit verschiedener Wurst und Schinken
Assortiment de **cr**udités	Rohkostplatte
Assortiment de **fr**uits de mer	Platte mit Meeresfrüchten, meist mit Muscheln, Austern, Krabben usw.
Assortiment de **ho**rs-d'œuvre	Gemischter Vorspeisenteller
A**th**érine (prêtre)	Streifenfisch, Priesterfisch, dem Seebarsch ähnlich
Â**t**re	Herd, Kamin
A**t**(**t**)**r**iau	Flache, abgerundete, gebratene Wurst aus Schweineleber, Kalbfleisch, Zwiebeln & Provencekräutern
A**tt**e	Kaltes *belgisches* Schweinefleischgericht (dazu Bier!)
a**tt**endrir	Zart, weich, mürbe machen von Fleisch oder Gemüse, durch marinieren, spicken oder klopfen
A**tt**endrisseur	Fleischmürber, Steaker
A**tt**ente ...	Wartezeit ...

Attereau	1. Großer Fleischkloß
	2. Spießchen mit Leber, Nieren & Fett, im „Netz" gebraten (*Burgund*) oder schwimmend ausgebacken; mit Sauce
	3. Garnierspieß
Attereau de cervelle	Spießchen mit (Kalbs-)Hirn
Attereau aux cervelles d'agneau	Spießchen mit Lammhirn, kräftig gewürzt, paniert und frittiert, mit gebackener Petersilie
Attereau de foies de volaille	Spießchen mit Geflügellebern und Champignons, paniert und gebraten
Attereau au parmesan	Käsestäbchen
Attereau de ris de veau à la moderne	Gebratene Spießchen aus Kalbshirn, Butter, Eigelb, Madeira, Crème fraîche und Bröseln
Attignole	Kleiner „*normannischer*" Fleischkloß
au (aux)	mit, auf, nach Art von ...(↓) Garnitures
au bain-marie	im Wasserbad gekocht
au basilic	mit Basilikum (-Sauce)
au beurre	mit Butter, mit (in) flüssiger Butter (gedünstet)
au bleu	blau, Süßwasserfische „blau" im Würzsud gekocht
au caramel	mit Karamell
au chèvre chaud	mit warmem Ziegenkäse
au chocolat	mit Schokolade
au choix	nach Wahl; auszuwählen, nach Wunsch
au feu de bois	vom Holzkohlenfeuer
au four	im Ofen gebacken, überbacken
au gratin	im Ofen überbacken, gratiniert
au jus	mit dem Fleisch- oder Bratensaft
au lieu de ...	anstatt ..., an Stelle von ...
au revoir	Auf Wiedersehen
Auber	Artischockenböden mit Hühnerpüree gefüllt, dazu Madeirasauce (oft als Garnitur zu Geflügelbrüstchen, Tournedos oder Lammkoteletts)
Auberge (de campagne)	Landgasthof mit kompletten Mahlzeiten
Aubergine	Aubergine, Eierfrucht meist lila, auch gelb (weiß)
Aubergines à l'ail et aux anchois	Kaltes Auberginenpüree mit Knoblauch, Zwiebeln und Sardellen
Aubergines en beignets	Auberginen in Teig gebacken
Aubergines au beurre	Auberginen mit Butter(sauce)

~ aux **ch**ampignons	Auberginen mit Pilzen gefüllt
Aubergines à la **crè**me	Auberginen in Rahmsauce
Aubergines en **da**ube	Auberginen im Topf geschmort
Aubergines à l`**égy**ptienne	Auberginen „ägyptisch", mit Zwiebeln und Tomaten
Aubergines **fa**rcies à la **ni**çoise	Auberginenhälften, gefüllt mit einer Sardellen-/ Eier-/ Parmesan-Füllung (*Nizza, Côte d'Azur*)
Aubergines à la **langu**edocienne	Auberginen mit Tomaten und Paprikaschoten, in Öl gebraten, mit Muskat gewürzt (*Languedoc*)
Aubergines à la **ni**çoise	Auberginen mit Sardellen und Knoblauch (*Nizza*)
Aubergines à la **nî**moise	Auberginen gesalzen, mit Tomaten, grünen Paprikaschoten, Kräutern und Knoblauch in Öl gegart, mit Zitronensaft, kalt serviert (*Nîmes*)
Aubergines à l'**œuf**	Auberginen mit Eier-/Käse-/Speck-Füllung
Aubergines à la **pr**ovençale	Gebratene Auberginenscheiben mit Butter, geschmolzenen Tomaten, Knoblauch und Semmelbröseln (*Provence*)
Aubergines à la **tu**rque	Auberginen „türkisch", mit Hammelhack gefüllt
Aubergiste	Wirt
Audiat	Perlgraupensuppe
Aujourd`hui, le Chef vous propose ..., (recommande ...)	Heute empfiehlt Ihnen unser Küchenchef ...
Aulx	Knoblauch (als Speise)
Aumônière	Dessert in Geldsäckchenform, im Ofen gebacken
Auriol	*Marseiller* Name für die Makrele
Autocuiseur	Schnellkochtopf
aux ...	mit, auf, nach Art, (↓) Garnitures
aux **ar**omates	mit Kräutern und Gewürzen
aux **l**ardons	mit Speckwürfeln
aux **oi**gnons	mit Zwiebeln
aux 4 Épices	mit 4 Gewürzen (Zimt, Ingwer, Nelken, Muskat)
avec **ga**rniture de ...	mit Beilage von ....
avec **gl**açons	mit (auf) Eiswürfeln
avec **pl**aisir	mit Vergnügen
avec **su**pplément	mit Aufpreis, Zuschlag
Aveline	Lambertshaselnuss
Avisance	Hackfleisch im Teig gebacken (*Belgien*)

Avocat au **cr**abe — Avocado mit Krebsfleisch gefüllt
Avocat aux **cr**evettes — Avocado mit Garnelenfleisch gefüllt
Avocat **vi**naigrette — Avocadohälften mit (↓) Sauce vinaigrette
Avoine — Hafer
   Flocons d'avoine — Haferflocken
azyme — ungesäuert, ohne Hefe, ungesäuertes Brot

B

Baba — Kleine Hefeküchlein mit süßen Rosinchen
Baba au rhum — Rosinenhefeküchlein mit Rum getränkt
Babeluttes — Flandrische Butterkaramellen
Babeurre — Buttermilch, geschlagene Milch
Bac à légumes — Gemüseschale (im Kühlschrank)
Bacalo à la biscaïana — Stockfischstücke mit Tomatensauce und Paprikastreifen (*baskisch*)
Bacon — Geräucherter Schweinespeck
Baden-Baden — Wildgarnitur: halbe Birne mit Johannisbeergelee
Badiane — Sternanis
badigeonner — bepinseln, einpinseln
Badoit — Mineralwasser (wenig Kohlensäure)
Badrée — Marmelade aus Birnen und Äpfeln
Baeckeoffe (Baekoffe) — *Elsässer* Gericht: Schweine-, Rind- und Hammelfleisch auf Kartoffelscheiben, Zwiebeln und Kräutern, mit Riesling im Ofen geschmort
bâfrer — sich vollfressen (ugs.) (na, wer tut denn sowas?)
Bagna cauda — Sauce aus Olivenöl, Butter, Knoblauch, Sardellen, Trüffeln und Tomatenpüree, in die Gemüse getaucht wird (*Provence*)
Baguette — 1. Pariser Brot: dünnes, langes Stangen-Weißbrot, circa 70 cm lang, circa 250 Gramm schwer
   2. Chinesische Essstäbchen
Baie (de genièvre) — (Wacholder-)Beere
Baie de **ro**nces — Brombeere
Baies **ro**uges — Sammelbegriff für Johannis-, Heidel- und Walderdbeeren
Bain-marie — Wasserbad
Baiser — Schaumgebäck, Meringue, Kuss

Bajone de porc	Schweinebacke
Balance	Waage
Balane	Meereichel, Seetulpe, Seepocke (Krustentier)
Balaou	Makrelenhecht
Baleine	Wal(fisch)
Baliste	Hornfisch, Drückerfisch
Ballon	1. Biermaß: circa 0,20 Ltr.
	2. Bauchiges Glas
Ballotine	1. Kleine, sülzige Roulade, aus Fisch, Fleisch, Geflügel oder Wild, mit Füllung (auch kalt)
	2. Sülze
	3. Gefülltes Spanferkel
Ballotine d'agneau à la provençale	Lammfleischroulade mit Knoblauch & Gebirgskräutern gefüllt (~ aux herbes de la montagne)
Ballotine de canard	Entenroulade
Ballotine de congre	Meeraalroulade
Ballotine de dinde	Truthahnroulade
Ballotine pistachée	Entenroulade mit Gelee überzogen
Ballotine de volaille	Geflügelroulade
Bambou	1. Bambus
	2. Chinesischer Pilz
Bananes farçies à la crème de marrons	Bananen gefüllt, mit Sahne & Esskastaniencreme
Bananes flambées (au rhum)	Bananen gebacken und (mit Rum) flambiert oder anderen variablen Spirituosen
Bananes (à l') hôtelière	Bananenscheiben mit Maraschino und Curaçao getränkt, mit Puderzucker bestreut; kühl serviert
Bananes à la niçoise	Bananen längs aufgeschnitten, das Fleisch mit Puderzucker und Maraschino püriert, in die Schalen zurückgefüllt und im Ofen glaciert
Banquet	Ausgiebiges Festmahl, Bankett
Bar	1. Bar, Wirtschaft, Theke, Stehbierhalle, Kneipe
	2. Seebarsch, Barbe, Meerwolf, Wolfsbarsch
Bar américaine	Bar (wie in *Deutschland*)
Bar comptoir	Einfacher Stehausschank, auch mit Barhockern
Bar bouilli	Barsch in (↓) Courtbouillon gesotten, mit Butter
Bar braisé au champagne	Barsch in Champagner geschmort

Bar **ét**uvé à la **va**peur de **va**rech	Seebarsch über Seetangdampf gedünstet
Bar **fl**ambée	Gegrillter Seebarsch mit Cognac flambiert, meist mit Ratatouille-Gemüse (↓) und Zitronenvierteln serviert
Bar en **cr**oûte	Barsch im Blätterteigmantel in Butter gebacken, mit Champignons, Schalotten, Zitronensaft & Petersilie
Bar en **ge**lée	Gekochter Barsch ohne Haut in Gelantine, mit Eierscheiben in kleinen Tomaten kalt serviert
Bar à la **no**rmande	Gekochter Barsch mit Cidre-Butter-Sahne-Sauce
Bar à l'**os**eille	Mit Sauerampfer gefüllter Barsch
Bar **po**ché au **b**eurre **b**lanc	Pochierter Seebarsch mit weißer Butter(-Sauce)
Bar à la **pr**ovençale	Barsch in Weißwein, mit Tomaten, Knoblauch, Petersilie und Butter geschmort (*Provence*)
Bar **ra**yé	Gestreifter Barsch (sehr modisch dieser Barsch!)
Bar au vin blanc (nach klassischer Zubreitung)	Seebarsch in Weißwein gekocht; mit Krevetten, kleinen Champignons, Muscheln, Tomaten, Zwiebeln, Butter & Olivenöl. Gewürzt mit Thymian, Lorbeer, Fenchel, S + P
Barbaque	Minderwertiges Fleisch (deiffi!)
Barbarie (Canard de ~)	Freilaufende Ente mit festem, magerem Fleisch
Barbarine	Kürbisart
Barbe-de-bouc	Bocksbart, wilder Haferwurz (na,na!)
Barbe de capucin	Bittere, gebleichte Endivie, wilde Zichorieart
Barbeau (Barbilleau)	Barbe, schlanker Süßwasserfisch mit olivgrünem Rücken, den Karpfen zugeordnet, bis 70 cm lang und bis 4 kg schwer, sehr feines, aber auch sehr grätiges Fleisch (man hat Arbeit damit!)
Barbeau **bo**urguignonne	Barbe, mit Kräuterstrauß in Rotwein zubereitet
Barbeau **f**arci	Barbe, mit gehacktem Ei und Champignons gefüllt
Barbeau à la **me**ntonnaise	Barbenfilets mit Hechtfarce gefüllt, gemehlt und in Butter gebraten
Barbeau **Mi**rabeau	Barbe mit Sardellenfilets gespickt, im Ofen mit Olivenöl gebraten, mit Sardellenbutter serviert

Barbecue	1. Gerichte vom Holzkohlengrill; 2. Gartengrill
Barbillau, Barbillon	siehe (↑) Barbeau; ähnlich: dem Rotbart-Fisch
Barbillo grillée	Gegrillter junger Barsch, dazu meist eine Kräuterbutter-Schalotten-Mischung
Barbillo rôti	Junger Barsch mit Sardellenfilets gespickt, mit Öl begossen, im Ofen gebraten, dazu Sardellenbutter
Barbot(in)	Seeteufel, Meerfisch mit dicker, klebriger Haut, dem Angler oder Froschfisch ähnlich
Barbot(t)e	Seequappe, fünfbärtelig (na sowas Schönes)
Barbue	(Glatt-)Butt, Barbenscholle, Kleiß: Plattfisch mit glatter Haut und wenig Schuppen, bis 40 cm lang, das Fleisch ist nicht besonders wertvoll
Barbue à la boulonnaise	Butt in Stücken, in Fischsud gegart, mit Muscheln
Barbue à la cancalaise	Buttfilets, in Fischsud mit Weißwein gegart, mit Garnelen garniert
Barbue à la Deauville	Butt gekocht, mit Krabben-/Gemüsesauce
Barbue Dugléré	Buttstücke oder -filets, mit gehackten Schalotten,
Barbue à l'indienne	Gekochter Butt „auf indische Art", mit Curry
Barbue à la marinière	Buttfilets, in Weißwein/Fischsud gekocht, mit Garnelenschwänzchen und Muscheln garniert ♥
Barbue à la Victoria	Butt, in Weißwein gegart, mit feinem Ragout aus Langustenfleisch und Trüffeln, Hummersauce ♥
Bardatte	Mit Hasenfleisch gefüllter Kohl, mit Speck in Weißwein gekocht (*Bretagne*)
Barde	Dünne, fette Speckscheibe, mit der vor dem Braten das Fleisch, Geflügel usw. umwickelt wird
barder	Mit Speck umwickeln, bardieren
bardé(e)	Mit Speck umwickelt
Barême	Preistafel
Barigoule (Bourigule, Brigoule)	Masse aus Speck, Zwiebeln, Champignons und Schalotten, zum Füllen von Gemüse
Barman	Büffetier (das Tier hinter dem Büffet)
Baron	Stück aus beiden Keulen, dem Rücken und Filet (meist vom Lamm)

Baron d'agneau de Pauillac	Hinterschlegel vom Lamm, in Butter und Öl, mit Pilzen und Kartoffelscheiben gebraten, mit Knoblauch bestreut
Barquette	Blätterteigpastetchen in Schiffchenform (gefüllt)
Barquette **As**trachan	Pastetchen mit Hummerfleisch, Spargelspitzchen und Kaviar gefüllt ♥
Barquette à la **bo**rdelaise	Pastetchen mit Steinpilzen, Gemüse, Sardinen und Seezungenfilets gefüllt ♥
Barquette de **cr**evettes	Pastetchen, mit Garnelen und Krebsbutter gefüllt
Barquette à la **ga**uloise	Blätterteigmasse gebacken, mit Garnelen & Sauce Velouté gefüllt und mit Garnelensauce überzogen
Barquette **glacée** au **c**roquant	Blätterteigschiffchen gefroren, mit Krokant (Schiffchen mit süßer Ladung)
Barquette d'**hu**itres à la **n**ormande	Blätterteigschiffchen, mit Austern, Krabben, Champignons und Buttersauce gefüllt, überbacken
Barquette **Jo**inville	Pastetchen mit feinem Ragout aus Champignons, Trüffeln und Garnelenschwänzen mit Sauce normande (↓) und Krebsbutter ♥
Barquette **Na**ntua	Pastetchen mit Krebsschwänzen und Trüffelscheiben, gefüllt mit Sauce Nantua (↓) (Mehl-/Sahne-/Krebsbutter-Sauce) ♥
Barracuda	Pfeilhecht, Fisch aus warmen Gewässern (*Afrika*), meist länger als 1 m, leichtes, mageres Fleisch, meist gegrillt oder als Carpaccio (roh, in hauchdünnen Scheiben)
Barrique	Fass
Bartavelle	Rotes Berg-(Reb-)huhn, Königsrebhuhn, Steinhuhn (*Provence*)
Basilic	Basilikum(-Kraut)
Bas-morceaux	Zweitklassiges Fleisch (für ungeliebte Gäste)
Bassine à friture	Frittierwanne, Frittierpfanne
Batavia	Krauser Kopfsalat, grün oder rötlich (Eissalat)
Bateaux	Längliche (ovale) Vorspeisenschalen
Batterie de cuisine	Küchengeschirr
Bâtonnet (de célerie)	Stäbchen (Selleriestange)
Bâtonnet glacé	Eis am Stiel
Bâtonnets	Kleine, meist süße Gebäckstangen
Batte	Fleischklopfer

Batteur	Handrührgerät
Batteur mixeur	Mixgerät
battre	schlagen, rühren, quirlen
Baudroie	Seeteufel, Krötenfisch, Meeresquappe, Angler (↓ Lotte de mer), sehr schmackhafter Meerfisch, bis 180 cm lang, als Filets, auch geräuchert ♥
Baudroie en fritot	Seeteufelfilet, mit Zitrone beträufelt, mit gehackter Petersilie bestreut, durch Backteig gezogen, frittiert
Baudruche	Dickdarm
Bavarois	Dessert aus gekühlter Creme, Schokolade, Rum, Zucker, Eigelb, Likör, Fruchtmark, Karamel
Bavarois de Clermont	„Bayrische Creme" mit Vanillearoma und Maronen karamelisiert, kalte Süßspeise
Bavaroise	1. Bayrische Creme aus Milch, Eigelb, Zucker und Schlagsahne, mit variablen Geschmackszutaten, z. B. Vanille, Schokolade, Nüssen usw. 2. Tee mit Sirup, Milch u. a.
Bavette (de flanchet)	Festes, saftiges Rindersteak vom Rücken
Bavette d'aloyau	Unteres Rinderlendenstück
baveux	weich gebacken, teigig
Béatilles	Kleine Innereien vom Lamm oder Geflügel, auch Hahnenkämme oder Lammbries
beaucoup	viel
Beauvilliers	Mandel-Baiser-Torte mit Sahne
Bécasse	Waldschnepfe (kleine)
Bécasseau	Seelerche, Wasserläufer, Stelzenvogel
Bécasse de mer	Seefisch, wird wie Thunfisch zubereitet, siehe auch (↓) Rouget
Bécassine	Bekassine, Sumpfschnepfe, Stelzenvogel
Bécassine de mer	Hornhecht, Hornfisch; ähnlich: Makrelenhecht
Bec-fin, Bec figue, Becfugue, Béguinette	Feigendrossel, kleiner Vogel (ähnlich der Lerche) auch Mittelmeersperling, Kremmetsvogel genannt
Becke(n)offe	siehe (↑) Baeckeoffe
Béchamel	siehe (↓) Sauce Béchamel (weiße Grundsauce)
Bêche de mer	Seegurke
Bec-plat	Löffelente (↓) Canard souchet
Bécot	Junge Schnepfe (Teenager)

Bégot	ugs. Bonbon
Beignets	Eierpfannkuchen, Krapfen, Krusteln, frittierter Teig
Beignets d'**ar**tichauts	Artischockenkrapfen
Beignets d'**au**bergines	Auberginenscheiben, im Teig frittiert
Beignets de **co**urgettes	Zucchinis durch Backteig gezogen, frittiert
Beignets de **ce**rvelle	Hirnkrapfen aus Kalbs- oder Lammhirn
Beignets de **f**leur d'**a**cacia et de **co**urge	Krapfen mit Akazienblüten und Kürbis (*Provence*)
Beignets de **fr**uits	Krapfen mit Früchten
Beignets de **la**itances et beignets d'**an**chois	Beignets mit Fischmilcher (Drüsen der männlichen Fische) und Sardellen-Beignets
Beignets de **lé**gumes	Gemüsestücke frittiert, im Teigmantel
Beignets de **Ma**m-Goz	Süße Kartoffelpuffer mit Marmelade (*Bretagne*)
Beignets de **mo**elle	Krusteln mit Mark
Beignets de **po**ires	Pfannkuchen mit Birnen
Beignets de **po**isson	Fischstücke in Zitronensaft und Öl mariniert, durch Backteig gezogen und gebacken
Beignets de **po**mmes	Apfelkrapfen mit Vanillezucker bestäubt
Beignets de **ra**isains secs	Rosinenpfannkuchen
Beignets de **re**inettes	Apfelpfannkuchen
Beignets de **sa**lsifis	Schwarzwurzel frittiert, im Teigmantel
Beignets **so**ufflés	Krapfen aus Brandteig
Belon	Teure Austernart (flach, rund, graubraunes Fleisch) aus Belon in der *Bretagne*
Belons chaudes au champagne	Belon-Austern in Champagner gedünstet
Bélone	Hornhecht, Hornfisch; ähnlich: Makrelenhecht
Bélouga	1. Weißwal 2. Hausen 3. Kaviar vom Hausen
Bénari	Fettammer, Ortolan (↓) Singvogel! (*Languedoc*)
Bénédictine	Gelber Klosterlikör aus 27 Kräutern, 43% Alkohol
Benni	Barbenart (Fisch)
Bergamote	1. Saure Orangenart 2. Birnensorte 3. Würziges Öl aus der Bergamottefruchtschale
Bergamote de Nancy	Bonbonspezialität mit Bergamottegeschmack

Berlingot	1. Mondstrandschnecke (ugs. *Bretagne*)
	2. Frucht-, Karamell-, Minze-Bonbon (*Carpentras*)
Berlingueto	Gehackter Spinat mit hartgek. Eiern (*Provence*)
Bernache, Bernacle	Wildgansart
Bernard-l'ermite	Einsiedlerkrebs
Bernicle, Bernique	Napfschnecke, Schüsselschnecke
Besi	1. Gesalzenes Rindfleisch, getrocknet (*Alpen*)
	2. Birnensorte
Besugo	Goldbrasse (Fisch), Seebarbe (*Provence*)
Besugo de Noël	Goldbrassenfilets, mit Öl, Knoblauch und Pfeffer-schoten zubereitet, als Weihnachtsgericht
Bête noir (rousse)	Junges Wildschwein, Frischling
Bétise de Cambrai	Pfefferminzkonfekt oder -Bonbon
Bette / Blette	Mangold, Beete, Runkelrübe
Bette bouilli	Gekochte Mangoldblätter
Betterave (rouge)	Runkelrübe, rote Rübe, rote Beete
Betterave à sucre	Zuckerrübe
Betteraves chaudes à la provençale	Rote Beete mit Olivenöl und Knoblauch, heiß serviert
Beuchelle	Vorspeise aus Ragout von Kalbs-Bries & Kalbs-nieren, mit Trüffeln, Morcheln, Sahne & Cognac-Butter
Beugnons	Kleine Krapfen, kranzförmig
Beurre	Butter (in Frankreich fast immer aus Süßrahm)
Beurre d'ail	Knoblauchbutter
Beurre d'amandes	Mandel-Butter mit gekochten, gestossenen Mandeln
Beurre d'anchois	Sardellen-Butter
Beurre d'aveline	Butter mit geriebenen Haselnüssen
Beurre Bercy	Ochsenmark-Butter mit Petersilie, Zitrone, Schalotten in Weißwein gekocht, S + P
Beurre blanc	Weiße Butter(-Sauce)
Beurre de cacao	Kakaobutter
Beurre Café de Paris	Schaumig gerührte Butter, mit Pürrée von Tomat-ten, Senf, Sardellen, Kapern, Paprika, Kräutern, Curry, Madeira, Cognac, Zitronen- und Orangen-schale, Zitronensaft, Worcestershiresauce, Cayenne, weißem Pfeffer; (beim Originalrezept läßt man die Beigaben 24 Stunden in Wärme angären)

Beurre de caviar	Kaviar-Butter
Beurre clarifié	Geklärte, zerlassene Butter, flüssig
Beurre Colbert	Schaumig gerührte Butter mit Petersilie und Estragon gemischt, mit Fleischsaft, Zitrone, S + P
Beurre composé	Gewürzte (Kräuter-)Butter, Buttermischung
Beurre au corail d'oursins „Jean Bernard Pautrat"	Seeigelbutter
Beurre de cresson	Butter & Kresse (vorwiegend) & andere Kräuter
Beurre de crevettes	Krabben-Butter, mit gestoßenen Garnelen
Beurre d'écrevisses	Krebs-Butter
Beurre d'escargots	Schnecken-Butter, mit S + P, Muskat, geriebenem Knoblauch, feingehackten Schalotten und Petersilie, Zitronensaft und Worcestershiresauce
Beurre d'estragon	Butter mit Estragon
Beurre de foi gras	Stopfleber (Gans oder Ente) -Butter, Cayenne
Beurre fondu	Zerlassene, geschmolzene Butter
Beurre frais	Frische Butter
Beurre de homard	Hummer-Butter
Beurre d'Isigny	Hervorragende Butter aus Isigny (*Calvados*)
Beurre de laitances	Butter mit Heringsmilch (zu Vorspeisen)
Beurre de langouste	Langusten-Butter
Beurre maître d'hotel	(Haus)hofmeisterbutter mit Zitronensaft, S + P, frisch gehackter Petersilie und Schnittlauch, (auch mit Worcestershiresauce und Senf)
Beurre manié	Butter mit Mehl vermischt, geknetet
Beurre de Montpellier	Butter gemischt mit Petersilie, Schnittlauch, Kapern, feingehackten Schalotten, Cornichons, hartem und rohem Eigelb, Kerbel, Spinat, Sardellen- und Knoblauchpüree, Tabasco, S + P, Öl
Beurre mousseux	Schaumbutter
Beurre de moutarde	Butter mit Senf, zerdrücktem Eigelb, Zitronensaft
Beurre noir	„Schwarze Butter": zerlassene Butter dunkelbraun gebräunt, mit Essig abgelöscht
Beurre noisette	Haselnussbraun geschmolzene Butter, gewürzt
Beurre de noix	Walnuss-Butter
Beurre de paprika	Paprika-Butter mit Paprikapulver
Beurre pasteurisé	Pasteurisierte Butter

A-Z Französisch - Deutsch

Beurre en **po**mmade	Weichgeknetete Butter
Beurre de **ra**ifort	Meerrettich-Butter
Beurre de **Ro**quefort	Roquefort-Butter: ½ Roquefort, ½ Butter
Beurre **rouge**	Butter mit Hummer und anderen Schalentieren
Beurre **salé**	Gesalzene Butter
Beurre de **sau**mon **fu**mé	Lachsbutter
Beurre de **truffes**	Trüffelbutter
Beurre **vert**-pré	Grüne Kräuterbutter mit Kresse, S + P
Beurre **vi**erge	Schaumig gerührte Butter mit Zitronensaft, S + P
Beurré	Butter in Birnenform
beurré(e)	gebuttert
beurrer	buttern, mit Butter bestreichen
Beurrier, **B**eurrière	Butterdose, Butterschale
Beurrier à la **gla**ce	Butterkühler
Biche	1. Hirschkuh
	2. Hammelkutteln, lageweise mit Kartoffelschei-
	ben im Ofen überbacken
Bidoche	ugs. Fleisch
bien cuit(e)	durchgebraten, gar (bei kurzgebratenem Fleisch)
bien **fa**it	gut durch(-gebraten), auch reifer Käse
bien **sec**	abgelagert (z. B.: Zigarre)
bien **ten**dre	(Bei Fleisch) zart, abgehangen
Bienvenue	Willkommen
Bière **bl**onde (brune)	Helles (dunkles) Bier
Bière en **bou**teille	Flaschenbier
Bière **é**trangère	Ausländisches Bier
Bière **lé**gère	Leichtes, dünnes Bier
Bière **no**ire	Dunkles Bier
Bière (à la) **pre**ssion	Bier vom Fass
Bifsteck à **che**val	Beefsteak „Bismarck" (mit Spiegelei)
Bifsteck **f**rites	Steak mit „Pommes"; (dabei enden viele deutsche Frankreich-
	besucher, die mein Buch nicht besitzen)
Bifsteck **haché**	Hacksteak
Bifsteck haché **ni**çois	Hacksteak gebraten, mit Zwiebeln & Knoblauch
Bifteck (bif)	Beefsteak, Rind- oder Pferdefleischschnitte
Bifteck à la **bor**delaise	Beefsteak mit Schalotten-Rotweinsauce
Bifteck **m**archand de vin	Gegrilltes Beefsteak mit Butter-Schalotten-Rot-weinsauce

Bifteck (à la) **ta**rtare (Steak tartare)	Rohes Rinder-Hacksteak mit Zwiebeln, Kräutern, rohem Eigelb, Kapern, kalt serviert
Bigarade	1. Bitterorange, Pommeranze
	2. Entensauce, aus brauner Sauce, Orangensaft und Orangenschale, mit Zucker karamelisiert
Bigarreau	Herzkirsche, Glaskirsche, rot oder weiß
Bignons	Kleine Krapfen
Bigorneau	Mond-Strandschnecke, kleiner Hornamboss
Bigoudens; **B**igoudins	Kuchen mit Mandelcreme (*Bretagne*)
Biguenées	Crêpes mit Schinkenscheiben dazwischen, in Butter gebraten (*Bretagne*)
Bijane (*Anjou*)	Kalte Suppe mit süßem Rotwein und Bröseln
Bilibi (billy bi)	Muschelsuppe mit Weißwein, Sahne, Sellerie Fischbouillon, S + P
Birewecka	Hefebrot mit in Kirschenschnaps eingelegten Früchten (*Elsass*)
Bis (pain bis)	Graubrot, Schwarzbrot
Biscotin	Knackiges, kleines Gebäck
Biscotte	Zwieback
Biscottins	Kleingebäck, meist süß
Biscuit	Biskuit, luftiges Dauer-Gebäck aus Mehl, Eiern, Butter, Zucker und abgeriebener Zitronenschale
Biscuit à la **cu**iller	Löffel-Biskuit zu Eis und kalten Süßspeisen
Biscuit **gla**cé	Biskuit mit Eiscreme (und Schlagsahne)
Biscuit de **Re**ims	Biskuit blassrosa (zu Champagner)
Biscuit **ro**ulé	Biskuitrolle mit Buttercreme oder Konfitüre gefüllt
Biscuit de **Sa**voie	Biskuit mit Orangenblütenwasser und Zitronat, in einer runden (Spring-)Form gebacken, meist mit Speiseeis oder Konfitüre serviert
biscuit	zweimal gebacken, z. B.: Zwieback
Bisque	Cremesuppe von pürierten Krustentieren, mit Weißwein, Gewürzen, Cognac und Crème fraîche
Bisque de **cr**evettes	Garnelencremesuppe
Bisque d'**éc**revisses	Krebscremesuppe
Bisque de **ho**mard	Hummercremesuppe
Bisque de **la**ngouste(s)	Langustencremesuppe
Bisque de **to**urteau	Taschenkrebs-Cremesuppe (*Bretagne*)

Bisquebouille à l'avignonnaise	„*Avignoner*" Fischsuppe: mit See- & Süßwasserfischen, mit Sahne und Knoblauchmayonnaise
Bissale	Butterkuchen (*Picardie*)
Bissarà	Saubohnen (*algerisch*)
Bistouille	1. Kaffee mit einem Schuss Schnaps (*Flandern*)
	2. ugs.: Fuselschnaps
Bistro(t)	Kneipe, kleines Restaurant mit kleiner Speisekarte
Bitokes	Rinderhacksteakklopse mit Zwiebelringen gebraten
Black-bass	Forellenbarsch
blanc (blanche)	1. weiß
	2. (bei Käse) frisch
Blanc	Weißer Sud aus Thymian, Lorbeer, Petersilie, Zwiebel, Mehl, Salz, Essig und Knoblauch
Blanc battu	Stark geschlagener Frischkäse
Blanc de blancs	Weißwein, meist aus der Champagne
Blanc de dinde	Putenbrust
Blanc-manger	Süßspeise, weiße, süße Mandelcreme, kalt
Blanc de noirs	Dunkler Rotwein
Blanc d'œuf	Eiweiß
Blanc d'œuf en diable	Eiweißschnee
Blanc de poireau	Das Weiße, der untere Teil des Lauchs
Blanc de poulet farci	Gefüllte Hühnerbrust
Blanc de turbot	Filet vom Steinbutt
Blanchaille	Weißfischchen (aus Fluss oder Meer)
Blanchailles à la diable	Knuspriges Weißfischchen, gesalzt & Cayennepfeffer
Blanche aux câpres	Weiße Kapernsauce
Blanchet	Ukelei, guter, kleiner Teichfisch, meist frittiert
blanchir	kurz abkochen, abbrühen, blanchieren, bleichen
Blanquette	Schaumwein mit Flaschengärung
Blanquette	Ragout aus weißem Fleisch oder Fisch, in weißer Sauce und Weißwein gekocht
Blanquette d'agneau	Lammragout in weißer Sauce
Blanquette de langue	Zungenragout in weißer Sauce
Blanquette de pommes de terre	Eingemachte Kartoffeln

Blanquette de **ve**au à l'**a**ncienne	Kalbsfrikassee nach „Alter Art", mit Gemüse und Kräutern gekocht, mit Eigelb/Sahnesauce; mit Perlzwiebeln und Champignons serviert
Blavet	Täubling (Pilz), (↓) Russule)
Blé	Getreide, Korn, Weizen
Blé d'**Es**pagne/d'**I**nde/ de **T**urquie	Mais aus *Spanien*, aus *Indien* oder aus der *Türkei*)
Blé de **Gu**inée	Kaffernhirse, Sorghum
Blé **no**ire/ blé **r**ouge/ blé **s**arrasin	Buchweizen
Petits blés	Gerste, Hafer
Blennie (Caguette)	Kleiner Süßwasserfisch (Schleimfisch, Schan) ca. 15 cm, ohne Schuppen, rötlich braun, meist frittiert (*Hérault*, *Midi*)
blet(te)	mehlig (bei Obst)
Blette (bette)	Mangold, Beete, Runkelrübe
bleu	1. blau
	2. Fleisch außen krustig gebraten, innen fast roh und noch blutig
	3. Süßwasserfische in Essigsud „blau" gekocht
Bleu	Blauschimmelkäse, (↓) „Fromages" (im Anhang)
Bleuet	Beere, ähnlich der Heidel- oder Preiselbeere
Blinis	Kleine Hefepfannkuchen mit Buchweizen, saurer Sahne, zu Lachs oder Kaviar serviert (russisch)
Blle.	Abkürzung für Bouteille (Flasche)
Bloc de foi gras	Gänse oder Entenleberstück
blond(e)	blond, hell(es) (Bier, Pilstyp)
blondir	goldgelb werden lassen, z. B.: Mehlschwitze oder Zwiebeln
Bocal	1. Glas mit weiter Öffnung, Bierglas (ca. 0,25 Ltr.)
	2. Einmachglas
Bock	1. Bierglas, -Becher
	2. Glas Bier (ca. 0,25 Ltr.)
BŒUF	Rind, Ochse, Rindfleisch
Bœuf (mode) **al**sascien	*Elsässer* Rinderbraten am Stück, oder Rollbraten in Schweineschmalz angebraten, mit Zwiebeln, Karotten, Bouquet garni, Salbei, Salz, Pfeffer und Riesling 3 Stunden auf kleiner Flamme geschmort,

	dann mit Gin flambiert; meist mit Bauchspeck, Kalbshaxe, Pellkartoffeln, Sauerkraut, Zwiebelchen und den Karotten serviert; Tipp: Keine Vorspeise!!
Bœuf à la beaucairoise	Rinderragout mit Wein, Cognac, Speck, Kapern,Zwiebeln, Knoblauch, (Sardellen), S + P
Bœuf (à la) bourguignon(ne)	Rind „Burgunderart", aus der Schwanzrolle oder Hüfte, mit Speck gespickt, mit S + P, Thymian, Lorbeer, in Burgunder und Cognac mariniert, mit Kalbsfuß, Karotte, Zwiebel, Petersilie, ca. 3 - 4 Std. geköchelt, Speck, Zwiebelchen, Champignons ♥ ♥
Bœuf braisé (au four)	Rinderschmorbraten
Bœuf à la camarguaise	Rinderbraten mit Zwiebeln, Knoblauch und Gewürzen gespickt, im Ofen gebraten und mit Reis serviert (*Camargue*)
Bœuf en daube	Rindfleisch (in großen Würfeln) eine Nacht in Rotwein, Öl, Zitronensaft, Petersilie, Lorbeer, Estragon, Thymian und Pfeffer eingelegt (mariniert), abgetrocknet und in Butter circa 15 Minuten angebraten, dann in der Hälfte der abgefilterten Marinade mit Zwiebeln, Salz, oft auch mit Karotten, 3 Stunden im Schmortopf (oder im Schnellkochtopf 1½ Stunden) geschmort; ♥ ♥

Tipp: daheim selbst nachkochen! |
Bœuf en daube à la provençale	Mariniertes Rindfleisch, in Weißwein mit Knoblauch, Zwiebeln, Kräutern und Speck geschmort
Bœuf à l'écarlate	Gepökeltes (gesalzenes) Rindfleisch
Bœuf à la ficelle	Rinderfilet, an der Schnur freihängend im Sud, mit Karotten, weißen Rüben, Lauch, Staudensellerie,mit Nelken gespickter Zwiebel, P + S, Petersilie, Kerbel, Estragon gesotten; verschieden garniert
Bœuf fumé	Rauchfleisch
Bœuf haché cru	Rohes Hackfleisch siehe (↑) Bifteck à la tartare
Bœuf à la gardiane	Rindfleischragout mit Kartoffeln, Speck, Oliven und Nelken
Bœuf au gros sel	Rindfleisch mit Suppengemüse, wie Karotten, weißen Rüben, Lauch, Pastinake, Stangensellerie, Zwiebeln & Knoblauch, Bouquet garni, Markknochen, grobem S + P; (im Wasser ca. 3 Stunden gekocht!)

Bœuf mariné	Sauerbraten
Bœuf Miroton	Rindfleischschnitten mit Zwiebeln gekocht
Bœuf à la mode	1. Mit Speck gespickter Rinderbraten (Schwanzstück), mit Cognac flambiert, in Rotwein mit Kalbsfuß, Speckschwarten, Schmalz, Karotten, Zwiebeln, S + P, Knoblauch, Thymian, Lorbeer, Kräuterstrauß, Lauch, Kalbsbrühe und Petersilie, → 2½ - 3 Stunden geschmort ♥
	2. Rinderragout mit Karotten
Bœuf nature	Suppenfleisch
Bœuf salé	Rinderbrust geräuchert und gesalzen
Bœuf Stroganov (Stroganow) (Stroganoff)	Filetgoulasch „Stroganow": Dünne Rinderfiletstreifen, gewürzt mit Salz, Pfeffer und Paprika, bei größter Hitze kurz in Butter angebraten, abgetropft, im Fond die Champignons mit Butter angebraten, mit saurer Sahne, Senf- oder Pfeffergurkenscheiben aufgekocht, mit Zitronensaft abgeschmeckt, das Fleisch dazu und sofort serviert ♥ ♥
Bœuf (à la) vinaigrette	Rindfleischsalat
Bogue	Goldstriemen, Blöcker (gelb-grüner Mittelmeerfisch), circa 30 cm lang mit Stacheln auf dem Rücken; meist nur in Fischsuppen
Bohémienne	Beilage, meist aus Tomaten, Aubergines, frittierten Zwiebeln, Knoblauch, S + P
boire	trinken
boire dans un verre	aus einem Glas trinken
Boisson(s)	Getränk(e)
Boissons (non) alcoolisées	Alkoholische (nicht alkoholische) Getränke
Boissons chaudes	Warme (heiße) Getränke
Boissons (non) comprises	Getränke (nicht im Preis) inbegriffen
Boissons froides	Kalte Getränke
Boissons pilotes	Getränke zu festen Preisen
Boissons spiritueuses	Schnäpse, Obstbrände (nicht gekühlt)
Boissons en sus	Getränke werden berechnet (heute üblich)
Boîte	Dose, Schachtel, Büchse

Boîte à épices	Gewürzbehälter
Boîte de nuit	Nachtclub, Nachtlokal
Bol	Kaffee-Trinkschale
Bol à bouillon	Suppen(trink)schale mit Henkeln
Bol à punch	Bowlenschüssel
bolée	Volle Schale (meist für ¼ Ltr. Cidre)
Boles de Picoulat	Frikadellen aus Schweine-/Rinderhack, Eiern, Knoblauch, S + P, mit Tomaten garniert
Bolet	Röhrling, Herrenpilz, dem Steinpilz ähnlich
Bolet comestible	Steinpilz
Bolet élégant	Goldpilz
Bolet orange	Rothäubchen (Pilz)
Bolet raboteux	Birkenpilz
Bolet rude	Birkenröhrling
Bolets farcis	Gefüllte Steinpilze (*Savoyen*)
Bombe	1. Schmauserei (fam.)
	2. (Eis-)Bombe
Bombe Coppélia	Mokka-Eisbombe mit Krokant
Bombe glacée	Eisbombe mit Schlagsahne
Bombe glacée Nesselrode	Eisbombe mit Vanilleeishülle und Maronenfüllung
Bombe Marinette	Vanille-Eisbombe mit Erdbeerschaumeis gefüllt
Bon	Gutschein
bon(ne)	gut(e)
Bon appétit!	Guten Appetit!
Bonbon	Bonbon
Bonbons acidulés	Drops
Bonbons au chocolat	Pralinen
Bonbonne	Korbflasche, Weinballon
Bonite; Boniton	Bonito (kleine Thunfischart) aus dem *Mittelmeer*
Bonjour	Guten Tag
bonne femme (à la ~)	(nach) Hausfrauenart
Bonsoir	Guten Abend
Bonvalet	Mandel-Baiser-Torte, mit Sahne und/oder Eis
Bon vivant	Schlemmer
Bordeaux	1. Hafen-Großstadt in der *Gironde*;
(nicht der Plural von Bordell!)	2. Qualitativ hochstehende und weltbekannte Rotweine, Roséweine und Sekte

Bordure	Umrahmung
Bordure de **p**ommes à la **n**ormande	Äpfel gedünstet, in einer festen Milch-Eier-Creme (*Normandie*)
Bordure de **r**iz	Reisrand
Bortsch à la russe	Russischer Borschtsch: Fleischbrühe und Rinderbrust oder Schulter, rote Beete, Lauch, Kohl, Salz, Zwiebel, Entenklein, Butter, Fenchel, saure Sahne
Bosse de chinel	Hörnchen mit Sahne gefüllt (*Belgien*)
Bottereaux	Kleine Krapfen
boucané(e)	geräuchert
Boucaud (Boucot)	Rosa Krabbe oder Garnele, Felsgarnele
Bouchée	Kleine Blätterteigpastete („Mundbissen"), Happen, meist heiß serviert
Bouchée à la **bo**uquetière	Pastetchen mit Mischgemüse und Rahmsauce gefüllt
Bouchée aux **é**crevisses	Pastetchen mit Krebsschwänzen und einer Mehl/Krebsbutter/Krebsfond-Sauce gefüllt
Bouchée de **fo**is gras châtelaine	Artischockenherzen mit Gänseleber gefüllt, im Ofen überbacken
Bouchée au **fr**omage	Pastetchen, gefüllt mit Weißkäse und Speck
Bouchée à **hu**îtres	Pastetchen mit Austern gefüllt
Bouchée à la **Mo**ntglas	Pastetchen mit Gänseleber, Zunge, Trüffeln, Pilzen, Pökelzunge und Madeirasauce gefüllt
Bouchée à la **pé**rigourdine	Pastetchen „*Périgord*", mit Trüffelpüree
Bouchée à la **re**ine	„Königinpastete" mit Ragout fin (↓) gefüllt
Boucher	Fleischer, (Küchen-)Metzger
Boucherie	Fleischerei, Schlachterei (keine Wurst)
Bouchon	Korken, Stöpsel, Verschluss, Zapfen
Bouchon verseur	Ausgießer
Boudin (noir)	Blutwurst (wird auch als Schimpfwort benutzt)
Boudin **an**tillais	Blutwurst im Ring aus einer glatten Masse von Schweineblut, Weißbrotinnerem, Wurstbrät, Milch und Peperonis, sehr scharf (*Creolische* Spezialität)
Boudin **au**dois	Blutwurst aus Kopf, Schwanz, Hals, Füßen und Blut vom Schwein, knackig, „knusprig" (*Aude*)

Boudin d'**Au**vergne	Wurst aus Schweinekopffleisch, Milch und Schwarten (*Auvergne*), variabel gewürzt, ölig
Boudin **blanc**	Weißwurst: aus weißem Fleisch vom Schwein, Kalb und Geflügel, (auch mit Fischpüree und Champignons), mit Eiern, Sahne, Milch, Sherry oder Madeira im Darm, gebraten oder gekocht
Boudin **b**lanc d'**Av**ranches	Weißwurst aus Fisch und Fleisch, meist gegrillt und mit scharfem Senf
Boudin **b**lanc **ca**talan	Weiß-graue, dicke Wurst mit Eiern und starkem Kräutergeschmack (*Pyrénées-Orientales*)
Boudin **b**lanc **ha**vrais	Gelbwurst aus der Normandie, aus fettem Schweinefleisch, Milch, Eiern, Weißbrotinnerem, Stärke- oder Reismehl, fett und mild im Geschmack
Boudin blanc du **Mans**	Gekochte Weißwurst aus Schweinelende, Sahne, Speck, Eiern und Gewürzen (*Le Mans*)
Boudin blanc de **pays**	Weißwurst aus Schweinebrust und Eiern im Rinderdarm mit starkem Kräutergeschmack
Boudin blanc de **Re**thel	Klassische Wurst aus magerem Fleisch, Schweinespeck, Milch und Eigelb, ohne Amylace (Enzyme), sämig und schmackhaft
Boudin de **Bo**urgogne	Cremige Schweinewurst mit Frischmilch und Reis
Boudin de **Br**est	Wurst aus Speck, Rahm, Eiern (*Brest*)
Boudin de **br**ochet	Hechtklößchen
Boudin **cr**éole	Siehe boudin antillais (↑)
Boudin à la **la**ngue	Zungenblutwurst
Boudin de **la**ngue	Zungenwurst vom Schwein oder Rind im Rinder- oder Kalbsdickdarm, kräftig und ölig (*Elsass*)
Boudin de **Ly**on	Blutwurst mit vorherrschendem Zwiebelgeschmack, mit rohen Zwiebeln, Kräutern und Gewürzen
Boudin noir aux **po**mmes	Blutwurst in Scheiben oder Stücken, mit Äpfeln gebraten (*Elsass*)
Boudin noir de **Sa**int-**R**omain	„Schwarzwurst" aus der Gegend von *Le Havre*: aus Schweineblut, rohen Zwiebeln, fetter Sahne, ohne Schweinefleisch, cremig
Boudin à la **no**rmande	Blutwurst mit Apfelschnitzen serviert (*Normandie*)
Boudin de **Pa**ris	Wurst aus je einem Drittel von Schweineblut, fettem Schweinefleisch & gekochten Zwiebeln mit Milch oder Sahne im Schweinedarm (*Paris, Île de Fr.*)

Boudin du **Po**itou	Wurst aus gehacktem Spinat, Paniermehl, Sahne, Eiern, Zucker, ohne Schweinefett, schmeckt leicht ölig und nach Kräutern (*Poitou-Charentes*)
Boudin aux **ra**isins	Wurst mit Rosinen (für süße Liebhaber?)
Boudin à la **Ri**chelieu	Wurst aus Geflügelfleisch, manchmal mit Trüffeln, kugelförmig im Schweinenetz
Boudin de **St**rasbourg	Schweinswurst mit gekochtem Schweinespeck, Brot (10%) in Milch eingeweicht, Zwiebeln, kalt geräuchert, knackig, mit typischem Rauchgeschmack
Boudin du **Su**d-Ouest	Dicke Wurst aus dem ganzen Schweinekopffleisch, auch mit Zunge & Schwarten, Lunge und gehackten, gekochten Herzen (Umkreis von *Bordeaux*)
Boudoir	Löffelbiskuit
Bouées de crabe	Pastetchen mit Krabbenfleisch und Sauce (variabel)
Bouffe	Essen, Fraß
bouffer	ugs. fressen
Bouffis	Hering gesalzen und geräuchert
Bougnette	Netzwurst aus Schweinefleisch, Brot, Eiern im Ofen gebraten, Kräutergeschmack (*Tarn*)
Bougras	Wurst-Suppe mit Kohl, Lauch, Zwiebeln und Kartoffeln (*Périgord*)
Bouillabaisse (à la marseillaise)	„*Marseiller*" Fischsuppengericht, mit Mittelmeerfischen und Langusten, Zwiebeln, Lauch, Olivenöl, Fischbouillon, Tomaten, Knoblauch, Thymian, Safran, Anis, Petersilie, Bohnenkraut, Salz und Pfeffer, Lorbeer, Fenchel, auf mit Knoblauch abgeriebenen Croûtons in der Fischbrühe
Bouillabaisse **bo**rgne	Bouillonkartoffeln mit verlorenen Eiern und Fleischbrühe (*Provence*)
Bouillabaisse à la **pa**risienne	Wie die „Marseiller", aber mit Muscheln und Weißwein (*Paris, Île de France*)
Bouilleture (*Anjou*)	Aalragout mit Rotwein, Zwiebeln, Pflaumen
Bouilleture d'anguilles	Aalragout mit Weißwein, Eigelb, Kräutern, S + P
Bouilleture d'anguilles à l'**an**gevine	Aalstücke mit Champignons, in Rotwein und Sahne zubereitet
Bouilli	Gekochtes Suppenfleisch vom Rind
bouilli(e)	gargekocht, gesotten

45

Bouillie	Brei, Schleimsuppe, Kinderbrei
Bouilli de sarrasin à la crème	Buchweizenbrei mit Sahne
Bouillinade	Fischeintopf mit Kartoffeln, Öl, Zwiebeln, Knoblauch, mit Eigelb gebunden (*Languedoc*)
bouillir	kochen, sieden
bouillir à gros	brodelnd kochen
bouillir lentement	köcheln lassen
Bouilloire	Wasserkessel
Bouilloire à sifflet	Pfeifenwasserkessel
Bouillon	1. Kräftige, klare Brühe
	2. Billiges Gasthaus ugs.
Bouillon de bœuf aux quenelles de moelle	Markklößchensuppe (*Elsass*)
Bouillon gras	Fette (Fleisch-)Brühe
Bouillon de légumes	Gemüsebrühe
Bouillon maigre	Magere Brühe
Bouillion à l'œuf	Fleischbrühe mit Ei
Bouillon de poulet	Hühnerbrühe
Bouillon de tortue	Schildkrötensuppe
Bouillon de viande	Fleischbrühe
Bouillon de volaille	Geflügelbrühe
bouilloner	aufwallen, sprudeln
Boulaingou	Dünner Pfannkuchen
Boulangerie	Bäckerei
Boule (militaire)	Kommissbrot
Boule	1. Kugel
	2. Kugelspiel, ähnlich wie „Boccia"
Boule de Berlin	„Berliner", Kugelpfannkuchen (meist gefüllt)
Boule de glace	Eisbecher
Boule de gomme	Hustenbonbon
Boule de neige	Kugelförmiger Kuchen oder Eisbombe, rundum mit Schlagsahne überzogen
Boule de pain	Brot(-Laib)
Boule à thé	Tee-Ei
Boulette	Bulette, kleiner gebratener Fleischklops, Frikadelle

Boulette de **Ch**ampignons	Pilz-Frikadelle
Boulette de **fo**ie	Leberknödel
Boulettes de **mo**elle	Markklößchen
Boulettes de **po**mmes de **t**erre	Kartoffelkroketten
Boulette de **Ro**quefort	Roquefortkugel (Blauschimmelkäse)
Boulette de **vi**ande	Fleischbulette, Fleischklops
Boullinade	Fischsuppe (*Südfrankreich, Katalanien*)
boulotter	(ugs.) essen
Boumiane	Auberginen mit Zwiebeln, Tomaten und Knoblauch gebraten
Bouquet	1. Große Garnele (rosa)
	2. Aroma des Weines, Blume, Bukett, Duft, Würze
	3. Büschel, Strauß
Bouquet **g**arni	Kräuterbündel, in sehr vielen Gerichten mitgekocht; meist mit Thymian, Lorbeerblatt, Petersilienstängel, Basilikum, auch mit Kerbel, Rosmarin, Estragon, Pimpernelle, Sellerieblättern, Bohnenkraut, Lauch und Salbei
bouqueté	blumig (Wein)
Bouquetière de **l**égumes	Fleischgarnitur aus glaciertem Gemüse und gebratenen Kartoffeln mit Sauce Hollandaise
Bouquettes	Pfannkuchen aus Buchweizen (*Belgien*)
Bouquettes aux **p**ommes de **t**erre	Im Ofen gebackenes Kartoffelgericht (bourbonnais)
Bourcette	Feld-, Rapunzel-Salat
Bourdalou	Mit Birnen belegt (Torte)
Bourdelot	Apfel im Schlafrock, Apfeltasche
Bourdelots à la **p**aysanne à la **m**anière de **B**ayeux	Birnen mit Teig eingehüllt, gebacken (*Bayeux, Basse Normandie*)
Bourguignon (Bœuf ~)	Geschmortes Rindfleisch mit Zwiebeln und Rotwein siehe auch (↓) Sauce bourguignonne
Bourrache	Borretsch, Gurkenkraut
bourrer	sich vollstopfen, sich „vollfressen"
Bourriche	Länglicher Korb
Bourride (*Provence*)	(↑) Bouillabaisse, mit Knoblauchmayonnaise gebunden, auf Weißbrotscheiben angerichtet

Bourride d'aigrefin	Schellfischsuppe
Bourriol	Buchweizenfladen aus der *Auvergne*, im Ofen gebacken, gesalzen oder gezuckert
Bourriolles d'Aurillac	Buchweizenpfannkuchen, gezuckert
Boutargue	Rogen der Meeräsche (weißer Kaviar), gesalzen oder geräuchert und in Scheiben gepresst, als Vorspeise auf Toast
Bouteille	Flasche (mit ¾ Liter Inhalt)
½ (demi) Bouteille	(halbe) Flasche mit ½ Liter Inhalt
Bouteille d'un quart	Viertelliterflasche
Boutifare (Boutifaron)	Speckwurst mit Paprika und Kräutern (*Roussillon*)
Boutons guêtre	Winzige Champignons
Bouzigue	Flache Auster (*Mittelmeer*)
Boviste	Eier-Bovist (Pilz), nicht sehr schmackhaft
Boyau	Darm
braisé(e)	geschmort, gebraten oder gedünstet
sur les braises (de sarment)	über dem Holzfeuer (von Reben) gebraten
braiser	schmoren, braten, dünsten
Braisière	Schmorpfanne
Brancas	Feine Streifen aus Zwiebeln, Sellerie, Champignons und Knoblauch
Brandade de morue	Stockfisch-Püree mit Croûtons umlegt, mit viel Knoblauch, Olivenöl und Sahne (*Provence*)
Brandade de morue à la ménagère ♥	Stockfisch-Püree „Hausfrauenart", mit Milch, Olivenöl, zerdrückten Kartoffeln, Knoblauch, S + P, Schalotten und Petersilie, in Fischbrühe gegart
Brandade de morue aux truffes	Stockfisch-Püree mit Trüffeln und mit Croûtons umlegt, mit Knoblauch (*Languedoc*)
Brandon normand	Heiße Apfeltorte (*Normandie*)
Brassadeaux	Süßer Fladen
Brasserie	1. Brauerei
	2. Bierkneipe, Bierbar mit Speisen
Braou bouffat	Gemüsesuppe (*Pyrenäen*)
Bréan	Makrele
Brebis	Schaf
Bréjaude; Bréjauda	Suppe mit Kohl, Lauch, Kartoffeln, Kohlrabi, Speckschwarten und weißen Rüben (*Limousin*)

Brelin	Mond-Strandschnecke (*normannisch*)
Brême	Brasse, Blei (karpfenartiger Süßwasserfisch), grätenreich
Brême à la batelière	Brasse mit Sauce aus Rotwein, Cognac, Butter, Mehl, Zwiebeln, Schalotten, Champignons und Kräutern
Brême aux petits pois	Brassenfilets paniert, in Butter gebraten, mit grünen Erbsen und Rahmsauce
Brême de mer	Meerbrasse, Seebrasse, ähnlich dem Zobel, Halb- oder Donaubrachsen
Brési	Rindfleisch (Bündner) gepökelt, getrocknet (*Jura*)
Brestois	Eier-Mandel-Kuchen
Bretzels	Anisbretzeln
Bricelet à la vanille	Vanille-Bretzel
Bricheton	ugs. Brot
brider	Fleisch oder Geflügel zusammenbinden, bridieren
Brignole (vieille)	Pflaume, gedörrt (alte Dörrpflaume)
Brignolet	(ugs.) Brot
Brillat-Savarin	1. Berühmter, richtungsweisender Gastronom und Advocat (1726 - 1826), siehe (↓) Garnitures 2. Fetter (75%) Kuhmilchkäse (↓) Anhang: Fromages
Briloli	Maronibrei oder Gebäck (*Korsika*)
Brimbelles	Heidel- und Preiselbeeren (*Franche-Comté*)
Brin de paille	Dünne Käsestange
Brioche	Runder Hefe-Kuchen mit Butter und Eiern, Füllungen variabel
Brioche de fois gras frais	Gänseleber in Briocheteig eingebacken (*Elsass*)
Brioche au fromage	Käsegebäck
Brioche mousseline	Leichtes Hefegebäck
Pâté de Brioche	Brioche-Teig aus Mehl, Hefe, Milch, Eiern, Butter, Salz, wenig Zucker, abgeriebener Zitronenschale
Brionne	Eierkürbis
Broccana	Fleischpastete (*Limousin*)
Broche	Brat-, Grill-Spieß
à la broche	auf dem Spieß gebraten
Brochet	Hecht

Brochet à l`**al**sacienne	*„Elsässer"* Hechtrücken: gespickt, im Ofen mit Riesling und Butter geschmort, mit Sauerkraut gefüllten Tarteletten, mit Schinkenscheibe
Brochet à l`**an**glaise	Hechtfilets paniert, in Butter gebraten und mit Kräuterbutter belegt
Brochet au **beurre blanc**	siehe Brochet à la nantaise (↓)
Brochet **bra**isé aux **c**hampignons	Hecht auf Champignons geschmort, mit Kalbsfond, Sahne, Butter, Sherry und Cognac
Brochet au **court-b**ouillon	Hecht im Fischsud gekocht
Brochet au **fo**ur	Hecht, im Ofen gebacken
Brochet à la **Ge**uze	Hecht im Biersud zubereitet (*Belgien*)
Brochet en **ma**telote de **Me**tz	Hechtragout in Rotwein mit Zwiebeln und Speck (*Lothringen*)
Brochet de **me**r	Pfeilhecht, Barrakuda
Brochet à la **na**ntaise	Hecht auf *„Nanteser* Art": Hecht gekocht mit Zwiebeln, Essig oder Muskateller-Buttersauce
Brocheton	Kleiner, junger Hecht
Brochette	Kleiner Bratspieß
Brochettes d'**ag**neau pré **s**alé	Spießchen, mit Lammfleisch von Tieren auf der Salzweide (*Atlantikküste*)
Brochettes de **chi**polates	Würstchenspieße
Brochettes de **co**quilles Saint-Jaques	Spießchen mit Jakobsmuscheln
Brochettes **ju**rasiennes	Käsewürfel (Gruyère) mit Schinken umwickelt, in Ei und Semmelbröseln gewendet, gebacken
Brochettes de **po**rc aux **po**mmes	Spießchen mit Schweinefleisch und Apfelschnitzen (*Elsass*)
Brochettes de **ro**gnons d'**ag**neau	Spießchen mit Lammnieren
Brochettes des **ro**gnons et de **fo**i de veau à la **pro**vençale	Kalbsleber und -Nieren kleingeschnitten, mit Champignons und Schinkenwürfeln auf Spießchen gesteckt und gegrillt
Brochettes **va**riées	Spieße mit verschiedenen Fleischstücken
Brocoli	Broccoli, Spargelkohl
Brocoli au **la**rd à la **ve**ndéenne	Broccoli mit Butter, Knoblauch, Speck und Kartoffeln zubereitet (*La Roche, Vendée, Loire*)

Brocoli à la **li**lloise	Gekochte Broccoli-Stengel mit gehackten Zwiebeln in Butter gedünstet (*Lille, ganz im Norden*)
Brocoli en **ma**rinade	Gekochter Broccoli, angemacht mit Salatsauce
Brosse (à vaisselle)	(Spül-)Bürste
brosser	bürsten
Brouet	Kraftsuppe
Brouet d'andouille	Wurstsuppe
Broufado	Mariniertes Rindfleisch mit Essig, gehackten Zwiebeln, Kapern und Sardellen (*Provence*)
Brouillade **p**érigourdine	Rührei mit Trüffeln (*Périgord*)
Brouillade aux **m**orilles	Rühreier mit Morcheln
Brouillade de **t**omates	Rührei mit geschälten Tomaten (*Südfrankreich*)
Brouillies	Rühreier
Broutes (Broutons)	Sprossen vom Kohl, mit Essig und Öl (*baskisch*)
brouter	essen (umg.)
Broye (Broyo)	Maisgericht (Polenta)
broyer	zerreiben
Bruant	Ammer
Brugnon	Nektarine
brûler	(ver)brennen
brûlé(e)	angebrannt
Brunoise (de légumes)	Gedünstetes, gewürfeltes Mischgemüse
brut	sehr trocken, herb (Champagner)
brut millésime	trocken, mit Jahrgangsangabe (Champagner)
brut sans année	trocken, ohne Jahrgangsangabe (verschiedene Jahrgangssekte werden für eine bessere Qualität und gleichbleibenden Geschmack verschnitten)
Bucarde (comestible)	Essbare Herzmuschel
Buccin ondé (Bulot)	Wellhorn- oder Trompetenschnecke
Bûche glacée	Weihnachtliche Eisrolle
Bûche de Noël	Weihnachtskuchen: Biskuitrolle (Holzscheit) mit Rum getränkt, glacierten Maronen, mit Schokoladen- oder Moccacreme
Buffet	Büffet, Anrichte, Küchenschrank
Buffet **c**ampagnard	Büffet auf Bauernart
Buffet à **de**sserts	Dessert-Büffet
Buffet **fr**oid	Kaltes Büffet
Buffet de **ga**re	Bahnhofsgaststätte

Buffet **ga**stronomique	Gehobenes Restaurant
Bugnes	In Öl ausgebackene Krapfen, gefüllt mit Konfitüren aus ganzen Früchten (*Lyon*)
Bugnes **a**rlésiennes	Rumkrapfen (*Arles*)
Buguez	*Lyoner* Süßgebäck, frittiert mit Zitronen-, Orangen- und Rum-Zusatz
Buisson	Pyramidenförmig aufgebautes Gericht
Buisson d'**é**crevisses	Krebsplatte, pyramidenförmig aufgebaut
Bulbes	Zwiebelknollen
Bulots	Meeresschnecken, das Haus spitz und verdreht, (bis ca. 7 cm lang) mit viel Fleisch gefüllt; das dünne Blättchen am Fleisch wird beim Essen entfernt; meist mit einer Rouille (Pfeffermayonnaise) kalt serviert ♥
Bunyete	Eine Krapfenart (*Pyrenäen*)
Bureau de **t**abac	Tabak/Zigaretten-Laden (es gibt in Frankreich keine Zigarettenautomaten!), führt auch Briefmarken & Souvenirs, oft ist auch ein Bistro dabei
Burette	Kännchen
butyreux	butterartig, buttrig
Byrrh	Bitter-süßer Apéritif (Markenprodukt)

C

Cabaret	1. Wirtshaus
	2. Kabarett
	3. Haselwurz
	4. Säufer
Cabassol	Gericht aus Kaldaunen (Gedärmen), Füßen und Kopffleisch vom Lamm, Kalbshaxe und Gemüse mit Kräuter-Vinaigrette (*Cevennen*)
Cabillaud, Cabeliau	Kabeljau, Schellfisch
Cabillaud à la **bo**ulangère	Kabeljau mit Butter übergossenen Kartoffeln, im Ofen gebacken, mit Knoblauch und Petersilie
Cabillaud à la **fl**amande	Kabeljau im Weißwein/Zwiebel/Kräutersud gekocht (*flämisch*) (ausnahmsweise ohne Bier)
Cabillaud au **fo**ur	Kabeljau im Ofen, meist in Weißwein gegart

Cabillaud à la **mé**nagère	Kabeljau „nach Hausfrauenart", in Butter, mit Kartoffeln und Zwiebeln umlegt, gebraten
Cabillaud à la **pa**risienne	Kabeljaufilets, in Weißwein und Fischsud gegart, mit Weißweinsauce, Champignons, Trüffeln und Krebsen garniert ♥
Cabillaud à la **po**rtugaise	Kabeljau in Olivenöl und Weißwein mit Tomatenwürfeln und Knoblauch gedünstet
Cabillaud à la **pro**vençale	Kabeljau im Ofen mit Tomaten, Kartoffeln, Zwiebeln und Knoblauch gebraten
Cabillaud à la **sau**ce **e**stragon	Kabeljau in Stücken gekocht, mit Mehlschwitze, vom Fischsud abgelöscht, mit Butter, Sahne und gehacktem Estragon
Cabillaud **sau**té aux **to**mates	Kabeljau(filets) mit Tomaten geschmort (sehr einfallsreich und trotzdem gut)
Cabot	Seebarbe, Meeräsche, (↓) Mulet
Caboussat	Weinsuppe (*Quercy*)
Cabri	Zicklein (ach wie niedlich)
Cabus (chou cabus)	Weißkohl, Kopfkohl, „Kappes"
Cacahuète	Erdnuss(kern)
Cacao	1. Kakao-Bohne
	2. Kakaogetränk
Cachuse	Schweinshaxe, kalt mit Zwiebeln (*Nordfrankreich*)
Café	1. Café, aber eher kleine Terassenwirtschaft, meist mit kleinem Speiseangebot;
	2. Kaffee
café(e)	kaffeebraun(e) (bei manchen Männern sehr begehrt)
Café-**Bra**sserie	Gaststätte
Café-**Cha**ntant	Musik-Café
Café-**Con**cert	Musik-Café , abgekürzt: caf' conc'
Café-**Gla**cier	Eisdiele (kein untergekühltes Wirtshaus!)
Café **al**longé	Kaffee mit heißem Wasser gestreckt
Café **ara**be	Starker Kaffee, ähnlich dem Mokka
Café **arr**osé	Kaffee mit Schuss Rum, Cognac oder Kirsch
Café **com**plet	Komplettes Kaffeefrühstück (ohne Wurst oder Käse)
Café **crè**me	Kaffee mit Sahne
Café **dé**caféiné	Kaffee koffeinfrei
Café **dia**ble	Kaffee mit Cognac (macht teuflisch warm)
Café **ex**press (espresso)	Starker, schwarzer Kaffee wie Mokka oder Espresso

Café **fi**ltre	Filterkaffee
Café **gl**acé	Eiskaffee
Café **in**stantané	Löslicher Pulverkaffee
Café au **lait**	½ Kaffee, ½ heiße Milch, Kaffee verkehrt
Café **lié**geois	Eiskaffee
Café au **malt**	Malzkaffee
Café **mo**ulu	Gemahlener Filterkaffee
Café **na**ture	Schwarzer Kaffee
Café **no**ir	Schwarzer Kaffee
Café **so**luble	Löslicher Kaffee
Café **vie**nnois	Wiener Kaffee (starker Kaffee mit Sahnehaube)
Café**teria**	Gaststätte mit Selbstbedienung (tabu für Gourmets!)
Café**tier**	Cafébesitzer (nicht der Hund im Café)
Café**tière**	Kaffeekanne
Café**tière** automatique	Kaffeemaschine
Cagouille	Weinbergschnecke (schnell wie ein zwo CV)
Cagouilles à la vigneronne	Weinbergschnecken in Rotwein mit Schalotten (*Charentes und Charentes maritimes*)
Cagoule	Schneckenragout (kein Kaffeekränzchen)
Caïeu d`Isigny	Miesmuschel, besonders groß
Caillé	1. Geronnene, dicke Milch
	2. Frischkäse (*Provence*)
caillé(e)	geronnen
Caille	Wachtel (in Deutschland Singvogel!!)
Cailles **Café de P**aris	Gebratene Wachteln mit Gänseleber in großen ausgehöhlten Kartoffeln
Cailles sur **ca**napé	Wachteln auf kleiner Brotschnitte
Cailles aux **ce**rises	Geschmorte Wachteln mit Kirschen
Cailles à la **ch**arentaise	Wachteln mit Salatherzen geschmort
Caille (farcies) au **foi**e **g**ras	Geschmorte Wachteln mit Gänseleberfarce gefüllt
Cailles **la**rdées	Mit Speck gespickte Wachteln
Cailles aux **rai**sins	Wachteln mit Weintrauben
Cailles au **ri**z **R**ichelieu	Wachteln auf Reis mit Tomaten und Champignons
Cailles **rô**ties à la feuille de vigne	Wachteln mit Speckscheiben im Weinblatt geschmort
Cailles **sou**s la cendre	Wachteln unter der Asche gebraten
Cailles à la **S**ouvaroff	Wachteln geschmort, mit Trüffeln und Gänseleber

Cailles à la **vi**gneronne	Wachteln mit Weintrauben und Tresterschnaps
Caillebotte	Quark
Caillette	Gehackte Schweineleber mit Mangold, Kräutern, Zwiebeln, Petersilie und Eiern, im Labmagen oder im Netz gebraten, kalt oder warm serviert
Caillettes de Cornouailles	Frikadellen aus Wurstmasse
Caion	Marinierte Schweinelende (*Savoyen*)
Caisse	Kasse
Caissier, Caissière	Kassierer, Kassiererin
Caissettes garnies	Ragout in kleinen Förmchen überbacken
Cajou (noix de cajou)	Cashewnuss
Cake	Engl. Teekuchen, Früchtebrot
Caladons	Mandel-Honig-Gebäck (*Nîmes*)
Calandre	Lerche (Singvogel ! Keine weiteren Angaben!)
Calappe	Taschenkrebs
Calcaire couvinien	*Belgische* Schokoladentrüffel (ohne Bier)
Calebasse	Flaschenkürbis
Calendrier du nouvel an	Dessert zum neuen Jahr (Neujahrskalender)
Calissons d'Aix	Trockene Mandelplätzchen (die kleinen trockenen)
Calmar	Tintenfisch
Calmars à la **ca**ntabrique	In Weißwein geschmorte Tintenfische, mit Tomaten und verschiedenen Kräutern
Calmars à la **ma**rseillaise	Gebackene Tintenfische mit Kräutern, Tomaten, Oliven und Zwiebeln (*Marseille, Côte d'Azur*)
Calmars **sa**utés	Gebratene Tintenfische
Calvados (ugs. Calva)	Apfelschnaps (bis 72%!) aus der *Normandie*, der durch das Lagern in Limousineichenfässern bernsteinfarben wird; (↓) „Trou normand‴ (Der Lieblingsschnaps von Maigret, der E. und U.)
Calville	Apfelsorte (*Normandie*)
Cambajou	Gesalzene Schweinshaxe
Camomille	Kamille, Kamillentee
Campagne	Die ländliche Gegend
Canapés	Appetithappen: Kleine, belegte Brotscheiben oder Croûtons; mit variablen Formen und Belägen, kalt oder warm serviert

Canapés à l'alsacienne	Mit Butter, Gänseleberparfait und Trüffelscheibe
Canapés aux anchois	Mit Sardellenfilets und hartgek., gehacktem Ei
Canapés à la bayonnaise	Mit Kräuterbutter und Bayonner Schinken belegt
Canapés à la bernoise	Mit gehacktem Schinken in Rahmsauce, mit Emmentaler überbacken
Canapés à la bressane	Mit gebrat. Schinken, Hühnerleber, Champignons
Canapés à la Chasseur	Mit Geflügelleber, Champignons und mit Parmesan überbacken
Canapés à la danoise	Graubrotscheiben mit Räucherlachs, Heringsfilets und Kaviar
Canapés à la française	Mit Sardelle
Canapés du gourmet	Mit Gänseleber, Hühnerbrust, gehackten Trüffeln
Canapés à la hollandaise	Mit Rührei und Schellfisch (ohne Käse?)
Canapés à la lorraine	Mit einer Ei-Käse-Schinken-Masse überbacken
Canapés à la printanière	Mit Kräuterbutter, Eischeibe, Kresse
Canapés de Roquefort	Mit Roquefortkäse bestrichen
Canapés à la strasbourgeoise	In Butter gebraten, mit Apfelscheiben und Gänseleber belegt
Canard	Ente; Nanteser Enten werden geschlachtet, Rouenner Enten werden erstickt!, damit das Blut darin bleibt! (da bleibt einem die Luft weg!)
Canard de barbarie	(Halb)wilde Enten, meist aus Süd(ost)frankreich
Canard (à la) bigarade	Ente (circa 2 kg) mit Orangensaft und -schale, S + P, etwas Essig & karamelisiertem Puderzucker begossen, etwa 1 Stunde im Ofen rosa gebraten, 1. mit Pomeranzensauce serviert 2. den Fond mit Weißwein gebunden als Sauce; auch mit Armagnac flambiert und mit in Essig eingemachten Kirschen serviert
Canard à la bordelaise	Ente, gefüllt mit Weißbrot, Entenleber, Steinpilzen, Oliven, Knoblauch und Petersilie, dann geschmort
Canard à la bourguignonne	Ente in Rotweinsauce geschmort, mit Zwiebelchen, Speckwürfeln und Champignons serviert
Canard braisé à l'orange	Ente mit Orangenfleisch geschmort

Canard au champagne	Gebratene Ente, mit Champagner aufgekochtem Bratenfond, den mit Kalbsjus gebunden, übergossen
Canard à la Duchambais	Zerlegte Ente mit Speck und Schalotten angebraten, im Schmortopf mit Essig und Mehl angebräunt, mit Brühe im Ofen geschmort, vor dem Servieren die Sauce mit Sahne abgebunden (*Auvergne*)
Canard farci à la rouenaise	Ente mit Farce aus Entenleber, fettem Speck, Schalotten, S + P, oft mit Trüffeln, im Ofen gebacken, dazu (↓) Sauce Rouennaise (*Rouen*)
Canard à la fermière	Ente in Weißwein, Demiglace, Karottenscheiben, weißen Rüben, Sellerie, Zwiebeln, Bohnen und Erbsen (frisch von der Farm, frisch auf den Tisch)
Canard gavé	Stopfente (arme, gequälte Tiere!)
Canard à la lyonnaise	Ente geschmort, mit glacierten Zwiebelchen und Esskastanien garniert (*Lyon*)
Canard à la Montmorency	Bratente mit Kirschen und Trüffeln, mit Cognac und Bordeaux-Wein übergossen (Besoffene Ente!)
Canard aux navets	Ganze Ente, mit weißen Rüben zubereitet
Canard à l'orange	Ente mit Orangenfleisch gefüllt, gebraten, dann mit Orangenscheiben, gehackter Orangenschale und Curaçao überzogen ♥
Canard à la presse (à la Frédéric)	Rouener Ente angebraten, der Rumpf ausgequetscht, Blut und Saft mit Entenleberpüree, Cognac, Portwein oder Madeira, Orangensaft, S + P, Cayenne als Sauce zubereitet, die Keulen werden gegrillt; in besseren Restaurants wird die Ente mit einer speziellen Presse am Tisch ausgequetscht (der Frieder hat einen Vorgang aus der Anatomie kultiviert?), die vorher ausgelösten Keulen in der Küche gegrillt, ausgedrückte Blut über dem Rechaud mit Burgunderwein und Butter zu einer Sauce gebunden
Canard à la provençale	Entenstücke in Olivenöl angebräunt, mit Weißwein, Tomaten und Knoblauch geschmort, mit schwarzen Oliven und gehackten Sardellen und Basilikum serviert (*Provence*)

A-Z Französisch - Deutsch

Canard rouennais	Entenfleisch, in Streifen gebraten, mit Schalotten und mit Cognac flambiert
Canard au sang à la rouennaise	Zubereitung, siehe (↑) Canard à la presse, jedoch mit Leber, Zwiebeln und Speck gefüllt (*Rouen*)
Canard sauvage	Wildente (hat frei gelebt; vive la liberté!)
Canard-sauvage à la bigarade	Wildente, Zubereitung wie Canard bigarade (↑)
Canard sauvage au porto	In Portwein gekochte Wildente, mit Thymian, Salz und Pfeffer, Orangen- und Zitronensaft gewürzt ♥
Canard souchet	Löffelente (ich dachte immer: Löffel haben nur Hasen)
Canard vallée d'Auge	Gebratene Ente mit Äpfeln, in süß-saurer Sauce serviert (*Normandie*)
Canardeau	Junge Ente
Cancale	Helle Austernart (aus *Cancale* in der *Bretagne*)
Cancre	Taschenkrebs (in der Hosentasche zwickt er!)
candi	kandiert (in konzentrierter Zuckerlösung eingelegt)
Caneton	1. Junge Ente
	2. Flasche mit Hebelverschluss
Caneton en cocotte Escoffier	Junge Ente mit frischen Kräutern gefüllt, mit Frischgemüse angerichtet ♥
Caneton (à la) (en chemise) rouennais	Junge Blutente mit Leberfüllung, Rotweinsauce (im Schweinsnetz gegart) (*Rouen*)
Caneton rouennais au porto	Rouener Ente blutig gebraten, mit Portwein abgelöscht und den Fond mit Tapiokastärke gebunden
Caneton Saint-Martin	Martinsente in Wein eingelegt, mit Schweinehack, Schweinegrieben und Ei gebraten, kalt als Vorspeise serviert (*Loire*)
Caneton aux truffes	Ente blutig gebraten, dem Fond 1dl roten Burgunder dazugefügt und Trüffeln darin gekocht, die Ente und die Trüffeln in Streifen mit der Sauce serviert
Canette	Kleine Ente
Canette aux baies de cassis	Kleine Ente mit schwarzen Johannisbeeren serviert (*Picardie*)
Canette aux navets	Entchen gebraten, mit weißen Rübchen

Canette **ro**uennaise „**p**ays d'Auge"	Kleine Ente mit Äpfeln, Calvados, Crème fraîche, Butter, verschiedenem Gemüse, Pilzen, Cidre und Knoblauch (*Pays d'Auge, Normandie*) ♥
Canneberge	Sumpf-Preiselbeere (aus welchem Sumpf?)
canneler	riefeln (z. B.: Zitronen), aushöhlen, kannelieren
Cannelle	Zimt
Cannibale de poissons crus	Roher Fisch, meist mit Zitronenscheibchen serviert (von Kannibalen und Japanern hoch geschätzt!)
Canon	Flasche bzw. Glas Wein (ugs.)
Cantaloup	Runde Warzen-Melone, innen dunkel-orange
Cantareu	Ergraute Schneckenart
Canthare, **C**anthère	Streifen- oder Brandbrasse
Cantharelle	Pfifferling, Eierschwamm (nicht zum Waschen!)
Cantine	1. Kantine
	2. (Wein-)Kiste (nach der Kantine in die Kiste!)
Caoua	Kaffee (ugs.)
Capel(an)	Kleiner Mittelmeerfisch, Zwergdorsch
Capilotade	Ragout aus Fleisch (Rind, Kalb, Geflügel)
Capilotade de poulet paysanne	Geschmorte Hähnchenstücke, kräftig gewürzt, nach deftiger „Bauernart"
capiteux	berauschend (wie Eleonore)
Capoum	Rotbarsch
Capoun	Kohlroulade, gefüllt mit Eier/Fleisch/Reismasse und geriebenem Käse
Câpres	Kapern (die kleinen runden Grünen, sagte Helmut)
Câpres capucine	Früchte der Kapuzinerkresse, eingelegt wie Kapern
Capsicum	Paprika, Paprikaschote
Capucine	Kapuzinerkresse (wo gibt's noch Kapuziner)
Caqhuse	Schweinshaxe kalt, mit Zwiebeln (*Picardie*)
Caquelon à fondue	Fonduepfanne
Caracol	(Weinberg-)Schnecke
Carafe	Karaffe
Carafe à **dé**canter	Dekantier-Karaffe, -Kanne oder -Flasche
Carafe d'**eau g**ratuite	Wasser gratis serviert (sehr spendabel!)
Carafe à **vi**n	Weinkaraffe
Carafon	Kleine Karaffe
Caramel	Karamell(-Zucker), (-Bonbon)

caraméliser	1. Zucker brennen, mit Zucker süßen;
	2. (Braten) eine braune Kruste bekommen
Caramota (Caramote)	Geißelgarnelen, Hummerkrabben, Shrimps
Carapace	Schale (Krebse)
(en carapace)	(in der Schale, im Panzer (nicht im Leopard) zubereitet)
Caraque	Schokoladencreme-Torte
Carassin	Karausche, Bauern-, Moorkarpfen (Flussfisch)
Carbon(n)ade	1. Dünne Fleischscheiben vom Rind angebraten, dann mit Zwiebeln und Bier gekocht (*flämisch*)
	2. Über Holzkohle gegrilltes Schweinefleisch
	3. Rindfleisch im Schmortopf mit Rotwein gebraten (*Midi*) ♥
Carbon(n)ade de bœuf à la flamande	Geschmorter Rinder-Rostbraten „*flämisch*" mit Schweineschmalz, Zwiebeln, Bier, Fleischbrühe, Essig, Mehl, Petersilie, Thymian, Lorbeer, S + P
Carbonnade carolorégime	Steak mit Röstzwiebeln und Sauce (*Belgien*)
Carcasse	Bei Geflügel und Krustentieren: der Rumpf, das Gerippe, Gehäuse oder das Knochengerüst
Cardamone	Kardamom (Gewürz)
Carde	Mangold (Gemüse)
Cardine	Scheefsnut; Plattfisch aus dem Meer, die Augen auf einer Seite, mit großem Maul, 20-50 cm lang, Fleisch mager, weiß und fest; viele Variationen, als Filet, wie Seezunge zubereitet (Scheefsnut, ha!)
Cardon	Spanische Artischocke; es werden nur die Blätter (les cardes) gegessen (schmecken nicht nach Karton!)
Cardons au gratin	Artischocken mit Rindermark und Fleischbrühe, mit Gruyèrekäse überbacken (*Savoyen*)
Cardons à l'italienne	Artischocken mit Schinken/Kräuter-Sauce
Cardons à la Mornay	Artischocken mit Käse überbacken
Cardon niçois	Artischocke gekocht, mit heller Petersilien-Sardellen-Sauce (*Nizza, Côte d'Azur*)
Cardouille	Eberwurz (*Languedoc*) (Schnaps, nicht des Ebers Wurzel)
Carême	Feinbäcker & Koch u. a. von Napoleon I.; es sind
(1783- 1833)	viele Saucen & Garnituren nach ihm benannt, z. B.:
	1. Große, stolze, spanische Oliven mit Schinkenpüree gefüllt, mit Kartoffelkroketten und

	Madeirasauce zu Fleisch serviert
	2. Zu Fisch: Weißweinrahmsauce mit Trüffeln oder Champignons, Fischklößchen oder Austern mit Fleurons (Blätterteighalbmonde) serviert ♥
Cargolade	Weinbergschnecken gegrillt, mit Paprikaschoten und ausgelassener Butter (*Roussillon*)
Cari (cary, carry, curry)	Curry
Cari de mouton	Gebratenes Hammelfleisch (gewürfelt) mit Curry
Caricole	Meerschnecke (nicht das süße Mädchen, das aus dem Meer kommt)
Carne	ugs. (schlechtes) Fleisch (deiffi!)
Caroline	Pikant gefülltes Brandteiggebäck (Eclairs)
Carottes à la **bo**urgeoise	Karotten, in Butter geschwenkt, mit leichter Mehlschwitze (da müssen die Karotten schwitzen!)
Carottes à la **crè**me	Karotten gedünstet, in Sahne fertiggegart
Carottes **glacées**	In Butter geschwenkte Karotten (glaciert)
Carottes à la **pa**ysanne	Karotten „Bauernart", vorgekocht mit Speck und Zwiebeln
Carottes à la **pou**lette	Karotten in Butter-Eigelb-Sahne-Sauce
Carottes **ra**pées	Geraspelte Karotten, roh (und nackt)
Carottes à la **Vi**chy	Karotten in Butter gedünstet mit Zucker und Petersilie
Carpaccio	Dünne Speck/Rindfleischplättchen mit Kräutermarinade
Carpe	Karpfen
Carpe **aigre-d**oux	Karpfen süß-sauer zubereitet (na ja)
Carpe à l'**al**sacienne	1. Karpfen auf Zwiebeln und Schalotten gekocht, mit Kräutersauce übergossen (*Elsass*)
	2. Karpfen mit Fischfarce gefüllt, in Weißwein gekocht; auf Sauerkraut mit Salzkartoffeln und Fischbutterfond serviert (*Elsass*)
Carpe à la **Ch**ambord	Mit Fischfarce gefüllter Karpfen, mit Speck und Trüffeln gespickt, in Rotwein-Champignonsauce mit Kräutern gedünstet
Carpe **fa**rcie	Karpfen mit Hechtschaumcreme gefüllt, in Weißwein und Fischsud geschmort, mit Champignons
Carpe **fa**rcie à la **pé**rigourdine	Karpfen mit getrüffelter Gänseleber gefüllt (*Périgord*)
Carpe à la **ge**lée de **vin**	Karpfen in Rotwein gekocht (*Lothringen*)

Französisch - Deutsch

Carpe à la **ju**ive	Karpfen „jiddisch": gebraten mit Mehl, Zwiebeln, Knoblauch, Petersilie und gelierter Sauce - KALT
Carpe à la **lu**ne (Karpfen des Mondes)	„Bauernkarpfen", Karausche (wie (↑) Carassin)
Carpe à la **me**urette	Karpfenstücke in Rotwein, Karotten, Zwiebeln, Kräutern, mit Tresterschnaps (Marc) flambiert
Carpe **Sa**int **M**enehould	Karpfenfilets in Ei, Weißbrotkrumen und gehackten Champignons paniert, gebraten oder gegrillt, mit Pfeffergurken und gehackten Sardellen
Carpe de la **Sè**vre	Karpfenstücke auf Schalotten und Champignons mit Weißwein, im Ofen geschmort (*Loire*)
Carpe **Vo**lnay	Karpfen gedünstet mit Schalotten in Champignonsud und Burgunderwein (*Volnay*)
Carpeau, Carpillon	Junger, kleiner (niedlicher, unverdorbener) Karpfen
Carré	1. (Speck-)Brocken 2. Der unzerteilte untere Rippenstrang, das Vorderviertel, ein Stück Fleisch (Hammel, Rind oder Schwein), das Rippchen (Koteletts) beinhaltet 3. viereckig
Carré d'agneau à la **Be**auharnais	Lammrückensteak gegrillt, mit Bröseln paniert
Carré d'agneau au **be**urre de **m**enthe fra**î**che	Lammrückensteak mit frischer Pfefferminzbutter (*Bretagne*)
Carré d'agneau à la **bo**nne **f**emme	Lammrückensteak im Topf mit Butter, Zwiebeln, Speck, Karotten & Olivenkartoffeln angebräunt im Ofen fertig gebacken „nach Art der guten Frau"
Carré d'agneau à la **bo**rdelaise	Lammrückensteak mit Steinpilzen im Ofen gebraten (*Bordeaux*)
Carré d'agneau à la **bo**ulangère	Lammrückensteak mit Kartoffelscheiben und Zwiebeln im Ofen gebacken
Carré d'agneau à la **l**anguedocienne	Lammrückensteak mit Zwiebeln, rohem Schinken, Knoblauch und Steinpilzen (*Languedoc*)
Carré d'agneau **r**ôti à la **f**orestière	Lammbraten mit Morcheln, Speckscheiben und Kresse
Carré d'agneau à la **sar**ladaise	Gebratener Lammrücken mit Kartoffeln und Trüffeln ♥

Carré d'agneau à la **tou**lousaine	Lammrücken gebraten mit Trüffelscheiben, Pilzen und Gänseleber (*Toulouse*)
Carré de mouton Parmentier	Hammelrückensteak oder Lammrückensteak mit Kartoffeln
Carré de porc	Schweinerückenstück
Carré de porc à l'**al**sacienne	Gebratener Schweinerücken mit Speck und Sauerkraut (*Elsass*)
Carré de porc à la **bou**langère	Schweinerückenstück mit Kartoffeln und Zwiebelscheiben gebraten
Carré de porc **fu**mé	Kassler Rippenspeer
Carré de porc à la **li**mousine	Gebratener Schweinerücken, mit Rotkraut (*Limousin*)
Carré de porc à la **pro**vençale	Gebratener Schweinerücken mit Knoblauch und Kräutern
Carré de porc **sal**é	Schweinerippchen gepökelt (wie daheim)
Carré de veau (rôti)	Kalbsrückenstück (gebraten)
Carrelet	Glattbutt oder Steinbutt, meist aber Scholle
Carrelet à l'**an**tiboise	Scholle(nfilet) paniert in Butter und Cidre gegart, mit Muscheln, Champignons, dazu Butter-/Sahnesauce oder auf Tomatenpüree serviert (*Antibes*)
Carrelet à la **bre**tonne	Scholle in Butter gebraten, mit Krabbenfleisch, Zwiebeln, Kapern und Kräutern (*Bretagne*)
Carrelet **sa**uce **n**ormande	Scholle in Butter und Cidre gegart, mit Muscheln, in Butter/Sahnesauce (*Normandie*)
Carrelet à la **va**roise	Scholle gegrillt, auf Tomaten/Sardellenpüree, mit schwarzen Oliven und gehackter Petersilie
Carte	(Speise-)Karte
à la carte	Nach der (Haupt-)Karte (bestellen)
à la carte de jour	Nach der Tageskarte (bestellen)
Carte des **de**sserts	Nachtischkarte
Carte des **Gl**aces	Speiseeiskarte
Carte des **me**ts et des **vi**ns	Speisen- und Wein- (Getränke-) Karte
Carte de **re**staurant	Tageskarte
Carte des **vi**ns	Weinkarte
Carton de table	Tischkärtchen (wer keines zieht, ist nicht eingeladen!)
Cartouche	Stange (Zigaretten)
Carvi	(Garten-)Kümmel, Karve

Cary	Curry
Cary de **mo**uton	Hammelcurry: Fleischwürfel mit Petersilie in Senföl mariniert, im eigenen Saft mit Zimtstange (na!) gedünstet, mit Currysauce und Kokosraspeln aufgekocht, meist mit Reis, geklärter Butter und Mango-Chutney serviert ♥ (wer raspelt Coco?)
Cary de **mo**uton aux reinettes	Hammelcurry mit (Reinetten-)Äpfeln
Cascade de sorbets	Sorbett-Nachtisch
casher	koscher (jiddisch für einwandfreie Speise)
Casier à bouteilles de la contre-porte	Türfach für Flaschen (Kühlschrank) (hoffentlich voll!)
Cassate	Cassata, Eis mit kandierten Früchten
Cassate à la Marie Brizard	Cassata mit Anisette und Schlagsahne
Casse	Zerbrochenes Geschirr, Scherben
Casse croûte	1. Imbiss
	2. Stulle
	3. Schnellimbiss (oh, La France!)
Casse croûte à toute heure	Kleine Mahlzeiten zu jeder (Öffnungs-)Zeit
Casse musse	Gebäck aus Frischkäse mit Briocheteig (*Touraine*)
Casse musseau	Gebäckstück
Casse -noix (-noisettes)	Nussknacker (kann keine Rätsel lösen!)
Casse rennaise	Pastete aus Bouillon, Kalbsgekröse, Weißwein
casser, cassé(e)	zerbrechen, zerbrochen(e), kaputt
Casserole	1. Schmorpfanne, Kasserole (Stieltopf)
	2. Zubereitungsart von Reis, als Kranz oder aus dem Rundförmchen als Zylinder geformt
Casserole à la manche	Stielpfanne
Casserole plate	Flache Henkelpfanne
Casseron	Tintenfisch
Casseron en matelote	Tintenfisch in Rotweinsauce
Cassis	1. Schwarze Johannisbeere
	2. Johannisbeerlikör
Cassis	Rotwein aus der *Provence* (aus der Nähe von *Marseille*) (auch ein liebes Briard-Hündchen von Ulrike)
Cassissines	Schwarze Johannisbeerbonbons

Cassolette	Kleine Kasserole, Pfännchen, Porzellantöpfchen (mit Henkel), in der auch serviert wird
Cassolette d'**é**crevisses	Pfannengericht mit Krebsen
Cassolette d'**é**crevisses **ma**rinière	Pfannengericht mit Krebsen, Zwiebeln und Weißwein
Cassolette d'**es**cargots champenoise	Schnecken im Pfännchen, mit Champagner zubereitet
Cassolette de **la**ngoustines	Krabbenpfanne
Cassolette de **ris** de **v**eau	Kalbsbries mit Champignons in Sahnesauce, mit Käse und Semmelbröseln im Töpfchen überbacken
Cassonade	Brauner (Roh-)Zucker, Farinzucker
Cassoulet	Eintopf mit dicken, weißen Bohnen, Gänse- oder Entenfleisch, Schweine- oder Hammelfleisch, Knoblauchwurst, Gänseschmalz, Rotwein, Zwiebeln, Knoblauch; sehr bekannte Spezialität aus *Carcassonne, Toulouse oder Castelnaudary* ♥ ♥
Cassoulet de **Car**cassonne	~ (↑) oft mit Hammelkeule, oft auch mit Rebhuhn
Cassoulet de **Cas**telnaudary	~ (↑) auch mit Schweinehaxe, Schinken und frischem Bauchspeck
Cassoulet **la**nguedocien	~ (↑) mit Schweineschwarten, Speck, roher Knoblauchwurst, Kräutern (*Languedoc*) (das fetzt!)
Cassoulet de **To**ulouse	~ (↑) meist mit Hammelhals, *Toulouser* (Schweine-)Wurst, eingemachter (confit) Ente oder Gans
Castagnaci	Korsische Krapfen oder Waffeln aus Maronimehl
Castagnole (Castagnola)	„Meerschwalbe", seltener Meerfisch aus dem Atlantik und Mittelmeer mit ovalem Körper, grauschwarz; gibt hervorragende Fischfilets ♥
Catigot / Catigou d'**an**guilles	Aalragout mit Tomaten, Rotwein, Zwiebeln, Knoblauch und Thymian (*Provence, Camargue*)
Caudière / Caudrée	Fischsuppe mit Kartoffeln (*Flandern und Artois*)
Cavaillon	Melonensorte, süß und aromatisch
Cave	(Wein-)Keller
Caviar	Kaviar (gesalzener Rogen des Störs, Fischeier)
Caviar **Be**luga-**Mo**lossol	Der beste und teuerste Kaviar, wenig gesalzen ♥ ♥
Caviar **bl**ini	Buchweizen-Hefeteigpfannkuchen mit Kaviar

Caviar de la Gironde	Feinkörniger Kaviar vom Stör (*Gironde*)von exzellentem Geschmack ♥
Caviar à la niçoise	„Nizzaer Kaviar" mit gehackten Oliven, Kapern, Olivenöl, Sardellen und Kräutern (Basilikum)
Caviar osétra (osciètre)	Grau-schwarzer oder goldbrauner Kaviar, sehr fein und jodhaltig ♥
Caviar Parnaja-Molossol	Kaviar von im Winter gefangenem Stör ♥
Caviar de Provence	(Poutargue) Kaviarersatz: der Rogen vom Meerbarben, meist trocken, in Würstchenform gepresst. **Tipp:** auf dem Teller auseinander bröseln, mit etwas Olivenöl mischen; dazu Weißbrot ♥
Caviar russe d'origine Beluga	Original russischer Kaviar vom Stör ♥ ♥
Caviar-Sewruga	Stark gesalzener, grauer oder schwarzer Kaviar, der meistverkaufte (bis zu 80%) ♥
Caviste	Kellermeister
Cédrat (confit)	Zitronatzitrone (Zitronat)
Célan, Célerin	Meeresfisch
Célerie	Sellerie (man sagt Sellerie wäre potenzfördernd)
Célerie braisé	Staudensellerie mit Karotten, Zwiebeln und Speck gedünstet
Célerie en branches	Staudensellerie, Bleichsellerie, Stangensellerie
Célerie milanaise	Gekochter Staudensellerie mit Butter überzogen und mit Parmesan bestreut, im Ofen überbacken
Célerie-rave	Knollensellerie, Wurzelsellerie (der stärkt!)
Célerie-rave mayonnaise	Knollensellerie geraspelt, mit leichter Mayonnaise
Célerie-rave rémoulade	Knollensellerie geraspelt, mit Remouladensauce
Ce menu n'est pas servi le soir (le dimanche)	Dieses Menü wird abends (am Sonntag) nicht serviert
Cendre sous la cendre	Asche 1. In Asche gegart 2. Im Blätterteig gebacken
Cendrier	Aschenbecher
Cep	Weinstock
Cépage	Rebsorte, Rebenart
Cèpe	Steinpilz, Herrenpilz, Herrling
Cèpe annulaire	Butterpilz
Cèpe de Bordeaux	Sommersteinpilz ♥

Cèpes (sautés) à la bordelaise	Steinpilze, in Öl gebraten, mit Knoblauch, Petersilie & Schalotten-Sauce mit saurem Traubensaft
Cèpes farcis	Steinpilzköpfe mit einer Füllung aus: Steinpilzstielen, Schinken, Eigelb und Paniermehl, dann paniert, mit Butter beträufelt und überbacken
Cèpes à la française	Steinpilze mit Tomaten, Kerbel, Estragon, Knoblauch und Petersilie gefüllt, dann überbacken
Cèpes à la grecque	Steinpilze „griechisch", gekocht und kalt in einer Marinade aus Weißwein, Olivenöl, Pfeffer, Lorbeerblatt und Zitronensaft serviert
Cèpes à l'indienne	Gedünstete Steinpilze mit Curryrahmsauce ♥
Cèpes à la limousine	In Butter geschmorte Steinpilze, in frischer Sahne, mit Salz, Pfeffer und Knoblauch ♥
Cèpes à la marseillaise	Steinpilze halbiert, mit Kerbel, Petersilie, Schalotten, gehackten Eiern belegt, mit Reibbrot und Sardellen garniert, dann überbacken ♥
Cèpes à la niçoise	Steinpilzköpfe mit den Stielen gefüllt, mit Knoblauch, Petersilie und Schnittlauch (*Nizza*)
Cèpes à la périgourdine	Gedämpfte Steinpilze mit Speckwürfeln, Knoblauch, Petersilie und mit saurem Traubensaft abgeschmeckt (*Périgord*)
Cèpes Rossini	Steinpilze in Rahm, mit Zwiebeln und Trüffeln
Cèpes à la savoyarde	Steinpilze und roher Schinken als Ragout (*Savoyen*)
Cèpes à la toulousienne	Steinpilze gebraten, mit Zwiebeln, Knoblauch, Schinken und Tomaten (*Toulouse*) ♥
Céréales	Getreide (-Flocken oder -Speise)
Cercle	Reif, Kreis, Ring
Cercle pour flan	Kuchenring
Cerf	Hirsch
Cerfeuil	Kerbel
Cerise	Kirsche
Cerises méringuées	Kirschkompott mit Baiserteig überbacken
Cerise Montmorency	Weichselkirsche mit Vanillezucker gedünstet: der Kuchenmittelpunkt (im Savarin-Napfkuchen)
Cerneau	Grüne Walnuss
Cerneaux au verjus	Grüne Walnüsse in Traubensaft mit Salz und Pfeffer (Vorspeise)

cerner	entkernen (Nuss)
Cernier	Wrackbarsch
Cervelas	Zervelatwurst (nicht mit der Pfälzer Servela zu vergleichen), frische Dauerwurst, Brühwurst
Cervelas en **br**ioche	Zervelatwurst im Brioteig
Cervelas de **br**ochet	Hechtfleischwurst (mit Kartoffelmasse)
Cervelas de **Ly**on	Schweinswurst, meist mit Trüffeln und Pistazien
Cervelle	Hirn von Schlachttieren (macht's schlau?)
Cervelle au **be**urre noir	Hirn in brauner Buttersauce
Cervelle à la **me**unière	Hirn mit Zitronensaft beträufelt, in Mehl gewendet und gebraten
Cervelle de **ve**au archiduc	Kalbshirnschnitten in Butter gebraten, auf Spinat mit Rahmsauce serviert
Cervelle de **ve**au en **f**ritots	Kalbshirn im Teigmantel, in der Friteuse gebacken, mit Tomaten- oder Mayonnaisen- oder Remouladensauce
Cervelle de **ve**au **ma**réchal	Panierte Kalbshirnscheiben gebraten, mit Trüffeln und Spargelspitzen
Céteaux	Kleine Fischlein
Chaboisseau	Groppe (Meerfisch), Skorpionfisch
Chabot	Seebulle, Seeskorpion
Chair	Fleisch
Chair à paté	Füllung
Chair à saucisses	Wurstfleisch(-Füllung)
Chaise	Sitzstuhl (nur zum Sitzen!)
Chaleur	Wärme, Hitze
Chalumeau	Trinkhalm, Strohhalm
chambré	(Wein) zimmerwarm, nicht über 18°C
chambrer	warmstellen, temperieren
Chambre froide	Kühlraum
Chamitrés	Waffeln (*Lothringen*)
Chamois	Gämse
Chamois à la grand veneur	Gämsenpfeffer mit Maronenpüree und Johannisbeergelee (*Alpen*)
Chamoure	Kürbiskuchen (*Lyon*)
Champagne	Champagner (Sekt aus der *Champagne* mit Flaschengärung)

Champagne compris	Champagner (wieviel?) im Preis inbegriffen (selten! - und nicht unangenehm)
Champagne à partir de ... € - la bouteille	Champagner gibt es ab ... € - die Flasche
Champagne à volonté	Champagner nach Belieben
Champignon	Essbarer Pilz (Oberbegriff für alle Speise-Pilze)
Champignons des bois	Waldpilze
Champignons à la bordelaise	Pilze in Öl gegart mit Schalotten, Knoblauch, Petersilie und Weinfond
Champignon de couche	Wiesen- oder Feldchampignon
Champignons à la crème	Champignons in Rahmsauce
Champignon de culture	Zuchtchampignon
Champignons farcis	Champignonköpfe mit Kräuterbutter gefüllt, mit Paniermehl und Butter in der Röhre überbacken
Champignons gratinés	Panierte Champignons mit Butter beträufelt und geraspeltem Käse (Emmentaler) überbacken
Champignons à la grecque	Champignons „griechisch", mit Weißwein, Zitrone, Fenchel, Koriander, Thymian, Sellerie, Lorbeer, in Öl gekocht, kalt als Vorspeise
Champignons grillés	Champignonköpfe mit Kräuterbutter gefüllt und auf dem Rost gegrillt
Champignons hongroise	Champignons „ungarisch" in Paprikasauce
Champignons à la lyonnaise	Champignons mit Zwiebeln gedünstet, mit Zitronensaft beträufelt, gewürzt mit Petersilie, Pfeffer und Salz (*Lyon*)
Champignon noir	Meist Totentrompete, ein würziger Speisepilz, oft auch getrocknet angeboten
Champignons de Paris	Zuchtchampignons (die kleinen mit Hütchen)
Champignon parfumé	Würziger Pilz: meist „Echter Reizker", (↓) Rovellon
Champignons à la piémontaise	Champignons mit Kräutern gedünstet, mit Bröseln und geriebenem Käse bestreut und überbacken
Champignons des prés	Wiesenchampignons
Champignons provençale	Champignons gedünstet, mit Zwiebeln, Tomaten, Knoblauch, gehackter Petersilie, Salz und Pfeffer
Champignons en salade	Rohe Champignonscheiben, meist mit Sauce Vinaigrette (↓) oder mit Sauce Chantilly (↓)
Champigny	Blätterteigkuchen mit Aprikosenfüllung

Changement de garniture	Änderung der Beilagen
(Tout ~ supplément)	Jede Beilagenänderung wird gesondert berechnet
Chanoinesses	Honigkuchen (*Remiremont*)
Chanterelle (Girolle)	Pfifferling, Eierschwamm, meist wie Champignons oder Steinpilze (Cèpes) zubereitet
Chantilly	siehe (↓) Crème Chantilly
Chapelet	Reihe, Kranz, Ring (Wurst)
Chapelure	Abgeriebene Brotkruste, Semmelbrösel, Paniermehl
Chapon	1. Kapaun (junger, kastrierter Masthahn, der Arme)
	2. Geröstetes Weißbrot, mit Knoblauch bestrichen
	3. Drachenkopf (Meerfisch) siehe (↓) Rascasse
Chapon à la carcassonaise	Kapaun gefüllt mit Wurst, Geflügelleber, Oliven und Knoblauchcroutons (*Carcassonne*)
Chapon au gros sel	Kapaun mit Speck umhüllt, mit viel Meersalz im Ofen gebacken, meist mit Gemüse garniert
Chapon truffé rôti	Getrüffelter Karpaun, gebraten
Chaque jour frais	An jedem Tag frisch
charbonnée	angebrannt, verbrannt (Speisen) (nein danke!)
Charbonnée	1. Rostbraten
	2. Schweinepfeffer (*Berry*)
Charbonnier	Seelachs, Köhler
Charcutailles	Wurstwaren (meist vom Schwein)
Charcuterie	1. (Schweine-)Metzgerei
	2. Bezeichnung für alle Nahrungsmittel aus Schweinefleisch: Wurst, Salami, Pastete, Aufschnitt usw.
Charcuterie assortie	Gemischter Aufschnitt (vom Schwein)
Chardonnay	Weiße Burgunderrebe; aus deren Trauben werden alle großen Burgunderweine und Champagner erzeugt
Chargouère	Strudel mit Pflaumen
Chariot	Wagen
Chariot des desserts	Servierwagen mit Nachspeisen
Chariot d' hors d'œuvre	Vorspeisenwagen
Chariot de service	Servierwagen
Charlotte	Warme Süßspeise mit Schokolade oder Früchten

Charlotte à l'**ar**lequin	Biskuits abwechselnd mit Schokoladen-, Zitronen- und Pistazien-Schmelzglasur, mit bayrischen Fruchtcremewürfeln, Gelee & kandierten Früchten
Charlotte **Ca**rmen	Waffeln mit Tomaten/Paprika-Püree, Ingwerpflaumen, Läuterzucker mit Ingwerpulver, Gelatine, Zitronensaft; mit Schlagsahne serviert
Charlotte **Ch**antilly	Biskuits, Waffeln oder kleine Windbeutel mit Karamel und Schlagsahne
Charlotte à la **fl**orentine	Biskuits mit Orangeneis, vermischt mit Sahne
Charlotte aux **fr**aises	Löffelbiskuits mit Erdbeeren und Vanillecreme
Charlotte **Ge**orge **S**and	Kleine Schokoladenkuchen mit Mokka-Eis, Schlagsahne und Johannisbeergelee
Charlotte à l'**im**périale	Waffeln mit Maraschinogelee, bayrischer Fruchtcreme mit Birnenwürfeln, halben Birnen, Schlagsahne, bestreut mit Angelikawurzel
Charlotte au **ma**dère	wie „Charlotte de pommes" (↓) , mit Trauben und Aprikosenmarmelade und Madeirawein (lecker!)
Charlotte à la **no**rmande	Apfelscheiben mit Calvados, Aprikosenmarmelade & Zucker, zwischen Brotscheiben gebacken
Charlotte à la **pa**risienne	Biskuits mit Vanillecreme gefüllt, mit Schmelzglasur und Aprikosenmarmelade
Charlotte aux **po**ires	Birnenscheiben mit Aprikosenmarmelade und Zucker zwischen gebutterten Brotscheiben
Charlotte aux **po**mmes	Löffelbiskuits mit Apfelkompott & Vanillecreme
Charlotte de **po**mmes	Apfelscheiben mit Aprikosenmarmelade und Zucker zwischen gebutterten Brotscheiben
Charlotte aux **po**mmes **mé**ringuées	Löffelbiskuits mit Apfelkompott und Vanillecreme, mit Eischnee überbacken
Charlotte **ro**yal	Biskuitrolle „königlich" mit Kirschmarmelade und Buttercreme gefüllt, mit Schlagsahne dekoriert
Charlotte **ru**sse	Likörgetränkte Löffelbiskuits mit bayrischer Creme oder anderen Cremes und Schlagsahne
charnu	fleischig
Charolais	Weiße Rinderrasse (besonders saftiges Fleisch)
Chartreuse	1. Süßer, gelber Kloster- (Karthäuser-) Likör 43% Alkohol, aus Kräutern und Gewürzen 2. Karthäusergericht: Gefettete Form mit Gemüsescheiben, Champignons, Kohl oder anderem aus-

gelegt, mit Füllsel und Speckscheiben darüber, mit Ragout gefüllt, mit Speckscheiben verschlossen, im Wasserbad gegart, gestürzt, mit Sauce serviert; auch andere Zubereitungen z. B.: mit Gänseleber oder Wildfleisch, Rebhuhnfleisch, Krebsfleisch oder Muscheln, Trüffeln & vielem mehr

Chartreuse de légumes — Leipziger Allerlei (Mischgemüse)

Chartreuse de Périgord — Karthäusergericht mit Ragout von jungen Tauben in der Becherform serviert (*Périgord*)

Chasselas doré — Weiße Traubensorte (Gutedel)

(à la) chasseur — 1. Zu Geflügel: Champignons, Tomaten, Weißwein
2. Zu Wild: Champignons und Fleischtomatenwürfel

Châtaigne — Esskastanie, Marone

Châtaigne du Brésil — Paranuss (brasilianische Kastanie) (nicht die von Rio!)

Châtaigne de mer — Schwarzer Seeigel (kein Parteimitglied oder?)

Chat marin — Seewolf, Kattfisch (↓) Loup marin

Chat de mer — Katzenhai, Dornhai (↓) Roussette

Chateaubriand (François Vicomte de Chateaubriand, 1768 - 1848, dessen Koch Montmireil verdankt die Welt die Zubereitung dieses köstlichen Fleischgerichtes. PS.: Chateaubriand war Politiker und Schriftsteller) — Doppeltes, aus der Mitte geschnittenes Lendenstück für 2 Personen, 400 - 500 Gramm, außen braun, innen fast roh, gebraten (nach Bocuse: gegrillt mit Pommes soufflées), meist mit verschiedenen Gemüsen umlegt, Pommes frites, Sauce Béarnaise (bei Bocuse mit Haushofmeisterbutter); eines der köstlichsten Fleischgerichte, wer Fleisch so mag! ♥ ♥ ♥; wird oft am Tisch tranchiert

Chateaubriand Grand Vatel — Lendenstück, wie es Bocuse (↑) macht, jedoch mit Sauce Béarnaise (↓) und aufgeblähten Kartoffeln

Chatterie — Naschwerk, Süßigkeit

chaud(e) — warm, très chaud = heiß

„chaud devant!" — „Vorsicht, es kommt Heißes!"

Chaudé — Große Torte mit Pflaumen oder Mirabellen

Chaudée — Apfelkuchen (*Lothringen*)

Chaudèus — Kekse mit Orangengeschmack (*Südfrankreich*)

Chaud-froid (cuis) — 1. Gekochtes Wild oder Geflügel in Gelatine oder mit Mayonnaise
2. Gelatinesauce, Sülze

Chaud-froid à l'Aurore	Sülze „Aurora" für Geflügel und Gemüse aus Chaud-froid blanche (↓), Tomatenpüree, Paprika
Chaud-froid blanche	Weiße Sülze für Geflügel und Gemüse: Mehlschwitze mit Kalbsfond, Hühnergelatine, Sahne
Chaud-froid blonde	Blonde Sülze für Geflügel und Gemüse: Mehlschwitze mit Kalbsfond und Eigelb gebunden, Gelatine und süßer Sahne
Chaud-froid brune	Braune Grundsauce mit Trüffelessenz, Gelatine, Madeira oder Portwein, zu Fleisch, Fisch und Gemüse
Chaud-froid pour canards	Sülze für Enten: Grundsauce, Essenz aus Entenresten, Gelatine, Madeira oder Portwein
Chaud-froid pour gibier	Wildsülze: Grundsauce, Essenz aus Wildresten, Gelatine, Madeira oder Portwein
Chaud-froid d'huîtres	Pochierte Austern in Weißweingelee
Chaud froid maigre	Fastensülze für Filets, Fisch, Schnitzel und Schaltiere: Mehlschwitze mit Fischfond, Schlagsahne und Fischgelatine
Chaud-froid pour poisson	Fischsülze: Fischsud, Schalotte, Lauchgrün, Suppengrün, Champignonschale, Pfefferkörner
Chaud-froid de poulet	Huhn gekocht, kalt serviert, mit heller Sülze
Chaud froid tomatée	Tomatierte Sülze: Tomatenpüree, Gelatine für Fleisch, Fisch und Gemüsestücke
Chaud-froid au vert pré	„Grüne Sülze" für Geflügel mit Weißwein, Kerbel, Estragon, Schnittlauch, Petersilie und Chaudfroid blanche (↑)
Chaudrée	Fischeintopf mit kleinen Fischen (*Charente*) oder Fischragout (*Aunis*), meist mit Fischbrühe, Weißwein, Schalotten, Knoblauch, Kartoffeln, Kräutern
Chaudron	Wasserkessel, Kochkessel
Chauffe-assiettes	Tellerwärmer
Chauffe-eau instantanée	Durchlauferhitzer
Chauffe-plats	Warmhalteplatte, Réchaud
chauffer	heizen
Chausson	Blätterteigtasche, halbmondförmig, mit Obstkompott gefüllt
Chausson de crabe	Blätterteigtasche mit Krabben gefüllt
Chausson au fromage	Blätterteigtasche mit Käse gefüllt

Chausson „Lucas-Carton"	Blätterteigtasche, gefüllt mit Schinken, Trüffeln, Champignons, Gänseleber und auch anderem
Chausson aux pommes	Apfelstrudel
Chausson de viande	Blätterteigtasche mit Bratfleisch gefüllt
Chausson viennois aux prunes	(Wiener) Zwetschgenknödel(n) (bajuwarisch)
Chayotte	Eierkürbis (als Gemüse oder Salat)
Chef de cuisine	Küchenchef, Küchenmeister
Chef de garde	Verantwortlicher Küchenchef der „Wache" (Zeit zwischen den Hauptmahlzeiten und danach)
Chef de partie	Verantwortlicher Chef einer Küchenabteilung
Chef de réception	Empfangschef
Chefneye	Eiergericht mit Speck (belgisch)
Cheminée	Halbe Flasche Rotwein (in Paris ugs.)
chemiser	„Ein Hemd anziehen": z. B.: eine gefüllte Form mit Gelee ausgießen oder eine Eisbombe mit Speise-Eis ausstreichen usw.
Chevaine (Chevesne) (Chevenne)	Süßwasserfisch: Alant, Nerfling, Döbel, Aitel, aus der Familie der Karpfen (viele Gräten! Leider!)
Cheval	Pferd, Pferdefleisch (à cheval: „mit Spiegelei!")
Chèvre	1. Ziege 2. Abkürzung für Ziegenkäse
Chèvre chaud	Warmer Ziegenkäse
Chèvre à l'huile d'olive et à Sariette	Ziegenkäse in Olivenöl mit Bohnenkraut und Wachholderbeeren (Provence, Côte d'Azur)
Chevreau	Junge Ziege, Zicklein (Kitz)
Chevrette	1. Kleine Ricke (weibliches Reh) 2. Krabbe oder Krebs (regional)
Chevreuil	Reh(-fleisch)
Chevreuil aux poivrons	Reh mit Birnenschnitzen im Ofen gebraten
Chiche-kebab	Orientalischer Hammel- oder Lammspieß
Chichi frégi	Runder Karpfen
Chicon	Römischer Salat (Sommerendivie)
Chicorée (frisée)	Endviensalat, welchen wir als „Chicorée" bezeichnen ist („Salat) Endive"!, Zichorie
Chicorée à la crème	Endivie geschmort, in brauner Butter-Sahne-Sauce
Chicorée (e)scarole	Endiviensalat mit dicken Blättern
Chien de mer	(Seehund) Seehase (Glatthaiart)

Chiffon	Lappen
Chiffonade	1. Gemüse in dünne Streifen geschnitten, in Butter, Milch oder Sahne blanchiert, z. B.: Sauerampfer, Chicorée, Mangold, Spinat, Kopfsalat usw.
	2. In Streifen geschnittener Kopf- und Chicoréesalat, mit Streifchen von roten Beeten, Sellerie und Tomaten, Brunnenkresse, mit Essig/Öl-Sauce und Schnittlauch
	3. Suppe aus in Streifen geschnittenen Salaten
Chiffonade d'oseille	Sauerampfersuppe
Chinchard	Bastardmakrele, Holzmakrele, Stöcker
Chinois	Trichterförmiges Sieb
Chipiron(e)	Tintenfisch
Chipiron à l'encre	Tintenfische mit Weißbrotfüllung, in Olivenöl gebraten, in einer Sauce „aus ihrer Tinte" zubereitet (*baskisch*)
Chipolata	Kleine, dünne (Knoblauch-)Schweinebratwurst
Chips (pommes chips)	Kartoffelchips, als Beilage heiß
Chiques de Caen	Pfefferminzkugeln
Chirimoya	Honig-, Zimtapfel (exotische Frucht), im Geschmack zwischen Ananas und Erdbeere
Chocolat	Schokolade, Pralinen
Chocolat chaud	Heiße Schokolade
Chocolat au cognac d'Angoulême	Schokoladenpralinen mit Cognac
Chocolat à croquer	Bitterschokolade
Chocolat au lait	Milchschokolade
Chocolat liégeois	Eisschokolade
Chocolat noir	Schwarze Bitterschokolade
Chocolat plombière	Sahniges Schokoladeneis
Chocolatine	Mit Bitterschokolade gefülltes Brötchen, Brot oder Hörnchen
Choesels	1. Gericht aus den Bauchspeicheldrüsen von Rindern und Kälbern
	2. Gericht aus Ochsenschwanz, Hammelbrust, Hammelfüßen und Rindernieren (*Brüssel*)
choisi	auserlesen, ausgesucht, ausgewählt („Avez vous choisi"? - „Haben Sie gewählt?")

choisir	auswählen, wählen, aussuchen
Choix	(Aus-)Wahl
(au) choix	Nach (Ihrer) Wahl, nach Wunsch
(de) choix	Von ausgesuchter, von besonderer Qualität
Choix de pâtisseries	Gebäck- (Kuchen-) Auswahl
Cholande aux pommes	Apfelkuchen (*Elsass*)
Chope	1. Schoppen (¼ Ltr.); 2. Henkelglas
Chopine	½ Ltr. offener Wein in der „Karaffe"
Chops d'agneau grillés	Gegrillte Lammkoteletts
Choquart	Großer, mit Apfelschnitzen gefüllter Blätterteig-krapfen (*Bretagne*)
Chorlattes	Knödel aus Mehl, Eiern, Sahne, Kürbisfrucht-fleisch, in Kohlblätter gehüllt und überbacken
Choron	siehe (↓) Sauce choron (tomatierte Sauce béarnaise)
Chotenn(e)	Schweinskopf mit Wasser und Knoblauch im Ofen gebraten
1. Chou	Cremetörtchen, Windbeutel mit Schlagsahne, luftiges, kugelförmiges Gebäck, Mohrenkopf
Chou à la crème	Windbeutel mit Schlagsahne
2. Chou	Kohl (Gemüse! nicht der Exkanzler!); Liebling
Chou à l'alsacienne	Rotkraut in Streifen mit Schweinefett, Räucher-speck, Zwiebeln, Essig & Fleischbrühe geschmort
Chou blanc	Weißkohl
Chou de Bruxelles	Rosenkohl
Chou cabus	Kopfkohl („Kappes")
Chou chinois (de Chine)	Chinakohl
Chou colza	Feldsalat
Chou à la crème	Windbeutel mit Schlagsahne (eingecremter Kohl!)
Chou farci	Kohlroulade, Kohl gewickelt, oft mit Reis- Parme-san-Eierfüllung oder mit Hackfleisch
Chou farci à l'auvergnate	Kohl gefüllt mit Geflügelfleisch, Speck und Gemüse
Chou-fleur	Blumenkohl
Chou-fleur à l'anglaise	Blumenkohl in Salzwasser gekocht, mit flüssiger Butter serviert (war das alles? Respekt, Respekt!)
Chou-fleur à la cardinale	Gekochter Blumenkohl, überbacken mit Reibekäse

Chou-fleur au gratin	Blumenkohl überbacken
Chou-fleur à la grecque	Blumenkohl „griechisch", mit Zwiebel, Koriander, Tomaten, Fenchel, Thymian, Lorbeer, Sellerie
Chou-fleur à la milanaise	Blumenkohl vorgekocht, mit Parmesankäse und Butter im Ofen überbacken
Chou-fleur à la polonaise	1. Blumenkohl gekocht, durchgedrückt, dann im Ofen überbacken 2. Vorgekochter Blumenkohl mit gehacktem Ei, mit gebräunter Butter übergossen und mit Semmelbröseln bestreut serviert
Chou frisé	Wirsing
Chou de Lorient	Wirsing
Chou à la limousine	Rotkohl mit Esskastanien in Rotwein gedünstet
Chou (frisé) de Milan	Mailänder (Wirsing-) Kohl
Chou-navets	Steckrübe (z. B.: im Cous-Cous)
Chou palmiste	Palmenknospen, im Salat, zu Omeletts usw.
Chou panachés au citron	Rot- & Weißkohl geraspelt in Zitronen-/Öl-Marinade
Chou (blanc) à la périgourdine	Gedünsteter Weißkohl mit Butter und Käse überbacken (*Périgord*)
Chou pommé	Weißkraut
Chou-rave	Kohlrabi
Chou rouge	Rotkohl, Blaukraut
Chou rouge à la flamande	Rotkohl mit Äpfeln, Zwiebel und Rotwein
Chou-rouge aux lardons	Rotkohlsalat mit Speckwürfeln
Chou-rouge à la limousine	Rotkohl mit Gänseschmalz und Esskastanien im Tontopf geschmort
Chou rouge en salade	Rotkohlsalat mit Bauchspeck (*Elsass*)
Chou de Savoie	Wirsing
Chou vert	Grünkohl, Winterkohl
Chou vert au beurre	Grünkohl in flüssiger Butter(-Sauce)
Chou vert farci	Grünkohl mit Speck, Hackfleisch, Champignons und anderem gefüllt
Choucroute	Sauerkraut, meist aus dem *Elsass*, *Lothringen* und *Franche-Comté*, mit verschiedenen Beilagen; es gibt im *Elsass* z. B.: auch Sauerkraut mit Fisch usw.

Choucroute **al**sacienne	*Elsässer* Sauerkraut mit Schweineschmalz, Weißwein und Äpfeln, circa 4 Stunden geschmort, mit Bauchspeck, Kassler & Schweinswürsten serviert
Choucroute à l'**al**sacienne	Sauerkraut mit Rauchfleisch, Knochenschinken, Fleischwurst, (Frankfurter) Würstchen, Kassler auf Sauerkraut mit Schweineschmalz, Äpfeln und Weißwein geschmort, dazu Salzkartoffeln
	(**Tipp**: Keine Vorspeise bestellen, es wäre zu reichlich! Aber wenn Sie platzen wollen? ...)
Choucroute **f**ranc-**c**omtoise	Sauerkraut mit geräuchertem Schaufelstück vom Schwein, Speck, kaltgeräucherte Schweinswurst aus *Morteau* und *Montbéliard* (mit Rotwein, Zwiebeln und mit Kümmel gewürzt (*Franche-Comté*)
Choucroute à la **ju**ive	Sauerkraut mit Rinderbrust und eingemachtem Gänsefleisch, Confit d'oie (↓)
Choucroute **lo**rraine (garni)	*Lothringer* Sauerkraut: mit Wacholderbeeren oder -Schnaps, Weißwein, schwarzem Pfeffer, Eisbein, gepökeltem Schweinefleisch, geräuchertem Schweinebauch und Lothringer Schweinswurst
Chouée	Weißkohl mit Butter(-Sauce) (*Poitou*)
Choux à la **crè**me oder Choux à la Chantilly	Windbeutel mit Schlagsahne
Choux au **f**romage	Windbeutel mit Käse gefüllt
Choux-**n**avets	Steckrüben (z. B.: im Cous-Cous)
Ciboule	Frühlingszwiebel, Winterlauch, Schnittlauch
Ciboulette	Schnittlauch
Cicerelle	Kleiner Sandaal, Tobiasfisch
Cidre	Perlender Apfelwein, Zider aus der *Bretagne*
Cidre **bou**ché	Cidre mit Champagnerkorken
Cidre **dou**x	Apfelsaft, Apfelmost
Cigale de mer	Heuschreckenkrebs, Steingarnele, Bärenkrebs
Cigarettes	1. Zigarretten
	2. Süße, niedliche Gebäckröllchen
Cimier de cerf rôti	Gebratenes Hirschsattelstück
Cinamonne	Zimt
Cinq-baies	„Fünf-Beeren": Mischung aus Körnern von schwarzem, grünem, weißem und rotem Pfeffer, Piment aus Jamaika, oft auch mit Koriander

Cinq-épices, cinq parfums	„Fünf-Gewürz", „Fünf-Aroma": Mischung aus Sternanis, Fenchel, Zimt, Nelken, Setchuanpfeffer
Cisailles à volaille	Geflügelschere
Ciseaux (à poisson)	(Fisch-)Schere
ciseler	einschneiden, ziselieren, kleine Einschnitte machen damit etwas schneller durchgebraten wird
Citron	Zitrone
Citron **con**fit	Zitrone kandiert
Citron **gi**vré	Zitrone mit Eis gefüllt
Citron **pr**essé	Ausgepresster Zitronensaft
Citron **v**ert	Limone
Citronelle	1. Zitronengras
	2. Zitronenlikör
Citronnade	Zitronenwasser, Zitronenlimonade
Citrouillat	Kürbistorte (*Berry*)
Citrouille	Dicker, orangefarbener Riesen-Kürbis
Cive	Winter-, Frühlingszwiebel
Civelle	Glasaal, Aalbrut
Civet	Ragout, „Pfeffer", die Sauce wird mit dem Blut gebunden, meist mit Rotwein bereitet, manchmal wird das eigene Blut durch Schweineblut ersetzt
Civet de cerf au genièvre	Hirschpfeffer in Wacholdersauce
Civet de chevreuil	Rehpfeffer aus Schulter, Hals und Brust
Civet de **ch**evreuil au genièvre	Rehragout mit Wacholderbeeren
Civet de langouste au **B**anyuls	Langustenragout in Weißwein gegart (*Roussillon*) ♥ (lecker!)
Civet de lapin	Kaninchenpfeffer
Civet de **la**pin de **ga**renne	Wildkaninchenpfeffer
Civet de lièvre	Hasen-Ragout (-Pfeffer) in Rotwein, Speck, Zwiebeln und Hasenblut
Civet de ~ à la **bo**rdelaise	Hasenpfeffer mit Weißwein und Röstbrot
Civet de ~ **la**nguedocienne	Hasenragout mit Rotwein und Steinpilzen ♥
Civet de porc	Schweinepfeffer in Rotwein oder Sahnesauce
Civet ~ aux **pr**uneaux	Hasenpfeffer mit Backpflaumen
Civette	Schnittlauch

Clafoutis aux cerises	Runder Kirschkuchen, Kirschenauflauf (*Limousin*)
Clafoutis aux pruneaux	Flacher Pflaumenkuchen
clair	klar, hell
Claire	Junge, einfache Zuchtauster aus dem Klärbecken, kaum Geschmack (*Charente-Maritime*)
Clairet	Leichter, heller Rotwein, kann auch ein Verschnitt zwischen Weiß- und Rotwein sein (*Bordeaux*)
Clam	Große, strahlig geriefte Venusmuschel der *Atlantikküste* ♥ (wird in der *Charente* roh gegessen!)
Clamart	1. Erbsenpüreesuppe mit Croûtons 2. Kleine Küchlein oder Artischockenböden mit Erbsen belegt, als Garnitur zu Fleisch (*Clamart*, die Stadt wurde von *Paris* eingemeindet)
claper	(ugs.) essen
Clapotons	Hammelfüße (*Lyon*)
claquer du bec	Hunger haben (ugs.)
Claqueret	Weißer Käse mit Essig, Öl und Kräutern gemischt
clarifier	(Flüssigkeit, Butter) klären, durch-, abfiltern
Clavaire (belle)	Riesenkeulenpilz, krause Glucke, Halmenkamm, Bärentatze (Speisepilz)
Clavaire jaune	Krause Glucke (Speisepilz)
Clavelade	Dornrochen (*Südfrankreich*)
Clayette	Kühlfach
Clémentine	Klementine (süße Zitrusfrucht)
Clermont	Fleischgarnitur: Gebratene Zwiebelringe mit Esskastanienpüree und Zwiebelsauce
Client, Cliente	Gast (Kunde, Kundin)
Cloche	(Käse-)Glocke, Abdeckhaube zum Warmhalten
Clou de girofle	Gewürznelke, (Nägelchen)
clouté(e)	gespickt
Clovisse	Kleine Venus- oder Teppichmuschel
Clovisse à la bonne femme	Venusmuschel in heller Sauce
Cochelet	Junges Hähnchen
Cochon	Schwein, Schweinefleisch
Cochon de **l**ait	Spanferkel
Cochon de **l**ait en ge**l**ée	Spanferkel in Sülze mit Weißwein, Kräutern und Gemüse (*Lothringen*)

Cochonaille(s)	Schweinefleisch oder Schweinewurstwaren, auch als Terrine oder Pastete
Cocktail de bienvenue	Begrüßungscocktail
Cocktail de crevettes	Krabbencocktail
Cocktail d'écrevisses	Krebscocktail
Cocktail d' homard	Hummercocktail
Cocktail de melon	Melonencocktail
Coco	Kokosnuss
Cocotte	1. Henne
	2. Schmortopf
	3. Nicht schweres Mädchen
Cocotte minute	Schnellkochtopf
Cœur	Herz, inneres Herz(-Stück)
Cœur d'aloyau	Mittelstück der Lende
Cœur d'artichaut	Artischockenherz (mit Erbsen gefüllt) (*Clamart*)
Cœur de bœuf braisé	Rinderherz geschmort
Cœur de céleries	Staudensellerieherz
Cœur à la crème	Sahnequark mit wilden Erdbeeren
Cœur fermière	Vanille-Sahne-Creme
Cœur de filet de bœuf	Rinderfilet-Mittelstück (circa 150 - 200 Gramm)
Cœur de laitue	(Kopf-)Salatherz
Cœur de palmier (à l'indienne)	Palmenherz (mit Curry)
Cœur de veau à la niçoise	Kalbsherz mit Speck und Sardellen gespickt, in Madeirawein/Tomaten-Sauce geschmort
Cœur de veau bourgeoise	Kalbsherz gedünstet, mit Speck, Erbsen und Karotten serviert
Cœur filet sauté ou Cœur filet grillé	Gebratene oder gegrillte Rinderfiletscheibe aus der Lendenmitte; es gibt dazu verschiedene Garnituren und Saucen
Cofidon	Rinderschmorbraten (*Rouergue*)
Coing en pâte	Quitte im Teigmantel
Cointreau	Heller Orangenlikör ♥
Colbert (à la Colbert)	Garnitur:
	1. Für Rind- oder Schweinelende mit Duxelles und Kohlblättern, mit Speckscheiben (im Schweinenetz)
	2. Bei Fisch: mit Kräuterbutter und Kartoffelsalat

Colin	Seehecht, auch Merlan, Schellfisch, Kohlfisch, Seelachs, Hechtdorsch, Meerhecht
Colin andalouse	Seehecht in Weißwein, mit Zwiebeln und Tomaten gedünstet (*Roussillon*)
Colin à la basquaise	Seehecht in Weißwein mit Zwiebeln und Tomaten gedünstet (*baskisch*)
Colin à la Dugléré	Seehecht gekocht, in Tomaten-Weißweinsauce
Colin froid **m**ayonaise	Kalter Seehecht mit Mayonnaise
Colin à la granvill(ais)e	Seelachsranche in Kräuteröl mariniert, gemehlt und gebraten und mit Krabben belegt (*Normandie*)
Colin à la grenobloise	Seehecht gekocht, mit Butter, Kapern und Zitrone
Colin à l'italienne	Seelachs in weißer Sauce mit Kräutern & Parmesan
Colin à la niçoise	Seelachsscheibe gebraten, mit Tomaten, Oliven und Kapern (*Nizza, Provence*)
Colin à la portugaise	Seehecht „portugiesisch" in Butter und Olivenöl, mit Zwiebeln, Tomaten, trockenem Weißwein, Knoblauch und Reis gedünstet, S + P, Petersilie
Colin à la toulousaine	Seehecht im Fischsud pochiert, mit Champignons, gedünsteten Schalotten, Fischklößchen und Oliven, mit Weinsauce darüber ♥
Colinot	Kleiner, junger Seehecht
Collation	Kleine Mahlzeit, Imbiss, kleines Fresschen
Collier (Collet) **de Bœuf**	Halsstück/Nackenstück vom Rind
Collier de mouton	Halsstück vom Hammel
Collier de mouton aux **fl**ageolets	Hammelhalsfleischragout geschmort, mit grünen Bohnenkernen
Colombines	Fleischklößchen mit Grieß oder Parmesan paniert
Colonel	Schlanker, langer Mittelmeerfisch, mit vielen Zähnen, bis 110 cm lang, mit festem Fleisch; meist in Stücken verkauft & in Fischsuppen verwendet
Colorant	Couleur, Farbstoff in der Küche und Pâtisserie
coloré	angebraten, angebräunt
colorer	färben
Colvert (Col vert)	Wildente, Stockente
comestible	essbar, genießbar (Früchte, Kräuter, Pilze usw.)
Comestibles	Nahrungsmittel

Commande	Bestellung (sur commande - auf Bestellung)
commander	bestellen
comme de chez nous	Nach Art des Hauses
Commis	Koch- oder Kellnergehilfe
complémentaire	zusätzlich
Complet bruxellois	*Brüsseler* Gedeck: Muscheln, Pommes frites & Bier
Composition	Zubereitung, Zusammenstellung von Speisen
Compote	Kompott, Muß, Brei
Compote de **fr**uits	Früchtekompott
Compote de **la**perau aux **f**ruits	Kaninchenfleisch(-ragout) in Tomatensauce und mit Früchten
Compote de **pr**uneaux	Dörrpflaumenkompott
Compotier	Kompottschüssel, Obstschale
compris	1. verstanden
	2. inbegriffen
Comptant	Bargeld (en comptant - gegen bar)
	(payer comptant - bar bezahlen)
Comptoir	Ausschank, Büffet, Theke
Comptoir des **h**ors d'œuvre	Vorspeisenbüffet
concassé	gemahlen, gebrochen, zerstoßen, zerdrückt
concasser	zerkleinern
Concasseur	Eishackmaschine
Concentré	Durch Kochen Eingedicktes, Konzentriertes
Concentré de tomates	Tomatenmark
concentrer	eindicken
Concierge	Hausmeister(in)
Concombres	Salat-Gurken
Concombres à la **crè**me	Gurkenscheiben in Butter geschwenkt mit Sahnesauce
Concombres **fa**rcis	Halbierte, angedünstete Salatgurken, variabel gefüllt, aber meist mit Hackfleisch
Concombres en **sa**lade	Gurkensalat, meist mit Essig/Ölsauce
Condiments	Gewürze, Würzmittel, Würze
Confidous	Rinderragout in Rotwein, mit Zwiebeln und Tomatenpüree
Confiote	(ugs.) Konfitüre
confire	einlegen

Confiserie	1. Konfekt, Süßwaren
	2. Süßwarengeschäft
Confit	Eingelegtes, eingemachtes Ragout: Fleisch, Gemüse, Früchte, Gänse- oder Entenfleisch; Fleisch nach dem Braten im eigenem Fett konserviert, meist als Vorspeise oder kandierte Früchte als Dessert
Confit de canard	Entenfleisch, gesalzen, gekocht und im eigenen Fett eingemacht (wenn das die Ente gewusst hätte!)
Confit d'oie	Gänsefleisch (im eigenen Fett) eingemacht ♥
~ à la **pé**rigourdine	Eingemachtes Gänsefleisch mit Trüffeln (*Périgord*)
Confit à la **pé**rigourdine	Eingemachtes Entenfleisch mit Trüffeln (*Périgord*)
Confit de porc	Schweinefleisch eingemacht (im eigenen Fett)
confiter	einmachen
Confiture	Marmelade, Konfitüre
Confiture d'abricots	Aprikosenkonfitüre
Congélateur	Gefrierschrank
congelé	gefroren
congeler	einfrieren
Congolais	Kokosmakronen, pyramidenförmig
Congre	Seeaal, Meeraal, Muräne
Congre au **ci**dre	Meeraal in Apfelwein gedünstet (*Normandie*)
Congre à l'**es**pagnole	Meeraal „spanisch": in Stücke geschnitten, mit rotem Gemüsepaprika, Kräutern, Rotwein und Knoblauch gedünstet
Congre au **la**it	Seeaal-Auflauf mit Milch und Kartoffeln
Congre à la **ni**çoise	Seeaalscheiben gebraten, in Tomatensauce serviert
Connaisseur des vins	Weinkenner (manchmal an leicht geröteter Nase erkennbar)
Conque	Muschel, Schnecke, Muschelschale
conseillé	empfohlen
Conserves	Konserven (Essbares in Büchsen mit Verfallsdatum)
Consommateur	Gast, Verbraucher
Consommation	Verzehr; Getränke
Consommations	Getränkepreise
Consommé (blanc simple)	Fleisch-Kraftbrühe, klar
Consommé **Adè**le	Geflügelkraftbrühe mit grünen Erbsen, Karottenperlen und Hühnerklößchen

Consommé à l'**af**ricaine	Rinderkraftbrühe mit Reis, gewürfelten Atischockenböden, Backerbsen, mit Curry gewürzt
Consommé **Al**exandra	Gebundene Geflügelkraftbrühe mit Hühnerklößchen und Streifen von Kopfsalat und Hühnerbrust
Consommé à l'**als**acienne	Kraftbrühe mit Sauerkraut und Knoblauchwurst
Consommé à l'**am**bassadeur	Geflügelkraftbrühe mit Trüffel-Eierstich, Champignonscheiben und Gemüsestreifen
Consommé à l'**am**bassadrice	Geflügelkraftbrühe mit Hühnerfleisch, Champignons, Erbseneierstich, Trüffeln und Tomaten
Consommé à l'**am**iral	Fischkraftbrühe mit Hühnerklößchen, Reis, Hummer- und Champignonwürfeln
Consommé à l'**an**cienne	Rinderkraftbrühe mit trockenem Weißbrot und Gemüsepüree, mit Käse bestreut, dann überbacken
Consommé (à l') **an**dalouse	Kraftbrühe mit Gemüse, Schinken, Tomaten, Reis
Consommé **An**jou	Wildkraftbrühe mit Spargelspitzen, Wildklößchen und Reis ♥
Consommé d'**Ar**tagnan	Kraftbrühe mit Birkhuhnbruststreifen & Erbsen
Consommé **Au**rore	Kraftbrühe mit Tomatenpüree und Hühnerfleisch
Consommé **Bé**hagne	Geflügelkraftbrühe mit pochiertem Ei und Kerbel
Consommé **Be**rchoux	Wildkraftbrühe mit Champignonwürfeln, Trüffeln, Wachtel- und Maronen-Eierstich
Consommé **Bo**naparte	Geflügelkraftbrühe mit Geflügelklößchen
Consommé (à la) **bo**uquetière	1. Rinderkraftbrühe mit Erbsen, grünen Bohnen und Spargelspitzen, Karotten und weißen Rüben 2. Kraftbrühe mit Gemüse der Saison
Consommé (á la) **br**etonne	Kraftbrühe mit Sellerie, Lauch, Zwiebeln, Kerbel und Champignons in feinen Streifen (Chiffonade)
Consommé **Br**iand	Geflügelkraftbrühe mit Schinken, Kalbfleisch, Hühnerfleisch und Kerbel
Consommé **Br**illat-**S**avarin	Gebundene Geflügelkraftbrühe mit Sellerie und Streifen von Karotten, Trüffeln, Champignons
Consommé **br**unoise	Fleischkraftbrühe mit Karotten, weißen Rüben, Lauch, Staudensellerie, gr. Bohnen, Erbsen, Kerbel
Consommé à la **ca**ncalaise	Gebundene Fischkraftbrühe mit gekochten Austern, Seezungenstreifen & Klößchen vom Weißling
Consommé **Ca**rême	Geflügel/Kalbskraftbrühe mit Karottenscheiben, weißen Rüben, Kopfsalatstreifen, Spargelspitzen

Consommé à la cauchoise	Rinderkraftbrühe mit Gemüseeinlage und Würfeln von magerem Speck und Lammfleisch
Consommé Célestine	Kraftbrühe mit Flädle (Pfannkuchenstreifen)
Consommé à la charolaise	Klare Ochsenschwanzsuppe mit Ochsenschwanzstückchen, Kohlherzen, Zwiebelchen, Karotten ♥
Consommé chasseur	1. Kraftbrühe mit Wildfleisch, Pilzen und Portwein
	2. Kraftbrühe mit Wildpüree, Champignons und Croûtons (macht wild und kräftig?)
Consommé Colbert	Consommé „printanier" (↓) mit pochiertem Ei
Consommé double	Doppeltkonzentrierte Kraftbrühe (die gibt Kraft!)
Consommé de faisan	Fasanenkraftbrühe (die verleiht Flügel!)
Consommé froid	Kalte Kraftbrühe
Consommé froid portugaise	Kalte Kraftbrühe „portugiesisch" mit frischem Tomatenpüree
Consommé froid de volaille	Kalte Geflügelkraftbrühe
Consommé (froid) au fumet d'estragon	Kraftbrühe, kalt mit Estragon
Consommé (froid) au fumet du céleri	Kalte Geflügelkraftbrühe mit Sellerie-Essenz
Consommé au fumet de malt	Kraftbrühe mit geräuchertem Malz (*Belgien*) (Warum nicht gleich mit Bier?)
Consommé Grimaldi	Tomatisierte Rinderkraftbrühe mit Tomaten-Eierstich und Knollenselleriestreifen
Consom.grande marmite	Rindfleischbrühe mit Gemüse
Consommé julienne	Kraftbrühe mit feingeschnitt. Karotten, weißen Rüben, Lauch, Stangensellerie, grünen Erbsen
Consommé Léopold	Rinderkraftbrühe mit Grieß gekocht, mit Streifen Sauerampfer, Kopfsalat und Kerbel
Consommé madrilène	„Madrider" Geflügelkraftbrühe mit gewürfelten Tomaten, roten Paprikaschoten, Estragon, Knoblauch, mit Tapioca-Mehl gebunden
~ madrilène en gelée	Kraftbrühe geliert und kalt serviert
Consommé à la moelle	Fleisch-Kraftbrühe mit Rindermark (die gibt Kraft!)
Consommé Montmorency	Gebundene Geflügelkraftbrühe mit Spargelspitzen, Hühnerklößchen, Reis und Kerbel
Consommé aux œufs	Geflügelkraftbrühe mit pochiertem Ei

Consommé à la paysanne	Rinderkraftbrühe mit Wurzelgemüse, gebackenen Brotscheiben
Consommé des pêcheurse	Kräftige Fischbrühe mit Miesmuscheln, grünen Erbsen und gewürfelten Tomaten ♥
Consommé de poisson	Klare Fischbrühe
Consommé à la princesse	Geflügelkraftbrühe mit Perlgraupen, Erbsen-Eierstich und Hühnerbrustscheibchen (armes Prinzeßchen!)
Consommé printanier	Fleischbrühe mit Karotten- und weißen Rüben-Perlen, grünen Erbsen, grünen Bohnen und Spargelspitzen, Kopfsalatstreifen und Kerbel
~ printanier Colbert	wie Consommé printanier (↑) mit verlorenem Ei
~ printanier royal	wie Consommé printanier (↑) mit Eierstichwürfeln
~ aux profiteroles	Kraftbrühe mit (Käse-)Backerbsen (die runden, gelben)
Consommé aux quenelles	Klare Kraftbrühe mit Klößchen (den kleinen, runden)
Consommé (de volaille) aux quenelles	Geflügelkraftbrühe mit (Geflügel-)Klößchen
Consommé aux quenelles de foie	Klare Kraftbrühe mit Leberklößchen
Consommé aux quenelles à la moelle	Klare Kraftbrühe mit Rindermarkklößchen
Consommé à la queue de bœuf	Klare Ochsenschwanzsuppe (Oxtail clair)
Consommé à la reine	Hühnerkraftbrühe mit Tapiokastärke gebunden, mit Hühnerfleischstreifen
Consommé riche	Doppeltkonzentrierte Kraftbrühe
Consommé à la royale	Fleischkraftbrühe mit Milch, Eierstich und Muskat
Consommé simple de poisson	Fischkraftbrühe (einfach)
Consommé simple de de volaille	Geflügelbrühe (auch simpel)
Consommé aux truffes	Geflügelkraftbrühe mit Trüffeln ♥
Consommé de volaille	Geflügelkraftbrühe
Consommé de volaille à la royale	Geflügelkraftbrühe mit Eierstich
Consommé de volaille froid napolitaine	Mit Tomatenpürée gebundene Geflügelkraftbrühe, kalt serviert (dämpft das Temperament der Neapolitaner u. a.)
Consommé aux Xérès	Kraftbrühe mit Sherrywein

Französisch - Deutsch

consommer	Etwas trinken oder verzehren
contenir	enthalten, fassen (Inhalt, Maß)
Conti	Linsenpüree mit magerem Räucherspeck zu Fleisch- und Wildgerichten
Contre-filet	Rinderrückenstück, Lendenstück, Roastbeef
Contre-filet printanière	Roastbeef mit Frühlingsgemüsen, Nusskartoffeln
Convive	Gast, der an einem Essen teilnimmt (wenn er darf)
Copeaux	Süße Gebäckröllchen (die runden, knackigen!)
copieux, copieuse	reichhaltig, üppig, großzügig
Coppa	Kräftig gewürzte Schweinewurst und Schinken über Kastanienfeuer gebraten (*Korsika*)
Coprin (chevelu)	(Lamellen)-Speisepilz, Tintling, Schopftintling
Coq	Hahn, Hähnchen, Hühnchen ("Coquolino Gallico")
Coq à la **bière**	Hahn zerteilt, angebraten, mit Genever flambiert, Bier und Brühe angegossen, geschmort, mit Champignons, Zwiebeln und Speckwürfeln (*Picardie* und in (wie könnte es anders sein?) *Belgien*)
Coq de **bruyère** (Grousse)	Auerhahn; (Schottisches) Meerschneehuhn
Coq de **bruyère** aux **m**yrtilles	Auerhahn gebraten, mit Heidelbeeren (*Savoyen*)
Coq de **bruyère** b raisé	Auerhahn mit Räucherspeck in Rotwein geschmort
Coq au **f**leurie	Huhn in fruchtigem Beaujolais (jah!) ♥
Coq d'**Inde**	"Indischer" Puter (manchmal mit Turban serviert)
Coq de **ma**rais	Haselhuhn
Coq de **me**r	1. Mittelmeerfisch, circa 40 cm lang, meist gebraten 2. Taschenkrebs
Coq de **mo**ntagne (tétras)	Auerhahn der Berge (kein Filmtitel!)
Coq en **p**âte	Hähnchen im Teigmantel, mit Füllung aus Geflügelfleisch, im Ofen geschmort (*Paris, Ile-de-Fr.*)
Coq au **Ri**esling	Spezialität aus der Südpfalz, vom *Elsass* kopiert: Hahn in Butter geschmort, mit Räucherspeck, Kalbsfond, Riesling, Champignons, Cognac und Kräutern, meist mit Nudeln serviert ♥
Coq au **vi**n	Hähnchen, lange und zart in Rotwein gekocht, ähnlich dem "coq au Riesling" (↑)
Coq au **vi**n de **B**ouzy	Hahn in Rotwein gekocht (*Reims, Champagne*)

Coque — Herzmuschel, Sandmuschel, strahlig gerippt ♥

Coque au lait — Süßes Dessert aus Eier-Milch-Creme & Armagnac

Coque du Lot — Osterkuchen mit Briocheteig, Zitronat, Orangeat und Rum

Coque des rois — Dreikönigskuchen

Coques à la vodka — Herzmuscheln mit Zwiebeln, Tomaten und Mandeln im gewürzten Sud mit Wodka

Coquelet — Kleines, junges Hähnchen, 500 - 600 gr.

Coquelet à la crème aux ciboulettes — Ausgebeintes, tranchiertes Hähnchen in einer Sahne-Schnittlauch-Sauce

Coquelet de grain — Hähnchen aus der Kornmast

Coquelet au Riesling — Junges Hähnchen in Riesling (↑) Coq au vin

Coquelet sauté aux herbes de Provence — Junges Hähnchen, gebraten mit Kräutern (und Knoblauch?) der Provence

Coquetier — Eierbecher

Coquette — Gefleckter Lippfisch, Wrasse; in der *Bretagne* auf einem Zwiebelbett gebacken (Ein Fisch im Bett?)

Coquillage — Muschel(-fleisch)

Coquillages — Schalentiere, wie Muscheln, Austern usw.

Coquille(s) — 1. (leere) Muschelschale(n)
2. Eier-, Mandel- oder Nussschale
3. Geflügel- oder Fischragout in der Muschelschale überbacken

Coquille de beurre — Butterstückchen muschelförmig (wie süß!)

Coquille gratinée — Überbackene Muschel

Coquilles à la parisienne — Muschelragout mit Champignons in Weißweinsauce ♥

Coquille de poisson — Jakobsmuschelschale mit Fischragout gefüllt, mit weißer Sauce oder Rouille (↓) überbacken

Coquilles Saint-Jacques en brochette — Jakobsmuscheln auf dem Spieß mit Champignons & Räucherspeck, mit Rahmsauce serviert

Coquilles Saint-Jacques à la ménagère — Jakobsmuscheln „Hausfrauenart" im Sud aus Wasser, trockenem Weißwein, Thymian, Lorbeer, Zwiebel, Pfeffer und Salz gekocht; Champignons in Butter angedünstet, Muschelsud mit Butter, Mehl und Eigelb gebunden, mit Butter und Semmelbröseln, dann im Ofen überbacken

Coquilles Saint-Jaques à la **na**ge	Jakobsmuscheln im Sud zubereitet und serviert; der Sud ähnlich wie „à la ménagère" (↑)
Coquilles Saint-Jaques à la **pr**ovençale	Jakobsmuscheln in Knoblauchbutter gedünstet
Coquillettes	Hörnchennudeln (Die Nudel oder's Hörnchen ist die Frage!)
Coquillettes **v**énitiennes	Hörnchennudeln, grüne Erbsen, Kochschinkenwürfel, geriebener Parmesan & Tomatensauce
Coquilleur à **b**eurre	Butter-Roller
Corail	Rogen im Hummer, grünlich-schwarz, wird bei Hitze rot
Corbeille des **fr**uits	Korb mit verschiedenen frischen Früchten
Corbeille à **pa**in	Brotkorb
Cordon	Band
Cordon **b**leu	„Blaues Schulter-Band": Auszeichnung für bedeutende Persönlichkeiten (z. B.: Bocuse), für außerordentliche Gerichte, Weine und Spirituosen
Cordon bleu	Kalbsschnitzeltasche paniert, gefüllt mit Käse und Kochschinken, in Butter gebraten ♥
Corégone	Muräne, Renke
coriace	zäh
Coriandre	Koriander
Coriphène	Großer Tümmler, Delfin
Corne	1. (Horn) Torte mit Walnüssen 2. Teigschaber
Corne d'abondance	Totentrompete (hervorragender Speisepilz, ungiftig)
Cornet	(Eis-)Hörnchen, (Blätterteig-)Tütchen
Cornet à la **crè**me	Blätterteighörnchen mit Schlagsahne-Füllung
Cornet de **ma**cédoine	Schinkenröllchen
Cornet de **me**r	Muschel (trichterförmig)
Cornet de **Mu**rat	Süßes Hörnchen mit Creme-Füllung (*Auvergne*)
Cornet de **sa**umon **fu**mé aux **œu**fs de **p**oisson	Röllchen aus geräuchertem Lachs mit Kaviar gefüllt; mit Zitronenscheiben und Meerrettich
Cornichon(s)	Essiggürkchen in Essig, mit Gewürzen eingelegt
Cornics	Butterhörnchen
Corniottes	Teigtaschen, gefüllt mit einer Mischung aus Quark, Eiern und Sahne, im Ofen goldbraun gebacken (*Bordeaux*)

Cornouaille	Knorpelkirsche
corsé	1. kräftig, reichlich, kräftig gewürzt (Essen)
	2. körperreich, kräftig, würzig (Wein)
Cosse	Bei Hülsenfrüchten: die Hülse oder Schale
Côte	Rippenstück, Kotelett
Côte d'agneau	Lammkotelett
Côte d'agneau **Café** de **P**aris	Lammkotelett mit Kräuterbutter „Café de Paris" siehe (↑) „Beurre Café de Paris" ♥
Côte d'agneau aux **cè**pes	Lammkotelett mit Steinpilzen
Côte de bœuf	Rinder-Rippenscheibe, auch Rumpsteak
Côte de bœuf à l'**an**versoise	Ochsenrippe mit gegrillten Speckscheiben, Croûtons und Hopfensprossen garniert
Côte de bœuf à la **li**mousine	Ochsenrippe, gebraten mit Zwiebeln und Maronen, im Ofen gegart mit Kalbsbratensaft (Jus)
Côte de bœuf **mar**chand de **vin**	Ochsenrippe gegrillt mit Rotweinsauce und Gemüse
Côte de bœuf à la **moe**lle au **vin** de **B**rouilly	Ochsenkotelett für 2 Personen (circa 700 gr. schwer) in Butter angebraten, mit Rindermark-scheiben belegt und mit Sauce aus Bratenfond, Mehlbutter und Brouillywein (leichter, junger Beaujolais), mit Schalotten und Petersilie
Côte de bœuf **Mon**trouge	Ochsenrippe paniert mit Champignonpüree
Côte de bœuf à la **pay**sanne	Ochsenrippe gebraten, auf Karottenscheiben, Zwiebeln und Sellerie gedünstet, mit gebratenen Speckwürfeln und (Oliven-)Kartoffeln serviert
Côte de chevreuil	Rehkotelett, siehe „Côtelette de chevreuil" (↓)
Côte de porc	Schweinekotelett, Karbonade
Côte de porc à l'**al**sacienne	Schweinerippchen „elsässisch", mit Sauerkraut
Côte de porc à l'**au**vergnate	Schweinekotelett gebraten, mit Weißkohl (Auvergne)
Côte de porc al **ber**douille	Schweinekotelett mit Kartoffelbrei und Sauce (Belgien), (dazu ein Bier! Oder?)
Côte de porc **bra**isée à la **mou**tarde	Schweinekotelett in Senfsauce geschmort
Côte de porc en **gel**ée	Sülzkotelett
Côte porc **gr**and'**mé**re	Schweinekotelett mit Zwiebeln, Butter und Ei

Côte de porc à la **no**rmande	Schweinekotelett mit Apfelscheiben, Sahnesauce (*Normandie*)
Côte de porc à la **sa**voyarde	Schweinekotelett geschmort, mit tomatiertem Fleischsaft (*Savoyen*)
Côte porc à la **so**issonaise	Schweinekotelett in Butter gebraten, mit weißen Bohnen serviert
Côte de porc **So**ubise	Schweinekotelett mit Zwiebelpüree in Mehlsauce
Côte de veau	Kalbskotelett, Kalbsrippe
Côte de veau à l'**an**glaise	Paniertes Kalbskotelett in Butter gebraten
Côte de veau à l'**ar**dennaise	Kalbskotelett, geschmort mit Schinken-Peter-silien-Sauce (*Ardennen*)
Côte de veau **ar**lésienne	Kalbskotelett auf Toast mit Tomaten & Auberginen
Côte de veau **Be**llevue	Kalbskotelett mit gekochtem Gemüse, Trüffeln und Gelee überzogen, kalt serviert
Côte de veau à la **bo**nne **f**emme	Kalbskotelett mit Zwiebeln & Speck gebraten, mit Bratkartoffeln „nach Art der guten Frau" (Eleonore)
Côte de veau à la **fe**rmière	Kalbskotelett mit gemischtem Junggemüse
Côte de veau à la **ho**ngroise (à la crème)	Kalbskotelett „ungarisch": gemehlt, in Schweine-schmalz gebraten, mit Zwiebel-/Paprika-/Rahm-sauce
Côte de veau à la **mi**lanaise	Mailänder Kalbskotelett, paniert mit ½ Parmesan, ½ Paniermehl in ½ Öl, ½ Butter gebraten, meist mit Makkaroni und Tomatensauce (extra) serviert
Côte de veau à la **mo**ntoise	Kalbskotelett mit Schinken, Sahnesauce, Pilzen (*Flandern, Belgien*)
Côte de veau à la **na**politaine	Kalbskotelett mit Tomatensauce und Spaghetti
Côte de veau à l'**or**léanaise	Kalbskotelett mit Chicoréepüree, Haushofmeister-kartoffeln - (↓) Pommes maître d'hôtel - und Fleischsaft oder (↓) Sauce Béchamel serviert
Côte de veau **pe**rsillée	Kalbskotelett mit Petersiliensauce
Côte de veau **Po**jarsky	Kalbsfüllsel und Semmelbrösel in Kotelettform gebracht, paniert und gebraten
Côte de veau **sa**utée à la **b**asquaise	Kalbskotelett „*baskisch*" mit Zwiebeln, Tomaten, Paprika und Rotwein geschmort
Côte de veau **sa**utée à la **c**olmarienne	Gefülltes Kalbskotelett „*Kolmarer* Art" mit Gänseleberpastete, Champignons, Madeirasauce

Côte de veau **vert-pré**	Kalbskotelett gebraten mit Kresse, Pommes frites
Côte de veau à la **vo**sgienne	Kalbskotelett mit Mirabellen und Zwiebelchen (*Vogesen*)
Côtelette	Kotelett
Côtelette d'agneau	Lammkotelett
Côtelette d'agneau à la **châ**telaine	Lammkotelett gegrillt, dazu Artischocken mit Zwiebelpüree gefüllt, Maronen und Nusskartoffeln
Côtelette d'agneau en **ro**be de **ch**ambre	Gebratenes Lammkotelett in Blätterteighülle gebacken, mit Champignonsauce serviert
Côtelette d'agneau **Ro**ssini	Lammkotelett in Butter gebraten, mit Gänseleberpasteten- und Trüffelscheiben belegt ♥
Côtelette d'agneau à la **ro**uenaise	Lammkotelett „*Rouen*" mit Schalotten, Geflügelleber, Butter und brauner Sauce
Côtelettes de chevreuil	Rehkoteletts; „à la carte" bestellt: werden meistens 3 Stück serviert; beim Menü: oft nur 2 Stück
Côtelettes de chevreuil à la **crè**me	Rehkoteletts auf Toast mit Sahnesauce und meist mit Esskastanien serviert
Côtelettes de chevreuil au **ge**nièvre	Rehkoteletts gebraten, auf ♥förmigen Croutons angerichtet, mit Genever oder Gin leicht übergossen, darüber Sauce aus Süßrahm, Pfeffer, Zitronensaft und Wacholderbeeren, dazu Apfelmus extra
Côtelettes de chevreuil aux **po**ires	Rehkoteletts mariniert in Olivenöl, Zitronensaft und Piment, in Butter gebraten, mit Weißwein/Pfeffer- Sauce abgelöscht, heißes Birnenkompott dazu, mit Zimt und Zitrone gewürzt, dazu Johannisbeergelee
Côtelette de chevreuil **Sa**int-**H**ubert	Rehkoteletts mit Pfeffersauce und Champignonköpfen, mit Wildpüree gefüllt ♥
Côtelettes de marcassin aux **gr**iottes	Frischlingskoteletts mit Pfeffersauce und Sauerkirschen
Côtelette de mouton	Hammelkotelett
Côtelette de mouton à la **br**etonne	Hammelkotelett mit einem Püree von weißen Bohnen und Kalbsbrühe (*Bretagne*)
Côtelette de mouton **Ch**ampvallon	Hammelkotelett mit gebratenen Kartoffelscheiben und Zwiebeln
Côtelette de mouton **Po**mpadour ♥	Hammelkotelett gebraten, mit Linsenpüree in Artischockenböden gefüllt und Trüffeln darauf, mit Kugel-Kartoffelkroketten & Trüffelsauce extra

Côtelette de mouton à la purée d'oignons	Hammelkotelett mit Zwiebelpüree (einfach, deftig, gut; es muß nicht immer Kaviar sein!)
Côtelette de mouton Turbigo	Hammelkotelett gebraten, mit Chipolata-würstchen, gegrillten Champignons, abgelöschter Bratensauce
Côtelette de porc	Schweinekotelett
Côtelelette de ~ du pauvre homme aux artichauts	Schweinekotelett „Armer Mann" mit Artischocken Cornichons und Buttersauce
Côtelette de veau	Kalbskotelett
Côtelette de veau en papillote	Kalbskotelett in der Folie gegart
Côtelette de saumon Pojarsky	Lachsfüllsel mit Semmelbröseln in Kotelettform gebracht, paniert und gebraten
Côtes de bettes	Mangoldstiele
Cotriade	Dicke Fischsuppe mit Kartoffeln, Zwiebeln und Knoblauch (*Bretagne*)
Cortignac	Quittenpaste
Cou	Hals
Cou d'oie farci périgourdin	Gänsehals mit Schweinefleisch, Trüffeln und Gänseleberpastete gefüllt (*Périgord*)
Cou de porc farci	Schweinehals mit Schweinefleisch und Trüffeln gefüllt, meist kalt serviert (*Aquitaine*)
Couche	Schicht, Lage
par couches	schichtweise
Coucoumelle	Pilzart
Coucous	Hühnchen (*belgisch*)
Coudenat	Kochwurst mit viel Schweinekopffleisch
Coudenou	Schwartenwurst
Couenne (de lard)	(Speck-)Schwarte
Coulemelle	Schirmpilz meist gebraten, aber auch roh im Salat
Couleur	Farbe
Coulibiac à l'anguille	Aalpastete
Coulibiac de saumon	Pastete aus Lachs, angebraten, mit Champignons und Zwiebeln in Butter gedünstet, mit Grieß, hartem Ei, Dill und Vesiga (↓), im Brioche-Teig gebacken

Coulis	Dicke, püreeartige Sauce
Coulis d'**éc**revisses	Krebssuppe
Coulis de **fr**aises	Zerdrückte Erdbeeren
Coulis de **to**mates	Tomatenpüree, Tomatenmark
Coup	1. Schluck
	2. Schoppen (circa 0,2 Ltr.)
prendre un Coup	Einen trinken, Einen heben ugs.
Coup du milieu	Brauch aus der *Charente*, zwischen den Speisegängen einen Cognac zu trinken (na, na!)
Coupage	Verschnitt von alkoholischen Getränken
Coupe	Becher, (Obst-)Schale, Gefäß, Kelch
Coupe A**l**exandra	Fruchtsalatbecher mit Kirschwasser abgespritzt, darauf Erdbeereis (Sahne auf Verlangen)
Coupe de **Bl**anquette	Schale (Glas) mit Schaumwein
Coupe **br**etonne	Vanilleeis mit Apfelkompott und Kirschen
Coupe-**ci**gare	Zigarrenabschneider
Coupe **di**jonnaise	Johannisbeereis und -Creme mit Schlagsahne
Coupe **fr**ites	Pommes-frites-Schneider (die Tochter kann nähen)
Coupe de **fr**uits	Früchte-Becher
Coupe de ~ à l'**eau**-de-vie	Früchtebecher mit Schnaps („Lebenswasser")
Coupe de ~ au **Kir**sch	Früchtebecher mit Kirschwasser
Coupe **gl**acée	Eisbecher (variabel serviert), meist mit 3 Kugeln
Coupe **gl**acée **t**utti **f**rutti	Gemischtes Eis mit kandierten Früchten
Coupe **Jac**ques	Eisbecher, mit in Likör eingelegten Früchten
Coupe **Me**lba	Pfirsich mit Vanilleeis und Sahne
Coupe **na**politaine	Zitroneneis mit Früchten, Likör, Aprikosengelee und Sahne
Coupe-**œuf**	Eier-Köpfer (kann weh tun)
Coupe-**œufs**	Eierteiler (nicht das alte Gerät der Inquisition im Vatikanmuseum)
Coupe-**ra**dis	Rettichschneider (nicht die Guillotine)
Coupe-**ro**quefort	Roquefortkäseschneider
Coupelle à beurre	Butterschälchen
couper	schneiden
couper en deux	durchschneiden, zweiteilen
couper fin	feinschneiden
Couperet	Hackmesser, Schlagbeil
Coupon	Gutschein, Abschnitt
Couques	Gezuckertes, aromatisiertes Brot, Gewürzbrot

Courge	Kürbis
Courge au beurre	Kürbis in Butter, mit Petersilie geschmort
Courgette(s)	Zucchini
Courgettes à l'**ar**lésienne	Mit Tomaten, Käse und Eiern gefüllte Zucchinis, im Ofen überbacken
Courgettes à l'**ét**ouffée	Zucchini geschmort
Courgettes **fa**rcies	Halbierte Zucchini, meist mit Hackfleisch, Gewürzen und Kräutern gefüllt, dann überbacken
Courgettes au **gr**atin	Zucchini überbacken
Courgettes à la **ni**çoise	Zucchini mit Tomaten und Zwiebeln (*Nizza*)
Couronne	Kranz; auch Brotkranz (*Südfrankreich*) ♥
Couronne de **bri**oche	Hefekranz
Couronne **fr**essée	Süßer Zopfbrotkranz (*Elsass, Vogesen*)
Couronne de **pa**in	Weißbrot in Kranzform
Couronne de **ri**z aux **p**etits **p**ois	Reisrand mit grünen Erbsen
Courraye	1. Mit Hackfleisch gefüllter Kohl (ha!)
	2. Wurst aus Schlachtresten (*Normandie*)
Court-bouillon	Gewürzte Flüssigkeit zum Garziehen oder Blaukochen von Fisch (verschiedene Zubereitungen); wird auch für weißes Fleisch, Innereien und Gemüse verwendet
Court-bouillon pour **cr**ustacés	Sud für Krustentiere mit trockenem Weißwein, Essig, S + P, Lorbeer, Thymian, Stangensellerie, Petersilie, Zwiebeln
Court-bouillon au **vi**naigre	Essig-Sud mit Karotten, Zwiebeln, Petersilienstängeln, Thymian, Lorbeer, Pfefferkörnern, Nelken
Court-bouillon au **vi**n **b**lanc	Weißwein-Sud mit Karotten, Zwiebeln, Petersilienstängeln, Thymian, Lorbeer, Pfefferkörnern
Court-bouillon au **vi**n **r**ouge	Rotwein-Sud mit Karotten, Zwiebeln, Petersilienstengeln, Thymian, Lorbeer, Pfefferkörnern
Couscous	Nordafrikanisches Nationalgericht, eigentlich aber nur die Bezeichnung für den dazu verwendeten, gedünsteten Hartweizengrieß (Semoule); meist mit Hammel- oder Lammfleisch, aber auch mit Geflügel, scharfen, roten Merguez-(Lamm-)Würstchen, mit Kichererbsen, Runkelrüben, Karotten, Zucchini, Paprika, Zwiebeln, Auberginen,

Tomaten; in der Fleischbrühe aufgekocht, gewürzt mit Safran oder Kurkuma, Zimt, Piment, Knoblauch, Cumin, Muskat, Pfefferminze, Harissa usw.; Diese Zutaten nennt man die „Marga" ♥ ♥
Es gibt viele Zubereitungsarten mit variablen Zutaten, oft auch mit Rosinen; es gibt auch eine sizilianische Variante: mit Fisch (Cuscusu); (nach meinen Recherchen gibt es kein anderes Gericht, das alle lebenswichtigen Stoffe so enthält, wie Couscous, d. h.: die komplette Ernährung). Es gibt Couscous auch als vegetarisches Gericht

Couscous fassi	Couscous mit Lammfleisch, Zwiebeln & Rosinen
Couscous seffa	Couscous mit junger Ente, Datteln und Mandeln
Couscoussier	Spezieller Dampftopf für Couscous; der Grieß wird im gelochten Einsatz in einem Tuch über den anderen Zutaten gedämpft. Diesen Topf braucht man nicht unbedingt, da es hervorragende Fertiggrießprodukte gibt (z. B.: von Ferrero oder Garbit), die man nur mit heißem Wasser übergießen, ziehen lassen und auflockern muss
Cousina	Suppe mit Maronis, Milch, Sahne, Pflaumen- oder Apfelschnitzen, Brotscheiben, S + P (*Auvergne*)
Cousinat	Ragout aus gewürfeltem Schinken, Artischockenböden, Wein, Saubohnen, Karotten, Tomaten u. a. (*Baskenland, Pyrenäen*)
Cousinette	Grüne Kräutersuppe mit Mangold, Sauerampfer, Malven, Endivie, Salatblättern u. a., meist wird eine (Kalbs-)Haxe mitgekocht
Couteau	Messer
Couteau à beurre	Buttermesser
Couteau de boucherie	Metzgermesser (das Gefährliche!)
Couteau cannelé	Buntmesser um „waffelig" zu schneiden
Couteau à canneler	Zitronenmesser zum Riefeln, Juliennereiser
Couteau à caviar	Kaviarmesser
Couteau à chair	Hackmesser in Beilform
Couteau à charcuterie	Fleisch- oder Schinkenmesser
Couteau à chevalier	Buntmesser, senkrecht geriefelt

Couteau à citron	Zitronenmesser, Orangenschälmesser
Couteau couperet	Kochmesser
Couteau de cuisine	Küchenmesser
Couteau à décorer	Dekoriermesser
Couteau à découper	Tranchiermesser
Couteau à désosser	Ausbeinmesser
Couteau à dessert	Dessertmesser
Couteau à écrevisses	Krebsmesser
Couteau éminceur	Gemüsemesser
Couteau éplucheur (économe)	Kartoffel- oder Gemüsesparschäler
Couteau à fileter	Filetmesser
Couteau pour filets de poissons	Fischfiletmesser
Couteau à fromage	Käsemesser
Couteau à fruits	Früchtemesser
Couteau à glace	Eismesser
Couteau à huîtres	Austernbrechmesser
Couteau à légumes	Gemüsemesser
Couteau à œuf	Eiermesser
Couteau d'office	Das kleine, am meisten gebrauchte Küchenmesser
Couteau à pain	Brotmesser
Couteau à poisson	Fischmesser
Couteau portineuse à glace	Eisportionierer
Couteau scie	Sägemesser mit Wellenschliff (auch elektrisch)
Couteau Stiletto	Kochmesser der sizilianischen Köche
Couteau de table	Tafelmesser
Couteau à tartiner	Tortenmesser, lang, flach, rundes Ende
Couteau à tomate	Tomatenmesser mit Wellschliff und Gabelspitze
Couteau à trancher	Tranchiermesser
Couteau à viande	1. Fleischmesser;
	2. Scheidenmuschel
Couteau de mer	Dünne, lange Muschel
Coutelas	Großes Küchenmesser
Couvercle	Topfdeckel
Couvert	Gedeck, (Ess-)Besteck
Couvert pour enfants	Kinderbesteck

Couverture	(Schokoladen-)Überzug
couvrir	zudecken, abdecken (hier Töpfe oder Speisen gemeint!)
Crabe (tourteau)	Krabbe oder Taschenkrebs
Crabe **fr**oid	Taschenkrebs gekocht, meist mit Mayonnaise oder Kräutersauce, kalt, als Vorspeise serviert
Crabe **hu**ître	Austernkrabbe
Crabe à la languedocienne	Krabbe im Fischsud gegart, das Fleisch ausgelöst, mit Sud, Senf und Eigelb angemacht (*Languedoc*)
Crabe à la **pa**risienne	„Pariser" Taschenkrebs: Krebsfleisch mit Gemüse gekocht und zusammen in den Panzer zurückgefüllt; mit gehacktem Ei und Petersilie bestreut; kalt serviert (*Paris, Île de France*)
Crabe en **pi**law	Krabbenfleisch mit Sauce (variabel) unter Reis
Crabe **to**urteau	Taschenkrebs
Cramique	Rosinenkuchen (*Nordfrankreich, Flandern*)
Crapelets de la **M**anche	Taschenkrebse aus dem Ärmelkanal, das Fleisch gekocht, in Essig und Öl kalt serviert
Crapiau	Pfannkuchen mit Obst in Cognac getränkt (ah!)
Craquelin	Knackiges, süßes Gebäck, Kringel, Brezel
Craquelot	Geräucherter Hering, leicht gesalzen
Craquelot de **D**unkerque	Hering über Walnussblättern geräuchert (*Dünkirchen*)
CRÈME (1)	1. Creme
	2. Sahne, Rahm
	3. Legierte Creme Suppe
	4. Streichkäse, Schmelzkäse
Crème **ai**gre	Sauerrahm
Crème **an**cienne à l'**an**anas	Ananas-Eigelb-Creme
Crème **an**glaise	Englische Creme aus Milch, Eigelb, Puderzucker, Vanille, Schlagsahne, Orangenschale oder Orangenlikör, über Süßspeisen, z. B.: Biskuits gegeben
Crème **Au**rore	Himbeer-Erdbeer-Creme-Dessert
Crème **ba**cchique	(Bacchus-)Weincreme
Crème **ba**varoise	„Bayrische" Creme aus Eigelb, Zucker, Milch, Vanille, Gelatine und Schlagsahne
Crème au **be**urre	Creme aus Butter, Zucker und Eigelb, ungekocht

Französisch - Deutsch

Crème **br**ûlée	Beliebte Süßspeise aus Eiern, Zucker, Milch und Schlagsahne im Ofen gebräunt („gebrannt")
Crème au **café**	Mokkacreme
Crème **ca**ramel	Karamelcreme
Crème de **ca**ssis	Schwarzer Johannisbeerlikör
Crème **ca**talane	Eiercreme mit Vanille und Zitrone (*Roussillon*)
Crème **Ch**antilly	Gesüßte Schlagsahne
Crème au **ch**ocolat	Schokoladencreme oder -Pudding
Crème **do**uble	Sehr dicke (doppelfette) Sahne
Crème **ép**aisse	Dicke Sahne
Crème **fl**eurette	Frische Sahne, ähnlich der deutschen Sahne
Crème **fo**uettée	Schlagsahne
Crème **fra**îche	Dicke, etwas säuerliche Sahne
Crème **fr**angipane	Mandelcreme
Crème **ga**nache	Tortencreme mit extra dicker Sahne, Butter, Blockschokolade und Milch
Crème **mo**ka	Mokkacreme
Crème **pâ**tissière	Gekochte Eiercreme mit variablem Geschmack, zum Füllen von Torten und Crêpes u. a.
Crème **re**nversée au **ca**ramel	Karamelcreme, gestürzt
Crème **Sa**bayon	Weinschaumcreme, Zabaione
Crème **Sa**int-Honoré	Eiercreme mit aufgeschlagenem Eiweiß
Crème à la **va**nille	Vanille-Sauce
Crème **ve**lours	Nuss-Kaffee-Schoko-Creme
CRÈME (2)	Cremige Suppe (meist mit gerösteten Weißbrotwürfeln serviert)
Crème **al**lemande	„Deutsche" Reiscremesuppe
Crème **Ar**genteuil aux **as**perges	Spargelcremesuppe mit Milch, Sahne, Mehl und Butter
Crème d'**ar**tichauts	Artischockencremesuppe (mit Reis)
Crème d'**as**perges **bl**anches	Spargelcremesuppe mit Milch, Sahne, Mehl und Butter
Crème d'**av**ocats	Avocadocremesuppe
Crème d'**av**oine	Haferschleim
Crème **Ba**gration	Cremesuppe mit Makkaronieinlage
Crème **Be**auharnais	Gerstencremesuppe mit Krebsschwänzen und Kalbsklößchen

100

Crème **br**essane	Kürbiscremesuppe
Crème à la **br**etonne	Rahmsuppe oder Rahmpüree mit weißen Bohnen, Zwiebeln, Lauch, Champignons, Sahne und Butter
Crème à la **br**uxelloise	Rosenkohlrahmsuppe & Röstbrotwürfeln (*Brüssel*)
Crème à la **ca**rmelite	Püree vom Weißling und Fischsauce, Sahne und Sauce béchamel, mit Seezungenstreifen garniert
Crème de **cé**leri	Sellerie-Cremesuppe: Fleischbrühe, Milch, Staudensellerie, Reismehl und Sahne
Crème à la **cé**lestine	Geflügelcremesuppe mit Artischockenpüree
Crème **ce**rvoise	*Belgische* Biercremesuppe
Crème **ch**artreuse	Geflügelcremesuppe mit Raviolis, gefüllt mit Spinat und Gänseleberpüree
Crème **Ch**oiseul	Wildcremesuppe mit Linsen, Reis & Sauerampfer
Crème de **ch**ou-fleur	Blumenkohlsuppe, (↓) „Potage Dubarry"
Crème de **co**ncombre	Gurkencremesuppe als Kaltschale
Crème de **cr**esson et d'**o**seille	Kresse-Creme mit Sauerampfer, Milch, Sahne, Kerbel, Brotwürfel
Crème **Du**barry (de chou-fleur)	Cremige Blumenkohlsuppe
Crème **Fau**bonne de haricots **b**lancs	Weiße Bohnen-Cremesuppe mit Gemüsestreifen
Crème à la **fi**nancière	Schnepfencremesuppe mit Gänseleberpüree
Crème aux **fi**nes **h**erbes	Kräutercremesuppe
Crème à la **ga**uloise	Cremesuppe mit Knollensellerie, Maronen und Tomaten (war De Gaules' Lieblingssuppe)
Crème **Ge**orgette (d'artichauts)	Artischockencremesuppe (Artischocken sind gut für die Leber!)
Crème **Ge**rminy	Cremesuppe: Fleischbrühe, Sahne, Sauerampfer, Butter, Eigelb, Brotwürfel, Kerbel, Cayennepfeff.
Crème **gr**and **v**eneur	Cremesuppe mit Fasanenfleisch, Trüffeln, Sherry, Cayennepfeffer und Salz ♥
Crème de **ho**mard	Hummer-Cremesuppe
Crème **in**dienne	Hühnercremesuppe mit Reis und Curry
Crème **J**ackson	Kartoffelcremesuppe mit Sago und Lauchstreifen
Crème **Li**son	Cremesuppe mit Reis und Selleriepüree
Crème de **ma**rrons	Maronencremesuppe
Crème **Mo**ntespan	Spargelcremesuppe mit Sago und grünen Erbsen

Crème de **mo**rilles	Morchelcremesuppe ♥
Crème d'**or**ge	Gerstenschleimsuppe
Crème à la **pa**risienne	Sahnepüree mit Lauch, Kartoffeln, Kalbsvelouté
Crème **Par**mentier	Durchpassierte Kartoffelcremesuppe
Crème **pa**stourelle	Lauchcremesuppe mit Champignons und Kartoffeln
Crème de **pe**tits pois	Erbsenpüreesuppe mit Sahne
Crème de **po**ireaux	Lauchcremesuppe
Crème **prin**cesse	Cremesuppe mit Hühnerfleisch und Spargelspitzen
Crème à la **rei**ne	Hühnercremesuppe mit Reis
Crème à la **ro**uennaise	Linsen- und Entenpüree mit Sahne
Crème de **sal**sifis	Schwarzwurzelpüree mit Sahne und Sauce béchamel, dazu meist Toast
Crème **Sé**vigné	Geflügelcremesuppe mit Kopfsalatpüree und Geflügelklößcheneinlage
Crème à la **so**issonaise	Cremesuppe von weißen Bohnen, mit Kerbel
Crème **So**ubise	Zwiebelpüree-Cremesuppe
Crème La **Va**lière	Geflügelcremesuppe mit Sellerie (stärkt den Mann!)
Crème de **vo**laille	Geflügelcremesuppe
Crème **vi**chyssoise	Kartoffel/Lauch-Cremesuppe mit Schnittlauch, warm oder als Kaltschale (*Vichy, Auvergne*)
Crémet	Schlagsahne mit Eiweißschnee und Zucker
Crémier	Sahnekännchen
Crénilabre	Lippfisch
Crêpe	Dünner (Eier-)Pfannkuchen
Crêpe **Al**aska	Pfannkuchen mit Vanilleeis, geraspelter Schokolade, Schlagsahne und Mandeln gefüllt ♥
Crêpe **Ag**nès **S**orel	siehe Crêpe Alasca (↑)
Crêpe de **bl**é **n**oir	Pfannkuchen mit Buchweizenmehl
Crêpe **bre**tonne	Süßer Pfannkuchen mit Honig und Marmelade gefüllt
Crêpe au **cal**vados	Pfannkuchen mit in Calvados eingelegten Apfelscheiben und Rosinen gefüllt, mit Sahne ♥ (für Süße!)
Crêpe au **car**amel	Pfannkuchen mit Karamel bestrichen
Crêpe à la **cé**vénole	Pfannkuchen mit Rum getränktem Maronenpüree ♥
Crêpe aux **ch**ampignons	Pfannkuchen mit Pilzfüllung (und Schinken)

Crêpe dentelles	Waffelröllchen, zu Eis und Kompott
Crêpe aux épinards	Pfannkuchen mit Spinat-Käse-Füllung
Crêpe flambé au Grand Marnier au Cointreau	Pfannkuchen mit Grand Marnier oder Cointreau (Orangenliköre) ♥
Crêpe fourrée (gratinée)	Dünner Pfannkuchen gefüllt (und überbacken)
Crêpe aux fruits de mer	Pfannkuchen mit Meeresfrüchten gefüllt
Crêpe aux gaudes avec compote de prunes	Maispfannkuchen mit Pflaumenkompott (*Burgund*)
Crêpe Georgette	Pfannkuchen gefüllt mit Ananas
Crêpe landaise	Pfannkuchen mit Bratwurstmasse, Schinken und Steinpilzen gefüllt
Crêpe ménagère	Einfacher Pfannkuchen
Crêpe des moines ♥	Pfannkuchen mit Meeresfrüchten gefüllt, überbacken
Crêpe à la normande ♥	Pfannkuchen gefüllt, mit Apfelschnitzen und Rosinen in Calvados eingelegt, mit Sahnesauce
Crêpe Parmentier	Kleine, dünne Kartoffel-Pfannkuchen
Crêpe de pommes de terre	Kartoffelpuffer
Crêpe de sarrasin	Buchweizenpfannkuchen
Crêpe Sir Holden	Lockere Pfannkuchen mit Vanilleeis und heißen Himbeeren serviert ♥ (der süße Sir!)
Crêpe soufflée au citron	Schaumomelett mit Zitronencreme
Crêpe Suzette	Sehr dünne Pfannkuchen, mit einer flambierten Karamel-Buttersauce und abgeriebener Orange oder Orangensaft; meist wird am Tisch mit Cognac und Orangenlikör, wie Curaçao, Grand Marnier oder Cointreau flambiert ♥ ♥
Crépiau	Dünner Pfannkuchen
Crépine	Netz
Crépinette	Kleine Netzbratwurst zum Grillen
Crépinette de chevreuil Saint-Hubert	Kleine Bällchen aus Reh-und Kalbfleisch, Speck, Gänseleber und Trüffeln ♥
Crépinette de volaille	Bällchen aus Hühnerfleisch, Schweinefleisch, Gänseleber und Trüffeln
Cresson	Kresse
Cresson alénois	Gartenkresse
Cresson de fontaine	Brunnenkresse

Cresson d'Inde	Brunnen- oder Kapuzinerkresse
Cresson de jardin	Gartenkresse
Cresson de ruisseau	Brunnenkresse
Cresson de source	Brunnenkresse
Cressonette	Gartenkresse
cressonière	Mit Kresse zubereiteter Salat
Crête de coq	1. Hahnenkamm
	2. Mit Hackfleisch gefüllte Mürbeteigtasche
Cretons	Speck-Grieben
Creuse de Bretagne	Felsenauster mit hellem Fleisch (*Bretagne*)
Crevette	Garnele, Krevette oder größere Krabbe
Crevette baltique	Garnele aus der *Ostsee*
Crevette grise	Sandgarnele, Granat, Shrimps
Crevette rose	Rosa Grönlandkrabbe, große Tiefseegarnele ♥
Crevettes marinières	Krabben im Weißweinsud
Crochet à viande	Fleischhaken
Croissant	(Frühstücks-)Butter-Hörnchen
Croissant aux pignons	Pinienkern-Eiweiß-Hörnchen
Cromesquis	1. Frittierte Kroketten aus Back- oder Crêpe-Teig
	2. Eingerollte, mit Ragout gefüllte, dünne Pfann-kuchen, in Stücke geschnitten, paniert, gebraten
Cromesquis d'œufs	Frittierte Plätzchen aus gehacktem Ei, Cham-pignons und Trüffeln, mit Sahne gebunden
croquant(e)	1. knusprig
	2. Knorpel beim Fleisch
Chroquante Villaret	Trockener Mandelkuchen aus der *Provence*
Croquantes	Mandel-Krokant-Bonbons
Croque-en-bouche (Croquembouche)	Krachgebäck aus Windbeutelteig mit Creme und mit karamelisiertem Zucker gefüllt
Croque madame (oder Croque-monsieur)	Weißbrot oder Toast, in Butter angeröstet, mit gekochtem Schinken oder Hühnerfleisch, mit Käsescheibe belegt und überbacken
Croquembouche	1. Mit Karamell gefülltes Gebäck
	2. Krokant
Croquets	Süße Krokant-Kekse
Croquets de Bordeaux	Mandelkekse

Croquette	1. Schokoladeplätzchen
	2. Frittierte Kugel, verschiedene Zubereitungen: aus Fleisch, Wild, Fisch, Geflügel, Kartoffeln, Gemüse oder Pilzen u. a.
Croquette à la bergère	Kugel aus Ragout von Lammfleisch, Schinken, Moosschwämmchen, mit weißer Sauce gebunden und mit Kräutersauce
Croquette de coquillages	Muschel-Krokette mit Champignons, Eigelb und Béchamelsauce, dazu Tomatensauce
Croquette aux œufs	Ragout von hartgekochten Eiern, Champignons, Trüffeln und Eigelb
Croquettes de poisson	Fischkroketten
Croquettes de pommes de terre	Kartoffelkroketten
Croquettes de riz	Reiskroketten
Croquettes de volaille	Kroketten aus Hühnerragout, Champignons, Trüffeln, Gemüse, Schinken, mit Geflügel-Samt-Sauce und Madeirawein
Croquignolles	Süße Kekse
croquillant(e)	knusprig
Crosne	Knollenziest: Kleine, weiße, japanische Rübe, an Artischocken oder Schwarzwurzeln erinnernd, sehr delikat (so was Schönes!)
Crotte de chocolat	(Likör-)Praline
Crouquets	Mandelplätzchen (*Pyrenäen*)
Croustade	1. Krustade: Förmchen (Pastete) aus Blätterteig, Mürbeteig, oder Krusten von Herzoginkartoffeln
	2. Knusprige Kruste (Überbackenes)
Croustade bressane	*„Bresser"* Krustenpastete mit Hühnerbrust, Sahne, Trüffeln, Champignons, Béchamelsauce, Madeira- oder Portwein, auch mit Hülsenfrüchten
Croustade jurasienne	Blätterteigpastete mit Schinken, Käse und Sahne
Croustade à la nantaise	Blätterteigpastete, gefüllt mit Ragout von weißem Fisch, Champignons, mit Tomatensauce serviert
Croustade à la royale	Blätterteigpastete mit Ragout von Hähnchen-Nieren und -Kämmen, Kalbsmilch, Trüffeln und mit Geflügel-Rahmsauce gebunden

Croustade de **ris** de **veaux f**lorentine	Mürbeteigpastete mit Kalbsbries, Trüffeln, Spinat und Sahnesauce
Croustade de **truffes** au **fois gras**	Mürbeteigpastete mit Trüffeln und Gänseleber
Croustance	Nahrung
croustillant(e)	knusprig, kross
Croustille	Imbiss (familiärer Ausdruck)
Croustilles	Kartoffelchips, (dünne frittierte Kartoffelscheiben)
croustiller	knuspern, knabbern (gerne, an wem oder an was?)
Croûte	Kruste, Teigmantel (von Gebratenem); Kruste von Brot und Käse; Weißbrotscheibe
Croûte aux **ch**ampignons	Angebratene, mit Butter bestrichene Weißbrot-scheibe, mit Champignons, elegant serviert
Croûte au **fr**omage	Brotscheibe mit Käse und Béchamelsauce über-backen
Croûte **hu**toise	Mit Käse überbackene Weißbrotscheibe (*Belgien*)
Croûte **lan**daise	Brotscheibe mit Gänseleber und Käsesauce, im Ofen überbacken
Croûte aux **mo**rilles	Weißbrotscheibe mit Morcheln belegt und mit einer Mehlsauce überbacken (↓) Sauce Béchamel
Croûte à la **no**rmande	Brotscheibe in Eiermilch getaucht und mit Apfel-scheiben oder Apfelmus gebraten *(Normandie)*
Croûte à l'**oie f**umée	Weißbrotscheibe mit geräucherter Entenbrust belegt
Croûte de **pain**	Brotkruste
Croûte-au-**pot**	Rinder-Fleischbrühe mit Karotten, weißen Rüben, Lauch, Gruyère-Käse, gerösteten Weißbrotscheiben
Croûte **sa**voyarde	Blätterteigschnitte mit Käse und Schinken belegt und mit Sauce Mornay (↓) überbacken *(Savoyen)*
Croûte à **vol**-au-vent	Große Blätterteigpastete
(sous la) Croûte au **sel**	... mit Salzkruste, in der Salzkruste
Croûtes	Dicke Weißbrotscheiben mit Olivenöl eingepin-selt, mit Knoblauch eingerieben, dann geröstet
Croûtes dorées	„Arme Ritter": Weißbrotscheiben mit Milch, Ei, Salz, Zucker, abgerieb. Zitrone, Bröseln; gebacken

Croûtons	1. In Butter geröstete Weißbrotscheiben oder Brotwürfel ohne Kruste, oft als Suppeneinlage, auch mit Butter bestrichen oder mit Knoblauch abgerieben
	2. Brotkruste, Knäppchen, Knörzchen, Kanten
Crouzet	Käseknödel (*Savoyen*)
cru(e)	1. roh, ungekocht (schwer verdaulich)
	2. Weinbaugebiet, Weinlage
vin du cru:	einheimischer Wein,
grand cru:	edler Wein, „großes" Gewächs
Cruchade	Kleiner Maismehlpfannkuchen (*Baskenland*)
Cruche (isolante)	Krug (Isolierkanne) (Nicht die Wärmflasche)
Crudité	1. Rohkost; Salate und rohes Gemüse (als Vorspeise)
	2. Schwer verdauliche Speise (sowas plagt)
Crudités de saison	Frischer Rohkostteller nach der Jahreszeit
Crustacés	Krustentiere wie Hummer, Krabben, Krebse usw.
Cube	Würfel
Cube de bouillon	Brüh- oder Suppenwürfel
Cube de (oder „à") glace	Eiswürfel oder Eisstück
Cucurbitacées	Kürbisgewächse
Cuiller oder **Cuillère**	Löffel (nicht die des Hasen; Gebrauchsgegenstand!)
Cuiller en **bo**is	(Holz-)Kochlöffel
Cuiller à **café**	Kaffeelöffel
Cuiller à **de**ssert	Dessert- oder Mokkalöffel
Cuiller à **g**lace	Eislöffel
Cuiller à **p**ommes **n**oisette/**o**livettes/ **p**arisienne	Kugelausstecher für Kartoffeln, Oliven u. a.
Cuiller à **p**ommes de **t**erre	Kartoffellöffel
Cuiller à **sa**uce	Gourmetlöffel
Cuiller à **so**upe	Ess- oder Suppenlöffel
Cuiller de **ta**ble	Ess- oder Suppenlöffel
Cuiller à **t**hé	Teelöffel
Cuiller à **ve**rser	Bratenlöffel
petite Cuiller	Kaffee- oder Teelöffel
cuillerée	löffelvoll
Cuilleron	Löffelschale

A-Z Französisch - Deutsch

cuire	kochen, backen, braten, sieden
cuire au four	Im Ofen braten, backen
cuire à la vapeur	dämpfen
Cuisine	1. Küche
	2. Kochkunst
Cuisine **bo**urgeoise	Bürgerliche Küche („wie bei Muttern")
Cuisine **d**iététique	Diätküche
Cuisine de **ri**nçage	Spülküche
Cuisinier (du personnel)	Koch (für das Personalessen zuständig)
Cuisinère	1. Köchin
	2. Kochbuch; Herd
Cuisse	Schenkel, Schlegel, Keule
Cuisse de grenouilles	Froschschenkel;
Cuisseau (de veau)	Kalbskeule
Cuisson	1. Das Backen, Garen, Sieden, Braten, Kochen
	2. Die Back- oder Kochzeit
Cuisson au bleu	Das Blaukochen beim Fisch
Cuisson au court-bouillon	Im Sud gegart (Fisch)
Cuissot	Wild- oder Geflügelkeule
Cuissot de **cha**mois	Gams- (oder norddeutsch:) Gämsekeule (*Savoyen*)
Cuissot de **che**vreuil	Rehkeule
Cuissot de **che**vreuil **g**rand-**ven**eur	Rehkeule in mit Blut gebundener Pfeffersauce, mit Johannisbeergelee und Maronenpüree
cuit(e)	gekocht, gesotten, gebraten, gebacken, (umg. besoffen)
Cuit	Schwips (leichter Tangoschritt)
Cul de bouteille	(Flaschen-)Boden
Cul aux **p**etits pois	Lammgericht mit grünen Erbsen
Cul de **v**eau **cl**amecyoise	Gefüllte Kalbsnuss, im Netz mit Gemüse gekocht, kalt angerichtet (*Clamecy*)
Culotte de **bœ**uf	Rinder-(Ochsen-)Schwanzstück
Culotte ~ aux **f**ramboises	Rinderschwanzstück mit Himbeeren
Culotte de **bœ**uf à la **l**orraine	Rinderschwanzstück mit Weißwein, brauner Sauce, Speckstreifen und Kohlkugeln geschmort (*Lothringen*)
Cumin	Kümmel (Samen)

Cup	Alkoholisches Getränk (Cocktail, Bowle) mit Wein und Früchten
Cup aux **p**êches	Pfirsichbowle
Curcuma	Gelbwurz(el), Kurkuma
Cure-dent	Zahnstocher
Cuvée	(Wein) Art oder Herkunft, aus dem gleichen Fass oder Weinberg
Vin de première **c**uvée	Wein erster Güte, aus bester Weinlage
Cynorhodon	Hagebutte
Cyriano	Artischockenböden mit Champignonpüree gefüllt

D

Dacquoise	Buttercreme-Biskuittorte mit Haselnüssen, Kokosnussfleisch und Pistazien (*Südwestfrankreich*)
Daguet	Junger Hirsch, maximal 1½ Jahre alt
Daikon	„Japanischer Rettich", weiße Wurzel bis zu 1 m lang, wird wie die Navets (↓) verwendet
Daim, **D**aine	Damhirsch (-Reh)
Dalle	Sehr große, quergeschnittene Scheibe eines Fischs
Dame-blanche	Süßspeise aus Mandelcreme und Vanilleeis
Dame de vestiaire	Garderobenfrau
Daquoise	Mit Mandeln und Mokkabutter gefüllte Meringen
Dard	Süßwasserfisch
Dariole	1. Rundes Cremetörtchen 2. Kleine, runde Form
Darne	Fischsteak, Fischfilet, große Fischscheibe
Darne de **sa**umon grillé à la **b**éarnaise	Lachssteak gegrillt, mit Sauce béarnaise (↓)
Dartois	Gefüllter Mandelblätterteig-Kuchen
Dartois à la **co**nfiture	Mandelblätterteig mit Konfitüre gefüllt
Dartois aux **fi**lets de **s**ole	Blätterteigschnitten mit Seezungenfilets belegt, mit Blätterteig bedeckt und gebacken
Dartois à la **fr**angipane	Blätterteigschnitte mit Mandelcreme gefüllt
Dartois **Lu**cullus	Blätterteigschnitten gefüllt mit Gänselebermus und gehackten Trüffeln
Date d'échéance	Verfall(s)datum
Datte	Dattel

Daube	1. Geschmortes Fleisch, vorher mariniert
	2. Das Schmoren (von Fleisch oder Anderem)
Daube d'aubergines	Auberginengemüse, geschmort in Wein mit Zwiebeln, Tomaten und Suppengemüse
Daube de bœuf (Bœuf en Daube)	Rindfleisch mariniert & mit Rotwein, Knoblauch, Zwiebeln, Tomaten & Suppengemüse geschmort
Daube de bœuf à l'Armangnac	Rindfleischwürfel angebraten, mit Armangnac flambiert, dann mit Zwiebeln, Knoblauch, Karotten und Magerspeck angedünstet, dazugegeben und in Rotwein fertiggeschmort
Daube de congre	Seeaal mit Sauerampfer und Zwiebeln geschmort
Daube à la dauphin(oise)	Schmorfleisch mit Dauphinkartoffeln (Krokettenmasse paniert)
Daube du maître **Philéas Gi**lbert	Geschmorte Rindfleischwürfel, mit Speck, S + P, Thymian, Petersilie und -Stengeln, sowie Schalotten in Rotwein und Cognac mariniert, angebraten, mit Zwiebeln, Karotten, Speck, Kalbsfuß und Lobeerblatt, im geschlossenem Topf geschmort
Daube á la niçoise	Marinierte Rindfleischwürfel, in Wein mit Steinpilzen geschmort, dazu eine Weinsauce (*Nizza*)
Daube provençale	Siehe: „Daube de bœuf" (↑) geschmort
Daube à la viennoise	Verschiedene geschmorte Fleischsorten
d**aubé**	geschmort
en daube	geschmort (lange)
Dauphinois	Gratin aus Kartoffeln, Milch, Butter und Käse
Daurade (Dorade)	Gold- oder Meerbrasse, gold- oder silberartig glänzend, 30 - 70 cm lang, bis 7 kg schwer, mageres Fleisch, aus dem Mittelmeer; es gibt fast 200 ähnliche Sorten
Daurade Bercy	Goldbrasse im Weißweinsud, mit Butter, S + P, Zwiebeln und Petersilie im Ofen gegart, der Fischsud wird mit Butter gebunden
Daurade farcie	Goldbrasse (Mittelmeerfisch) mit einer Masse aus Schalotten, Champignons, Tomate, Ei, S + P, trockenem Weißwein, Semmelbröseln und Rosmarin gefüllt, im Schmortopf gegart
Daurade farcie aux **lai**tues	Goldbrasse, mit Wurstbrätfüllung geschmort

Daurade grillée à la niçoise	Goldbrasse mit gewürztem Öl gegrillt, mit Tomaten/Sardellen-Sauce (*Nizza*)
Daurade rose	Gold- oder Meerbrasse aus dem Atlantik, mit rosa Flossen; relativ trockenes, mageres Fleisch
Daurade royale	Die echte Goldbrasse (Goldkopf), die beste und teuerste, aber auch die schmackhafteste ♥
Daurin	Goldäsche, Goldmeeräsche, 20 - 45 cm lang, mit gelbem Fleck auf den Kiemen, mit magerem, weißem Fleisch; gekocht oder gegrillt zubereitet
de ...	von ...: siehe **Garnitures** (↓)
Dé (en dés)	Würfel (in Würfel geschnitten)
débarrasser	abräumen, befreien, wegnehmen
Débit	Verkauf, Ausschank
Débit de bière	Bierausschank
Débit de boissons	Getränkeausschank
Débit (Bureau) de tabac	Zigarettenladen, oft auch mit Zeitungen
Débitant	Schankwirt
débiter	ausschenken
déborder	überfließen, überschäumen, überkochen, überlaufen
déboucher	entkorken
Débouchoir	Korkenzieher, Flaschenöffner
décanter	dekandieren: vorsichtiges Umfüllen von Rotwein, damit das Depot (die Ablagerung) in der Flasche bleibt
Décapsuleur	Flaschenöffner
de choix	Von besonderer, von ausgesuchter Qualität
Décongélation	Das Auftauen
décongeler	auftauen
décorer	dekorieren, schön anrichten, verzieren
décortiqué, décortiquer	geschält, schälen
Décortiseur (Décortiseuse)	Schälmaschine
découper	aus-, zer-, zuschneiden, zerlegen, tranchieren
Défarde crestoise	Kutteln, Lammfüße und Gemüse, mit Kräutern als Ragout gekocht, mit Sauce aus Weißwein, Tomaten und Fleischbrühe im Ofen geschmort (*Crest*)

déglacer	ablöschen, angießen von eingekochten Flüssigkeiten, wie Bratensatz usw.
dégorger	1. ausschwemmen, reinigen, wässern von Fisch, Fleisch und Innereien mit fließendem Wasser, dann abtropfen lassen
	2. Bei Sekt: die Hefe durch Rütteln entfernen
	3. Das Fett von rohem Fleisch abschneiden
dégraisser	(Fett) abschöpfen, (Fett) abscheiden, entfetten, ziehen lassen, abtropfen lassen
Dégustateur	Weinprüfer
Dégustation	1. Verkostung
	2. Probeausschank
Dégustation **gr**atuite	Kostenlose Verprobung
Dégustation de **mo**ules	Verkostung, Kostprobe von Muscheln
Dégustation de **vin**	Weinprobe
déguster	verkosten, probieren, genießen
dégustez la bouteille du patron!	Probieren Sie den Wein des Hauses!
déjeuner (Abk. déj.)	Zu Mittag essen, zweites Frühstück
Déjeuner	Mittagessen
Déjeuner d'**a**ffaires	Geschäftsessen
Petit **d**éjeuner	(Erstes) Frühstück, meist nur mit Milchkaffee, Baguette, Butter und Konfitüre
prendre le **p**etit déjeuner	frühstücken
délarder	abspecken, Speck entfernen
délayer	einrühren, verdünnen, verrühren, auflösen, mit Wasser anrühren
délicat	köstlich, zart, fein
Délicatesse	Köstlichkeit
Délice (à, de, du ...)	1. Die Wonne von ..., die Gaumenfreude von ..., das Feinste von ... (Fisch, Fleisch usw.)
	2. Ein besonders köstliches Dessert des Hauses
Délice de l'**an** neuf	Besonders köstliches Dessert zum neuen Jahr
Délice à la **C**hartreuse	Mit Chartreuse-Likör gefüllte Praline
Délice du **ch**ef	Dessert (Spezialität) des Küchenmeisters
Délice de **fo**ie de volaille	Geflügelleberpastete
Délice de **no**ël	Besonders köstliches Weihnachtsdessert

Délice de saumon royale Lachs mit Trüffeln, Champignons und Seezungenröllchen garniert

Délice de sole
(en feuilletage) Seezungenfilet(s) in Blätterteighülle

délicieux, délicieuse köstlich, wunderbar, lecker, wohlschmeckend

demande (à la ~ /sur ~) Bitte, Nachfrage, Verlangen (nach, auf Verlangen)

**demandez notre carte
des desserts
(des glaces)** Fragen Sie nach unserer Dessertkarte!

(Speiseeiskarte)

demi (Demi) 1. halb
2. Ein Halbes: 0,25 - 0,4 Ltr. (Bier)

Demi-bouteille Halbe Flasche

Demi-deuil „Halbtrauer": weißes Fleisch, z. B. Hähnchen oder Kalbsbries, mit schwarzen Trüffeln, heller Sauce; schwarz-weiße Garnitur

**Demidof(f); Demidow;
Demidov** Prinz ~ , Mann der Nichte Napoleons; verschiedene Garnituren; Zu Fisch: Krebsschwänze, entsteinte Oliven, Champignons, Fischklößchen und Sauce financière (↓); Zu Suppen: Perlen von Karotten, weißen Rüben und Trüffeln, Geflügelklößchen und Kräutern (Kerbel); Zu Fleisch und Geflügel: Karotten, weiße Rüben und Trüffeln

Demi-douzaine ½ Dutzend (z. B. Schnecken)

Demi-glace ½ spanische Grundsauce, ½ brauner Fond; braune Grundsauce

Demi homard Halber Hummer

Demi-pension Halbpension: Abendessen und Frühstück

Demi-portion Halbe Portion; in vielen Restaurants kann man sich eine Portion teilen lassen (für 2 Personen)

Demi poulet rôti Halbes Brathähnchen (Broiler)

demi-sec halbtrocken (etwas süßer als unser „halbtrocken")

demi-sel leicht gesalzen (bei Butter oder Frischkäse)

Demoiselle Mittelmeerfelsenfisch, lebhaft gefärbt, wird meist gegrillt oder in der Bouillabaisse verwendet

Demoiselles
(de Cherbourg) Kleine Hummer, große Garnelen oder Kaisergranaten (*Cherbourg, Normandie*) ♥

démonter Aus der Form nehmen, zerlegen, stürzen (z. B.: Pudding), auseinander nehmen

demouler	Aus der Form nehmen, stürzen
dénoyauter	entkernen, entsteinen (Obst)
Dénoyauteur	Entsteiner
Dénoyauteur à cerises	Kirschen-Entsteiner
Dénoyauteur à olives	Olivenzange
Dent-de-loup	Toastbrot-Dreieck
Dent-de-lion	Löwenzahn
Denté, Dentex, Denti	Zahnbrasse (*Mittelmeer*), 30-70 cm lang, mit starken Zähnen, bläulich; am besten geräuchert
Dentelles	Waffelröllchen
déplumer	rupfen (Geflügel)
Depôt	Bodensatz beim Wein
dépouiller	häuten (z. B. Fisch oder Kleinwild)
Derentifleisch	Geräuchertes Rinderrippchen (*Lothringen*)
(en) **d**és	In Würfel geschnitten
désaltérant	durststillend, erquickend
désosser	Aus- oder entbeinen, Knochen auslösen
dessaler	Entsalzen, Salz auswaschen, z. B. Hering wässern
desséher	Dörren von Gemüse oder Obst
Dessert(s)	Nachspeise(n), süße Speise nach dem Käse serviert
Dessert aux **c**hoix	Nachtisch nach Wahl
~ compris dans le **m**enu	Nachtisch im Menüpreis eingeschlossen
desservir	abtragen, abräumen (den Tisch)
Dessication	Austrocknung (beim Käse)
Dessous de bière	Bierdeckel
détremper	an- oder einrühren, einweichen
diabétique	Diabetisch; Diabetiker(in)
Diable de mer	Meerteufel, siehe: Lotte de mer, Chaboisseau (↓)
Diable de mer à la **d**ieppoise	Meerteufel mit Krabbenschwänzen und Muscheln im Weißwein-Fischsud (*Dieppe*)
Diablotin	1. Dünnes, rundes Brot mit Sauce, Gewürzen und mit Käse überbacken 2. Feiner Karpfen
Diététicien	Diätiker
diététique	diätetisch
digérer	verdauen
digeste	leicht verdaulich, bekömmlich

digestible	verdaulich
Digestif	Verdauungsschnaps
digestif	..., der Verdauung förderlich
Digestion	Verdauung
diluer	verdünnen
Dinde	Pute (Truthenne)
Dinde à l'**am**éricaine	Pute gebraten, mit einer Füllung aus: Weißbrot, Eiern, Zwiebeln, Kalbsnierenfett, mit Petersilie, Salbei, S + P, dazu Preiselbeeren serviert
Dinde de **cr**émien **t**ruffé	Pute mit Trüffeln belegt
Dinde **f**arçi aux **m**arrons	Gebratene, mit Esskastanien gefüllte Pute
Dinde à la **la**nguedocienne	Pute im Rohr, mit Tomaten, Auberginen, Steinpilzen und Knoblauch gebraten (*Languedoc*)
Dinde **roi-s**oleil	Pute „nach Ludwig XIV", mit Blutwursthaschee gefüllt (*„Der Ludwig" hat auch die Pfalz beglückt!*)
Dinde **r**ôtie	Gebratene Pute, meist mit Maronenfüllung
Dindon	Truthahn, Puter
Dindonneau	Junger Puter, Babyputer
Dindonneau **b**onomme **n**ormand	Junger Puter mit Fleischfarce gefüllt, auf Zwiebeln, Äpfeln und Champignons gebraten
Dindonneau à la **bo**urgeoise	Babyputer mit Zwiebelchen, Karotten und Speckwürfeln geschmort
Dindonneau à la **Gu**euze	Junge Pute in Biersauce (*wuff!*) (*Belgien*)
dîner	Speisen, zu Abend essen
Dîner	Das Diner, das Abendessen (*ab 20 Uhr*)
Dîner d'**af**faires	Geschäftsessen
Dîner aux **ch**andelles	Das Diner bei Kerzenlicht
Dîner **d**ansant	Tanzdiner
Dîner de **ga**la	Das Festessen
Dîner-**sp**ectacle	Abendessen mit Vorführung (Unterhaltung)
Dînette	Kleine, leichte Mahlzeit, („neudeutsch": Snack!)
Diots	Würste aus Schweinsragout, Kohl, Mangold, Lauch und Spinat, in Öl oder Weißwein mit gehackten Zwiebeln eingelgt (*Savoyen*)
(Crème) **D**iplomate	Eiercreme (-Pudding) mit kandierten Früchten, mit Vanillecreme und Löffelbiskuits
Discrétion, (à discrétion)	Nach Belieben; soviel man möchte
Distributeur de glaçons	Eiswürfelmaschine

Distributeur de papier	Abroller, Spender von Papiertüchern
divers(es)	verschieden(e), verschiedenartig(e)
Dodine	Das Umhüllte, Eingehüllte
Dodine de canard	Gerollte Entenfleischpastete, auch kalt mit Aspik
Dodinette de caille	Wachtelpastete
Doigt de dame	Kleines Biskuitgebäck
Donzelle	Kleiner Meerfisch, Meerjunker
Dorade	Siehe Daurade (↑) , Goldbrasse, Meerbrasse
doré(e)	gebräunt, goldgelb
Dorée	Peterfisch, Heringskönig
Doria	Garnitur:
	1. Zu Fisch: ovale in Butter gedünstete Gurken- stücke, Zitronenscheiben, gehackte Petersilie und braune Butter
	2. Zu Fleisch: ovale in Butter gedünstete Gurken- stücke
Dormeur	Taschenkrebs
double	doppelt, zweifach, besonders gut und kräftig
Double express	Doppelt starker Kaffee, ähnlich dem Espresso
Doubles	Zwei Pfannkuchen, mit Käse gefüllt (*Belgien*)
douce (w.)	süß, lieblich, mild, zart, weich (so was Angehnemes!)
Doucette	Feldsalat, Rapunzel
Douceur	Süße einer Frucht, Süßigkeit
Douceurs	1. Schleckereien, Süßigkeiten
	2. Trinkgelder
Douille	Tülle, Hülse
Douillons	Birnen im Schlafrock (Blätterteigmantel)
Douillons de pommes à la normande	Äpfel im Schlafrock mit frischer Sahne (*Normandie*)
doux, douce	süß, lieblich, mild, zart, weich
Douzaine	Dutzend
Dragée	Bonbon, Dragee
Dragées	Mandeln mit Zucker überzogen
Dragées de Verdun	Zuckerkonfekt
Dragon de mer	Petermännchen, Drachenfisch: Seefisch an der Atlantik- und der nordafrikanischen Küste, 25 - 40 cm lang, Tigerstreifung; meist in der Bouillabaise verwendet

Drap	Tischtuch
dresser	Geschmackvoll anrichten, dressieren von Speisen
dresser la **t**able	Tisch mit Tellern, Besteck und Gläsern aufdecken
Dressoir	Besteckanrichte
Dubonnet	Apéritif aus Wein, mit Chinin und Kräutern
Duchesses	1. Schokoladenbonbons
	2. Eine Art Plätzchen, aus Brandteig; als Vorspeise gesalzen, als Nachspeise süß, mit verschiedenen Belägen
Duchesses **An**ne	Mandelgebäck
Duchesses d'**An**goulême	Schokoladenbonbons aus *Angoulême*
Duchesses de **Ro**uen	Makronengebäck aus *Rouen*
Duo de **p**oisson en **t**artare	Duett von rohen Fischen, auf Ta(r)tarenart (gehackt)
dur(e)	hart, zäh (Fleisch)
Duxelles **gr**asse	Masse aus gehackten Champignons, Zwiebeln, Schalotten, Schinken, Butter und Tomatenpüree
Duxelles **ma**igre	wie Duxelles grasse (↑), aber ohne Schinken

E

Eau	Wasser
Eau **ch**aude	Heißes Wasser
Eau **de**stillée	Destilliertes Wasser
à l'**e**au	Mit Wasser zubereitet
Eau **fr**aîche, **E**au **f**roide	Frisches Wasser, kaltes Wasser
Eau **ga**zeuse	Mineralwasser mit Kohlensäure (das beste ist „Perrier", es entspricht am meisten dem deutschen Mineralwasser)
Eau **gl**acée	Eiswasser
Eau **mi**nérale	Mineralwasser (meist stilles Wasser)
Eau **na**turelle	Leitungswasser
Eau **po**table	Trinkwasser
Eau du **ro**binet	Leitungswasser (kalt)
Eau de **so**urce	Quellwasser
Eau de **vi**e	Branntwein, Schnaps
Écaille	Schale, Schuppe (bei Austern und Muscheln)
écailler des **hu**îtres	Austern öffnen
Écailleur à **po**issons	Fischentschupper

Französisch - Deutsch

écailler des poissons	Fische schuppen
Écale	1. Schale (von der Nuss, Maroni, Mandel, Pistazie usw.)
	2. Schote (der Bohne, Erbse usw.)
écaler	Schälen, Schale entfernen (auch bei Eiern)
écarlate (à l'~)	gepökelt
Échalote	Schalotte, kleine eiförmige Zwiebel, zwiebelartige Pflanze, kann mit Frühlingszwiebel oder mit etwas Knoblauch ersetzt werden
Échantillon	Probe, Muster
Échaudé	Windbeutel (*Auvergne*)
Échine	Rückenstück, Nacken, Hals oder Kamm
Échine de porc	Schweine-Kamm oder - Nacken
Échinée	Rückenstück vom Schwein
Éclair	Brandteiggebäck, Liebesknochen, Blitzkuchen
Éclair au chocolat	Brandteiggebäck mit Schokoladencreme gefüllt
éclaircir	aufhellen, verdünnen
Économe	Sparschäler
Écorce	Rinde, Schale (z. B:. bei Zitrusfrüchten)
Écossais (écossais)	1. schottisch
	2. Mix aus Whisky und Cola
écosser	enthülsen, aushülsen
écraser	zerdrücken, mahlen, brechen
écrémer	abrahmen
Écrevisse	Flusskrebs, (**Tipp:** Die besten und teuersten Krebse haben rote „Schaufelfüße")
Écrevisses à l'aneth	Krebse mit Dill, in einer Fischvelouté-Rahmsauce, meist mit Pilawreis serviert
Écrevisses à la bordelaise	*„Bordelaiser"* Krebse angebraten, mit Gemüse, trockenem Weißwein, Cognac, Thymian, Lorbeer, Estragon, Kerbel, Salz und Tomatenpüree gekocht
Écrevisses à la crème	Krebse mit Karotten und Schalotten gekocht, mit Brandwein flambiert, mit einer Cremesauce aus Crème double, Tomatenmark, Kräutern, S + P
Écrevisses en fricassée	Krebse angebraten, mit gehackten Schalotten, Cognac und Weißwein gekocht, mit Crème double, Salz und (Cayenne-)Pfeffer gewürzt

Écrevisses **Ge**orgette	Ausgehöhlte, gebackene Kartoffeln mit Krebs-schwänzen gefüllt, mit Sauce Nantua (↓) (Mehl/Butter/Sahne-Sauce) überzogen, mit Parmesan bestreut, im Ofen überbacken
Écrevisses au **gra**tin	Krebse mit einer Käse/Sahne-Sauce überbacken
Écrevisses à la **Na**ntua	Wie Écrevisses Georgette (↑), mit Trüffeln
Écrevisses à la **na**ge	Krebse in Fisch-Weinsud mit Zwiebeln, Kräutern, (Kümmel) und Gemüse gekocht
Écrevisses à la **pro**vençale	Krebse in Kräutersauce mit Karotten, Zwiebeln, Tomaten, Knoblauch und Weißwein
Écume	Schaum
écumer	abschäumen
Écumoir	Schaumlöffel, Abschöpflöffel
Écumoir à friture	Fritierkelle
Édulcorant	Süßstoff
effacer	ab- (weg-) wischen
effiler	entfädeln (Bohnen)
Effilochade	Geschnetzeltes
effiloché(e)	In sehr dünne Streifen oder Fasern zerteilt
effriter	zerkrümeln
Églantine	Hagebutte
Églefin (aiglefin, aigrefin)	Schellfisch aus kalten Gewässern, bis 1 m lang, 2-3 kg schwer, mageres, festes Fleisch, leicht rosa
égoutter	abtropfen lassen, abgießen
Égouttoir à vaisselle	Abtropfständer (für Geschirr), Trockenständer
Égrainage, Égrènement	Das Aus- oder Entkernen
égrener	entkernen, entkörnen (z. B.: Trauben, Gurken)
Eierkuchas	Süße Eierpfannkuchen mit Konfitüre (*Elsass*)
Élan	Elch
Élope	Fisch, dem Hering ähnlich
el pa y all	Brotscheibe mit Knoblauch, Salz und Olivenöl be-strichen (*katalanisch*)
Elzekaria	*Baskische* Bohnensuppe mit Kohl, Zwiebeln, Speck und Knoblauch
emballer	einwickeln
Embeurré de chou	Kohlkopf gekocht, mit viel Butter vermengt
embroché	auf einen (Brat-)Spieß gesteckt
embrocher	aufspießen, auf den Spieß stecken

Emmental	Französischer Emmentaler Kuhmilch-Hartkäse, er hat größere Löcher als der deutsche, wird geraspelt und oft zum Überbacken verwendet
émietter	zerkrümeln
Émincé	Scheibenfleisch, Geschnetzeltes, Blätterragout
Émincé de **bœuf**	Rindergeschnetzeltes
Émincé de **foie** de veau aux **é**chalottes	Kalbslebergeschnetzeltes mit Schalotten
Émincé de **po**mmes aux **c**hampignons	Kartoffel- und Champignonscheiben im Ofen mit Öl gebacken
Émincé de **veau** (au Pinot)	Kalbsgeschnetzeltes in (Pinot-)Weißweinsahne-sauce
émincer	In dünne Streifen schneiden (Fleisch, Zwiebeln, Gemüse usw.)
Émissole	Glatthai, Hundshai
Emporte-pièce	Austecher (Teig)
en	in, im, darin, auf, während
en **belle** vue	Begriff für gesülzt; in Sülze; schön angerichtet
en **br**ioche	Im (Brioche-) Hefeteig gebacken
en **br**ochette	Auf dem Spießchen gegrillt und serviert
en **ca**sserole	Im Topf gekocht und serviert
en **ca**ssolette	Im Pfännchen gekocht und serviert
en **ch**emise	In der Hülle gekocht, in der natürlichen, wie Knoblauch oder z. B. mit einer Scheibe Schinken eingehüllt, zubereitet usw.
en **ch**evreuille	Wie Wildbret gekocht
en **co**cotte	Im kleinen Schmortopf gekocht und serviert
en **cr**oûte	In einer Teigkruste gebraten und serviert
en **da**ube	Im Schmortopf, in Weinsauce gekocht
en **dé**s	In Würfel (geschnitten)
en **es**cabèche	In Fischmarinade aus kleinen Fischen (und Tomatenmark) hergestellt; kalt
en gelée	In Aspik serviert
en **ma**telote	Fisch, mit Wein im Schmortopf gekocht
en **ne**ige	Im geschlagenem Eiweißschnee
en **pa**pillotte	In Folie gebacken
en **pu**rée	Als Püree, z. B.: zerstampftes Gemüse usw.

en ragout	Fleisch oder Geflügelstückchen in Brühe und Gewürzen weichgekocht
en saison	Während der Jahreszeit
en sauce	In Sauce
en semaine	wochentags
en supplément - en sus	1. Mit Preiszuschlag
	2. zusätzlich, Nachschlag
en terrine	In der Tonform (mit Deckel) gekocht und serviert
en timbale	1. In der Teighülle
	2. Im Förmchen zubereitetes Gemüse, Fleisch, Fisch, Meeresfrüchte, Reis, Eiscreme usw., und darin oder gestürzt serviert
Encas	Zwischenmahlzeit
Enchaud (*Périgord*)	Napfpastete mit Schweinefilet und Schweinehaxen
encocher	einschneiden
Encornet	Tintenfisch, Kalmar
Encornet à l'américaine	Tintenfische mit Cognac flambiert und mit Tomaten/Sahne-Sauce serviert
Encornet à la portugaise	Tintenfisch in kalter, feurigwürziger Tomatensauce
Endive (Endive belge)	Chicoréesalat
Endive à la béchamel	Chicorée gedünstet mit Mehl/Butter/Milch-Sauce
Endive au beurre	Chicorée gedünstet mit Butter und Zitronensaft
Endive braisée	Chicorée geschmort
Endive chicorée	Endiviensalat
Endive au gratin	Chicorée, meist mit Käse(sauce) überbacken
Endive au jambon	~ mit Schinken umwickelt, mit Käse überbacken
Endive (à la) meunière	Chicorée gedünstet, mit brauner Butter begossen
Endive Mornay	Chicorée mit Käsesauce überbacken
enfourner	In den Ofen schieben
enlever	wegnehmen
entailler	einschneiden
entier, entière	ganz, gesamt, ungeteilt
Entonnoir	Trichter
entourer	umgeben (dekorieren, garnieren)
Entrecôte	Zwischenrippenstück (Rinderhochrippe, Roastbeef), circa 180 Gramm, meist gegrillt
Entrecôte Bercy	~ mit Bercybutter (mit Ochsenmark, Schalotten, in Weißwein gedünstet), Zitrone, S + P, Petersilie

Entrecôte à la **bor**delaise	Rippenstück gegrillt, mit Rindermarkscheiben belegt, Brunnenkresse mit Sauce bordelaise (↓) oder Sauce Bonnefoy (Sauce bordelaise, aber mit Weißwein)
Entrecôte **br**aisé	Rippenstück (gebräunt), mit Weißwein und Demiglace geschmort
Entrecôte **C**afé de **P**aris	Rippenstück mit Butter Café de Paris (↑) Beurre Café de Paris
Entrecôte double	Doppeltes Zwischenrippenstück (Hochrippe), circa 400 gr., für 2 Personen, ähnlich dem Chateaubriand
Entrecôte aux **gi**rolles	Gegrilltes Rippenstück mit Pfifferlingen
Entrecôte **H**enri IV	Doppeltes Zwischenrippenstück auf Artischocken- böden, mit Sauce béarnaise (↓)
Entrecôte **ma**ître d'**h**otel	Rippenstück vom Rost mit Petersilienbutter
Entrecôte **ma**rchand de vin	Rippenstück in Rotweinsauce
Entrecôte (à la) **mi**nute	Entrecôte, sehr kurz gebraten oder gegrillt
Entrecôte **M**irabeau	Rippenstück gegrillt, mit Sardellenstreifen, ent- kernten Oliven, Estragon und Sardellenbutter
Entrecôte à l'**os** à la **b**ordelaise	Rippenstück gegrillt mit Ochsenmarkscheiben belegt, Sauce bordelaise (↓) (Rotwein/Butter-Sauce)
Entrecôte à l'**os** à la **b**ordelaise	Rippenstück gegrillt mit Ochsenmarkscheiben belegt, Sauce bordelaise (↓) (Rotwein/Butter-Sauce)
Entrecôte **tr**iple	Hochrippenstück für 3 bis 4 Personen
Entrcôte **ve**rt **p**ré	Rippenstück gegrillt, mit Kräuterbutter, Stroh- kartoffeln und Brunnenkresse serviert
Entrecuisse	Geflügeloberschenkel
Entrée (interdite)	Eintritt (verboten)
Entrée	Zweites Vor-(Zwischen-)Gericht, nach dem Hors d'œuvre, vor Suppe und Fisch serviert
Entrée **ch**aude	Warme Vorspeise
Entrée **fr**oide	Kalte Vorspeise
Entrée du **jo**ur	Vorspeise des Tages
Entrées **mi**xtes	Zweites variantenreiches Vorgericht
entrelardé	durchwachsen, mit Speck gespickt

Entremetier	Verantwortlicher in der Küchenbrigade für Gemüse (Suppen und Eierspeisen), Gemüsekoch
Entremets (sucré)	Süßes Zwischengericht nach dem Käse, vor dem Dessert oder dem Obst
Entremets salé	Salziges Zwischengericht
envelopper	einwickeln
épais(se)	dick(flüssig), dicht, zähflüssig, bei Sahne: steif
Épais du prin	Bauchlappen
épaissir	eindicken
Épaule	Schulterstück, Bug, Blatt von Schlachttieren
Épaule à la bretonne	Schulterstück gebraten, mit weißen Bohnen
Épaule braisée aux haricots	Geschmortes Schulterstück mit weißen Bohnen
Épaule d`agneau	Lammschulter
Épaule d`agneau à la gasconne	Geschmorte Lammschulter, gefüllt mit Schinken, Eiern, Zwiebeln, Knoblauch, Petersilie, Gemüse
Épaule de cerf rôti	Gebratenes Hirschschulterblatt (Schäufele)
Épaule de mouton	Hammelschulter
Épaule de mouton à la basquaise	Hammelschulter mit Paprikaschoten gefüllt (*baskisch*)
Épaule de mouton bourgeoise	Hammelschulter mit Karotten, Zwiebeln und Speck (*Burgund*)
Épaule de porc portugaise	Schweineschulter mit Tomaten und Reis
Épaule de veau	Kalbsschulter
Épaule de veau bayonnaise	Kalbsschulter mit Schinken gefüllt, dazu als Beilage Parmesanreis
Épaule de veau boulangère	Kalbsschulter geschmort, mit Zwiebelringen und Bratkartoffeln
Épeautre	Getreideart mit kleinen, harten, braunen Körnern
épépiner	entkernen (z. B.: Äpfel)
Éperlans	Stinte (kleine Küstenfische) meist frittiert, die großen haben sehr viele Gräten!
Éperlans frits	Stinte, zusammen mit Petersilie frittiert & serviert
Eperlans marinés	Stinte frittiert, in Weißwein/Senf/Essig/Zwiebel Marinade aufgekocht, kalt serviert
Éperons bachiques	Wurst, Schinken usw., zum Aperitif gereicht
Épi (de maïs)	(Mais-)Kolben

Épice(s)	Gewürz(e) (auf pflanzlicher Basis)
épicé(e)	1. (scharf) gewürzt, gepfeffert
	2. „Gepfefferter Preis"
épicer	würzen
Épicerie	Lebensmittel- (Feinkost-)Geschäft
Épicerie du coin	„Tante-Emma-Laden", „Laden um die Ecke"
Épigramme (d'agneau)	Lammbrust und -Koteletts (ausgelöst) paniert, in großen Stücken, gewürzt und meist mit Senf eingestrichen, in Butter oder auf dem Grill gebraten, manchmal in Fleischbrühe vorgekocht
Épigramme (cuis)	Grobgewürfeltes, gekochtes Ragout
Épinard	Spinat
Épinard au **be**urre	Spinat in Butter geschwenkt
Épinard en **br**anches	Blattspinat
Épinard à la **co**mtesse	Spinat püriert, mit dickem Rahm und hartgekochten Eiern vermischt
Épinard à la **crè**me	Rahmspinat
Épinard au **ju**s	Spinat gekocht, mit Fleischsaft
Épinard à la **ni**çoise	Blanchierter Blattspinat, mit Knoblauch in Olivenöl gedünstet, mit geschlagenem Ei vermischt, mit Bröseln und Butter überbacken (*Nizza*)
Épinard aux **ra**isins et aux **pi**gnons	Blattspinat mit Rosinen und Pinienkernen (Spezialität aus *Katalonien*)
Épinard en **so**ufflé	Spinatauflauf
Épinoche	Kleiner Flussfisch, Stichling
Épis de **ma**ïs grillés	Gegrillte Maiskolben, gebuttert
éplucher	schälen, pellen (Kartoffeln, Obst), knacken (Nüsse), aufbrechen (Krebse)
épluché(e)	geschält (Kartoffeln, Äpfel usw.)
Éplucheur	Schäler (Maschine oder Werkzeug)
Épluchures	1. Schalen (-Obst, -Gemüse)
	2. Küchenreste
Éponge	Schwamm
Éponge à l'**or**ange	Getränkter Kuchen mit Orangensirup
éponger	abwischen, abtrocknen (mit dem Schwamm)
épuisé	aufgebraucht, ausverkauft
Équille	Kleiner Sandaal (Küstenfisch), Tobiasfisch
Érable (sirop d'erable)	Ahorn (-Sirup)

Ériphie	Krabbe
Escabèche	1. Kalte Marinade aus kleinen Fischen, wie Sardinen oder Stinten; sehr kräftig und pikant, um damit gekochte Lebensmittel zu konservieren
Escabèche (de poissons)	2. Kleine Fische, gemehlt, in Öl gebraten und in heißer Marinade von Öl, Essig, Wasser, Zwiebeln, Karotten, Gemüsepaprika, Knoblauch und Gewürzen 24 Stunden eingelegt, kalt mit Marinade serviert; oft auch mit Tomatenmark und Zitronensaft zubereitet
Escalope	Schnitzel von Fleisch oder Fisch
Escalope chevreuil Baden-Baden	Rehschnitzel, garniert mit halben Birnen und Johannisbeergelee, dazu Wildrahmsauce
Escalope farcie	Gefülltes Schnitzel
Escalope de foie gras	Gänseleberscheibe paniert und gebraten
Escalope de lotte sautée	Seeteufelschnitzel paniert, in Olivenöl gebraten, Petersilie, meist mit Tomatensauce
Escalope de mouton	Hammelschnitzel
Escalope panée	Paniertes Schnitzel
Escalope de porc	Schweineschnitzel
Escalope de porc panée	Schweineschnitzel paniert
Escalope de ris de veau	Panierte und gebratene Kalbsbriesscheiben
Escalope de saumon (frais) à l'oseille	Lachsschnitzel mit Sauerampfer
Escalope de saumon à l'oseille des frères Troisgros	Lachsscheibe angebraten, mit Sauerampfersauce, trockenem Weißwein, Wermut, Fischfond, Schalotten, Sahne, S + P, mit Fleurons garniert
Escalope de veau	Kalbsschnitzel
Escalope de veau Brillat Savarin	Kalbsschnitzel mit Cognac flambiert
Escalope de veau au cordon bleu	Panierte Kalbsschnitzeltasche, gefüllt mit gekochtem Schinken und Emmentaler Käse
~ de veau à la crème	Kalbsschnitzel, kurz gebraten, mit Rahmsauce
~ de veau liégeoise	Kalbsschnitzel mit zerdrückten Wacholderbeeren
Escalope de veau à la maréchal	Kalbsschnitzel paniert, gebraten mit Trüffeln und Spargelspitzen
Escalope de veau (à la) milanaise	Kalbsschnitzel mit Bröseln/Parmesan-Panitur, meist mit Spaghetti und Tomatensauce serviert

Escalope de veau **Mon**tholon	Kalbsschnitzel gebraten, mit Schinkenstreifen belegt, mit Trüffelscheiben und Spargelspitzen in Geflügelrahmsauce serviert
~ de veau (à la) **no**rmande	Kalbsschnitzel mit heller Sauce normande (↓)
Escalope de veau (à la) **pr**ovençale	Kalbsschnitzel mit Kräutern der Provence und Knoblauch in Tomaten/Wein-Sauce
~ de veau (à la) **sa**voyarde	Kalbsschnitzel in Rahmsauce
Escalope de veau (à la) **vi**ennoise	Wiener Schnitzel mit Zitronenscheibe, Sardellenstreifen und Kapern garniert
escaloper	schneiden (Schnitzelscheiben)
Escalopine	Kleines Schnitzel
Escargots à l'**al**sacienne	Schnecken „Elsässer Art" in Sud, mit Schweineschwarten und Kalbshaxe gekocht, Sud-Gelee in die Häuser gefüllt, mit Schneckenbutter verschlossen, mit Semmelbröseln bestreut und dann im Ofen überbacken ♥
Escargots **ar**dèchois	Weinbergschnecken gebraten, in einer Sauce mit Speck, Walnüssen, Sardellen, Kräutern und geraspelter Orangenschale (*Ardèche*) ♥
Escargots à l'**au**daise	Gekochte Schnecken mit Schalotten, Zitronensaft, Salz und Pfeffer, in Öl mariniert, auf Spießchen mit Champignons und Speck gesteckt, auf dem Rost gegart, im Näpfchen (Cassolette) mit Burgunderbutter serviert (*Aude*) ♥
Escargots de **Bo**urgogne	Weinbergschnecken
Escargots à la **bo**urguignonne	Schnecken auf „Burgunder Art", in Schneckensud gekocht, mit einer Butter aus Knoblauch, Schalotten, Petersilie, P + S, in die Häuser gefüllt, mit Semmelbröseln bestreut, im Ofen überbacken ♥
Escargots à la **ca**talane	Schnecken gekocht, mit gehackten Schalotten, Knoblauch, Petersilie und Thymian geschmort ♥ (*Roussillon*)
Escargots à la **ca**uderan	Schnecken gekocht, in einer Sauce aus Weißwein und Brühe, mit gekochtem Schinken, Schalotten, Knoblauch und Bröseln

Escargots à la **ch**ampenoise (au champagne)	Schnecken in Schaumwein gekocht, mit Sahne und wenig Knoblauch, meist im Näpfchen
Escargots **Di**ables **r**ouges (Des Teufels rote Schnecken sind scharf, aber verführerisch)	Schnecken gekocht, in Öl geröstet, mit gehackten Zwiebeln, Knoblauch, roten Paprikaschoten und Tomaten gedünstet, mit Cayenne, Tabasco und Petersilie, in der Pastete (Timbale) serviert ♥
Escargots à la **di**jonnaise (Dijon)	Schnecken wie „à la bourguignonne" (↑), aber mit Butter, Rindermark, gehackten Trüffeln, gehackten Schalotten, Gewürzen; in Weißwein gedünstet
Escargots à l'**es**pagnole (Spanische Art)	Schnecken mit gewürfeltem, grünem Paprika und Tomaten, Knoblauch, Petersilie, Thymian, Salbei, Chilipulver und Olivenöl im Näpfchen (Cassolette) im Ofen gedünstet, abgedeckt serviert
Escargots **fa**rçis	Gefüllte Schnecken
Escargots **f**rits	1. Schnecken gekocht, frittiert, mit Petersilie und Zitrone serviert 2. Schnecken gekocht, mit Zitronensaft, Öl, gehackten Schalotten und Petersilie mariniert, durch den Backteig gezogen, frittiert, mit Petersilie und Zitrone serviert
Escargots à la **la**nguedocienne ♥ (Languedoc, Roussillon)	1. Schnecken in einer Sauce aus Gänseschmalz, Schinken, Knoblauch, Safran und Kräuter; 2. Schnecken in einer Sauce aus Tomaten, Sardellen und gehackten Walnüssen
Escargots **ma**rinés	Schnecken gekocht, in Weißwein, Essig, Öl, Salz, Champignonscheiben und Gewürzen, kalt serviert
Escargots à la **mo**de de l'**a**bbaye	Gekochte Schnecken, mit Zwiebeln gebraten, mit Mehl bestäubt, mit Rahm aufgefüllt, gewürzt und mit Eigelb gebunden
Escargots à la **mo**de de **C**hablis (à la chablisienne)	Schnecken „Chablis-Art", wie „à la bourguignonne" (↑), aber in Weißwein (Chablis), gekochte Schalotten, vorher in die Häuser gefüllt, Knoblauch
Escargots à la **mo**de du **ch**ef	Schnecken mit Salz u. Pfeffer, Zitronensaft und Öl mariniert, jede in Speck eingehüllt, auf Spießchen mit Öl im Ofen geröstet, im Napf (Cassolette), mit heißer Schneckenbutter übergossen serviert

127

Escargots à la narbonnaise	Schnecken mit Lorbeer im Salzwasser gekocht, mit Olivenöl, gemahlenen Walnüssen, Knoblauch und Sardellen angebraten (*Narbonne, Languedoc*)
Escargots petit gris	Kleinere Weinbergschnecken
Escargots à la provençale	Schnecken gekocht, in Olivenöl mit gewürfelten Schalotten und Tomaten, Knoblauch, Weißwein, Petersilie, S + P angebraten
Escargots au Sancerre	Schnecken in Weißwein
Escargots à la suçarelle (*Provence*)	Schnecken in Weißwein, mit Hackfleisch, Zwiebeln, Knoblauch, Tomaten und Petersilie gekocht
Escargots à la vigneronne	1. Schnecken gekocht, mit gehackten Schalotten, S + P, Knoblauch und Weißwein angeröstet, durch Backteig mit Schnittlauch gezogen und frittiert 2. Schnecken in Wein-Zwiebel-Sauce
Escargotière	Schneckenplatte
Escarole (Escariole)	Krause Winterendivie
Escavèche (Escabèche)	Fisch frittiert, in der Marinade serviert (*Belgien*)
Escotons béarnais	Gebackene, süße Grießschnitten
Espace (Non-) Fumeurs	Raucherzone (Nichtraucherzone), gesetzlich in Restaurants vorgeschrieben
Espadon	Schwertfisch, in allen warmen Meeren zu finden, 2-5 m lang, 100-500 kg schwer, exzellentes Fleisch, das an Thunfisch erinnert, meist angekocht, dann gegrillt oder im Ofen gebacken ♥
Espagnole	Dicke Muschelart, wird meist roh gegessen
Espèce	Art, Sorte, Gattung, Qualität
Espèces (paiement en ~)	Bargeld (Barzahlung)
Esprot	(Kieler) Sprotte
Esquimau	Eis am Stiel, mit Schokoladenhülle
Esquinado toulonnais	Taschenkrebse mit Muscheln, überbacken (*Toulon*)
Essence	1. Auszug, Extrakt, Konzentrat, Essenz 2. Benzin
Essence d'estragon	Estragon in Essig oder Wein eingelegt
essorer	ausdrücken, trockenschleudern (Salat)
Essuie-mains	Handtuch
Essuie-tout	Küchenrolle (Krepp-Papier)
Essuie-verres	Gläsertuch
essuyer	(ab)trocknen, (ab)wischen, abstauben

Estaminet	Kneipe (in *Nordfrankreich und Belgien*)
Estofinado	Stockfisch gekocht, mit Kartoffeln gemischt, in Erdnussöl überbacken, mit Ei-Scheiben & Petersilie
Estomac	Magen (maux d`estomac: Magenschmerzen)
Estouffade	(Schmorgericht) Fleischscheiben oder -Würfel, in Fett angebräunt, bemehlt, mit Zwiebeln, Wein, Wasser und Fond, gewürzt, mit Kräuterbündel, im geschlossenen Steinguttopf im Ofen geschmort
Estouffade (de porc) à l`**al**sacienne	Gewürfeltes Schweinefleisch angebraten, mit Zwiebeln und Morcheln in Demiglace gedünstet
Estouffade (de bœuf) à la **bo**urguignonne	Geschmortes Rinderragout mit Speck, S + P, Zwiebeln, Knoblauch, Rotwein, Kalbsfond, Petersilie, Thymian, Lorbeer, Champignons
Estouffade (de bœuf) à la **pr**ovençale	Rindfleisch gewürfelt, in Weißwein, Grundsauce, mit Tomaten, Knoblauch und Oliven gedünstet
Estouffade de **pe**rdrix aux **l**entilles	Rebhühner, geschmort in Weißwein und Brühe, mit Zwiebeln, Karotten, Speck; mit Linsen serviert (*Auvergne*)
Estouffade de **tr**ipes	Gedünstetes (Rinder-)Kuttelngericht (*Montpellier*)
Estouffade de **ve**au à la **va**peur	Gedünstetes Kalbfleisch mit Speck, Schalotten und Rotwein
Estouffat	Schmorgericht, Ragout Schmorgericht mit Bohnen oder Linsen (*Auvergne*) Schmorgericht mit verschiedenen Fleischarten: Schwein (*Béarn*); mit Hase (*Agen*); mit Rind (*Roussillon, Auvergne*); mit Rebhuhn (*südliche Auvergne*)
Estouffat de **b**œuf à la **bé**arnaise	Rindfleischragout mit Rotwein und Gemüse, ab und an auch mit Maisbrei serviert (*baskisch*)
Estouffat à la **la**nguedocienne	Weiße Bohnen geschmort mit Schinkenspeck, Kutteln, Knoblauch, Zwiebeln und Tomaten (*Languedoc*)
Estouffat de **ha**ricots	Ragout aus weißen Bohnen, Speck, Zwiebeln, Knoblauch und geschälten Tomaten (*Languedoc*)
Estragon	Estragon(kraut)

Esturgeon	Stör (Wanderfisch in Fluss und Meer) 2 - 4 m lang, oben bräunlich, unten weiß, Kaviarlieferant, Fleisch weiß und fest; das Fleisch kann man wie Kalbfleisch zubereiten, mit fast allen Garnituren, auch kalt und geräuchert; immer schmackhaft ♥
Esturgeon à la **bo**rdelaise	Stör mit Pilzen, Schalotten und Kräutern in Weinsauce, auch mit Tomaten
Esturgeon à la **gr**eque	Störschnitzel „griechisch", gekocht in einem Sud aus Essig, Öl, Weißwein, Fenchel und Orangenschalen, kalt serviert mit gehackter Petersilie
Esturgeon à la **no**rmande	Stör in Weißweinsud gekocht, mit Muscheln, Austern, Krabben und Champignons garniert
Esturgeon à la **pr**ovençale	Störschnitzel mit Sardellenfilets gespickt, mariniert, mit gewürfelten Tomaten, Zwiebeln, Knoblauch und Kapern gebraten, mit Weißwein abgelöscht
Établissement	Geschäft, Betrieb, Unternehmen
Étagère	Regal
Étagère à bouteilles	Flaschenregal
Étagère à épices	Gewürzregal
Étagère à verres	Gläserregal
Étamine	Passiertuch, Siebtuch
éteindre	(ab-, aus-)löschen
Étoile de mer	Seestern
étouffée	geschmort, gedünstet, gedämpft
Étourdeau	Kapaun
Étourneau	Star
Étrille	Winzige Krebsart, Schwimmkrabbe, Blaukrabbe
étuvé(e)	geschmort, gedünstet, gedämpft
étuver	Schmoren, dämpfen, dünsten, trocknen, sterilisieren, mit Deckel, aber ohne Fett
evaporer	verdunsten, verdampfen
Éventail	Fächer, Auswahl, Angebot
(en) **é**ventail	fächerförmig angerichtet
Évier	Spülbecken für Geschirr
excellent(e)	exzellent, ausgezeichnet, vorzüglich
Excelsior	Kopfsalat gedünstet, mit Schmelzkartoffeln (Fleischgarnitur)

Französisch - Deutsch A-Z

Exocet	Kinnbartel-Flugfisch aus dem Atlantik
exotique	exotisch, aus fremden Ländern stammend
Express	Espresso (starker Kaffee in der Mokkatasse)
exquis(e)	vorzüglich, köstlich, auserlesen, wohlschmeckend
extérieur	außen, äußerlich
extra	1. erstklassig, spitzenmäßig, toll, prima, besonders, sehr, „Spitze"
	2. Aushilfskellner
Extracteur de jus	Entsafter
Extrait	Extrakt, Auszug, Konzentrat
extraordinaire	hervorragend, außergewöhnlich

F

fade	fad, geschmacklos, schal, ungesalzen
Façon (à la ~ de)	(nach) Art und Weise (von ...)
Fagot	Bulette aus Schweineleber und fettem Fleisch, im Schweinenetz zubereitet (*Charente*)
Fagoue	Kalbsbries (Hirn)
Faïence	Emailliertes Steingut
Faim	Hunger (j'ai faim : ich habe Hunger)
Faines	Bucheckern
faire	machen, tun, ausüben, betreiben, zubereiten usw.
faire chabrot	Ländliche, *bordelaiser* Sitte: in den Rest der Suppe wird ein Glas Wein gegossen und der Teller dann ausgetrunken
faire cuire	ankochen
faire la cuisine	kochen
faire dorer	(an)bräunen
faire frire	braten
faire revenir	bräunen
faire rissoler	(an)bräunen
faire rôtir	braten
faire sauter	braten
faire tremper	einweichen
Faisan	Fasan
Faisan à l'alsacienne	Fasan *„elsässisch"*, geschmort, mit Sauerkraut und Schweinespeck serviert

Faisan en **bar**bouille	Fasan zerlegt, mit Speck, Trüffeln, Zwiebeln in Rotwein und Fleischbrühe geschmort, mit Armagnac abgelöscht
Faisan à la **br**uxelloise	Fasan gefüllt mit Leber und Frischkäse, umwickelt mit Speckscheiben und Weinblättern, auf Chicorée serviert (*Brüssel, Belgien*)
Faisan à la **ch**artreuse	Gedünsteter Fasan mit Speck, Würstchen, Gemüse, Kohl und Kopfsalat
Faisan en **ch**artreuse	Fasan, geschmort mit Speck, Würstchen, Kohl und anderem Gemüse
Faisan à la **co**cotte	Fasan mit Geflügelleber geschmort
Faisan en **co**cotte	Fasan in Wein geschmort, meist mit der Leber gefüllt
Faisan en **co**nsommé	Fasanenfleisch in Kraftbrühe
Faisan au **ge**nièvre	Fasan mit Wacholderbeeren gefüllt
Faisan à la **no**rmande	Fasan gedünstet, mit Calvados flambiert, mit Apfelscheiben in Sahnesauce (*Normandie*)
Faisan **So**uvaroff (Souvarow)	Fasan angebraten, dann mit Gänseleber und Trüffeln in Madeira/Cognac-Sauce geschmort
Faisandage	Das Abhängen von Wild
faisander	Wild abhängen, ablagern
Faisandeau (Faisanneau)	Junger Fasan
fait maison	hausgemacht
Faitout	Halbhoher Aluminium-Kochtopf, Kochkessel
Falcullele	Quarkauflauf
Fallette	Hammelbrust, gefüllt mit Zwiebeln, Karotten und mit weißen Bohnen serviert (*Auvergne*)
Falnes **n**ormandes	Zimtkekse
Faluche	Großes, rundes, flaches Weißbrot, wird heiß gegessen (*Nordfrankreich*)
Falue	Länglicher Pfannkuchen
Fanchonnettes **b**ordelaises	Gefüllte Bonbons
Fanes de **r**adis	Radieschenblätter (als Salat)
Fanfre	Makrelenähnlicher Fisch
Faon	Hirsch- oder Rehkitz
Far	Flan (↓), Getreide-(-Mehl-)Breifladen

Far breton	Eingeweichte Backpflaumen und Rosinen auf einem salzigen Getreidemehlfladen (Mehl variabel), wird in der ganzen Bretagne kalt oder warm, auch als Beilage zu Fleisch oder Gemüsen gegessen, auch gezuckert, mit Konfitüre oder Honig gefüllt
Far du Poitou, **Far poitevin**	Eintopf mit Schweinefleisch, Kohl, Steckrüben, Speck, grünem Gemüse und Salatblättern (*Poitou*)
Farandole (de sorbets)	Gemüse- oder Obst-Allerlei (mit Eis)
Farandole de fromages	Große Käseauswahl
Farandole de hors-d'œuvre	Vorspeisenauswahl
Farce	Füllung, Füllsel; gewürztes, mit gehackten Kräutern versehenes Hackfleisch, um Fleisch, Fisch, Geflügel oder Gemüse zu füllen
Farce angevine	Helle Fleischsauce, mit Speck & Kräutern, (*Anjou*)
farci(e)	gefüllt,
farcir	füllen, vollstopfen, spicken (vor dem Garen)
Farci poitevin	Krautwickel, gefüllt mit Schweinebrust, Speck, Eiern, Kopfsalat, Sauerampfer, Kräutern und Knoblauch (*Poitou*)
Farcidure	1. Mehlklöße mit Eiern und gehackten Kräutern in Fleischbrühe gedämpft 2. Kohlblatt, gefüllt mit Buchweizenmehl, weißen Rüben, Sauerampfer
Farcis de Mont de Lans	Semmelknödel mit Butter, Zwiebeln und Lauch, zu gepökeltem Schweinefleisch, heißer Wurst und Kartoffeln serviert (*Rhônetal*)
Farcis niçois	Im Ofen gebackenes Gericht aus: Eiern, Wurst- oder Fleischfüllsel, Ragout aus Auberginen, runden Zucchini, Tomaten, Zwiebeln, Paprikaschoten, Parmesan, S + P, Petersilie, Knoblauch, Olivenöl, Hühnerbrühe (*Nizza*)
Farcis provençaux	Ähnlich wie Farcis niçois (↑)
Farçon	1. Überbackene Süßspeise aus Kartoffeln, Eiern, Butter, Speck, Pflaumen, Likör, Zucker (*Savoyen*) 2. Fladen aus Wurstfüllsel, Eiern, Mehl, Zwiebeln, Weißwein und Sauerampfer (*Auvergne*)

133

Französisch - Deutsch

Farçon de Bauges	Überbackenes Kartoffel-Gericht mit Mehl, Butter, Zucker und Crème fraîche (*Savoyen*)
Farçon du Grésysaudan	Gebratenes Hackfleisch (*Isère*)
Farée (charentaise)	Mit Speck gefüllter Kohl (*Aquitaine + Charente*)
Farigoule(tte)	Thymian (*provenzalisch*)
Farinade	Maroni-Mehlbrei mit Öl (*Korsika*)
Farinages	Teigwaren
Farine	Mehl
Farine de blé	Weizenmehl, Getreidemehl
Farine de blé dur	Hartweizenmehl
Farine de blé noir	Buchweizenmehl
Farine de froment	Weizenmehl
Farine de lin	Leinschrot
Farine de maïs	Maismehl
Farine de riz	Reismehl
Farine de sarrasin	Buchweizenmehl
Farine de seigle	Roggenmehl
fariner	In Mehl wenden
Farinette	Omelett mit wenig Mehl angerührt (*Auvergne*)
farineux, farineuse	mehlig (Kartoffeln, Äpfel), mit Mehl bestäubt
Farineux	Mehlspeisen
Farsac'h	Ähnlich dem Plumpudding (*Bretagne*)
Faubonne	Legierte Suppe aus zerdrückten weißen Bohnen, aber auch aus Erbsen und Gemüsestreifen
Faude	Tellergericht mit Lamm- und Kalbfleisch (*Cantal, Auvergne*)
Fausse limande	Lammzunge (Fisch, der Scholle ähnlich)
Fausse tranche	Teil des hinteren Rinderoberschenkels, „die Nuss" oder die „Kugel"
Faux-anis	Fenchel
Faux éperlan	Streifenfisch, Priesterfisch
Faux-filet	„Falsches Filet": flaches Lendenstück vom Rind, neben den Nieren gelegen (Roastbeef)
Faverolles	Krapfen (verschieden geformt)
... favorite	Lieblings...
Favouille	Kleiner Taschenkrebs, Grünkrabbe
Fayots	Weiße Bohnen, getrocknet (umg.)
Féchume (féchun)	Gefüllter Kohl (*Montbéliard*)

Fécule	Stärkemehl, Speisestärke
Fécule de maïs	Maisstärke (Maizena)
Fécule de pomme de terre	Kartoffelmehl
Fela, Fiela	Meeraal, Seeaal, Muräne
Fenouil	Fenchel
Fenouil bâtard	Dill
Fenouil braisé à la niçoise	Fenchelgemüse mit Tomaten geschmort (*Nizza*)
Fenouil en marinade	Fenchelscheiben eingelegt mit Rosinen und Kräutern
Fenouil à la tomate	Gepökeltes Fleisch mit Fenchel, Tomaten, Zwiebeln und Knoblauch in Olivenöl und Weißwein geschmort
Féouse	siehe Quiche lorraine (↓) (*lothringische* Specktorte)
Féra, **Férat**, **Ferrat**	Felchen, Renke (Süßwasserfisch), meist gemehlt und in Butter gebraten, mit S + P, Petersilie, Zitrone
Féra aux amandes	Felchen gebraten und mit Mandeln serviert
Féra froide du Léman	Genfer See-Felchen kalt, mit Senfsauce (*Savoyen*)
Ferchuse	Gekochtes Gericht mit Kutteln, Speck, Rotwein, Zwiebeln und Kräutern (*Bourgogne*)
fermé(e)	geschlossen
fermé le:	geschlossen:
~ lundi, mardi,	montags, dienstags,
~ mercredi, jeudi,	mittwochs, donnerstags,
~ vendredi samedi,	freitags, samstags,
~ dimanche	sonntags n
fermé le dimanche et les jours fériés	An Sonn- und Feiertagen geschlossen
Ferme-auberge	Bauerngasthof
Fermeture	Verschluss, Schließung, Ruhetag
Fermeture annuelle	Jährliche Betriebsferien
Fermeture des guichets	Schalterschluss
Fermeture hebdomadaire	Ruhetag der Woche
Fermeture de magasin	Geschäftsschluss, Ladenschluss
Feu	Feuer

Feu de **b**ois	Holzkohlenfeuer
Feuillantine	Blätterteiggebäck
Feuille	1. Blatt, Folie, Bogen Papier
	2. Tranchiermesser
Feuille d'**al**uminium	Alufolie
Feuille de **ch**êne	Eichblattsalat
Feuille de **la**urier	Lorbeerblatt
Feuille de **ro**be	Deckblatt (z. B.:der Zigarre)
Feuilles de **vi**gne	Weinblätter
Feuilles de **vi**gne **f**arcies	Gefüllte Weinblätter, meist mit Reis oder Fleisch
Feuilletage	Blätterteig (-zubereitung)
Feuilleté (Pâte feuilleté)	Blätterteig (-Pastete)
Feuilleté d'**as**perges	Spargel im Blätterteig
Feuilleté de **b**roc**h**et	Hechtpastete
Feuilleté de **Co**llioure	Blätterteigpastete mit Tomaten, Sardellen, Eiern und Oliven ♥
Feuilleté de **fa**isan	Fasanpastete
Feuilleté aux **f**ruits **f**rais	Blätterteig-Pastetchen mit frischen Früchten
Feuilleté de **ri**s de veau	Blätterteigpastete mit Kalbsbries gefüllt
Feuilleté à la **sa**ucisse	Würstchen im Blätterteig
Feuilleté de **sa**umon	Lachs in Blätterteig
Feuilleton	Dünne Fleischscheiben vom Kalb oder Schwein, geschichtet mit Farce (und Gemüse), geschmort
Fève	Dicke weiße Bohne, Saubohne, Puffbohne (ha!)
Fèves à la **cr**è**m**e	Saubohnen in Sahnesauce
Fèves **f**raiches à la croque-au-**s**el	Junge Saubohnen mit grobem Salz
Fèves de **ma**rais	Große, dicke Saubohnen
Fève**r**ole	Kleine Saubohne (Ferkelbohne?)
Févettes	Kleine, weiße Bohnenkerne
Févettes à l'**ail**	Weiße Bohnenkerne, geschmort mit Knoblauch und mit Semmelbröseln bestreut
Févettes en **sa**lade	Frische, kleine, weiße Bohnenkerne als Salat
Févettes **sa**utées	Weiße Bohnenkerne mit Speck und Zwiebeln geschmort
Fiadone	Käseauflauf aus frischem Broccio-Käse, Maronenmehl, Eiern, Zitrone und Zucker (*Korsika*)
Fiatole	Dem Steinbutt ähnlicher Mittelmeerfisch

ficeler	Fleischstück mit Bindfaden einschnüren
Ficelle	1. Schnur, Bindfaden
	2. Ganz dünnes, langes Stangenweißbrot
Ficelle de Calais oder Ficelle normande	Dünne Eierkuchen mit Schinken, Champignons, Mehl/Butter/Milch-Sauce (und Käse)
Ficelle picarde	Dünne Eierkuchen in Béchamelsauce gerollt und überbacken, gefüllt mit Schinken & Champignons
Fiche	1. Stöpsel, (Strom-)Stecker
	2. Quittung (ugs.)
Fiche femelle	Steckdose (für den Strom)
Fichu de bœuf à la vapeur	Tafelspitz im Dampf gegart
Fiélas	Seeaal (*provenzalischer* Name)
Figatelli	Schweinsleberwürstchen (*Korsika*)
Figue	Feige
Figue de barbarie	Kaktusfeige
Figue verte	Grüne Feige
Fijadone	Flan, puddingartiger, meist süßer Fladen (*Korsika*)
Filaments de légumes	Besonders dünn geschnittenes Gemüse (Fäden)
Filet	Filet, Lendenbraten (entlang des Rückgrates)
Filet d'anchois	Sardellenfilet
Filets de barbue en gelée	Glattbuttfilets in Aspik
Filets de barbue grillés Saint Germain	Gegrillte, panierte Buttfilets mit gegrillten Tomaten, Sauce béarnaise, Zitronensaft, Olivenöl, S + P
Filet de bœuf	Rinderfilet
Filet de bœuf à l'ancienne	Rinderfilet gebraten, mit Champignons und glacierten Zwiebeln garniert
Filet de bœuf berronne	Rinderfilet gebraten, mit Zwiebeln, Bratspeck, Kohl und Maronen
Filet de bœuf à la bisontine	Rinderfilet gebraten, mit Blumenkohl, geschmorten Salatblättern und gefüllten Krustaden
Filet de bœuf à la bouquetière	Rindsfilet „Blumenmädchenart", wie „Filet de bœuf Richelieu" (↓), mit Karotten, weißen Rüben, grünen Bohnen, Erbsen und (Oliven-)Kartoffeln
Filet de bœuf à la brabançonne	Rinderfiletscheibe mit Schalotten-Weißweinsauce (*Brabant, Belgien*)

Filet de **b**œuf **Br**illat-**S**avarin	Ganzes Rinderfilet braungedünstet, mit gefüllten Tomaten, gedünsteten Salatköpfen garniert, Herzoginkartoffeln, Madeira-Sauce
Filet de **b**œuf à la **ca**pucine	Rinderfilet gebraten, mit Kohlkopfherzen und gefüllten Champignons
Filet de **b**œuf à la **Ce**cilia	Ganzes Rinderfilet braungedünstet, mit Bratsaft-Weinsauce, dazu Karottenkugeln in Tarteletts, und zerkleinertem Schinken, Eigelb, Crème double, Sauce béchamel im Förmchen zubereitet, mit Nusskartoffeln
Filet de **b**œuf à la **Cl**aremont	Ganzes Rinderfilet braungedünstet, mit rohen Schinkenscheiben, Karotten(Oliven), Maronen, Bratenfond mit Madeirawein
Filet de **b**œuf à la **fe**rmière	Rinderfilet „Pächterinart", mit Karotten, weißen Rüben, Bleichsellerie, Zwiebeln und Speck in Mürbeteigkrustaden gefüllt, Kalbsjus mit Bratensaft und Weißwein
Filet de **b**œuf à la **fi**nancière	Rindsfilet „Finanzmannsart", mit Speck gespickt, gebraten, Madeira-Sauce; Garnitur: Champignons, Trüffeln, Hahnenkämme und -nieren, Kalbsklößchen, Kalbsbrieschen
Filet de **b**œuf en **ge**lée	Rinderfilet in Aspik
Filet de **b**œuf à la **gi**rondine	Rinderfilet mit Steinpilzen, Artischockenböden, Bratensauce (Demi-glace)
Filet de **b**œuf à la **ja**rdinière	Wie Filet „de bœuf à la bouquetière" (↑), mit geformtem Gemüse und Sauce hollandaise (↓)
Filet de **b**œuf **la**nguedocienne	Rinderfilet gebraten, mit Auberginen, Tomaten, Steinpilzen und Schalotten (*Languedoc*)
Filet de **b**œuf **li**mousin	Rinderlende gespickt, in Madeira-Sauce (*Limousin*)
Filet de **b**œuf au **ma**dère	Rinderfilet mit Champignons und Madeirasauce
Filet de **b**œuf à la **mo**derne	Rinderfilet mit Zwiebelpüree gefüllten Tomaten, mit Trüffeln belegten Kalbfleischklößchen, gedünstetem Kopfsalat und Madeirasauce
Filet de **b**œuf à la **M**ontgelas	Rinderfilet mit Gänsestopfleber, Champignons, Rinderpökelzungenscheiben, Trüffeln und Madeirasauce

Filet de **bœuf** **Mo**ntmorency	Rinderfilet gebraten, mit Spargelspitzen und Artischockenböden, mit Mischgemüse gefüllt
Filet de **bœuf** à la **na**politaine	Rinderfilet „Napoli", mit Makkaroni und Tomatensauce serviert
Filet de **bœuf** à la **ni**vernaise	Rinderfilet „*Neverser* Art" mit (Oliven-) Karotten, Zwiebelchen, tomatierter Kalbsjus und Schlosskartoffeln
Filet de **bœuf** à la **pé**rigourdine	Rinderfilet, mit Trüffeln gespickt, in Fleischbrühe mit Madeirawein geschmort
Filet de **bœuf** à la **Re**naissance	Rinderfilet mit Tartelettes, gefüllt mit Karotten, weißen Rüben, grünen Bohnen und Erbsen, Kalbsjus und Schlosskartoffeln
Filet de **bœuf** **Ri**chelieu	Rindsfilet „Richelieu" mit Speck gespickt, auf Zwiebeln und Karotten, mit Butter übergossen im Ofen gebraten; mit Champignonköpfen, Tomaten und Kopfsalat angerichtet, Bratensaft mit Madeira; bleibt innen noch blutig, dazu Schlosskartoffeln
Filet de **bœuf** **rô**ti à la **p**rovençale	Gebratenes Rinderfilet in Tomatensauce mit Champignons, Knoblauch (und Sardellen) (*Provence*)
Filet de **bœuf** **Sa**int **F**lorentin	Rinderfilet gebraten, mit geschmorten Steinpilzen
Filet de **bœuf** **Sa**int-Germain	Rindsfilet „Saint-Germain" gebraten, mit Erbsenpüree, Karotten, Butterkartoffeln, Sauce béarnaise oder Sauce valois
Filet de **bœuf** **sa**rladaise	Rinderfiletbraten mit Gänseleber und Trüffeln
Filet de **bœuf** **sa**uce **ma**dère et champignons à la **mé**nagère	Rinderfilet mit Speck gespickt, Madeirasauce, frischen Champignons nach „Hausfrauenart"
Filet de **bœuf** **sa**uté **S**troganoff (Stroganow) (Stroganov)	Rinderfiletspitzen „Stroganow", in dünne Streifen geschnitten, in Butter angebraten, mit Champignons,Pfeffergurken, saurer Sahne, Zitronensaft ♥ ♥
Filet de **bœuf** **We**llington	Angebratenes Rinderfilet mit Gänseleberpüree bestrichen, mit Duxelles (↑) bedeckt, in Blätterteig gehüllt, im Ofen gebacken, mit Madeirasauce

Filet de brochet à la **crème**	Hechtfilet in Sahnesauce
Filet de canard au **poivre vert**	Entenfilet in grüner Pfeffersauce
Filet de Charolais	Filet vom Charolais-Rind (↑)
Filet de chevreuil chasseur	Mariniertes Rehfilet in Speck eingewickelt gebraten, mit Pilzen in Weinsauce
Filet de hareng	Heringsfilet
Filet de harengs Parmentier	Heringsfilets mit Kartoffelsalat
Filets de harengs, pommes à l'huile	Heringsfilets mit Kartoffelsalat
Filets de lapereau au Vouvray	Filets von Jungkaninchen in einer Vouvraywein-Sauce (*Loire*)
Filets de lotte frits	Frittierte Seeteufelschnitzel
Filets de maquereaux a la dieppoise	Makrelenfilets in Weißweinsauce mit Austern, Muscheln und Krabben
Filets de maquereaux à la florentine	Makrelenfilets „florentinisch" im Ofen, im Fisch-Weißweinfond und Butter gegart, auf Spinat mit Käsesauce, geriebenem Käse, Paniermehl
Filets de maquereaux sur lit d'oignons	Makrelenfilets auf gedünsteten Zwiebeln
Filet de Merlan	Filet vom Merlan, Wittling (Weißfisch)
Filet de Merlan à la Orly	Filet vom Merlan im Teigmantel gebacken
Filet de Merlan à la viennoise	Filet vom Merlan, Wittling (Weißfisch) paniert und gebraten
Filets mignons	Rinderlendchen, Filetspitzen, längs in dünne Beefsteaks geschnitten, gebuttert, gemehlt und paniert, gegrillt (blutig), mit verschiedenen Gemüsen und Saucen anbei serviert
Filet mignon de bœuf	Rinderlendchen
Filet mignon de porc	Schweinelendchen
Filet mignon de veau	Kalbslendchen
Filets mignons Saint Hubert	Filetspitzen mit Speck gespickt, 24 Std. in Wildmarinade eingelegt, in Öl gebraten, mit Pfeffer-, Wild- oder anderer passender Sauce, Gemüse
Filet de poisson	Fischfilet (ein Stück)

Filet de porc	Schweinefilet
Filet de porc braisé	Schweinefilet geschmort
Filet de porc aux cèpes	Schweinefilets mit Steinpilzen
Filet de porc à la française	Schweinefilet in dünne Speckscheiben gehüllt und in brauner Grundsauce mit Weißwein gedünstet
Filet de porc à la lyonnaise	Schweinefilet gebraten, mit gebräunten Zwiebelringen und Fleischsaft bedeckt
Filet de porc aux quetsches	Schweinefilet mit Zwetschgen oder Pfläumchen gebraten (*Elsass*)
Filet de porc Soubise	Gebratenes Schweinefilet mit Zwiebelpüree
Filets de Saint-Pierre	Filets vom Petersfisch
Filets de Saint-Pierre au coulis de tomates	Filets vom Petersfisch mit geschmolzenen Tomaten
Filets de Saint-Pierre à l'oseille	Filets vom Petersfisch mit Sauerampfer
Filets de sole	Seezungenfilets ♥ ♥
Filets de sole à l'anglaise	Seezungenfilets in Butter gebraten (nicht gerade einfallsreich, ich hoffe „Elise" verzeiht mir das)
Filets de sole à la bonne femme	Seezungenfilets auf Schalotten, Champignons und Petersilie in Weißweinsauce gegart ♥
Filets de sole à la dieppoise	Seezungenfilets gekocht, mit Muscheln, Krabben, Champignons in Weißweinsauce (*Normandie*) ♥
Filets de sole Dumas	Seezungenfilets gekocht, mit Weißweinsauce, gehackten Kräutern und geschmolzenen Tomaten
Filets de sole Joinville	Pochierte, gefaltete Seezungenfilets als Kranz angerichtet, die Mitte ausgefüllt mit einem Ragout von Krabben, Champignons und Trüffeln, mit einer Krebssauce ♥
Filets de sole Louisane	Seezungenfilets gebraten, mit Bananenscheiben, Paprikawürfeln, Tomaten und brauner Butter
Filets de sole Marguery	Seezungenfilets gekocht, in Weißweinsauce mit Kräutern, Muscheln und Krabbenschwänzen im Ofen fertiggegart (*Paris, Île-de-France*) ♥ ♥
Filets de sole Orly	Seezungenfilets im Teigmantel gebacken
Filets de sole à la parisienne	Seezungenfilets gekocht, mit Champignonköpfen, Trüffelscheiben in Weißweinsauce, garniert mit ganzen Krebsen ♥ ♥

141

Filets de sole Véronique	Seezungenfilets, gekocht in Fischfond mit Curaçao; mit Trauben und Butterfond im Ofen fertiggegart ♥
Filets de truite fumés	Forellenfilets geräuchert
Filets de turbot trouvillaise	Steinbuttfilets mit Garnelenschwänzen und Muscheln ♥
Filet de veau	Kalbsfilet, Kalbslende
Filet de veau à l'ambassadeur	Kalbsfilet mit Gänseleber und Trüffeln gespickt und mit Morchelsauce serviert ♥
Filet de veau napolitaine	Kalbsfilet auf geschmolzenen Tomaten, mit Parmaschinken, darüber Käse, überbacken und dazu Spaghetti serviert
Fille de salle	Serviererin, Saaltochter
fin (fine)	fein, auserlesen
Financiers	Kleines Mandelgebäck
Fine champagne	Feinster Weinbrand
Fine maison	Feinster Weinbrand des Hauses (markenlos)
Fines de Belon	Austern aus *Belon*, weißes Fleisch, höchste Qualität
Fines de Claires	Claire-Austern mit grauem Fleisch, Zuchtauster
Fines herbes	Feine Gewürzkräuter, meist mit Petersilie, Kerbel, Schnittlauch, Basilikum, Thymian, Estragon, Bibernelle, Rosmarin und Estragon (variabel)
fini	fertig, beendet, erledigt
Finte	Süßwasserfisch, dem Maifisch ähnlich
Fiouse	Brotteig mit Eiern, Öl, Räucherspeck, Sahne und Zwiebeln (*Lothringen*)
Flacon	Kleine Flasche, Fläschchen, Flacon
Flacon à épices	Gewürzglas
Fladène	Flan (Fladen) mit Broccio-Käse (*Korsika*)
Flageolet	Weiße, nicht ganz reife Zwergbohne ♥
Flagnarde, flognade, flaugnarde	Flacher, süßer Butterkuchen (*Auvergne, Limousin, Périgord*)
flambé(e)	flambiert, abgesengt
... flambé à votre table	... am Tisch flambiert
flambé(e) au cognac	Mit Cognac flambiert
Flambées	Flambierte Speisen
flamber	flambieren, abflämmen (Geflügel), absengen
Flambeau d'Alsace	Preisgünstiger *elsässischer* Weißwein (Volkswein)

Flamboyant	Brennend serviertes Gericht
Flamiche, **f**lamique	Variabel belegter Kuchenboden, süß oder salzig, mit Lauch, Zwiebeln, Kürbis, Käse usw. (*Picardie*)
Flamiche à la **c**itrouille	Kürbiskuchen (*Flandern*)
Flamique des **p**oireaux	Lauchpastete (nur die weißen Scheiben), mit Sahne und Schinken (*Picardie*)
Flammekueche	Flammkuchen, *„Elsäßische* (auch *Südpfälzer*) Pizza" mit dünnem Boden, meist Speck, Zwiebeln und Rahm darauf, auf einem großem Brett serviert
Flammeri, **F**lamri	Flammeri, Süßspeise (Pudding) von Grieß, Reis oder Sago, mit Milch oder Wein gekocht, Belag variabel, oft mit Rosinen und kandierten Früchten
Flamri aux **f**raises	Grießflammerie mit Erdbeerpüree
Flamri à la **p**urée de **c**assis	Grießflammerie mit schwarzem Johannisbeerpüree
Flamusse	1. Flacher Quarkkuchen (*Burgund*)
	2. Maisbrot (*Franche-Comté*)
	3. Omelett mit Obst
Flamusse aux **p**ommes	Flacher Apfelkuchen (*Nivernais*)
Flan	Flacher Tortenboden (Fladen), puddingartig; feste Eiercreme; Flans gibt es auch salzig oder als Zwischengericht mit Krebsen, Hummer und Krabben und einer dazu passenden Sauce
Flan au **ap**rikot	Flacher Aprikosenkuchen
Flan au **car**amel	Feste, karamelisierte, gestürzte Eiweißcrememasse
Flan aux **ce**rises	Kirschkuchen mit Eiermasse überzogen
Flan au **f**romage	Flacher Käsekuchen
Flan à l'**oig**non	Zwiebelkuchen
Flan de **pâ**ques	Osterkuchen
Flan de **po**ires	Birnenkuchen
Flan aux **pr**uneaux	Pflaumen-Eierkuchen
Flanchet	Flankenstück, Bauchlappen vom Rind oder Kalb
Flanchet de **v**eau	Kalbsbrust in Scheiben
Flandre, **f**londre, **f**let	Flunder, meist braun-grauer, platter Meeresfisch, circa 30 cm lang, sehr feines, weißes Fleisch ♥
Flaune	Kohlpastete mit Schafskäse vermischt (*Languedoc*)
Flaunes de **L**odève	Süße, lockere Brötchen mit Schafskäse im Teig
Flet	Flunder, Plattfisch, (↑) Flandre

Flétan	Heilbutt, Seebutt
Flétan crème au gratin	Heilbutt mit Herzoginkartoffelmasse und Sauce Mornay (↓) bedeckt, dann mit geraspeltem Emmentaler im Ofen überbacken
Flétan à la dieppoise	Heilbutt in Champignon-Weißwein-Muschelfond, gekocht, mit Garnelen garniert ♥
Flétan à la lilloise	Heilbuttscheiben gekocht, mit Weißwein/Tomatenpüree-Sauce, Estragon, gebratenen Räucherspeckstreifen (*Lille, Pas de Calais*)
Flétan Mirabeau	Heilbutt in Weißwein gedünstet, mit Sardellenstreifen, Estragon und Oliven, in Weißweinsauce
Fleur	Blume, Blüte
Fleur d'oranger	Orangenblüte
Fleurs de courges farcies	Gefüllte Kürbisblüten
Fleurs de courgettes farcies	Zucchiniblumen gefüllt mit: (variabel)
Fleurs pralinées	Blumen kandiert (Spezialität aus *La Grasse* und dem *Languedoc*)
Fleurs de thym	Thymianblüten
Fleurons	Kleine Halbmonde aus Blätterteig zum Garnieren
Flie	Napfschnecke, Schüsselschnecke
Flocons d'avoine	Haferflocken
Flognard	Süßer Eierkuchen (*Cognac, Charente*)
Flondre	Flunder, (↑) Flandre
Floutes	Elsässer Kartoffelklößchen
Flûte	1. (Flöte) Langes, dünnes Weißbrot (Baguette)
	2. Schmaler Sektkelch
Foie	Leber
Foie d'agneau	Lammleber
Foie de bœuf	Rinderleber
Foie de canard	Entenleber
Foie de canard aux raisins de Smyrne	Entenleberscheiben mit Armagnac getränkt, in Butter gedünstet; mit einer hellen Sauce, mit in Weißwein (Sauternes) eingeweichten Rosinen
Foie de génisse	Kalbsleber
Foie de lotte (au plat)	Seeteufelleber (-Milch), meist im Ofen gebraten, von Feinschmeckern hoch geschätzt ♥

Foie d'oie	Gänseleber
Foie d'oie chaud aux reinettes	Gänseleber mit Reinetten (Apfelsorte), Kalbsfond, Butter und Trüffelsaft; warm serviert
Foie d'oie à la gelée de Xérès	Pastete aus einer ganzen Gänseleber, umhüllt mit einer Masse aus Geflügel- und Schweinefleisch, in Sherrygelée serviert
Foie de porc	Schweineleber
Foie de porc en papillote	Schweineleber in Alufolie gegart
Foie de veau	Kalbsleber
Foie de veau américaine	Kalbsleber, gefüllt mit Magerspeck und Tomaten, gegrillt
Foie de veau à l'anglaise	Kalbsleber gegrillt mit Magerspeckstreifen
Foie de veau Bercy	Kalbsleber gegrillt mit Weißwein/Schalotten-Sauce
Foie de veau bordelaise	Kalbsleber mit Schalotten in Bordeauxwein-Sauce
Foie de veau à la bourgeoise	Kalbsleber mit Speck und Karotten in Weinsauce
Foie de veau meunière	Kalbsleber in Mehl gewendet, in Butter gebraten, mit Zitronenscheiben belegt
Foie de veau en papillote	Kalbsleber mit Speck, in Papier oder Folie gegart
Foie de veau à la provençale	Kalbsleber gebraten, mit Tomatensauce, Knoblauch und Petersilie
Foie de veau sauté à la lyonnaise	Kalbsleber gebraten, mit gebratenen Zwiebelringen, mit Essig abgelöscht und Petersilie (*Lyon*) ♥
Foie de volaille	Geflügelleber
Foies blondes	Helle Geflügellebern
Foie gras	Leber von gemästeten Enten oder Gänsen
Foie gras de canard aux raisins	Entenleber eingelegt in Portwein und Gewürzen, mit Trauben gekocht und auf Toastbrot serviert
Foie gras au naturel	In Salzwasser pochierte Gänsestopfleber
Foie gras au papillote	Gänseleber in Pergament oder Folie gegart
Foie gras périgourdine	Gänseleber, in Speckscheiben eingehüllt, mit Cognac mariniert, in Trüffelsauce geschmort
Foie gras de Strasbourg	Straßburger Gänsestopfleberpastete
Foie gras à la strasbourgeoise	Gänsestopfleber in dicken Scheiben, mit einer Trüffelscheibe belegt, auf gebratener Apfelscheibe, mit dem Bratfond übergossen (*Straßburg, Elsass*)
Foie gras truffé	Getrüffelte Gänseleberpastete

Französisch - Deutsch

Foie gras vigneronne	Gänseleber in Weißwein mit Trauben
Folle	Salat von grünen Bohnen, Gänseleber, Krusten- und Schalentieren
foncer	Mit Speck auslegen
Fond	Grundbasis, Fond, Grundsauce, Bouillon, Jus, Bratensaft, Bratensatz
Fond blanc	Helle (Grund-)Fleischbrühe, Bratfond
Fond brun	Braune (Grund-)Fleischbrühe, Bratfond
Fond bordelais	Mit Bordeauxwein aufgekochter Fond
Fond clair de veau	Braune, klare Grundsauce aus Kalbsknochen und angebratenem Gemüse
Fond de gibier	Wild-(grund)brühe
Fond lié	Gebundene Grundsauce
Fond de poisson	Fisch(grund)sauce
Fond de volaille	Geflügel(grund)sauce
fondant	Auf der Zunge zergehend (Speise) (für Gebissträger!)
Fondant	1. Zuckerglasur, Sirup (für Kuchen, Gebäck u. a.), kann mit variablen Zutaten aromatisiert werden, z. B.: Kaffee, Schokolade, Likör usw. 2. Zuckerwerk (Bonbons u. a.) 3. (ugs.) Butter
Fondants	Mini-Kroketten aus variablen Pürees frittiert
Fondants de foies de volaille	Krusteln aus Hühnerleberpüree
Fonds d'artichauts	Artischockenböden
Fonds d'artichauts à la Cussy	Artischockenböden mit getrüffeltem Gänseleberpüree
Fonds d'artichauts dieppoise	Artischockenböden, gefüllt mit Muscheln und Krabben, mit Mayonnaise
Fonds d'artichauts farcis aux champignons	Artischockenböden mit Pilzen gefüllt
Fonds d'artichauts aux fines herbes	Artischockenböden mit Kräutern
Fonds d'artichauts à la florentine	Artischockenböden, mit Blattspinat und einer Käse-Sahne-Sauce überbacken
Fonds d'artichauts à l'italienne	Artischockenböden mit Parmaschinken

Fonds d'artichauts aux morilles	Artischockenböden mit Morcheln gefüllt
Fonds d'artichauts Orly	Artischockenböden im Backteig, in der Fritteuse gebacken, mit Tomatensauce serviert
Fonds d'artichauts paysanne	Artischockenböden mit Zwiebeln, Kartoffeln und Speck
Fonds d'artichauts - et poin tes d'asperges en salade	Artischockenbödensalat mit Spargelspitzen
Fonds d'artichauts provençale	Artischockenböden in Olivenöl gebraten, mit einer Tomaten/Knoblauch-Sauce
Fonds de cuisine	Hausgemachte Brühe oder Saft als Saucenbasis
fondre	schmelzen, gießen
fondu(e)	geschmolzen, gegossen, aufgeweicht, flüssig
Fondue	1. Fondue
	2. Rührei mit Käse
Fondue alsacienne	Käse/Eier-Küchlein in der Pfanne gebacken (*Elsass*)
Fondue bourguignonne (eigentlich Friture bourguignonne)	Fleischfondue mit verschiedenen Saucen; Rinderfiletwürfel, die auf langen Gabeln vom Gast, je nach Geschmack, in einer Stilpfanne mit heißem Öl auf einem Rechaud gebraten werden; die Zutaten können z. B. Weißbrot oder Würfelkartoffel, Mixed Pickles, Perlzwiebeln, Piccalilli, Cornichons usw. sein; dazu halbfeste kalte Saucen oder Kräuterbutter, Ketchup usw.
Fondue Brillat-Savarin	Käsefondue mit geschlagenen Eiern, Wein & Butter
Fondue de Franche-Comté	Käsefondue mit Comté-Käse, Weißwein, Knoblauch und Kirschwasser. (**Tipp:** 1-2 Kirschwässerchen hinterhertrinken, man verdaut dann leichter), siehe auch Fondue au fromage (↑)
Fondue au fromage	Käsefondue: Geschmolzener Käse im Stiltopf auf dem Rechaud; wird in gemeinsamer Runde mit langen Gabeln, auf die Brotwürfel gesteckt werden, die dann in den heißen Käse eingetaucht werden, gegessen. (**Tipp:** Ein (2…?) Obstwässerchen kann beim Verdauen Wunder bewirken!)
Fondue de légumes	Feingeschnittenes Gemüse über Wasserdampf gekocht

Fondue de tomates	Geschmolzene Tomaten
Fondue savoyarde	Käsefondue aus Gruyère, Comté oder Beaufort-Käse mit Riesling & Kirschwasser zubereitet, siehe Fondue au fromage und Fondue de Franche-Comté (↑)
Fondu au raisin	Schmelzkäse mit einer nichtessbaren, künstlichen Traubenkernrinde
Fontainbleau à la crème	Quarkspeise aus Fontainbleau-Frischkäse (Anhang)
Forêt noire	Schwarzwälder Kirschtorte
Formidable	Liter (Maß, Stein, z. B.: Bier)
fort	(Geschmack) scharf, stark
Fouace	1. Süßes Eierhefegebäck in Kranzform mit Cognac und Safran (*Auvergne*) 2. Flacher Blätterteigkuchen (*Touraine*), salzig 3. Hefezopf aus Eiern, Öl, Butter und Zucker, mit Engelwurz (Angelika), kandierten Früchten und Orangenblüten-Aroma gegeben
Fuace de gratillons salés	Gesalzenes Küchlein mit ausgebratenem Speck- und Schinkenstückchen
Fuace tourangelle aux noix	Kuchen mit Nüssen und Trauben (*Touraine*)
Fouée	Butterkuchen, oft mit Sahne (*Poitou*)
Fouet	Schneebesen, Schlagbesen (nicht für Schlagzeuger!)
fouetter (fouetté)	Mit dem Schneebesen schlagen (geschlagen)
Fougace	Süßer Eierkuchen mit Safran
Fougasse	Rechteckiges, mürbes Weißbrot mit Eierglasur überzogen
Fougassette	Süßes Hefegebäck in Brotform, mit Orangenblüte und Zitrone unter der Asche gebacken (*Provence*)
Four	(Back-)Ofen, Bratröhre
au four	Im Ofen oder in der Bratröhre gebacken
Four à micro-ondes	Mikrowellenherd
Four à rôtir	Backofen
Fourchette	Gabel
Fourchette à écrevisses	Krebsgabel
Fourchette à fruits	Gabel für Früchte (Dessertgabel)
Fourchette à gateaux	Kuchengabel
Fourchette à huîtres	Austerngabel

Fourchette à poisson	Fischgabel (3-zackig)
Fourchette du service à poissons	Vorlege-Fischgabel (4-zackig)
Fourneau	Ofen, (Koch-)Herd
fournée de la dernière	aufgebacken, neu gebacken
fourré(e)	gefüllt (Speisen)
fourrer	hineinstecken, füllen (das machen alle Köche gerne)
Foyot	Sauce béarnaise (↓) mit Fleischglasur
Frai	Fischrogen (Fischeier, Kaviar)
frais (fraiche)	frisch, kühl
Frais	Spesen, Kosten, Unkosten, Gebühren
Fraise	Gekröse, Innereien, Kaldaunen, Halskrause, meist vom Kalb oder Lamm
Fraises (de bois)	(Wald-) Erdbeeren
Fraises cardinal	Eisgekühlte Erdbeeren mit Himbeermark und Mandelsplittern
Fraises cristallisées de Metz	Kandierte Erdbeeren (Spezialität aus *Metz*)
Fraises Melba	Vanilleis mit Erdbeeren und Himbeermark
Fraises Romanoff (Romanov)	Erdbeeren in Curaçao oder Portwein, in Zucker eingelegt und mit flüssiger Schlagsahne begossen
Fraises au sabayon	Erdbeeren mit Weinschaumcreme
Fraises de veau à l'hongroise	Kalbsinnereien „ungarisch", mit Paprika
Fraises de veau indienne	Kalbsinnereien „indisch", mit Curry gewürzt
Fraisier	Buttercremetorte mit Erdbeerkonfitüre gefüllt, mit Erdbeeren belegt, mit Kirschwasser parfümiert
Framboise(s)	1. Himbeere(n) 2. Himbeergeist
Framboises au champagne	Himbeeren in Champagner
Francillon	Muschelsalat mit heißem Essig, Trüffeln und in trockenem Chablis-Wein marinierte Kartoffeln
Frangipane	1. Marzipan/Mandelcreme zum Dekorieren; 2. Brandteig zur Farcenbindung
frappé(e)	eisgekühlt (Wein oder Sekt), im Eiskühler

frapper	1. kühlen, abkühlen, kalt stellen, ins Eis legen
	2. Schnelles abkühlen (frappieren), durch das Drehen des Flaschenhalses zwischen den beiden Händen im Sektkühler, in (gesalzenen) Eiswürfeln
frémir	sieden
Fressure	Gekröse, Innereien
Fressure d'**ag**neau	Ragout aus Innereien vom Lamm, mit Steinpilzen und Champignons
Fressure d'**An**jou	Ragout aus Innereien vom Lamm, mit Speck und Zwiebeln, in trockenem Anjou-Weißwein und Kräutern geschmort (*Loire*)
Fressure de **po**rc	Schweineinnereien in Rotweinsauce mit Zwiebeln und Kräutern
Fressure de **p**orc **ven**déenne	Schweineinnereien mit Schweineblut in Schmalz gebraten, mit Brot und Zwiebeln kalt serviert
Frétin	Kleiner, der Sprotte ähnlicher Fisch, Fischgericht (nicht sonderlich empfehlenswert)
Friand	Kleine Blätterteigpastete, meist mit Wurstfüllung
Friand de **Be**rgerac	Kleiner, süßer Kartoffelkuchen (*Aquitaine*)
Friand de **Sa**int-Flour	Fleischkuchen
Friand **sa**voyard	Käseküchlein mit Schinken und Sauce béchamel
Friandises	Naschwerk, Leckereien, Zuckerwerk, Teegebäck
Fricadelle	Deutsches Beefsteak, Rindfleischhacksteak
Fricadelle de bœuf	Rindfleischfrikadelle, Rindfleisch-Krokette
Fricadelle de veau **s**mitane	Kalbfleischfrikadelle mit einer Zwiebelsauce
Fricandeau (de veau)	1. Frikandeau: mit Speck gespickter Kalbfleischbraten aus der Kalbsnuss, geschmort oder gebraten
	2. Bauernpastete
Fricandeau de **ch**evreuil	Rehkeulenfleisch in Sahnesauce
Fricandeau d'**es**turgeon	Stör-Spickbraten mit Speck gespickt, mit Karotten und Zwiebeln geschmort; mit Oliven, Gemüse oder Pilzen serviert
Fricandeau de veau aux **o**lives	Kalbsfrikandeau in Schweineschmalz angebraten, in Fleischbrühe und Weißwein, mit Zwiebeln, Karotten und Tomaten geschmort und mit grünen Oliven serviert (*Roussillon*, *Languedoc*)

Fricandeau de veau provençale	Kalbskeulenabschnitte gebraten, mit Tomaten-püree, Steinpilzen, Knoblauch & Schwarzen Oliven
Fricassée	Fleischragout, Frikassee
Fricassé d'agneau à l'ancienne	Lammfrikassee mit Zwiebeln und Champignons, in Sauce béchamel (Milch/Eier/Mehl-Sauce)
Fricassée de pestelon et d'askoutons	Belgisches Gericht aus Schweinefüßen und Schweineohren
Fricassée poitevine	Hühnerfrikassee
Fricassée de poulet à l'ancienne	Hühnerfrikassee mit Zwiebeln und Champignons, in Sauce béchamel (Milch/Eier/Mehl-Sauce)
Fricassée de poulet à l'angevine	Hühnerfrikassee mit Knoblauch und Zwiebeln, Tomaten, Thymian und Champignons, in Sahne mit Weißwein gedünstet und mit Erbsen, grünen Bohnen und weißen Rübchen serviert (*Loire*)
Fricassée de veau	Kalbsfrikassee, den Fond mit Rahm und Eigelb gebunden
Fricassin	Kalbsgekröse (Innereien) in Sahne angemacht
Frichti	Deftige, einfache (bürgerliche) Küche
Fricot	1. Ragout 2. Bescheidene, sehr einfache Speise
Frigidaire	Kühlschrank
Frigo	Abkürzung für Kühlschrank
Fringale	Heißhunger, Fresslust
frire	braten, backen
frisé(e)	gekräuselt
(Chicorée) Frisée	Krauser Endiviensalat (Winterendivie)
Frisée aux lardons	Endiviensalat mit gebratenen Speckwürfeln
frit(e)	frittiert, gebacken, gebraten
Friteau, Fritot	Ausgebackenes: Vorspeise aus Resten von Fisch, Muscheln, Geflügel, Innereien, Gemüse
Fritelles	Krapfen mit *korsischem* Broccio-Käse
Friterie	Frittenbude, Kiosk; Fischbratküche (Konserven)
Frites (Pommes ~)	Abk. für in Fett frittierte Kartoffelstäbchen, Fritten
Friteuse	Fritteuse, Öl-Back-Bad (bis 200°), aber auch Öl-topf mit Siebeinsatz, z. B. für Pommes frites
Friton	Das „Überbleibsel" von geschmolzenen Gänse-, Enten- oder Schweinefettstückchen

Fritot	Ausgebackenes
...en fritot	... „im Backteig"
Fritots	Im Teigmantel Gebackenes : z. B.: Fleisch- oder Fischstücke, Muscheln oder Gemüse
Fritots d'**am**ourettes	In Mehl gewendetes Rindermark frittiert
Fritons de **ra**ie	Rochenstücke gekocht, in Backteig gewendet und in der Fritteuse ausgebacken
Fritons de **ri**s de veau	Im Backteig gewendetes Kalbsbries, frittiert
Fritons de **tê**te de veau	Kalbskopffleisch in Backteig gewendet, frittiert
Frittons	1. Fleischreste aus Kopffleisch, Nieren und Schweineherz oder von der Gans, in Fett gekocht (*Aquitaine*)
	2. Grieben in Fett gebraten
Friture	1. In schwimmendem Fett Gebratenes, Gebackenes
	2. Frittiertes (Fisch, Fleisch oder Gemüse)
	3. Back- oder Bratenfett
	4. Bratenfleisch
Friture **ch**arentaise	Verschiedene kleine Fische frittiert
Friture de **gou**jons	Frittierte Gründlinge (Fische)
Friture de **poi**ssons	Kleine Bratfische
Friturier	Inhaber einer „Fritten-Bude"; Koch 2. Klasse (ugs.)
Frivolités	Drüsen, Hoden von Fleischtieren; verschiedene, „frivole" Vorspeisenhäppchen (na, na, na!)
Frivolles	Krapfen
f**roid**(e)	kalt, kühl
FROMAGE(S)	KÄSE; 600 Sorten sind im Anhang 1 aufgeführt ($\downarrow$)
Fromage **aff**iné	Ausgereifter Käse
Fromages **as**sortis	Verschiedene Käsesorten
Fromage **bl**anc	Weißer (Frisch-)Käse, Quark, Topfen (auch gesüßt)
Fromage de **br**ebis	Schafskäse
Fromage de **chè**vre	Ziegenkäse
Fromage de **chè**vre chaud	Warmer Ziegenkäse
Fromages au **cho**ix	Käse zum Auswählen
Fromage à la **crè**me	Rahmkäse
Fromage à **cro**ûte fleuri	Käse mit weißer Hülle, wie Brie oder Camembert
Fromage à **cro**ûte lavée	Käse mit „gewaschener" Gelb- oder Rotschmiere, wie Münsterkäse (oder Limburger, Romadur)
Fromage à **pâ**te **cu**ite	Butterkäse

Fromage double-crème	Doppelrahmkäse
Fromage à pâte dure	Hartkäse
Fromage fermenté	Sauermilchkäse, nach Gärung gereift
Fromage fermier	Käse vom Bauernhof
Fromage au (de) foin	Im Heu gereifter Weichkäse
Fromage fondu	Schmelzkäse
Fromage fondu au cumin	Schmelzkäse, Kochkäse mit Kümmel
Fromage à pâte fraîche	Frischkäse
Fromage frais	Frischkäse
Fromage gras	Vollfettkäse
Fromage de gruyère	Schweizerkäse
Fromage aux herbes	Kräuterfrischkäse (meist mit Knoblauch)
Fromage hongrois	Ungarischer Käse – Frischkäse mit Schnittlauch, Paprikaschoten, Paprika, Kümmel, Zwiebel, P + S
Fromage d'ici	Käse aus dieser Gegend
Fromage d'Italie	Leberkäse
Fromage maigre	Magerkäse
Fromage à pâte molle	Weichkäse
Fromage de montagne	Bergkäse (min. 45%)
Fromage à moisissure	Schimmelkäse
Fromage aux noix	Schmelzkäse mit Nüssen belegt (oft auch darin)
Fromage dit „du pays"	Mit der Hand hergestellter Landkäse
Fromage persillé	Blau- oder Grünschimmelkäse, Edelpilzkäse, z. B.: Roquefort oder die „Bleu"-Käsesorten
Fromage à la pie	Frischkäse
Fromage au poivre	Käse mit Pfefferkruste
Fromage de porc	Schwartenmagen
Fromage à pâte presée	Hartkäse, fast immer aus Kuhmilch
Fromage à pâte presée cuite	Hartkäse aus gekochter Kuhmilch hergestellt
Fromage à pâte presée non cuite	Hartkäse
Fromage râpé	Geriebener Käse, (meist Emmentaler oder Parmesan)
Fromage à tartiner	Streichkäse
Fromage de tête (de cochon, de porc)	Pressack, Presskopf, Schweinskopfstücke in Sülze (dem Schwartenmagen ähnlich), kalt

Fromage en tranches	Schnittkäse
Fromages variés	Verschiedene Käsesorten
Froment	Weizen, Getreide
Frometon	Käse (ugs.)
Frottée	Lothringischer Speckkuchen (↓) Quiche lorraine
fruité	(Wein) fruchtig (auch Olivenöl ♥)
Fruit(s)	Frucht, Obst, Früchte
Fruits confits	Eingemachtes Obst, kandierte Früchte
Fruits frais	Frischobst
Fruits frais en salade	Frischer Fruchtsalat
Fruit givré	Gefrorene Frucht
Fruits Melba	Früchte auf Vanilleeis mit Johannisbeergelee
Fruits de mer	Essbare Seetiere, Meeresfrüchte, Austern, Muscheln, Meerkrebse, Meerschnecken usw.
Fruits de mer en brochette	Meeresfrüchte-Spießchen
Fruits de mer en timbale	Mit Meeresfrüchten gefüllte Blätterteigpastete
Fruits à noyau	Steinobst
Fruit de (la) passion	Passionsfrucht, Maracuja; Passionsblume
Fruits à pépins	Kernobst
Fruits pochés au fromage blanc	Gedünstete Früchte in Quark
Fruits rafraîchis	Gezuckerter Obstsalat
Fruits rouges	Rote Beeren
Fruits de saison	Früchte der Jahreszeit
Fruits secs (séchés)	Dörrobst, Backobst, Trockenobst
fumé(e)	geräuchert
Fumet	1.Geruch, Blume (Wein), Duft von Speisen
	2. Wild, Wildbret
	3. Fleisch-, Fisch-, Gemüseessenz (Grundsauce)
Fumet de champignons	Pilzessenz
Fumet de poisson	Fischessenz (Grundsauce)
Fumoir	Rauchkammer
Fusil	1. (ugs.) Kehle, Magen
	2. Gesalzene Rechnung, Nepp (Restaurant, Hotel)
Fusil à aiguiser	Wetzstahl, Abziehstein zum Messerschleifen

G

Gâche	Hefegebäck (*Vendée*)
Gade	1. Schellfisch;
	2. Rote Johannisbeere (*Normandie*)
Gadelle	Rote Johannisbeere (*Westfrankreich*)
Galabart	Dicke Wurst aus Schweinskopf, -Herz, -Lunge und Brot (*Südwestfrankreich*)
Galantine	Rollpastete gesülzt, aus Fleisch oder Geflügel, mit Kräutern und mit Pistazien dekoriert
Galantine de cochon de lait	Gesülzte Pastete vom Spanferkel (*Auvergne*)
Galantine de dinde truffée	Truthahnpastete gesülzt und getrüffelt (*Périgord*)
Galathée	(Bunter) Furchenkrebs
Galetons	Dicke Buchweizenpfannkuchen
Galette	Runder, flacher Blätterteigkuchen (meist gesalzen), oft aus Buchweizen, mit viel Butter zubereitet
Galette appenzelloise	Flachkuchen auf dem Blech, mit geschmolzenem Appenzeller Käse
Galette au beurre	Flammkuchen mit Butter und Zucker
Galette bretonne	Flacher runder Eierhefekuchen mit Rum und Vanille aromatisiert (*Bretagne*)
Galette charolaise	Flacher, runder Kuchen mit Mandeln und kandierten Früchten, mit Johannisbeergelee überzogen
Galette de goumeau	Eierrahmkuchen
Galette lyonnaise	Kartoffelkuchen (*Lyon*)
Galette normande	Blätterteigkuchen mit Apfelkonfitüre oder Apfelschnitzen und Sahne gefüllt (*Normandie*)
Galette pérougienne	Hefekuchen mit Erd- oder Himbeeren belegt und mit Sahne überzogen
Galette des rois	„Dreikönigskuchen": flacher runder Kuchen aus Blätterteig, mit Marzipan gefüllt, mit einem eingebackenem Figürchen, das ein Esser „zieht" (Spiel)
Galette de sarrasin	Buchweizenkuchen
Galette strasbourgeoise	Eierkuchen (*Elsass*)

Galichoux	Mandelgebäck mit Pistazien (*Montpellier*)
Galicien	Pistazientorte
Galimafrée	1. Geflügelragout
	2. Fraß, schlechtes Essen
Galimafrée aux fèves	Geflügelragout mit Schinken und weißen Bohnen in Rotweinsauce (*baskisch*)
Galinette	Mittelmeerfisch
Gallot	Seeschleie
Galopiaux	Kleine Pfannkuchen (*Nordfrankreich*)
Galopin	Kleiner Pfannkuchen aus Milch und Eiern
Galue	Sardine
Gambas	Rote Krevetten, Riesengarnelen, Hummerkrabben
Gambas **grillées**	Gegrillte Riesengarnelen mit Kräutern
Ganache	Creme zum Füllen von Gebäck aus Butter, Crème fraîche und Schokolade
Ganga	Haselhuhn (Rebhuhn) in den *Pyrenäen*
Ganse à l'huile	Zopfkuchen in Öl gebacken
Gantois	Reineclauden-Schichttorte (*Flandern*) (Reineclauden: gelbe, runde Pflaumen, Ringlos)
GARBURE	Gemüsesuppe, deftiger -Eintopf: Es gibt verschiedene regionale Variationen, z: B.: mit eingemachter Gans (confit) oder gepökeltem Fleisch; in manchen Gegenden wird vorher etwas Rotwein in den Teller gegossen und Graubrot in die Suppe getaucht; gibt's mit frischem Gartengemüse, aber auch mit Kohl
Garbure **béarnaise** (Grundrezept)	Suppe mit frischem Gemüse der Jahreszeit, mit Brustspeck gekocht, dann das Gemüse in anderem Topf mit eingemachtem Gänse-, Enten-, Schweinefleisch oder Wursteinlage, mit Käse bestäubten Brotscheiben überbacken, mit der Suppe serviert; Brotscheiben auch mit Gemüsepüree bestrichen, mit Käse bestäubt und mit Wein-Suppe übergossen
Garbure **Crécy**	Grundrezept (↑) mit Karotten
Garbure à la **Dauphiné**	Grundrezept (↑) mit Kartoffeln und Kürbis
Garbure à la **fermière**	Grundrezept (↑) mit Lauch, Kartoffeln und weißen Rübchen

Garbure au **Li**mousin	Grundrezept (↑) mit Esskastanien (*Limousin*)
Garbure à la **ly**onnaise	Eintopf mit grünen Bohnen, Kohl, Rüben, Gänse-schmalz und Schweinefleisch (*Lyon*)
Garbure à l'**oi**gnon	Zwiebelsuppe mit zerdrückten Kartoffeln gebun-den, über gegrillte Croûtons gegossen, mit gerie-benem Käse und Butterflöckchen überbacken
Garbure **pa**ysanne	Gemüseeintopf mit Speck und eingemachten Gänse- oder Entenfleischwürfeln
Garçon	Kellner, Ober
Garde	Aufsicht, Beaufsichtigung
Garde Manger	Chef der „kalten Küche"
Gardian d'agneau	Lammkotelett in Olivenöl mit Kartoffeln und Knoblauch gebraten (*Provence, Côte d'Azur*)
Gardon	Plötze, Rotauge, Rotfeder (Flussfisch, bis 30 cm lang), meist frittiert
Gargote	Speisewirtschaft mit miesem Angebot
Gargouillau	Eierkuchen mit Birnen (Süßspeise)
garni	gefüllt, garniert, mit Beilage garniert
garnir	garnieren, ausstatten, herrichten, ein Gericht geschmackvoll anrichten, dekorieren
Garnitures	Zubereitungen, Beilagen, Umlagen, Dekorationen

Über 300 Garnituren werden auf den folgen-den Seiten (158 bis 188) aufgeführt.

Die alphabetische Fortsetzung des Wörter-buches finden Sie auf Seite 189

Garnitures

Beilagen, **U**mlagen, **D**ekorationen, die Gerichte im Geschmack und Aussehen vervollständigen und ihnen oft auch den Namen geben. Auf der klassischen Speisekarte wurde die Bezeichnung immer durch „à ..., à la ..., au ..., à la mode ..., de ..., du ... usw." ergänzt, um die Art der Zubereitung, die Herkunft oder den Rezeptgeber zu bezeichnen. Dies ist heute oft nicht mehr der Fall. Zum Beispiel: „Sauce à la béarnaise" entspricht „Sauce béarnaise". Wenn Sie also eine Garnitur suchen, kann sie auch ohne „à ..., à la ..., au ..." usw. bezeichnet sein! Auch ist es nicht möglich, alle Garnituren aufzuführen; ich könnte Ihnen mehr als 600 anbieten, doch würde das den Rahmen dieses Buches sprengen. Deshalb nachstehend die wichtigsten und häufigsten **Garnituren, über 300 an der Zahl!** Dazu kommen die, die direkt bei den Erklärungen stehen!

Lassen Sie sich auch einmal überraschen; wenn eine Küche kreativ ist und eine neue oder auch eine verbesserte oder veränderte Garnitur bietet. Die besten Köche sind meist keine Kopierer! Sie kochen „aus dem Bauch"!

à l'africaine
   (afrikanische Art)

1. Fisch gebraten, mit gebackenen Bananen und Teufelssauce (sehr scharf)
2. Fleisch mit Steinpilzen, Auberginenscheiben, Gurkenoliven, Tomatenvierteln, Nusskartoffeln

Agnes Sorel
   (Mätresse des französischen
   Königs Karl VII)

Für Geflügel: Geflügelschaumbrötchen mit Champignons in Förmchen gefüllt, mit Pökelzunge und Sauce allemande (↓)

à l'aie

mit Knoblauch

à l'aigre-doux

auf süßsaure Art

Albertine
(Geliebte des Königs Karl VII)

Fisch mit Weißweinsauce, gehackten Champignons, Trüffeln, Petersilie, gedünsteten Tomaten, Spargelspitzen als Garnitur

Albuféra
(Benannt nach dem Sieg des Herzogs von Albuféra, Marschall Suchet, über die Engländer; von Carême ↓)

Geflügel mit Risotto gefüllt, vermischt mit Trüffel- und Gänseleberwürfeln, Törtchen, gefüllt mit Geflügelklößchen, Trüffelperlen, gewürfelten Champignons, Hahnenkämmen und Sauce Albuféra (↓), Geflügelrahmsauce mit Gemüsepaprikabutter

Alexandra
(nach der Königin von Großbritannien 1844-1925)

Mit Trüffelscheiben, mit Sauce Mornay (↓) überbacken und mit grünen Spargelspitzen garniert

Alfons XII
(1886-1941, König von Spanien)

Zu in Butter gebratener Seezunge: gebackene Auberginenscheiben, dazu Tomaten-Paprika-Sauce

à l'**algérienne**
(algerisch) (Algerien, französische Kolonie bis 1962)

Mit geschälten, in Öl gedünsteten Tomaten, mit Knoblauch, oft mit Artischockenböden, Süßkartoffelkroketten, mit Tomatensauce mit Paprikastreifen

Alhambra
(islamische Schloßburg im) spanischen Granada

Zu Fleisch gebratene Artischockenbödenviertel, geschmolzene Tomaten und kleine, rote Paprika

Alliance

Kleine Fleischstücke mit Artischockenböden, kleinen Zwiebeln, Karotten und brauner Sauce

Alphonse

Kleine Fleischstücke mit Artischockenböden, gegrillten Champignonköpfen und Madeirasauce

à l'**alsacienne**
(Elsässerart)

1. Mit Sauerkraut, Schinken oder Gänseleberpastete und Schweinewürstchen
2. Mit Sauerkraut gefüllte Törtchen, mit runder Schinkenscheibe belegt und Fleischsaft
3. In Butter geschwenkte Nudeln, mit Trüffel- und Gänseleberwürfeln

à l'**ambassadeur**
(Botschafterart)

Mit Champignonpüree gefüllte Artischockenböden, geriebenem Meerrettich und Herzoginkartoffeln (festgebackenes Kartoffelpüree mit Ei)

à l'ambassadrice (Botschafterinart)	1. Fleisch: mit Champignons, Geflügellebern, Hahnekämmen und -lebern, ½ geschmorter Kopfsalat, Nusskartoffeln, Bratensauce mit Madeira; 2. Geflügel: gedünstet und mit Spargelspitzen gefüllt, mit Geflügelrahmsauce überzogen; grünen Spargelspitzen und trüffelgespicktem Kalbsbries
Amélie	Fisch: mit leichter Tomaten-Weißweinsauce, Trüffelscheiben, Kartoffelkroketten und Champignonköpfen
à l'américaine (auf Art unserer amerikanischen Freunde)	1. Zu Fisch: Hummerschwanzscheiben & Sauce américaine (↓), auch mit Trüffelscheiben; 2. Geflügel: mit Maiskroketten und Süßkartoffelscheiben (Süßkartoffeln) gebraten; 3. Zu Hummer- oder Meereskrebsstücken: mit in heißer Butter oder Olivenöl geschwenkten Tomaten, Schalotten und Kräutern
à l'amiral (auf Admiralsart)	Fisch mit Austern und Muscheln Villeroi, gerieften Champignonköpfen, Trüffelscheiben und normannischer (Fisch-)Sauce, mit Krebsbutter legiert
à l'ancienne (auf alte Art)	1. Fisch: pochiert, mit Weißweinsauce, Champignons, Zwiebelchen und (Herz-)Croûtons 2. Geflügel: mit gedünsteten Zwiebelchen und kleinen weißen Champignonköpfen
à l'andalouse (auf andalusische Art)	Mit Reis gefüllten Gemüsepaprikahälften, Scheiben von Auberginen, mit Tomaten gefüllt, Kalbsbrühe und Chipolatawürstchen (*Roussillon*)
à l'anglaise (auf englische Art!)	Mit Kartoffeln und gedämpftem Gemüse (Sie sind bei einem einfallsreichen Koch eingekehrt!)
antillaise (nach Art der (nach Art der französischen Überseeinseln	Zu Fisch, Geflügel und Krustentieren: mit Reis, geschmolzenen Tomaten, Gemüse, Bananen Guadeloupe und Martinique) oder Ananas
Antoinette	Zu pochiertem Fisch: Kräutersauce mit Sardellenbutter, mit Kapern und Garnelenschwänzen
(à l')archiduc (nach Erzherzogsart)	Mit Gemüsepaprika und Zwiebeln, dazu ungarische Sauce; siehe Sauce hongroise (↓)

(à l')arichiduchesse Argenteuil

(Nordwestliche Vorstadt von Paris; Spargelanbau)

Mit Spargelspitzen gefüllte Kartoffelpastetchen
Zu Fisch: Weißweinsauce und Spargelspitzen
Zu Fleisch: Spargelspitzen & Sauce hollandaise

à l'arlésienne

(Arles, Stadt am Rhôneende)

„arlesisch": Kleine Fleischstücke mit gemehlten, frittierten Zwiebelringen, Auberginenscheiben, geschmolzenen Tomaten mit Knoblauch und tomatierter, brauner Sauce, zu Fisch oder Fleisch

Armand

Fleisch mit Rotweinsauce, Trüffelstreifen, Gänseleberwürfeln, aufgeblähten Kartoffeln

Armenonville

(nach einem Restaurant im Bois de Boulogne bei Paris)

1. Fleisch: Annakartoffeln und Morcheln in Rahmsauce
2. In Butter gedünstete Artischockenböden, Olivenkartoffeln, Prinzessbohnen

aux aromates

Mit pflanzlichen Gewürzen; gut und schmackhaft gewürzt

(à la d')Artagnan

(Charles, Graf von A. 1611-1677, Musketier des Königs)

Mit Steinpilzen in Sauce béarnaise (↓), kleinen gefüllten Tomaten und Kartoffelkroketten; zu Fleisch und Geflügel

(à la) d'Artois

(Prinz und Graf von Artois, später König Karl X. von Frankreich)

1. Zu Fleischstücken: Kartoffeltörtchen mit grünen Erbsen gefüllt, in Madeirasauce
2. Zu Geflügel: Karotten, Zwiebelchen, Artischockenböden mit Butter, dazu Madeirasauce

à l'athénienne

(nach Athener Art)

Mit gebratenen und Duxelles (↑) gefüllten Auberginenscheiben, mit Madeirasauce serviert

Auber

(1782-1871, französischer Opern Komponist)

1. Mit Artischockenböden, gefüllt mit Geflügelpüree und Madeirasauce; zu Fleisch & Geflügel
2. In Butter gedünstete Artischockenböden, Olivenkartoffeln und Prinzessbohnen

(à l') auvergnate

Mit Pökelfleisch, Schinkenspeck, Cantal- und Blauschimmelkäse (*Auvergne, Mittelfrankreich*)

aux 5 (cinq) baies

Mit „Fünf-Beeren"-Mischung aus Körnern von schwarzem, grünem, weißem und rotem Pfeffer, Piment aus Jamaika, oft auch mit Koriander

Balzac

(benannt nach dem französischen Romancier Honoré de Balzac 1799-1850)

1. Zu Fisch: Trüffeln gespickt und Krebssauce
2. Zu Fleischstücken: Geflügelklöße, spanische Oliven, mit Wildpüree und Jägersauce

(à la) **banquière** ("auf "Bänkersart") (ohne Peanuts! Nur zulangen!)	1. "Reiche" Garnitur zu Fleisch: mit Geflügel-klößchen & Trüffelscheiben, in Madeirasauce; 2. Geflügel oder Kalbsbries mit Geflügelköß-chen, Champignons, Trüffelscheiben auf gerös-teten Weißbrotscheiben, mit Geflügelrahmsauce
Bardoux (Aquitaine)	Fleisch: mit Erbsen, Schinken und Butter
Barigoule	Wild: mit gefüllten Artischocken & Pfeffersauce
Baron Brisse (Léon B. 1813-1876, Journalist und Verfasser gastronomischer Bücher)	1. Zu Fleisch: mit Trüffelperlen gefüllte Artischo-ckenböden, geschmolzenen Tomaten und aufge-blähten Kartoffeln 2. Zu großen Fleischstücken: Mit Hühnerfarce gefüllte Zwiebeln und mit Oliv-en gefüllte Tarteletts (Törtchen)
(à la) **basquaise** (auf baskische Art)	Mit Bayonner Schinken, Tomaten, Knoblauch & Paprikaschoten, auch mit Steinpilzen (*Languedoc*)
à la **basque** (nach Art der Basken)	Fisch paniert, gebraten, mit geschmolzenen Tomaten und Knoblauch; Sauce béarnaise (↓) und Kapern (*Languedoc*)
Bayard	Zu Fleisch- und Geflügel: ausgehöhlte Croûtons mit Gänseleberpüree gefüllt, Trüffelscheibchen, Champignons, Artischocken und Ochsenzunge, mit Madeirasauce gebunden und serviert
Bayol	Zu Fleisch: Schwarzwurzelstücke in Butter und Knoblauch gedünstet, gebratene Kartoffelwürfel
à la **bayonnaise** (Bayonne, Stadt am Golf von Biscaya, bzw. Golf de Gascogne, bei Biarritz)	1. Mit Makkaronis in Rahmsauce, mit Bayonner Schinkenstreifen 2. Mit Makkaronikroketten, gehacktem Bayon ner Schinken und tomatierter Madeirasauce
à la **béarnaise**	Mit Eigelb und Weißweinsauce
Béatrice (Edle Florentinerin,Geliebte und Muse Dantes)	Zu Fleisch: Morcheln, Arischockenböden, junge Karotten, Schmelzkartoffeln und Sherrysauce
Beaucaire (Midi Pyrénées)	Mit gedünstetem Kopfsalat & Kartoffelkroketten
Beaufort	Zu Fisch: Champignons, Austern, Hummerwür-fel und Hummersauce
Beaugency (Stadt im Centre)	Mit Tomaten gefüllte Artischockenböden, mit Rindermarkscheibe und Sauce Béarnaise (↓)

Beauharnais (benannt nach der ersten FrauNapoleons, Hortense Beauharnais)	Zu Fleisch: Champignons & kleine Artischocken- böden mit Sauce Beauharnais (↓) (Sauce béar- naise mit Estragonbutter) gefüllt; dazu Nuss- kartoffeln und getrüffelte Madeirasauce
à la **béchamel**	Mit weißer Béchamelsauce (Mehl/Milch/Eier-Sc.)
Belle-Alliance	Mit gebratenen Gänseleberscheiben, Trüffel- scheiben und tomatierter Madeirasauce
Belle Hélène (Schöne Helena)	Zu kleinen Fleischstücken: flache runde Spargel- kroketten, Trüffelscheiben, gebundener Braten- saft
(en) **Bellevue** (Château de Bellevue, Schloss der Marquise Pompadour, Mätresse König Ludwigs XV)	Fische, Geflügel und Krustentiere; kalt in einer glänzenden Geleehülle serviert
Belmont	Mit gefüllten Tomaten und kleinen gefüllten Pa- prikaschoten
Bercy (Pariser Stadtviertel)	Mit Beurre Bercy (↑) und Strohkartoffeln
Bernard (Emile, frz. Küchenmeister Kaiser Wilhelms I.	Zu Fleisch: gebratene Steinpilzscheiben, Kartoffel- kroketten, geschmolzene Tomaten und Tomaten- sauce
Berry; (à la) **berrichonne** (Berry, Landschaft in Mittelfrankreich)	Zu Schmorfleisch: kleine, gedünstete Kohlkugeln, glacierte Zwieblein und Maronen, Speckscheib- chen; der Fleischsaft mit brauner Grundsauce gebunden
à la **Bigarade**	Mit Orangenschnitzen und -saft, Essig, Puderzu- cker, in Essig eingemachten Kirschen, Armagnac, Erdnussöl, S + P; meist zu Enten (*Languedoc*)
Bignon (franz. Gastronom,1816 - 1906, z. B.: Café d'Orsay)	Mit ausgehöhlten und mit Bratwurstmasse im Ofen gebackenen Kartoffeln
Boitelle	Fisch mit Champignonscheiben gemeinsam gegart
à la **bolo(g)naise**	Mit (Rind-)Fleischragout und Tomatensauce
à la **bonne femme** (auf Hausfrauenart)	Fleisch oder Geflügel im Topf, mit kleinen Kartoffeln, Zwiebelchen, Schinken oder Speck, Champignons und Petersilie, in Weißweinfond geschmort

à la **bonne franquette**	Hausmannskost, ohne großen Aufwand gekocht
à la **bordelaise**	Mit Weiß-, meist aber Rotweinsauce, Schalotten, auch mit pochierter Ochsenmarkscheibe; zu Fleisch
(Bordeaux, südwestliche Hafenstadt)	
à la **bouchère**	„Auf Art der Metzgerinnen": mit Mark des Ochsen
à la **boulangère**	1. Fleisch: mit Kartoffeln- und Zwiebelscheiben; gemischt im (Bäcker-)Ofen gebraten
(auf Bäckerart)	2. Geflügel: mit Olivenkartoffeln und Zwiebeln
à la **bouquetière**	Mit Artischockenböden, Karotten- und weißen Rübenperlen, grünen Bohnen und Erbsen, Blumenkohlröschen, mit Buttersauce und kleinen Butterkartoffeln, Sauce hollandaise (↓); zu Fleischstücken
(auf Blumenmädchenart)	
à la **bourgeoise**	Zu Fleisch: Perlzwiebeln, Karotten, Speckwürfel und große Olivenkartoffeln (*Burgund*)
(auf bürgerliche Art)	
à la **bourguignonne**	1. Schmorfleisch: mit Burgunderwein, Zwiebeln, Speck & Champignons, in Butter gebraten (*Burgund*)
(auf Burgunder Art)	2. Fisch: zusätzlich mit Mehlbutter eingedickt
Brantôme	Zu Fisch: Weinsauce mit Gemüse- und Trüffel streifen, dazu in Form gebrachtes Risotto
(Seigneur de Brantôme, franz. Schriftsteller 1540-1614)	
Bréhan	Zu großen Fleischstücken: Bohnenkernpüree, gefüllte Artischockenböden, Blumenkohlröschen mit Sauce hollandaise überzogen, Petersilienkartoffeln
(Ort an der bretonischen Westküste mit sehr viel Gemüsekulturen)	
(à la) **bressane**	Mit Champignons, Gänseleber, auch mit Trüffeln gefülltes Bresser Freiland-Geflügel (blauweiß-rotes Gütesiegel), mit Körnerfutter aufgezogen (!)
(Bresse, frz. Landschaft mit berühmter Geflügelzucht in Süd-Lothringen)	
à la **bretonne**	Zu Fleisch: weiße Bohnen & Sauce bretonne (↓)
(auf Bretonische Art) (Bretagne, Halbinsel am Ärmelkanal)	Zu Fisch: mitgedünstete Streifen Lauch, Sellerie, Zwiebeln und Champignons, Sauce bretonne (↓)
(à la) **briarde**	Zu Schlachtfleisch: gefüllter Kopfsalat, mit jungen Karotten und Rahmsauce
(gewidmet Mme. Wassya de ~)	

Brillat-Savarin
(Jurist, Schriftsteller & berühmter Gastrosoph 1755-1826)

Mit Gänseleber- und Trüffelmasse gefüllte, kleine Teigförmchen, dazu Spargelspitzen und eine leichte braune Sauce mit Federwildessenz

Bristol
(nach dem gleichnamigen Grand-Hôtel in Paris)

Mit kleinen Kroketten aus Kartoffeln oder Reis, weißen Bohnenkernen, Rahmsauce, Nusskartoffeln

à la broche

Am Spieß gebraten

(à la) bruxelloise
(nach Brüssler Art)

Chicorré gedünstet, mit gekochtem Rosenkohl, in Butter gedünstet mit Nusskartoffeln und leichter Madeirasauce; zu Fleisch (*Brüssel*, *Belgien*)

Café d'anglais
(„Englisches Café", berühmtes Pariser Restaurant 1802-1913)

Artischockenböden, abwechselnd mit Champignon- und Trüffelpüree gefüllt, mit Madeirasauce und Trüffelessenz; zu kleinen Fleischstücken

Camargo
(Marie-Anne C., berühmte belgische Tänzerin)

Mit Nudeln in Rahmsauce, dazu gefüllte Törtchen mit Gänseleber, Trüffelscheibe und Trüffelsauce

à la cancalaise
(Cancale, Fischerdorf am Golf von Saint-Malo)

Zu Fisch: Cancaler Austern und Garnelenschwänze mit Seezungenstreifen und / oder Hechtklößchen, normannischer Sauce (Fisch-Champignon-Eigelb Sahne-Butter-Sauce) (*Normandie*)

Cardinal
(wegen des rotfarbenen Kardinalmantels)

Für gekochte Fische oder Eier: rotfarbene Sauce Cardinal (↓), mit Hummer- und Trüffelscheiben

Carême
(Antonin C., 1783-1833, Meisterkoch und Begründer der großen französ. Küche; zahllose Rezepte)

1. Zu Fisch: Fischklößchen mit Trüffelscheiben dekoriert, weiße Rahmsauce und Fleurons
2. Zu Fleisch: große, mit Schinkenpüree gefüllte spanische Oliven, Kartoffelkroketten, Madeirasauce

Carnot

Fleisch mit Gurkenscheiben, Rotweinsauce, Estragon

Casanova
(ein Gourmet in mehreren Richtungen)

Zu Fisch: Austern, Muscheln, Trüffeln und Weißweinsauce (Austern sollen potenzfördernd sein)

(à la) catalane
(auf katalanische Art)

1. In Olivenöl gebratene Auberginenscheiben oder Artischockenböden, gebratene Tomaten & tomatierter, brauner Sauce, zu Fleisch (*Roussillon*)
2. Mit Chipolatawürstchen, gekochten Maronis, Oliven und geschälten Tomaten;

3. Es gibt noch andere Variationen; meist alle mit Reis serviert

Célestin
(Vorname einer berühmten Küchenbesitzerin in Lyon)

In Butter gebratenes Hühnchen, mit Champignons und geschälten Tomaten, mit Cognac flambiert, mit Weißwein übergossen und mit gehacktem Knoblauch und Petersilie überstreut

à la Cendrillon
(Aschenputtelart)

Mit Artischockenböden, gefüllt mit Zwiebelpüree in Rahm, gemischt mit gehackten Trüffeln

à la centenaire
(auf Jahrhundertart)

Mit gefülltem, gedünstetem Kopfsalat, Kartoffelkroketten und gebundener Kalbsbrühe

aux cèpes

Mit Steinpilzen

Chambord
(Henri Charles, Graf von Chambord, 1820-1883, Thronanwärter)

Große, in Rotwein gedünstete Fische, mit großen, getrüffelten Fischklößen, Krebsen, Champignonköpfen, in Butter gebratene Fischmilcher

Chambord

Seezungenfilets, Trüffeln, herzförmige, gebackene Croûtons, Fleurons und Sauce Chambord (↓)

aux champignons

Mit Pilzen

Chancy

Zu Fleisch: in Butter geschwenkte Erbsen und Karotten, Champignons und Madeirasauce

(à la) chanoine
(nach Domherrenart)

Fischfilets mit Garnelensauce bestrichen, gebacken und mit Sardellensauce serviert

aux chanterelles

Mit Pfifferlingen

à la Chantilly
(Picardie)

Mit Zitronenmayonnaise und Schlagsahne (kalt)

(à la) Chartres
(Robert, Herzog von ~, 1840-1910)

Kleine Fleischstücke auf Croûtons, mit Estragonblättern belegt & mit Nusskartoffeln serviert

(à la) chasseur
(nach Jägerart)

1. Zu Geflügel & kleinen Fleischstücken: Champignons, Tomaten und Bratsatz mit Weißwein;
2. Zu Wild: Champignons und Fleischtomatenwürfel
3. Weißweinsauce mit Champignons, Schalotten, Butter, Tomatenpüree, Grundsauce und Estragon

à la châtelaine
(Auf Burgfrauenart)

Zu Geflügel & Fleisch: mit Zwiebelpüree gefüllte Artischockenböden, gedünsteten Maronen, geschmortem Kopfsalat, Nusskartoffeln und Madeirasauce

Cherbourg(h)
(nordwestfr. Hafenstadt am Ärmelkanal)

Zu Fisch: Austern, Muscheln, Garnelenschwänzchen, mit Garnelensauce, im Ofen überbacken

Cheron

Zu kleinen Fleischstücken, mit Gemüse gefüllten Artischockenböden, dazu Pariser (Nuss-)Kartoffeln

à cheval

„Nach Bismarckart": mit Spiegelei darauf

Chevreuse
(malerisches Tal mit Gemüsekulturen, nordöstlich von Paris)

Zu kleinen Fleischstücken:
1. Trüffelscheiben, mit gehackten Champignons gefüllte Grießkroketten, dazu Sauce Bonnefoy (↓)
2. Mit Champignonpüree gefüllte Artischockenböden, darauf Trüffelscheiben

Chipolata

Mit Maronen, Zwiebelchen, Chipolatas (kleine Schweinsbratwürstchen), Olivenkarotten, Champignons, Speckwürfeln; mit Nusskartoffeln serviert

Choiseul
(Etienne Françoise, Herzog von Choiseul, 1719-1785, prunkliebender fr. Staatsmann)

1. Zu Fleisch: mit Gänseleberpüree gefüllte Artischockenböden, dazu Champignonsauce
2. Zu gekochter Seezunge: Weißweinsauce mit weißen Trüffelstreifen

Choisy
(Stadt im Tal der Marne, südlich von Paris)

Mit halbem, gedünstetem Kopfsalat, Nusskartoffeln und mit Butter legierte Fleischbrühe

Choron
(französischer Koch und Restaurantbesitzer im 19. Jh.)

Zu kleinen Fleischstücken: grüne Erbsen oder Spargelspitzen, gefüllte Artischockenböden, Nusskartoffeln, Sauce Choron, (↓) (tomatierte Béarnaise)

ciboulette

Mit Schnittlauch

au citron vert

Mit grüner Zitrone (Limone)

Clamart
(Vorort südwestlich von Paris, früher die „Erbsenmetropole")

Zu kleinen gebratenen Fleischstücken: Scheiben von Pommes Macaire (↓) (pürierte Kartoffeln), mit Erbsen gefüllte Törtchen, dazu gebundene Kalbsbrühe

au cognac

Mit Cognac (Kognak) daran (hätten Sie es gewusst?)

167

Colbert
(Jean Baptiste 1619-1683,
Minister König Ludwigs XIV)

Zu gebratenem Fisch: Sauce Colbert (↓) (Butter-Fleischextrakt-Sauce mit Zitronensaft und Estragon);
Zu Fleisch: Geflügelkroketten, frittierte Eier, Trüffelscheiben, Sauce Colbert (↓)

à la comtesse
(auf Gräfinnenart)

Schlachtfleisch: mit Trüffeln gespickt, gedünstetem Kopfsalat, Kalbsklößchen und gebundener Kalbsbrühe; auch zu Kalbsbries und Geflügel

Concorde
(Concordia) (altrömische
Göttin der Eintracht)

Zu kleinen Fleischstücken: junge grüne Böhnchen, zarte Möhrchen, mit Kartoffelpüree und einem braunen Sößchen (auch für Gebisslose ein Genuss)

Condé
(frz. Adelsgeschlecht, verwandt
mit den Bourbonen)

Mit rotem Bohnen-Speckpüree und Butter-Rotweinsauce (meist zu geschmortem Fleisch)

Conti
(französisches Prinzengeschlecht)

Zu geschmorten Fleischstücken: Linsenpüree, mit dreieckig geschnittenem Speck gekocht

(à la) Continental
(Name verschiedener
Luxushotels)

Mit gebratenen Lammnieren auf Artischockenböden, zu kleinen Fleischstücken in Madeirasauce

(à la) cordon bleu | Mit Schinken und Käse gefüllt
Crécy | Mit Karotten, gewürfelt, geformt oder als Püree
au court-bouillon | In Essig-Würzbrühe gekocht
à la crème | Mit (in) Rahm, mit Rahmsauce
à la créole (kreolisch) | Mit Tomaten, Paprikaschoten und Reis
à la croque au sel | In der Salzkruste (gebraten)
en croûte | In der (Teig- oder Blätterteig-) Kruste oder -Mantel

Cussy
(Marquis de Cussy,
1766-1837, am frz. Hof, ein
Feinschmecker, erfand fast
400 Hühnchenrezepte)

Zu geschmortem Geflügel oder kleinen Fleischstücken: Artischockenböden mit Champignonpüree oder Champignonköpfe, mit Maronenpüree gefüllt, mit Trüffelscheibchen & Hähnchenlebern, mit Madeira- oder Portweinsauce

Cyrano
(de Bergerac, französischer
Schriftsteller, 1619-1655;
lebte in Paris)

Mit Champignonpüree gefüllte Artischockenböden und gebundener Kalbsbrühe; zu kleinen Fleischstücken

Dame blanche
("Weiße Dame", Operntitel)

Zu Fisch: weiße Rahmsauce mit gehackten Trüffeln und Fleurons

(à la) **danoise** (dänische Art)	Gekochter Meerfisch mit Sardellenbutter / Schaumsauce
Dartois (Graf von Artois, dann König Karl X., 1757-1836)	Mit Karotten, weißen Rüben, angebratenem Bleichsellerie und Bratkartoffeln
en **daube**	Geschmort; im Topf zubereitet & meist serviert
(á la) **Daumont** (Herzog Louis-Marie-C. d'Aumont)	Zu geschmorten Fischen: Fischklößchen, Krebs-schwänze, Champignons, dazu Sauce normande (↓)
(à la) **Dauphine** (der Thronfolger König Ludwigs XIV)	„Auf Thronfolgerart": mit gebackenen Kartoffel-kroketten, brauner Grundsauce mit Madeirawein
(à la) **deauvillaise** (Deauville, Stadt in der Normandie)	Im Fischfond, mit gehackten Zwiebeln gekochter Fisch (z. B.: Seezunge), mit Fleurons garniert
Demidof(f); Demidow (Prinz Anatolij Demidov, Gemahl einer Nichte Napoleons)	Zu (Wild-)Geflügel: Halbmondscheiben von Karotten, weißen Rübchen, Zwiebelchen, mit Selleriewürfelchen, in verschlossener Porzel-lankasserolle gegart, mit Trüffelhalbmonden belegt
à la **diable** (nach Teufelsart)	Mit gerösteten Schalotten, mit Cognac abgelöscht, Tomatenmark, brauner Sauce & Cayennepfeffer
à la **dieppoise**	Mit Krabben und Muscheln im Weißweinsaucen-sud (Normandie)
à la **dijonaise** (Dijon, Stadt im Burgund mit berühmter Senfproduktion)	1. Mit in Butter gebratenen Kartoffelschnitzen, Kalbsklößchen, gehackter Pökelzunge und Madeirasauce 2. Mit Senfsauce
(à la) **diplomate**	Mit Hummer & Trüffelscheiben (in Frankreich)
Doria (einem Mitglied der Genu-esischen Fürstenfamilie vom „Café Anglais" (↑) gewidmet)	Zu Fischen auf Müllerinart: Gurken, olivenför-mig, in Butter gedünstet, grünen Spargeln, Pistazien und Zitronenschnitzen serviert
Dubarry (1743-1793, Gräfin, Maitresse Ludwigs XV)	Zu Fleisch: Blumenkohlkugeln mit der Käse-sauce Sauce Mornay (↓) , mit Käse bestreut und überbacken

(à la) duchesse (auf Herzoginart)	Kleine Fleischstücke, Fisch oder Eier serviert mit Pommes duchesse (↓) und Madeirasauce
Dugléré (Adolphe D. 1805- 1884, der Mozart der französischen Meister-Küche)	Mit gehackten Schalotten, Tomaten und Knoblauch, auch mit Champignons und Weißwein, zu feinen Fischen
Dumas (Alexandre 1802-1870, verfasste das damalig größte Küchenlexikon, das leider nicht ankam, dann als Schriftsteller äußerst erfolgreich, z. B.: Die 3 Musketiere, Lady Hamilton u.a.. Besuchen Sie ihn auf dem Cimetière de Montmartre in Paris, in Stein gehauen, auf seinem Grabmal liegend)	Mit gedämpften Kohlköpfchen, glacierten Karotten, Speckwürfeln und brauner Sauce, zu Fleisch
à l'écaillière (Austern-händlerart) (L'Écaille, Ort nördlich von Reims)	Haarwild mit Wildfarce, Geflügelleber, gewürfeltem Rauchspeck, Austern, glacierten Zwiebelchen und gebundener Wildsauce
(à l')égyptienne (auf ägyptische Art)	1. Zu in Öl gebratenem Fisch: geschmolzene Tomaten, Zwiebelringe, mit Currysauce serviert 2. Zu gekochtem Fisch: Safranreis mit Sauce portugaise (↓); (Tomatensauce mit Paprikastreifen)
à l'empereur (auf Kaiserart)	Mit halbierten, gebratenen Tomaten, Rindermarkscheiben, Spargelspitzen, zu Fleisch in Trüffelsauce, mit Pommes Parmentier (↓), (Bratkartoffeln)
aux **épices** aux **4 (quatre) épices**	Mit Gewürzen Mit Gewürzmischung aus: Pfeffer, Zimt, Nelken,Muskat, auch mit Ingwer; Die tunesische Mischung besteht aus Pfeffer, Paprika, Zimt und getrockneten Rosenknospen
à l'espagnol (auf spanische Art)	1. Fisch: in Olivenöl gebraten, mit Paprikastreifen, Tomaten, Zwiebelringen 2. Fleisch: mit Pilawreis, roten Paprikawürfeln und Knoblauchwurst gebraten; Tomaten und Fleischsaft

à l'**étuvée**	Bei schwacher Hitze und wenig Fett, im geschlossenem Topf gedünstet (geschmort)
Exelsior (nach dem reichen Ballett 1881 in Paris, von Manzotti und Marenco)	Mit geschmortem Kopfsalat und Schmelzkartoffeln, oft mit Sauce normande (↓) zu vielen verschiedenen Gerichten (Fleisch, Hummerragout, Seezunge u. a.)
Exquisite	Kleine Champignonkroketten, gehackter Trüffel- und Hummersauce, zu Fisch
à la **façon** de ...	Nach (auf) Art von ...
à la **fermière** (auf Pächterart)	Zu Fleisch und Geflügel: Karotten, weiße Rüben, Sellerie und Zwiebeln, in Butter gedünstet, mit gebratenen Speckwürfeln, Olivenkartoffeln und Bratsaft
au **feu de bois**	Über dem Holzfeuer gegrillt
à la **financière** (Finanzmannsart)	Zu großen Fleischstücken, Geflügel oder Kalbsbries: Champignonköpfe, Kalbfleischklößchen, Hahnenkämme und -nieren, entsteinte Oliven, Trüffelscheiben & -Essenz mit Sauce financiére (↓)
aux **fines herbes**	Mit feingehackten Kräutern
(à la) **flamande** (nach flämischer (flandrischer) Art) (Was nicht allzu viele wissen: Die Belgier, die Franzosen und die Holländer haben sich Flandern geteilt)	Zu Fleisch: Rosenkohl, Chicorée in Bier gedünstet (wie sonst?) oder mit Grünkohlkugeln, Karotten, weißen Rübchen, Salzkartoffeln, Knoblauchwurst gekochtem Speck; Fisch: in hellem Bier und Fischfond gekocht, mit Mehlbutter angedickt und gehackten Kräutern
(à la) **fleuriste** (nach Blumenhändlerart)	Zu kleinen Fleischstücken: kleine Gemüsestücke, gedünstete Tomaten und Nusskartoffeln
à la **fondue de poireaux**	Mit Lauchfondue
Fontainebleau	Zu Fleisch: mit Frühlingsgemüse und Rahmsauce gefüllt, nestförmige Herzoginkartoffeln
à la **forestière** (Försterart) (was der Förster im Wald findet)	Mit Wildpilzen: wie Morcheln, Steinpilzen, Pfifferlingen, mit Speck- und Kartoffelwürfeln
au **four**	Im Ofen gebraten (überbacken)
(à la) **française** (nach französischer Art)	Zu größeren Fleischstücken machen die Franzosen Blumenkohlröschen, geschmorten Kopfsalat, Spargelspitzchenbündelein, gewürfeltes Gemüse, Pommes duchesse (↓) und Sauce hollandaise (↓)

au **fromage**	Mit Käse
Garniture de **légumes**	Gemüsebeilagen
Garniture de **saison**	Beilage nach Jahreszeit
(à la) **gastronome** (nach Art der Feinkocher)	Meist mit gebratenen Morcheln, Maronen, Hahnenkämmen, Trüffeln (zu Geflügel), aber auch mit Huhninnereien und Kalbsbries (zu Wildgerichten)
(à la) **gauloise** (nach gallischer Art) (Gallien, römischer Name Frankreichs; Gallus = der Hahn, das frz. Sinnbild)	1. Hahnenkämme & -nierchen, zu Eiern, Pasteten, Törtchen und Geflügelkraftbrühen 2. Zu großen Fleischstücken: Teigschiffchen, gefüllt mit Ragout aus Champignons, Krebsschwänzen und Trüffelscheiben
Gautier (Théophile, französischer Schriftsteller 1811-1872)	Zu Meerfisch: mit Austern, Champignons, Fleischklößchen & Fisch-Samtsauce, (Sauce velouté) (↓)
(à la) **genevoise** (nach Genfer Art)	Süßwasserfisch in einer Sauce aus Fischsud, Röstgemüse und Rotwein
Georgette	Krebsragout als Kartoffelfüllung oder zu Rühreiern
Godard (ehemaliger Küchenchef des Élysée-Palastes in Paris um 1800)	Zu großen Fleisch- und Geflügelstücken: Kalbfleisch und Hühnerklöße mit Trüffeln & Pökelzunge, Champignons, Lamm-Milch, Hahnenkämme und Sauce Godard (↓)
(à la)**Gouffé** (Jules G. 1807-1877, Meisterkoch & Verfasser grundlegender Kochbücher der französischen Küche)	Meist mit Morcheln und Spargelspitzen gefüllte Kartoffeltörtchen in Butter & Sahne zubereitet, zu kleinen Fleischstücken; oder zu Risotto: Kalbfleischklößchen, Champignons- & Trüffelstreifen
Gourmet (Feinschmeckerart)	Zu Schlachtfleisch: Artischockenböden, Champignons, Trüffelscheiben und Madeirasauce
(à la) **Grand-Duc** (Großherzogsgart) (zu Ehren russiger Adliger)	Gekochter Fisch, Geflügel oder Eier mit grünen Spargelspitzen, Trüffelscheiben & Krebsschwänzen, mit Milch-Käse-Sauce (Sauce Mornay (↓) überbacken
Grand Hotel	Zu kleinen Fleischstücken: Artischockenböden mit Sauce Béarnaise (↓) gefüllt, gedünstetem Bleichsellerie, aufgeblähten Kartoffeln & gebundenem Bratensaft, mit Weißwein abgeschmeckt

à la grand-mère
(nach Großmutterart)
(meist ohne viel „Brimborium" im Schmortopf zubereitet)

1. Fisch: gebraten mit glacierten Zwiebeln, Petersilie und gebratenen Olivenkartoffeln
2. Zu Geflügel: Füllung von Bröseln, Geflügelleber, Speck und Petersilie, mit gebratenen Olivenkartoffeln, glacierten Zwiebelchen und Speckwürfeln

Grand veneur
(Oberjägermeisterart)

Wildgerichte: mit Pfeffersauce, Blut, Essig, Gemüse, Sahne, Wildextrakt; dazu Johannisbeergelee oder Preiselbeeren und Maronenpüree

au gratin

Mit Käse überbacken (gratiniert)

au gré du marché

marktabhängig (was es auf dem Markt gibt)

à la grecque
(auf griechische Art)

1. Zu Fleisch und Geflügel: körniger Reis mit grünen Erbsen und Pfefferschoten vermischt, dazu Tomatensauce
2. Gemüse oder Vorspeisen in kalter, aromatischer Zitronen-Olivenölmarinade mit Knoblauch und Weißwein
3. Fisch: in Weißweinsauce mit Fenchel, Sellerie und Koriander

grenobloise
(nach Grenobler Art)

Gebratener Fisch „Müllerin Art" mit Kapern, Zitronensaft und Sardellen (*Grenoble, Rhône-Alpes*)

au gril

Auf dem Grill gebraten

à la grillade

Vom Rost (meist Fleisch)

(à la) Gouffé
(Jules G.; 1807-1877, Meisterkoch, der grundlegende Kochbücher verfasste)

Zu kleinen Fleischstücken: Morcheln & Spargelpitzen in Kartoffeltörtchen mit Butter & Sahne gefüllt; zu Risotto: Trüffel- und Pilzscheiben, sowie Kalbfleischklößchen

Helder
(Pariser Restaurant im 19. Jh.)

Artischockenböden, abwechselnd gefüllt mit gebutterten Spargelspitzen, Nusskartoffeln und gebackenen Tomaten; mit Sauce Béarnaise (↓)

Henri IV
(König von Frankreich und Navarra 1553-1610)

Mit Artischockenböden, gefüllt mit Nusskartoffeln und Sauce béarnaise; meist zu gegrillten Tournedos (kleine runde Lendenschnitten) oder Innereien

aux herbes de provence

Mit Kräutern der Provence

(à la) hollandaise (nach Holländerart)	Sauce hollandaise (↓) zu pochierten Eiern oder in Wasser gekochtem Gemüse (z. B.: Spargeln, Blumenkohl, Artischocken u. a.) oder gekochtem Fisch
à la hongroise (ungarisch)	Fisch: in Weißwein und Fischfond gekocht, gehackte Zwiebeln, Paprika mit Tomatenwürfeln und Sahne Zu gebratenem Fleisch: Blumenkohlröschen, mit Paprika, gehacktem Schinken und mit Sauce Mornay (↓) überbacken, dazu Schmelzkartoffeln Zu Geflügel: Zwiebeln, Paprika, Tomaten, Sahne
(à l')hôtelière (nach Hoteliersart)	Gebratenes oder gegrilltes Fleisch oder Fisch mit Kräuterbutter, Champignonpüree, Petersilie, Zitrone
à l'huile	In Öl
à la hussarde (Hussarenart)	1. Mit Zwiebelpüree gefüllte Champignonköpfe, dazu Pommes duchesse (↓) (Kartoffelpüree aufgespritzt) und Sauce hussarde (↓) zu Fleischstücken; aber auch mit Spinatpüree gefüllte Champignon-köpfe und mit Zwiebelpüree gefüllte Tomaten 2. Zu Rinderschmorbraten: gefüllte Auberginen, Sauce hussarde (↓) mit geriebenem Meerrettich
(à l')impératrice (nach Kaiserinart)	Mit Geflügelrahmsauce, verdickt durch Hühnerpüree, mit Hahnenkämmen und -nierchen, Spargelspitzen und Kerbel; zu gekochtem Geflügel
(à l')impériale (auf kaiserliche Art)	Reiche Garnitur aus Geflügelklößchen, Hahnennierchen und -kämmen, oft auch mit Garnelen schwänzen und Trüffel- oder Gänseleberscheiben
à l'infante (nach Prinzenart)	Zu kleinen Fleischstücken: 1. Gefüllte Tomaten, gegrillte Champignons, Strohkartoffeln, Madeirasauce 2. Mit Makkaronis und Trüffelstreifen in Butter
(à l') indienne	„Indisch": mit körnigem Reis und Currysauce
à l'italienne (auf italienische Art)	Mit Tomatensauce, Olivenöl und Parmesan, meist mit ungefüllten Makkaronis (oder -Kroketten), oft mit Artischockenvierteln serviert

à l'ivoire
(auf Elfenbeinart)

Mit Champignonköpfen, Geflügelklößchen und einer Geflügelrahmsauce

au jambon

Mit Schinken

à la jardinière
(auf Gärtnerinart)

Meist mit grünen Erbsen, Karotten, Blumenkohlröschen, weißen Rübchen, grünen Böhnchen, Sauce Hollandaise (↓) und Kalbsbrühe

(à la) Joinville
(François Ferdinand von Orléans, Herzog von Joinville 1818-1900, Sohn König Louis Philippe von Frankreich)

Feines Ragout aus Champignons, Krebsschwänzen und Trüffeln, mit Sauce Joinville (↓) gebunden, mit Krebsschwänzen und Trüffelscheiben garniert; oft zu Plattfischen (*Joinville*, Stadt in der Champagne)

Judic
(Anna Damiens, alias „Dame Judic", Sängerin und Operettenschauspielerin)

Zu kleinen Fleischstücken und Geflügel: gedämpfte Kopfsalathälften, gefüllte Tomaten, Hahnenkämme und -nierchen, Trüffelscheiben, Nusskartoffeln

Kléber
(Jean-Baptiste 1753-1800, bayrischer Soldat, später Oberbefehlshaber des Ägyptenkorps Napoléons in Kairo, ♀ in Kairo, es gab dort keine Trüffeln)

Zu Fleischstücken: Gänseleberpüree mit gefüllten Artischockenböden und Trüffelsauce

(á la) landaise
(nach landaiser Art)

Mit Bayonner Schinken, Gänsefett, Steinpilzen oder Feigendrosseln (🐦) (*Landes, Gascogne*)

(à la) languedocienne
(nach Art des Languedocs)

Zu Fleisch oder Geflügel: Auberginen, geschmolz. Tomaten, Steinpilze, Petersilie, Knofel, Bratensaft

au lard

Mit Speck(würfeln)

aux lardons

Mit Speckstreifen

Lavallière
(Françoise, Louise Lavallière, Herzogin, Mätresse Ludwigs XIV)

Mit gebutterten grünen Spargelspitzen, gefüllten Artischockenböden, Nusskartoffeln und Sauce bordelaise (↓) (Rotwein-Butter-Sauce)

...de légumes de saison

Mit Gemüse der Saison

aux lentilles

Mit Linsenpüree

(à la) limousine
(nach Art des Limousin)
(Historische Landschaft in Westfrankreich)

Rotkrautstreifen, mit geriebenen Äpfeln, Pilzen, zerstossenen Maronen, in Schmalz und Fleischbrühe geschmort, meist zu Schweinebraten, Wurstbrät, Champignons, Geflügel & Omeletts

(à la) lorraine
(nach Lothringer Art)

Mit in Rotwein gedämpftem Rotkraut und Schmelzkartoffeln oder geriebenem Meerrettich zu Schmorfleisch; zu „Lothringer Eiern" gibt es

Räucherspeck; werden meist mit Käse im Ofen überbacken

Lorette
(Notre-Dame-de- ~, Pariser Viertel; einst Domizil der Bordsteinschwalben)

Zu kleinen Fleischstücken: grüne Erbsen oder Spargelspitzen mit Butter, kleinliche Geflügelkroketten, Trüffelscheiben, gebundene Kalbsbrühe

(à la) Lucullus
(römischer Feldherr und Feinschmecker um 117 bis 57 vor Christus)

Mit besonders feinen Zutaten, wie Trüffeln, Gänseleber, Artischockenböden, Trüffelsauce mit Hahnenkämmen u. a.; zu Geflügelkraft brühen: Wachtelbrüstchen, Wachtelessenz, Geflügelklößchen und Trüffelscheiben

Louis XIV
(der Sonnenkönig, 1638-1715)

Zu kleinen Fleischstücken: Champignonpüree, gefüllte Artischockenböden, Trüffelsauce

à la lyonnaise

Mit Weißwein-Schalotten-(Knoblauch-)Sauce

au madère

Mit Madeira(wein)

(à la) mâconnaise
(Mâcon, Weinstadt im Burgund)

Gekochte Fischstücke, mit Krebsen, Champignons, Kräutern, glacierten Zwiebelchen, Röstbrotwürfel

à la (Porte-)Maillot
(Pariser Stadttor auf dem Weg zum Bois de Bologne, dem Pariser Stadtwald)

Geschmortes Fleisch oder Schinken mit glacierten Karotten, weißen Rübchen, Zwiebelchen, halbiertem, gedünstetem Kopfsalat, grünen Erbsen und Böhnchen, mit gebundener Kalbsbrühe

à la maison

Nach Art des Hauses, nach eigenem Rezept

à la maître d'hotel
(Haushofmeisterart)

Mit Kräuterbutter, Petersilie, Zitronensaft, Brunnenkresse, S + P, dazu meist Pommes frites serviert

(à la) mancelle
(Le Mans, Stadt in Westfrankr.)

Zu Wild: mit Wildmus gefüllte Törtchen, Maronenpüree mit Sellerie, brauner Sauce und Wildessenz

à la maraîchère
(auf Gemüsegärtnerinart)

Für Schmorfleisch: Schwarzwurzeln mit Milch-Butter-Mehl-Sauce, in Butter geschwenkter Rosenkohl, Nusskartoffeln, dazu den Schmorsaft

à la marchand de vin

Weinhändlerart: mit Rotwein-Schalotten-Sauce

à la maréchal
(auf Marschallsart)

Das Fleisch durch flüssige Butter gezogen, mit Bröseln oder Trüffeln, vermischt, gewälzt, mit Trüffelscheiben & grünen Spargelspitzen (wenn Saison), sonst mit grünen Erbsen in Butter

Marengo (Le Mans, dort siegte Napoleon 1800 über die Österreicher)	Meist zu Kalbfleisch, aber auch zu Hähnchen-ragout, mit Champignons, glacierten Zwiebelchen und gerösteten Weißbrotwürfeln
Marie-Jeanne	Mit Champignonpüree gefüllten Törtchen, Nusskartoffeln; zu kleinen Fleischstücken, Madeirasauce
Marie-Louise (zweite Frau und Napoleons; österr. Kaisertochter 1791-1847)	Artischockenböden gefüllt mit ¾ Champignon- und ¼ Zwiebelpüree, grünen Erbsen, weißen Rübchen, Karotten, Nusskartoffeln, dazu Madeirasauce
à la **marinière** (auf Seemannsart)	Fische, Schalen- und Krustentiere in Weißwein-Kräuter-Muschel-Sud, mit Zwiebeln, gedünstet
à la **mascotte** (nach der Operette Mascotte" von dem Komponisten Audran 1880)	Zu Fleischstücken, die in der Porzellankokotte zubereitet werden: geviertelte Artischockenböden in Butter gedünstet, Olivenkartoffeln, Trüffelkugeln, braune Grundsauce mit Weißwein & Kalbsbrühe
Masséna (André M., französischer Marschal, 1758-1817)	Mit dicker Sauce béarnaise (↓) gefüllte Artischockenböden, gedünsteten Rindermarkscheiben auf dem Fleisch; mit Tomatensauce serviert
à la **mayonnaise**	Mit Mayonnaisensauce
(à la) **Médicis** (Maria Medici, 1573-1642, Gemahlin Henri IV, brachte die italienische Kochkultur nach Frankreich, die sich dort zu (einer)der weltbesten weiter entwickelte)	Zu Tournedos oder Lammnüsschen: Artischockenböden, grüne Erbsen, Kugeln von Karotten und weißen Rüben, Nusskartoffeln und Sauce béarnaise (↓)
à la **ménagère**	Nach Haushälterinart; siehe (↑) à la bonne femme
à la **menthe**	Mit Pfefferminze
(à la) **mentonnaise** (Menton, Stadt an der französischen Riviera)	Meist mit Artischocken, Zucchini, tomatiertem Reis, Nusskartoffeln, Knoblauch und schwarzen Oliven
à la **meunière** (auf Müllerinart)	Fisch eingemehlt, in Butter gebraten, mit Zitrone und Worcestershiresauce beträufelt, mit gehackter Petersilie bestreut und heißer Butter darüber
à la **mexicaine** (nach mexikanischer Art)	Große, gegrillte Champignonköpfe, dick eingekochte Tomaten, kleine geröstete halbierte Papri-

	kaschoten & einer scharf gewürzten Kalbsbrühe
à la **milanaise**	Fleisch, z. B.: Kalbschnitzel, mit Parmesan-Panier-
(auf Mailänder Art)	mehl-Mischung gebraten
Mirabeau	Auf gegrilltem Fleisch: Sardellenfilets, dazu Estra-
(Graf; 1749-1791; Politiker der	gonblätter, entsteinte Oliven und Sardellenbutter
frz. Revolution)	
à la **mode de** ...	Auf (nach) Art von ... ..
Montagné	Mit gebratenen Champignonscheiben, gefüllten
(Prosper M.1864-1948,	Artischockenböden und Tomaten, Madeirasauce
frz. Meisterkoch)	
Montansier	Fisch: Eine Seite mit Rotwein, die andere mit
	Weißwein benetzt, dazu Fleurons
Montmorency	Zu Fleisch: mit gemischtem Gemüse, gefüllten
(Vorort im Norden von Paris,	Artischockenböden, grünen Spargelspitzen,
Stammsitz eines	Nusskartoffeln und Madeirasauce
Adelsgeschlechts)	
Montpensier	Mit Spargelspitzen und Trüffelstreifen; zu
(Herzog & Marschall,	kleinen Fleischstücken und Geflügel
1824-1890)	
Montreuil	Fisch mit Weißweinsauce und gekochten Kartof-
(Vorstadt von Paris)	felkugeln, mit Garnelensauce überzogen
Murat	Scharf angebratene, in Streifen geschnittene Fisch-
(Joachim, 1767-1815,	filets, mit Artischockenböden- und Kartoffel-
Reitergeneral und Marschall	würfeln, mit gebratenen Tomatenscheiben,
Napoléons, dann König von	gehackter Petersilie, Zitronensaft, Fleischbrühe,
Neapel: Joachim I. Napoléon)	braune Butter
à la **nage** (schwimmen)	(Fisch) in Weißwein-Wurzelsud gedünstet
Nanette	Mit Kopfsalatstreifen in Sahne, auf kleinen
	Artischockenböden, mit Trüffeln gefüllten
	Champignonköpfen; zu Kalbschnitzel oder
	-bries, Lammkotelett
Nantua	Zu Fisch: Krebsschwänzchen, Trüffelscheiben &
(Städtchen im Nordwesten	Sauce Nantua (↓) (Krebs-Butter-Sahne-Trüffel-
Frankreichs)	Sauce)
à la **napolitaine**	Mit frischer Tomatensauce, Oregano, Basilikum,
(auf neapolitanische Art)	Knoblauch, Paprikaschoten, Zwiebeln u. a.
au **naturel**	Naturell, einfach, ohne Sauce oder anderem

Nemours

(Stadt südlich von Paris)

Mit grünen Erbsen, Karotten, Fleischbrühe und Pommes duchesse (↓) (gebackene Krokettenmasse)

Nesselrode

(Karl Robert, Graf v. Nesselrode, 1780-1862, russ. Staatsmann aus einem niederrheinischem Geschlecht; es gibt noch nette Nachfahren)

1. Zu Fleisch: überglänzte Maronis, Champignons, Trüffelscheiben und Madeirasauce;
2. Zu Fisch: die Filets mit einer Masse von Hecht & Hummer gefüllt und gefaltet, in einer Blätterteighülle gebacken, mit Austern & Hummersauce
3. Maronenpüree zu Eisbomben, Puddings usw.

à la niçoise

(Nizzaer Art)

1. Fisch in Butter gebraten, mit geschmolzenen Tomaten, Knoblauch, gehacktem Estragon, schwarzen Oliven, Kapern, Olivenöl; geschälten, entkernten Zitronenscheiben, Sardellenbutter und Schlosskartoffeln;
2. Zu Fleisch und Geflügel: geschmolzene Tomaten mit Knoblauch und gehacktem Estragon, grünen Bohnen, Nusskartoffeln und gebundenem Bratensaft

Nignon

(Edouard, 1865-1934, franz. Meisterkoch)

Kalbsbries und Kalbsnieren mit Morcheln in meist leckerer Rahmsauce ♥

à la nivernaise

(Neverser Art)

Zu Fleisch: in Butter geschwenkte kleine Karotten, weiße Rübchen und Zwieblein, mit gekochten Kartoffeln und Fleischbrühe (*Nevers, Burgund*) oder Cidre, Meerestieren (auch mit Trüffeln); Sauce normande (↓) und Fleurons (*Normandie*)

à la normande

(auf normannische Art)
(Normandie im Nordwesten Frankreichs, am Ärmelkanal)

Zu Fisch: Austern, Muscheln, Champignonköpfe, Garnelenschwänzchen, gekochte Krebse, Trüffelscheiben, gebackene Gründlinge oder Stinte, Blätterteighalbmonde, Sauce normande (↓), Calvados (!) Auch sonst viele Garnituren mit Äpfeln, Apfelwein, (Wild-)Geflügel und, ... sehr variabel ♥

à l'odalisque

Zu Lammfleisch: Lammbrieschen, frittierte Auberginenscheiben, grüne Erbsen
Sauce italienne (↓)

(à l') opéra (nach Opernart)	1. Zu Fisch: grüne Spargelspitzen, Weißweinsauce 2. Zu Fleisch: kleine mit Geflügelleber gefüllte Törtchen und Madeirasauce, Kroketten in Nestchenform, mit Spargelspitzen gefüllt, Bratensauce
(à l') orléanaise (Orléans, Stadt an der Loire, mit wehrhaften Jungfrauen) **Orly** **Orsay** (Graf, 1801-1852, berühmter Lebemann)	Zu Fleisch: mit Eigelb gebunden, gedämpfter Chicorée, Haushofmeisterkartoffeln (gekocht & in Kräuterbutter geschwenkt), dazu Fleischsaft Fischfilets paniert, frittiert, dazu Tomatensauce Champignons, gefüllte Oliven & Nusskartoffeln, zu Fleisch in Madeirasauce
en papillote	Im eigenen Saft in einer Folie (Pergamentpapier oder Alufolie) gegart (Fleisch, Geflügel, Fisch, behält dadurch seinen Eigengeschmack)
(à la) parisienne	1. Zu Fleisch & Geflügel: Pommes parisiennes (↓), mit einer Masse von Pökeözunge Champignons & Trüffeln, in Artischockenböden gefüllt, mit Samtsauce überbacken; dazu Madeirasauce 2. Zu Fisch: Mit Trüffelscheiben & Champignons garniert, mit Weißweinsauce & Krebsen serviert
(à la) Parmentier (Apotheker, 1737 -1813, lernte als Gefangener in Westfalen, im Siebenjährigen Krieg, die Kartoffeln lieben und tat dann sehr viel für die Verbreitung und die Kartoffelbegierde in Frankreich)	Meist mit rohen Kartoffel-Würfeln oder -Oliven in Butter gebraten, mit Petersilie & Kalbsbrühe; aber fast alle andere Rezepte „Parmentier" sind immer mit verschiedenen Kartoffelzutaten bereitet!
à la paysanne (auf Bauern-, ländliche Art)	Mit Gemüse: Tomaten, weißen Rüben, Sellerie, Karotten, Zwiebeln, mit Brustspeck, Kartoffeln und Bratensaft
à la périgo(u)rdine (Périgord, für ihre Spezialitäten berühmte südwestliche Landschaft; Pilze, Trüffel, Geflügel (-Lebern) u. a.)	1. Zu Geflügel: Trüffelscheiben unter die Brusthaut geschoben, gekocht, mit Rahmsauce und Trüffelessenz 2. Zu Rinderfilet: Kleines geröstetes Gemüse, in Madeira gekochte Trüffeln und Trüffelsauce

petit duc
(Kleinherzogart)

Mit Geflügelpüree gefüllte Törtchen, Spargelspitzen, Trüffelscheiben, zu kleinen Fleischstücken

petite-mariée
(Bräutchenart)

Gekochtes Geflügel mit Karotten, Zwieblein, grünen Erbschen, neuen Kartöffelchen und Geflügelrahmsößchen

aux **petits légumes**

Mit jungem Gemüse

aux **petits oignons**

Mit kleinen Zwiebeln

au **pistou**
(provenzalisch: zerstampft)

Mit Paste aus Basilikum, Knoblauch, Parmesan, Schnittlauch, Estragon, Olivenöl, u. a. Tomatenmark

(à la) **polonaise**
(nach polnischer Art)

1. Mit in Wasser gekochtem Gemüse, in Butter gerösteten Bröseln, gehacktem Ei und Kräutern
2. Geflügel: mit Sauerkraut gefüllte Törtchen, gegrillte Räucherwürstchen, Kalbsklößchen, Madeirasauce

à la **plancha**

In einer meist ovalen, gerillten Pfanne gebraten

à la **poêle**

In der Pfanne gebraten

au **poivre** (vert)

Mit (grüner) Pfeffersauce

Pompadour
(Madame de P.,Marquise,
1721-1764, die einflußreiche
Mätresse König Ludwigs XV)

Zu Fischfilets: durch Butter gezogen, gebröselt, in Butter gebraten, mit Trüffelscheibe & Nusskartoffeln, dazu Sauce choron (↓) (tomatierte Sauce béarnaise);
Zu Fleischstücken: mit Linsenpüree gefüllte Artischockenböden, Trüffelscheibe und Trüffelsauce

au **porto**

Mit Portwein

à la **portugaise**
(auf portugiesische Art)

Zu Fleisch und Geflügel: kleine Tomaten mit Duxelles (↑) gefüllt, Nusskartoffeln, Tomatensauce

à la **poulette**

Mit Butter-Eigelb-Sauce, Champignons, Essig, Petersilie, Zitrone

(à la) **princesse**
(auf Prinzessinart)

Für Zwischengerichte: Spargelspitzen in Sahnesauce, mit Sauce allemande (↑), Trüffelscheiben und Champignonessenz

à la **printanière**
(auf Frühlingsart)

Mit zartem Frühlingsgemüse, wie Möhrchen, weißen Rübchen, grünen Erbslein & Böhnchen, Spargelspitzchen, guter Butter und Fleischsaft

à la provençale
(provenzalische Art)

Mit gedünsteten Tomaten, mit Duxelles (↑) gefüllten Champignonköpfen, Knoblauch, Petersilie, Olivenöl und Oliven, dazu Sauce provençale (↓); es gibt auch andere Variationen, aber immer mit Knoblauch, Olivenöl und Petersilie

Providence
(wörtlich: Vorsehung)

Zu Fleisch & Geflügel: entsteinte Oliven, Champignons, angebratene Gänseleberscheiben, Trüffelscheiben, Kalbs- oder Hühnerklößchen, Fleischsaft

aux **quatre épices**

siehe (↑) „aux **4** (quatre) **épices**"

Quirinal
(der nördlichste der 7 Hügel
von Rom, früher Sommersitz
des Papstes)

Zu Fisch: Scampis, Champignons, Rotweinsauce; Zu Fleisch: Champignons mit Rindermark, Brunnenkresse, dazu Strohkartoffeln

Rachel
(Künstlername der
Tragödin Elisabeth Felix
1821 - 1858; Geliebte des
Arztes und Gourmets Véron)

Artischockenböden gefüllt mit großen Rindermarkscheiben, gehackter Petersilie, Sauce bordelaise (↓)

à la **reine**
(auf Königinart)

Mit Geflügelrahm-Champignon-Sauce und Trüffelscheibe, oft auch mit Kalbsbries

à la **régence**
(auf Regentschaftsart)
(aus der Epoche König
Philipps von Orléans 1715-1723)

1. Zu Fisch: Klöße von Weißlingen mit Krebsbutter, Austern, Champignonköpfen, Trüffelscheiben, Fischmilcher, dazu Sauce normande (↓)
2. Zu Geflügel und Kalbsbries: getrüffelte Geflügel und Kalbfleischklöße, Gänseleberscheibchen, Hahnenkämme, Trüffeloliven, Champignons und Sauce allemande (↓), mit Trüffelessenz

à la **rémoulade** oder
rémola (*Picardie*)

Mit Remouladensauce (Senfmayonnaise mit Kerbel, Estragon, Gurken und Kapern)

Renaissance
(Wiedergeburt,
Wiederaufblühen)

Zu Fleisch: Jungkarotten, weiße Rübchen, grüne Spargelköpfe und Bohnen, Blumenkohlröschen, mit Sauce hollandaise (↓) überzogen, mit Röstkartoffeln und (gebundener) Kalbsbrühe serviert

à la **Riche**
(nach Art des ehemals
berühmten Cafés ~ , in Paris)

Zu Fischfilets: Langustenscheiben, Trüffelscheiben und Sauce Victoria (↓)

Richelieu

(nach dem Herzog von Richelieu, 1696-1877, dem Großneffen des berühmten Kardinals und Staatsmannes)

1. Zu Fleisch: gefüllte Tomaten & Champignonköpfe, gedünsteter Kopfsalat, Schlosskartoffeln - Pommes château (↓) - & gebundene Kalbsbrühe

2. Fisch: durch flüssige Butter gezogen, in Weißbrotkrumen gewendet, in Butter gebraten, mit Kräuterbutter überzogen & mit Trüffelscheiben

au **roquefort**

(à la) **Rohan**

(franz. Adelsgeschlecht aus der Bretagne)

Mit Roquefort (Schimmelkäse aus Schafsmilch)

Zu geschmortem oder gebratenem Geflügel: Artischockenböden mit Gänseleber und Trüffelscheiben gefüllt, Törtchen mit Hühnernierchen (oft auch Hahnenkämmen) & Geflügelrahmsauce ♥

(à la) **Rosny**

(à la) **Rossini**

(Gioacchino, 1792-1868, berühmter Komponist und Feinschmecker)

Zu Fleisch und Geflügel: Gurken in Pfeffersauce

Auf kleinen Fleischscheiben (Tournedos) oder Geflügelbrüstchen: gebratene Gänseleberscheiben, dicke Trüffelscheiben und -essenz oder Madeirasauce

à la **rouennaise**

(Rouen, Hafenstadt in der *Haute Normandie*, berühmt für Mastentenzucht)

1. Fisch in Rotwein gekocht, mit Austern, Garnelen, Muscheln, Champignons, kleinen Stinten (Fische) und der eingekochten Brühe; mit Butter serviert

2. Geflügel mit kräftig gewürzter Rotweinsauce

Roumanille

(Joseph R., 1818-1891, Dichter aus der Provence)

Mit in Olivenöl gebackenen Auberginenscheiben, Sardellenfilets, entsteinten Oliven, dazu tomatierte Käsesauce, zu kleinen Fleischstücken

(à la) **royale**

(reiche Garnitur, nach „königlicher Art")

Verschiedene Garnituren: mit Eierstich(Suppen); zu gekochtem Geflügel: Champignons, Gänseleber, Geflügelklößchen in Sauce royale (↓); zu gekochtem Fisch (Lachs, Steinbutt, Forelle): Fischklößchen, gekochten Austern, Champignons, Trüffeln u. a.

Saint-Cloud

(Vorort von Paris an der Seine)

Zu Fleisch, gedämpfte Erbsen und Kopfsalat, mit Madeirasauce serviert

Saint Florentin

Zu Fleisch: Pommes St. Florentin (↓), Morcheln, mit Weißweinsauce, siehe Sauce Bonnfoy (↓)

Saint-Germain

(Claude Louis, 1707-1778, Graf von Saint-Germain, Kriegsminister Ludwigs dem XIV)

1. Gebratene Seezungen- oder Buttfilets, paniert, in Butter gebraten, mit Nusskartoffeln & Sauce béarnaise (↓)

2. Mit frischen grünen Erbsen

3. Fleisch: mit Karotten, Erbsenpüree mit Eigelb gebunden in Förmchen gekocht oder auf Artischockenböden, Schmelzkartoffeln und Sauce béarnaise

Saint-Lambert
(Bischof und Heiliger, 706 ermordet)

Zu gebratenem Fleisch: Blumenkohlröschen, grüne Bohnen und Erbsen, glacierte Karotten, Zwieblein

Saint-Mandé
(Vorort von Paris)

Zu kurzgebratenem Fleisch: grüne Bohnen, grüne Erbsen und Pommes Macaire (↑) (Kartoffelfladen)

Saint-Menehould
(Stadt an der Aisne in der Champagne)

Zu Fisch: Gebackene Miesmuscheln in Weißweinsauce (*Nordfrankreich*)

Saint-Nazaire
(Hafenstadt an der Loire-Mündung)

Zu Meeresfischen: Austern, Hummerfleischwürfel in Weißweinsauce, garniert mit Blätterteigfleurons

Saint-Saëns
(Camille 1835-1921, franz. Komponist)

Zu Geflügelbrüstchen: Kleine Krapfen mit Gänseleber, Hahnenkämmen, Spargelspitzen, Geflügelrahmsauce mit Trüffelfond

au saumon fumé
Mit Räucherlachs

en saumure
In der Salzlake, eingelegt in Pökelsalz

à la savoyarde
(nach savoyischer Art)

1. Zu gebratenem Fleisch: Pommes savoyarde (↓) und gebundene Tomatensauce
2. Zu pochierten oder Spiegeleiern: anstatt Tomatensauce Sauce Mornay (↓) (Käsesauce)

(à la) sénoise
Zu Fisch: Sauce marinière (↓) mit Sardellenbutter (*Yonne*)

à la Sévigné
(Marquise, 1626-1696, Literatin & Gastrosophin)

Zu wachsweichen Eiern: Geflügelrahmsauce und Trüffelscheibe

à la soissonnaise
(Soisson, Stadt nordöstlich von Paris)

Zu Hammelfleisch: Weiße Bohnen und -Püree mit Knoblauch, Butter, Sahne und Tomatensauce

Suchet
(1772-1826, Herzog von Albufera, frz. Marschall)

Zu Seezunge: Streifen aus Karotten, Lauch, Sellerie, Trüffeln, mit Butter gedünstet, in Weißweinsauce

au sucre
Mit Zucker; gezuckert

Susanne (Suzanne) | Zu kleinen Fleischstücken: gedünsteter Kopfsalat,
(Susanna, Bibelgestalt) | gefüllt mit Artischockenböden & Estragonsauce

à la **strasbourgeoise** | Mit Sauerkraut, Bauchspeck & Gänseleber (*Elsass*)

Talleyrand | Zu Fleisch und Geflügel: gekochte Makkaronis in
(Charles M. 1754-1838, franz. | Butter und Käse zubereitet, mit Trüffelstreifen,
Fürst und Staatsmann; | Gänseleberwürfeln und Sauce Périgord (↓)
großer Gastgeber)

à la **tartare** | Mit kalter Sauce Tartare (hartgekochte Eigelbe,
(eigentlich „tatare") | mit Essig, Öl, S + P und Schnittlauch vermischt)

Tivoli | Zu Zwischengerichten: grüne Spargelköpfe,
(Name Pariser Restaurants mit | großen, mit Hahnenkämmen und -nieren gefüll-
Vergnügungsparks im 18. und | ten Champignonköpfen, dazu Geflügel-Kalbs-
19. Jahrhundert) | sauce

à la (sauce) **tomate** | Mit Tomatensauce

à la **toulonaise** | Zu Fisch: mit angekochter Weißling(-Fisch)-Masse
(Toulon, Stadt a. d. Côte d'Azur) | gefüllt, Muscheln & gebutterter Fischsamtsauce

à la **toulousienne** | Zu Geflügel, Kalbsbries & für Blätterteigpasteten:
(Toulouse, Universitätsstadt | kleine Champignons, Geflügelklößchen, Hah-
im Südwesten, der *Midi-Pyrénées*, | nenkämme und -nieren, Kalbs- oder Lammbries
an der Garonne gelegen; | & Trüffelscheiben, mit Sauce Allemande (↓)
sehenswert! ♥) | (weiße Grundsauce) serviert ♥

à la **tourangelle** | Meist zu Schaffleisch: Prinzessböhnchen und
(Touraine, Stadt an der Loire, | grüne Bohnenkerne mit weißer Rahmsauce und
genannt „der Garten | gebundenem Fleischsaft
Frankreichs")

tourvillaise | Zu Fisch: Champignons- und Trüffelscheiben,
(Graf von T. 1642 -1701, franz. | Austern und Muscheln, mit Sauce Mornay (↓
Admiral und Marschall) | Käsesauce) serviert

à la **Trianon** | 1. Zu Fleischstücken in Madeirasauce: mit grü-
(Name von 2 Lustschlössern | nem Erbsenpüree, Karotten und Maronen oder
im Park von Versailles) | Champignons gefüllte Törtchen
| 2. Zu gedämpften Fischscheiben gehackte Trüf-
| feln, abwechselnd mit Kräuter-, Weißweinsauce
| und Sauce Nantua (↓) überzogen

à la **trouvillaise** | Zu Fisch: Krabbenschwänzchen, Muscheln, kleine
(Trouville, Seebad am | Champignons & Garnelensauce (*Basse Normandie*)
Ärmelkanal)

aux **truffes**	Mit Trüffeln
(à la) **tsarine**	1. Zu gekochtem Geflügel: Sahne, gedünstete Gurken
(nach Zarin-Art)	2. Zu gekochtem Fisch: mit in Butter gedünsteten Gurken in Sauce Mornay (↓) (Käsesauce)
Turbigo (lombard. Stadt, bei der die Franzosen zweimal gegen die Österreicher siegten)	Zu kleinen Fleischstücken: Chipolatawürstchen, grillte Champignons und Sauce aus gebundenem tomatiertem Bratensaft mit Weißwein
Valois (Adelsgeschlecht, das sieben französische Könige stellte, aus der ehemaligen Grafschaft, nordöstl.von Paris)	1. Zu Fisch: gekochte Kartoffelkugeln, in Butter gedünsteter Fischmilcher, Krebse, Sauce Valois (↓) 2. Zu kleinen Fleischstücken und Geflügel: Kartoffeln und Artischockenböden in Butter zubereitet, der Bratsaft mit Kalbsbrühe & Butter eingekocht und in der Schmorpfanne (Cocotte) serviert
à la **vapeur**	Im oder über Dampf gekocht
à la **Vatel** (1635-1671, schweiz. Küchenchef in Frankreich)	Zu Fisch in Garnelensauce: Fischmilcherscheiben, Krebsschwänze und Trüffeln
(à la) **vauclusienne** (Vaucluse, südfranzösisches Département an der Rhône)	Bei Filets und kleinen Fischen: In Olivenöl gebraten, mit gehackter Petersilie und Zitronensaft, darüber den Bratensaft, vermischt mit brauner Butter
(à la) **Ventadour** (Bernard de Ventadour, Troubadour, 12. Jahrhundert)	Zu kleinen Fleischstücken: Trüffel- und Rindermarkscheiben, Artischockenbödenpüree, mit Olivenkartoffeln serviert
à la **Verdi** (Guiseppe, 1813-1901, berühmter italienischer Komponist)	Für Fischfilets: gekocht, auf mit Butter vermischten Makkaronistücken, darüber gerieb. Parmesan, Hummer und Trüffelwürfel, mit Käsesauce gratiniert
(à la) **Verneuil** (Catherine Henriette, Marquise von Verneuil, 1579-1633, Mätresse Königs Henri IV von Frankreich)	Kleine Lamm- oder Kalbsstücke oder Geflügelbrüstchen durch zerlassene Butter gezogen, paniert & in Butter gebraten, dazu Sauce Colbert (↓) und Artischockenpüree

Vernon
(Stadt an der Seine,
nordwestlich von Paris)

Zu kleinen Fleischstücken: gefüllte Törtchen mit Artischockenböden, Spargelspitzen, Äpfeln, Erbsen und Kartoffelpüree

vert-pré
(grüne Wiese)

1. Zu dunklem Fleisch- oder Geflügelgrilladen: Brunnenkresse, Kräuterbutter & Strohkartoffeln
2. Zu hellem Fleisch: in Butter geschwenkte grüne Erbsen und grüne Spargelspitzen

(à la) **Vichy**
(Heilbad i. d. südl. Auvergne)

Karotten in Mineralwasser gegart, glaciert, mit Petersilie bestreut, Schlosskartoffeln, Fleischsaft

Victoria
(benannt nach der englischen Königin Victoria 1819-1901)

1. Zu Fisch: Langusten- oder Hummerscheiben & Trüffeln, mit Sauce Victoria (↓) überglänzt
2. Zu kleinen Fleisch- und Geflügelstücken: kleine, mit Champignonpüree gefüllte, überbackene Tomaten, gedünstete Artischockenböden, mit einer Sauce vom Bratensatz, Portwein und Kalbsbrühe

à la **viennoise**
(nach Wiener Art)

Eingemehlt, durch Ei gezogen, paniert und knusprig gebraten, mit Zitronenscheiben (und Sardellenfilets)

(à la) **vigneronne**
(nach Winzerin-Art)

1. Mit Weinbeeren oder /und anderen herbstlichen Zutaten
2. Mit Traubenkernen im Tontopf gekochtes Kleingeflügel;
3. Weinbergschnecken (ohne Haus) mit Knoblauch, Schnittlauch & Schalotten im Backteig gegart
4. Löwenzahn- oder Feldsalat mit knusprigem Speck

au **vin blanc**

Mit Weißwein (gekocht)

(à la) **villageoise**
(auf dörfliche Art)

Weißes Fleisch oder Geflügel mit Lauch in Sauce villageoise (↓)

Vincent
(französischer Name von verschiedenen Heiligen)

Mayonnaise mit frischen Kräutern & gehacktem Eigelb, zu kaltem Fleisch, Fisch oder Gemüse

au **vin rouge**

Mit Rotwein gekocht

au **vinaigre de vin**

Mit Weinessig gewürzt

à la **vinaigrette**

Mit Essig-Öl-Kräuter-Sauce (zu Salaten)

Viroflay
(besuchenswert. Ort zwischen
Paris und Versailles)

Zu Fleisch: gebratene Artischockenbödenviertel
mit Kräutern, Spinatkugeln, Nusskartoffeln,
Brühe

Yvette
(kleiner Fluß bei Paris, mit
Gemüsekulturen am Ufer)

Fisch mit grüner Kräutersauce überbacken, dazu
kleine Tomaten mit Seezungenpüree gefüllt

(à la) zingara
(nach Zigeunerart)

Mit tomatierter Grundsauce, Paprika, Tomaten,
Streifen von Pökelzungen oder Schinken,
Champignons, Trüffeln, in Butter angeschwitzt
mit Estragon

G (Fortsetzung von Seite 157)

Gasconnade (*Gascogne*)	Hammelkeule mit Sardellen und Knoblauch zubereitet
Gaspacho (Gazpacho) sévillan	Ungekochte, kalte Suppe aus Frischgemüse, mit Weißbrotwürfeln in Tomatensaft, Essig, Olivenöl
Gastronomie	Gastronomie, Esskultur, gute Kochkunst
Gastrosoph	Jemand, der die Kunst der Tafelfreuden mit Weisheit und Wissen genießt
Gâteau	Kuchen, Torte, Gebäck, aber auch heiße Pastete
Gâteau d'**am**andes	Mandeltorte
Gâteau d'**an**anas	Biskuittorte (3 Etagen) mit Ananaspürree und Sahne gefüllt und mit Ananasglasur bedeckt
Gâteau **ba**sque	Torte mit Eier-Milch-Creme (*baskisch*)
Gâteau de **bi**scuits à la **cu**iller	Löffelbiskuittorte mit Rum
Gâteau **br**eton	Flacher, runder Kuchen mit in Rum getränkten Apfelscheiben oder Apfelmarmelade (*Bretagne*)
Gâteau **br**eton aux **po**mmes	Flacher Biskuitkuchen mit Konfitüre oder eingelegten Äpfeln (*Bretagne*)
Gâteau de **Br**uxelles	*„Brüssler"* Mandelkuchen mit Aprikosenmarmelade und einer Rumglasur
Gâteau aux **ce**rises	Kirschkuchen
Gâteau de la **Ch**âtaigneraie	(Ess-)Kastanienkuchen
Gâteau au **cho**colat	Schokoladenkuchen
Gâteau de **co**urge	Kürbistorte
Gâteau à la **crè**me	Cremekuchen
Gâteau **fe**uilleté	Blätterteigkuchen
Gâteau de **fo**ie (de porc)	Schweineleber-Terrinen-Pastete (*Auvergne*)
Gâteau de la **Fo**rêt-**N**oire	Schwarzwälder-Kirschtorte
Gâteau **gé**nevois	Sandtorte
Gâteau **gl**acée	Eistorte mit variablen Likören und Früchten
Gâteau **gl**acé au **Cassis** et **fr**amboises **fr**aîches	Eistorte mit schwarzem Johannisbeerlikör und frischen Himbeeren
Gâteau de **la**pin	Kaninchenpastete
Gâteau **ma**ison	Kuchen nach Art des Hauses

Gâteau aux **ma**rrons	(Ess-)Kastanienkuchen (*Auvergne*)
Gâteau **me**ringué aux amandes	Mandeltorten-Baiser
Gâteau **mo**ka	Mokkatorte
Gâteau **na**murois	Torte mit Johannisbeergelee, kandierten Kirschen und Orangeat (*belgisch*)
Gâteau **na**ntais	Mandelplätzchen
Gâteau aux **no**ix de Grenoble	Walnusskuchen (*Grenoble, französische Alpen*)
Gâteau aux **oi**gnons „Zewelwai"	Elsässer Zwiebelkuchen mit Speck (und Rahm)
Gâteau de **Pi**thiviers	Blätterteigtorte mit Mandelfüllung
Gâteau de **po**mmes de terre	Kartoffelpuddingtorte mit Eiern und Käse
Gâteau de **po**tiron	Kürbiskernkuchen (*Auvergne*)
Gâteau de **ri**z	Süßer Reiskuchen oder Reisauflauf
Gâteau des **ro**is de Bordeaux	Hefekranz mit Zitronat und grobem Zucker, (Hagelzucker), Dreikönigskuchen aus *Bordeaux*
Gâteau **ro**ulé	Biskuitrolle
Gâteau **sa**blés **f**ins	Feines Sandgebäck
Gâteau **Sa**int-Honoré	Mürbe/Brand-Teigtorte mit Vanilleeiercreme, Windbeutelmasse & Pistazien (*Paris, Ile de France*)
Gâteau **sa**intongeois	Mandelkuchen (*Bretagne*)
Gâteau de **Sa**voie	Berühmter Napfteigkuchen (Biskuit), meist mit Creme, Eiscreme oder Konfitüre gefüllt (*Savoyen*)
Gâteau **se**c	Trockenkuchen (Keks)
Gâteau de **se**moule	Grießauflauf
Gâteau **so**ufflé aux pignons	Windbeutel mit Pinienkernen (*Provence*) (heißt auch „Gâteau aux amandes de pins")
Gâteau de **Tr**ouville	Apfelkuchen mit Sahne bedeckt
Gâteau de **Ve**rviers	Hefekuchen mit Rosinen (*Belgien*)
Gâteau **wa**ttieu	Hefegebäck aus *Flandern*
Gaude	Maismehlsuppe aus Wasser, Milch oder Sahne, Butter (und Speckwürfeln) (*Franche-Comté*)
Gaudes	Maisbrei
Gaufres	Waffeln, meist aromatisiert
Gaufres **c**harolaises	Butterwaffeln
Gaufrette	Waffelchen (zu Eis oder Süßspeisen)

Gaufrier	Waffeleisen, Waffelautomat
Gayette	Frische Schweinsleberwürstchen in Essig und Öl, mit Zwiebelringen serviert (*Provence*)
Gaz	Gas
Gaz **c**arbonique	Kohlensäure
gazeux	kohlensäurehaltig (Mineralwasser)
Gazpacho	Kalte Gemüsesuppe, siehe Gaspacho (↑)
Gebie	Krabbenähnliches, kleines Krustentier
Gelée	Aspik, Gelee, Sülze, gekochter, gezuckerter Obstsaft, der beim Abkühlen eindickt (geliert)
Gelée de **g**rosseilles	Johannisbeergelee
Gelée de **v**iande	Kalbfleischsülze
Geline de **T**ours en **p**ot-au-feu	Gekochtes Rebhuhn mit Gemüse, Kalbszunge, Kräutern und Markknochen serviert (*Touraine*)
Gélinotte	Haselhuhn, junges Masthuhn
Gélinotte des **p**yrénées	Wildschneehuhn
Gendarme	1. Bückling, Salzhering geräuchert (*Artois*)
	2. Landjäger (Wurst)
Genièvre (Gin)	1. Wacholderbeere
	2. Wacholderschnaps, Genever
Génisse	Junge Kuh, Färse
Génoise	Leichtes Biskuit-Gebäck aus geschlagenen Eiern, Zucker, Mehl und Butter, oft mit Mandeln
Gentian	Enzian
Gérant (d'affaires)	Geschäftsführer
Germes	Keime, Sprossen
Germes de **b**ambou	Bambussprossen
Germes de **s**oya	Sojakeime, Sojasprossen
Germiny	Suppe mit Eigelb, Sahne und Sauerampfer
Germon	Weißer Thunfisch (*Atlantik und tropische Meere*)
Gésier (de volaille)	Geflügel-Kaumagen, -Kropf, warm serviert, meist mit grünem Salat
Gésier d'**o**ie	Gänsekropf
Gésiers de **c**anards **c**onfits	Eingelegte Entenmägen
Gibassier	Hefeteigkuchen mit Anis und Orangenwasser (Ein Weihnachtskuchen der *Provence*)
Gibelotte de la**p**erau	Junghasenfrikassee ♥

Gibelotte (de lapin)	(Kaninchen-)Frikassee, meist mit Weißwein, Speck, gehackter Leber, Perlzwiebeln und Kräutern zubereitet; auch Frikassee aus kleinen Vögeln
Gibelotte de **la**pin de **ga**renne	Frikassee vom Wildkaninchen mit Weißwein und Kräutern (viel Rosmarin) zubereitet
Gibelotte à la **ni**çoise	Kaninchenfrikassee mit Wein, Perlzwiebeln und Champignons (*Nizza, Côte d'Azur*)
Gibier	Wildbret, Jagdwild, Wildgericht
Gibier de **pl**ume	Federwild
Gibier de **po**il	Haarwild
Gigorit	Schweinekopfragout (Schweinepfeffer), im Schweineblut und Rotwein gekocht (*Südwestfrankreich*)
Gigot	Keule, Schenkel, Schlegel
Gigot d'agneau (rôti)	Lamm- oder Hammel-Keule (gebraten)
Gigot d'agneau **bo**rdelaise	Gebratene Lammkeule, während des Bratens mit Knoblauch-Weinessig übergossen (*Bordeaux*)
Gigot (d'agneau) **br**ayaude	Lammkeule mit Knoblauch gespickt, mit roten Bohnen und Kohl gebraten (*Auvergne*)
Gigot d'agneau **br**etonne	Lamm- oder Hammel-Keule mit weißen Bohnen und Zwiebelsauce (*Bretagne*)
Gigot (d'agneau) à la **fi**celle	Lammkeule an einer Schnur hängend über einem Feuer aus altem Weinfassholz gebraten (*Bordelais*)
Gigot d'agneau à la **no**rmande	Lammkeule in Calvados-Sahne-Sauce
Gigot de canard	Entenkeule
Gigot de chevreuil	Rehschlegel, Rehkeule
Gigot de **c**hevreuil **gr**and ve**n**eur	Rehkeule in Sahne-Pfeffersauce mit Johannisbeergelee
Gigot de mouton	Hammelkeule
Gigot de mouton **br**aisé	Geschmorte Hammelkeule
Gigot de **m**outon **br**ayaude	Hammelkeule mit Knoblauch gespickt, in Weißwein, mit Speckstreifen, Kräutern und Zwiebeln gekocht, mit Esskastanien oder geschmortem Kohl und roten Bohnen serviert (*Auvergne*)
Gigot de **m**outon aux **le**ntilles	Hammelkeule mit Linsenpüree (*Auvergne*)

Gigot de **m**outon à la **men**the	Hammelkeule mit Pfefferminzsauce
Gigot de **p**orc	1. Schweinehaxe
	2. Frischer Schweineschinken
Gigot de **pr**é-salé	Lamm- oder Hammelkeule von Tieren, die an der *Atlantikküste* auf Salzwiesen weideten
Gigue	Keule
Gigue de **chamois**	Gemsenkeule
Gigue de **chevreuil**	Rehkeule oder Rehschenkel
Gigue de **marcassin** à la **co**rse	Keule vom Frischling, mit Rotwein, Rosinen, Zitrone und Pinienkernen zubereitet (*Korsika*)
Gimlettes à l'**or**ange	Mandel-Orangen-Gebäck in Kranzform, Teegebäck aus dem schönen *Albi*
Gingembre	Ingwer
Ginglard (Ginguet)	Säuerlicher Wein, Raddegaggel, Rachenputzer
Giraumont	Rötliche, ovale, süße Kürbisart (bis 4 kg schwer)
Girelle	Meerjunker, kleiner Mittelmeerfelsenfisch
Girofle	Gewürznelke
Girolle	Pfifferlingsart, Eierschwamm
Gîte à la **n**oix	Rindernuss, Fleischstück aus dem Rinderbein
givré	gefroren, mit Reif überzogen, geeist, vereist
Givrée de ...	Obstsafteis, siehe auch Sorbet (↓)
Givrée d'**an**anas	Ananaseis in der Fruchtschale serviert
Givrée de **ci**tron	Zitroneneis in der Fruchtschale serviert
Givrée d'**or**ange	Orangeneis in der Fruchtschale serviert
Glaçage	Glasur, Zuckerguss, Zuckerglasur
glacé(e)	eisgekühlt, gefroren
Glace	1. Eiscreme, Speiseeis
	2. Zuckerguss
Glace au **café**	Mokkaeis
Glace au **ch**ocolat	Schokoladeneis
Glaces aux **ch**oix	Eiscreme nach Wahl
Glace au **ci**tron	Zitroneneis
Glace aux **fr**amboises	Himbeereis
Glace aux **fr**aises	Erdbeereis
Glace **ma**ison	Eiscreme nach Art des Hauses
Glace **pa**nachée	Gemischtes Eis

Glace plombière(s)	Mandel-Eiscreme mit kandierten Früchten & Sahne
Glace pralinée	Krokanteis
Glace à la vanille	Vanilleeis
Glace royale	Weiße Zuckerglasur aus Eiweiß, Puderzucker und Zitronensaft
Glace (de viande)	Fleischextrakt
glacer	glacieren, glasieren, überglänzen, gefrieren lassen z. B.: Süßspeisen mit Zuckerguss überziehen; Fleisch oder Fisch mit Fleischextrakt und Fett übergießen; kalte Gerichte mit Gelatine überziehen usw.
Glacier	1. Eisdiele
	2. Eiskonditor oder Eisverkäufer
Glacière	Eisschrank
Glaçon	1. Eiswürfel, Eisklumpen
	2. Eisbonbon
Glane	Zwiebel- oder Knoblauchstrang
Gland de mer	Seepocke (Krustentier)
Glane	Wels, großer, schuppenloser Süßwasserfisch, bis 200 kg schwer, 1-3 m lang, sehr wohlschmeckendes Fleisch
Glanis	(Wels) Karpfenartiger Süßwasserfisch, sehr schmackhaft (wenn jung), fast grätenfrei, wird ganz oder filiert gebraten, gegrillt, frittiert; auch paniert oder gesalzen & geräuchert zubereitet ♥
Gnocchi	1. Grießklöße, Nocken
	2. Brandteigklöße
	3. Kartoffel-Käseklöße
Gnocchi à l'alsascienne	Elsässische Kartoffelklößchen (Grumbeerknepfle)
Gnocchi au gratin	Siehe: Gnocchi à la parisienne (↓)
Gnocchi à l'italienne	Grießklöße mit Tomatensauce
Gnocchi à la parisienne	Brandteignocken in Milch-Käse-Sauce und geriebenem Käse bestreut im Ofen überbacken
Gnocchi à la piémontaise	Nocken aus Kartoffelmasse, mit Tomatensauce übergossen, mit Parmesan bestreut, im Ofen überbacken
Gnocchi à la romaine	Grießklöße mit Parmesan überbacken

Gobelet	Becher
Gobelet à mesure	Messbecher
Gobe-mouches	Feigendrossel (Singvogel!)
Gobie	See-, Meer- oder Schwarzmundgrundel: kleiner Meerfisch (an Meer- und Flussmündungen)
Godiveau	1. Fleischklößchen
	2. Masse aus Eiern, Kalbsnuss, Nierenfett & Sülze
	3. Fischhack oder -farce
Gogue de veau	Kalbswürstchen (*Westfrankreich*)
Gombo (Gombaut)	Okraschote (dunkelgrüne Gemüsefrucht)
Gonesse	*Belgisches* Milchbrot
gonfler	quellen, aufquellen, aufgehen (Teig), aufblähen
Gorenflot	Sechseckiger Kuchen
Goret	Junges Schwein, Ferkel
Goseau	Gedeckter Apfel- oder Birnenkuchen (*Belgien*)
Goudale	Eintopf mit Kohl, Fleisch und Wein (*Béarn*)
Gouère	Ausgebackener Teig in Pastetenform, aus Kartoffelpüree, Mehl, Quark und Eiern (*Bourbonnais*)
Gouère au cirage	Pflaumenkuchen (*Bourbonnais*)
Gouéron	Süßspeise mit Ziegenkäse, Äpfeln & Eiern (*Berry*)
Gougelhof	Gugelhupf: *Elsässer* Napfkuchen in der typischen runden Tonform gebacken
Gougenioche	Geflügel-Eier-Strudel (*Vendée*)
Gougère	Windbeutel mit Ei-Käse-Paste gefüllt, oft zu Weinproben lauwarm gereicht (*Burgund*, *Champagne*)
Gougère de Bar sur Seine	Eierkuchen mit Gruyère-Käse
Gougères au fromage	Brandteig-Käse-Kügelchen im Ofen gebacken, lauwarm serviert (*Burgund*)
Gougnettes	Süße Hefeteigkrapfen
Goujon	1. Gründling, kleiner Süßwasserfisch 10-15 cm lang
	2. Streifen, Zapfen, Stift
Goujons en cassemache	Gemehlte Gründlinge frittiert, mit einer Sauce aus Knoblauch, eingelegten Zwiebeln, Lorbeer, Petersilie, Thymian, Pfeffer und Salz
Goujons frits	Gründlinge (kleine Flussfische), gemehlt und frittiert mit Salz, Pfeffer und Zitrone
Goujons de sole	Streifen von der Seezunge, frittiert

Goujonnettes	1. Seezunge oder andere Fische in Streifen geschnitten und im Fett schwimmend gebraten
	2. Winzige Süßwasserfische
Goulache (Goulasch)	Gulasch
Goulache à la **hon**groise	Ungarischer Gulasch
Goulache de **ve**au	Kalbsgulasch
Gouleyant	Sehr fruchtiger Wein
Gounerre	Kartoffelpastete (Bourbonenart)
Gourilos	Die Strünke vom Chicorée
Gourmand	Schlemmer, starker, gieriger Vielfraß, Leckermaul
Gourmandises	Kleine kalte Leckerbissen, Schleckereien
Gourmet	Feinschmecker (der Ahnung von guter Küche hat!), ursprünglich Weinkenner, Genießer
Gousse	1. Hülse, Schote (bei Hülsenfrüchten, Vanille usw.)
	2. Zehe (z. B.: Knoblauch)
Gousse d'**ail**	Knoblauchzehe
Goût	Geschmack, Geruch
Goût de **f**aisandé	Starker Wildgeschmack
Goût **p**articulier	Beigeschmack
goûter	1. probieren, etw. kosten, versuchen, (abschmecken)
	2. Eine kleine Mahlzeit einnehmen
Goûter	Vesper, kleiner Nachmittagsimbiss (für Kinder)
gouteux	schmackhaft
Goutte	1. Schlückchen, Tropfen
	2. Schnäpschen
	3. Schuss (von einem anderen Getränk), Abspritzer
Goyave	Guave, apfelähnliche Tropenfrucht
Goyère	Maronentorte (*Nordfrankreich*)
Gozettes	Apfelkuchen (*Belgien*)
Grain	Korn, Körnchen, Beere, Bohne
Grain de **bl**é	Getreidekorn
Graine	Samenkorn
Graines de **m**outarde	Senfkörner
Grains	Beeren (Trauben), Körner
Grains de **caf**é	Kaffeebohnen
Graisse	(Speise-)Fett, Schmalz, Speck
Graisse de **co**co	Kokosfett
Graisse à **fr**ire	Backfett, Frittierfett, Schmalz

Graisse **no**rmande	Schweine- und Kalbsnierenfett gemischt (*Normandie*)
Graisse d'**oie**	Gänseschmalz, sehr oft in den *Pyrenäen* verwendet
Graisse de **po**rc	Schweinefett
Graisse **vé**gétale	Pflanzenfett
graisser	einfetten, einölen
Graisserons	Deftige Land-Pasteten oder -Terrinen mit Schweinefleisch zubereitet
grand(e)	groß
Grand esturgeon	Hausen, Stör (Wanderfisch)
Grand Marnier	Orangen-Cognac-Likör, 40%! Alkohol
Grand ordinaire	Schankwein
Grand lançon	Großer Sandaal
Grand peigne	Der Jakobsmuschel ähnlich
Grand veneur	Mit Blutsauce, nach Jägermeisterart, (↑) Garnitures
Grand vive	Drachenfisch, Petermännchen (nicht ich, ich bin Löwe)
Grande alose	Großer Maifisch (Wanderfisch) siehe Alose (↑)
Grande Chartreuse	Likör mit 130 Kräutern!, der grüne hat 55%, der gelbe 40% Alkohol, erstes Rezept um 1735, es gibt aber auch Chartreuse-Liqueur mit 71% !!! Alkohol
Grande cigale	Heuschreckenkrebs (sehr feine Languste)
Grande marmite	Kraftbrühe, extra stark
Granité	Zerschlagenes Wassereis, Sorbet (↓), meist mit Fruchtsirup
Granité au **m**arc de **b**ourgogne	Sorbet mit Tresterschnaps aus *Burgund*
Grape-fruit (Grapefruit)	Grapefruit, Pampelmuse
Grapiaux	1. Dicke, in Speckfett gebratene Pfannkuchen (*Nivillers*) 2. Dünne Kartoffelpfannkuchen (*Morvais*)
Grappe	Traube
Grappe de **r**aisin	Weintraube
Grappe de **s**orbets	Gemischtes Sorbet (↓)
gras(se)	fett, fettig
Gras-double	1. Fettrand, Fettdarm, Gekröse, Pansen (der fetteste Teil des Rindermagens, abgebrüht) 2. Kutteln-Ragout mit Schinken und Gemüse

Gras-doubles	Ragout aus Innereien und Kutteln
Gras double à la **mo**de **ba**sque	Kutteln in einer Sauce aus Karotten, Champignons, Schinken und Paprika
Gras-double **bor**delais	Pansenragout mit Schalotten, Knoblauch, Petersilie
Gras-double de **bœ**uf à la **b**ourgeoise	Rinderragout mit geschmorten Jungkarotten und Perlzwiebeln
Gras-double **da**uphinoise	Pansenragout, meist mit Schinken (*Dauphiné*)
Gras-double **lo**rrain	Kuttel-Ragout mit Gemüse, Kräutern, geriebenem Käse und Zitronensaft (*Lothringen*)
Gras-double à la **ly**onnaise	Kuttelragout mit viel Zwiebeln, Essig und Petersilie in der Pfanne zubereitet
Gras-double **ma**drilène	Kutteln-Ragout mit Tomaten und Kapern
Gras-double **sa**fran à l'**a**lbigeoise (*Albi*)	Kutteln-Ragout mit Speck, Schinken, Kalb- und Hammelfüßen, Suppengrün, Knoblauch, Petersilie, Weißwein, Safran, S + P, Kapern & Cornichons ♥
Gratin	Überbackenes Gericht: Auflauf mit Paniermehl, Ei und Käse, im Ofen goldgelb-krustig überbacken
Gratin de cabillaud	Kabeljaukoteletts abwechselnd mit Kartoffelscheiben, Speckwürfeln und Kräutern in der Form aufgeschichtet und im Ofen gebacken
Gratin de courge	Angekochter Kürbis mit einer Mehl-Butter-Sauce bedeckt, mit Bröseln bestreut, im Ofen überbacken
Gratin dauphinois	Kartoffelauflauf aus überbackenen Kartoffeln, Milch, Ei, Sahne, Butter, Muskat, etwas Knoblauch und Gruyère-Käse zubereitet (*Dauphiné*)
Gratin forézien	Kartoffelauflauf mit Milch und dicker Sahne
Gratin de macaroni	Makkaroniauflauf
Gratin de nonats	Ganz kleine überbackene Mittelmeerfische
Gratin de queues d'**é**crevisses **F. P**oint	Krebsschwanzauflauf: Keine Zubereitungsangabe, da die Tiere vorher erheblich leiden müssen!
Gratin savoyard	Kartoffelauflauf mit Käse überbacken, in Fleischbrühe serviert (*Savoyen*)
gratiné(e)	Mit Käse oder Paniermehl gebacken, überbacken, überkrustet
Gratinée	Mit geriebenem Käse bestreute Suppe, im Ofen überbacken

Gratinée lyonnaise	„*Lyoner*" Zwiebelsuppe mit Lorbeer, Petersilie, Thymian, in mit Brotscheiben ausgelegter Terrine, mit Käse bestreut, im Ofen gegart und mit Eigelb und Madeira gebunden
Gratinée de moules	Überbackene Muscheln
Gratte-beurre	Butterroller
Gratte-cul	Hagebutte
gratter	schaben
Gratton, (Gratteron)	Das krosse „Überbleibsel" von geschmolzenen Gänse-, Enten- oder Schweinefettstückchen
Gravenche	Maräne, Renke (dem Hering ähnlich, ca. 15 cm)
Gravettes	Winzige heimische Austern aus dem Becken von *Arcachon* (bei *Bordeaux*), werden oft auch mit kleinen, warmen Knoblauchwürstchen gegessen
Grelin	Seelachs
Grémille	Kaulbarsch, Rotzbarsch (Süßwasserfisch)
Grenache	Süßwein, süße Traube
Grenade	Granatapfel
Grenadille	Passionsfrucht, Passionsblume
Grenadin de veau	Dicke, kleine, runde Kalbfleischscheibe, oft gespickt und auf Toast serviert
Grenadines de veau au champagne	Dicke, kleine, runde Kalbfleischscheiben mit Kalbsnieren in Champagnersauce und Steinpilzen
Grenadines de brochet	Kleine Hechtstücke am Spieß im Weißwein-Fischsud gegart
Grenadine de dindon	Weißes Truthahnfleisch
Grenadine	Granatapfelsirup (für Cocktails, auch im Apéritif)
Grenouille	Frosch
Grenouilles	Froschschenkel - Aus moralischen Gründen wegen des „Erntens" keine weiteren Angaben! (Den armen Kreaturen werden bei lebendigem Leib die Beine ausgerissen, der Rest verreckt dann auf dem Müll, Bon appétit)
Grevette grise	Garnele
Gribiche (Sauce Gribiche)	Kalte Mayonnaise mit Cornichons, Kapern, hartgekochten Eiern und Kräutern (zu kaltem Fisch, zu Kalbskopf u. a.)
Griblette	Sehr dünnes Fleischschnitzel im Speckmantel gegrillt

Gribouil	Pilzart, dem Steinpilz ähnlich
Grignon	Grobe Brotbrösel, Bruchzwieback
Grignons	Olivenpresskuchen
Gril	Grill, Bratrost
Grillade	Rostbraten, Gebratenes (Fleisch) vom Grill
Grillade de **bœuf**	Rinderstück gegrillt
Grillade au **feu** de **bois**	Gebratenes (Fleisch) vom Holzkohlengrill
Grillade **ma**rinière (nach Flussfischerart)	Rinderfilets mit Zwiebeln und Mehlbutter ange-schmort und mit einer Sauce aus Essig, Olivenöl, Sardellen, Knoblauch & Petersilie fertiggeschmort
Grillade des **ma**riniers de **C**ondrieu	Rinderkoteletts über gehackten Zwiebeln gebraten, mit einer Sauce aus Essig, Öl, Knoblauch, Peter-silie und Sardellen
Grillade de **mo**uton	Hammelgegrilltes: meist mit Hammelkottelets, Hammelnieren und -würstchen
Grillade au **tr**uffe	Gegrilltes, 2 cm dickes Steak mit Trüffelscheiben
Grillades et **r**ôtis	Gegrilltes & Gebratenes (Speisekartenüberschrift)
Grillardin	Grillkoch, Röster
Grille	Rost, Abtropfgitter
Grille de **p**ain	Toaster
Grille-**P**ain	Toaster
grillé aux **s**arments (de vigne)	Über Weinrebenfeuer gegrillt
Grille de **v**iande	Pfannengrill, Grillpfanne, klein. Grill (Salamander)
grillé(e)	Auf dem Rost gegrillt, geröstet, gebraten
griller	grillen, rösten
Griotte	1. Schattenmorelle, Sauerkirsche, Weichselkirsche 2. Kirsch-/Likör-Praline
gris(e)	1. grau; 2. leicht betrunken (leichter Tangoschritt) 3. Roséwein aus dem Jura
Griset	Grauhai
Grisette	Grauer Seidenstreifling (Pilz) (kein gealterer Gigolo!)
Grison	Grautier, Esel, Wildesel
Grisons (viande des ~)	Bündnerfleisch (luftgetrocknetes Rindfleisch)
Grive	Krammetsvogel, Drosselart, in Deutschland unter Naturschutz! Keine weiteren Angaben

Grondin	Knurrhahn, Seehahn: Küstenfisch, zwischen 20 - 60 cm lang, verschiedenfarbig, mageres Fleisch, oft für die Bouillabaise verwendet oder gegrillt
Grondin perlon	Seeschwalbe (Meerfisch)
Grondins (à la) provençale	Knurrhahnfilets auf Zwiebelringen mit Weißwein, Reis und Auberginenwürfeln
gros(se)	groß, dick, schwer, grob
Gros sel	Grobes Kochsalz (oft für einen „Salzmantel" oder zum Einlegen von Fisch oder Fleisch verwendet)
Groseille	Johannisbeere
Groseille blanche	Weiße Johannisbeere
Groseille cassis	Schwarze Johannisbeere
Groseille à maquerau	Stachelbeere
Groseille noire (cassis)	Schwarze Johannisbeere
Groseille (rouge)	Rote Johannisbeere
Groseille verte	Stachelbeere
Grosne	Kleine weiße Wurzelrübe (Knollenziest)
Grosse pièce	Hauptgang, Fleischgang, der Hauptteil der Mahlzeit
Grosses crevettes	Gambas oder Scampis
Grosseur	Dicke, Größe, Umfang, Stärke
Gros-tout	Hackfleischpastete
Grouse	Auerhahn oder Moorhuhn
Guigne	Herzkirsche
Gruau	(Mehl-)Grütze, Brei
Gruau d'avoine	Haferbrei, Porridge
Grumeau	Mittelteil der Rinderbrust (Brustkern)
Gruyère	Kuhmilchhartkäse (oft zum Überbacken verwendet)
Guenilles	Krapfen aus der *Auvergne*
Guigne	Herzkirsche
Guignette	Mondstrandschnecke oder Waldschnepfe (regional)
Guinolet d'Anjou	Herzkirschlikör aus dem *Anjou*
Guiguette	Ausflugslokal im „Grünen", Gartenwirtschaft
Guitare	Sandhai
Gymnètre (faulx)	Mittelmeerfisch, dem Kabeljau ähnlich

H

Habitué(e)	Stammgast
haché(e)	gehackt, zerhackt, feingehackt
hacher	hacken, zerhacken
Hache-légumes	Wiegemesser
Hachette de ménage	Küchenbeil
Hachis	Hackfleisch, Gehacktes, Haschee, Fleisch, Fisch oder Gemüse angebraten; oft als Füllung verwendet
Hachis grand-mère	Rindfleischhaschee „nach Großmutterart", mit Kartoffelpüree; mit Käse überbacken
Hachis de mouton	Haschee vom Hammel, angebraten
Hachis parmentier	Rindfleischhaschee auf Kartoffelpüree
Hachis de veau	Kalbshaschee
Hachoir	Hackbeil, Hackmesser, aber auch Fleischwolf
Hachoir à viande	Fleischhacker
Hachua d'Espelette (baskisch, Roussillon)	Rinder- oder Kalbfleischeintopf, mit Speck, Schinken, Gemüsepaprika und Knoblauch
Hachua de Sare	Eintopf mit gehacktem Rindfleisch, gekocht. Kartoffeln Zwiebeln, Knoblauch, Petersilie, Rotwein
Haddock	Schellfisch geräuchert, siehe (↑) aiglefin fumé
Halibut	Weißer Heilbutt
Halicot de mouton	Hammelragout, mit weißen Rüben, Kartoffeln, meist mit grünen Bohnen, Karotten und Zwiebeln
Haliotide, (Haliotis)	(Grünes) Seeohr, Breitfussschnecke
Hamburger	Rinderhacksteak, mit gehackten Zwiebeln, P + S, in Butter gedünstet, mit Kalbsfond serviert
Hamburger à cheval	Hackfleischsteak mit Spiegelei (nicht vom Pferd!)
Hampe	Blatt, Bug, Rinderbauchmuskel, lang und flach, ergibt hervorragende Steaks; Hirschbrust
Hareng	Hering
Hareng baltique	Hering aus der Ostsee
Hareng blanc	Frischer Hering
Hareng à la dieppoise	Hering in Weißweinsauce, mit Muscheln, Krebsen und Austern (Dieppe)
Hareng frit	Hering gebraten
Hareng fumé	Geräucherter Hering

Harengs **fu**més à la **bru**xelloise	Geräucherte Heringe, paniert und gegrillt (*Belgien*)
Harengs **fu**més à la **tri**pe	Geräucherte Heringe mit weißer Sauce (*Belgien*)
Harengs (frais) **ma**rinés	Marinierte (grüne) Heringe (Bismarkheringe)
Hareng **pec**	Frisch gesalzener Hering
Hareng **rou**lé	Rollmops
Hareng **sa**lé	Salzhering
Hareng **sa**ur	Bückling
Hareng **vier**ge	Matjeshering
Harenguets	Sprotten (kleine Heringsfische)
Haricots	Oberbegriff für weiße oder grüne Bohnen
Haricots au **beur**re	Bohnen (vorgekocht) in Butter gedünstet
Haricots **beur**re	1. Wachs(brech)bohnen
	2. Zarte grüne Bohnen
Haricots blancs	Weiße Bohnen
Haricots **b**lancs à la **pro**vençale	Weiße Bohnen vorgekocht, mit gehackten Sardellen, Knoblauch und Tomatenwürfeln gedünstet
Haricots **b**lancs en **sa**lade	Lauwarmer, weißer Bohnensalat
Haricots **bo**nne **fe**mme	Grüne Bohnen mit Speck und Zwiebeln
Haricots (blancs) à la **bre**tonne	Weiße Bohnen, in Sauce mit Knoblauch & Speck, Tomaten, Schalotten, Zwiebeln, S + P (*Bretagne*)
Haricots d'**Es**pagne	Spanische Feuerbohnen
Haricots à la **fran**çaise	In Butter gedünstete grüne Bohnen mit Kopfsalatstreifen, mit Zitronensaft
Haricots jaunes	Gelbe Wachs(brech)bohnen
Haricots au **lard**	Grüne Bohnen mit Speck
Haricots **man**ge-tout	1. Wachs(brech)bohnen
	2. Zarte grüne Bohnen
Haricots de **mer**	Kleine Kamm-Muscheln
Haricot de **mou**ton	Hammelragout mit weißen Bohnen
Haricot **nain**	Zwergbohne
Haricot à la **por**tugaise	Grüne Bohnen, mit Speck und Tomaten gedünstet
Haricot **prin**cesse	Grüne Prinzessbohne
Haricots rouges	Rote (Kidney-)Bohnen
Haricots **r**ouges à la **bou**rguignonne	Rote Bohnen in Rotweinsauce, mit Zwiebeln und Kräutern
Haricots **secs**	Getrocknete Bohnen

Haricots de **So**issons	1. Dicke weiße Bohnen (Saubohnen)
	2. Gebrannte Mandeln-Konfekt
Haricots de soja	Sojabohnen
Haricots verts	Grüne Schnitt- oder Brechbohnen
Haricots verts à l'**all**emande	Grüne Bohnen mit „deutscher Sauce" (gebundene weiße Sauce mit Mehl, Eigelb und Sahne)
Haricots verts à l'**an**glaise	Grüne Bohnen mit Butter (Englische Spezialität!)
Haricots verts à la française	Grüne Bohnen (blanchiert) mit Kopfsalatstreifen in Butter geschwenkt
Haricots verts **ma**ître d'**h**otel	Grüne Bohnen mit Butter, Salz, Petersilie und Zitronensaft
Haricots verts de **mou**ton	Hammelragout, mit grünen Bohnen und anderem Gemüse, siehe (↑) Halicot de mouton
Haricots verts **nor**mande	Grüne Bohnen mit Crème fraîche (*Normandie*)
Haricots verts à la **tou**rangelle	Grüne Bohnen mit Rahmsauce, Knoblauch und Petersilie gedünstet
Harira	Marokkanische, mit Safran gewürzte Suppe
Harissa	Rote Mischung aus Cayennepfeffer & Rosenpaprika, äußerst scharf; gibt es auch als Paste mit Öl, Knoblauch, Koriander & Pfefferminze vermischt, meist zum Cous-Cous in Fleisch- oder Gemüsebrühe angerührt (*Nordafrikanische* Spezialität)
Hase	Häsin (lustig! Wird aber ohne "H" gesprochen)
haut(e)	groß(e)
Haut **b**are	Adlerfisch, Mittelmeerfisch (35 - 80 cm lang), delikates, festes Fleisch, sehr mager
Haut-**g**oût	Wildgeruch oder -geschmack, der sich beim Abhängen entwickelt
Helbut, (Holibut)	Heilbutt
Hélices **v**igneronnes	Weinbergschneckenart (Schnirkelschnecke), die sich von Rebenblättern ernährt hat (*Burgund*)
Hémon	Muschel(-Art) aus der *Picardie*
Hennessy	Bekannte Cognac-Marke (war früher besser)
Hénon	Herzmuschel
Herbe-du-**c**apucin	Schwarzkümmel
Herbes	Kräuter, Kräutergemüse

Herbes aromatiques	Aromatische Gewürz-Kräuter, wie Petersilie, Thymian, Estragon, Oregano u. a.
Herbes fines	Feine Kräuter
Herbes potagères	Gartenkräuter
Herbes de Provence	Kräuter der Provence: z. B.: Basilikum, Thymian, Salbei, Dill, Lorbeer, Rosmarin, Bohnenkraut u. a.
Hère	Junger Hirsch (circa 2 Jahre alt)
Hérisson	Igel (wer ißt sowas?)
Hérisson de fraises	Erdbeer-Sahne-Torte
Hérisson de mer	Schwarzer Seeigel (kein politisches Schimpfwort!)
Heures des repas: de ...à ...	Essenszeiten von ... bis ...
Hirondelle de mer	„Meerschwalbe" (Flugfisch) (↑) Castagnole
Hochepot (hutspot, hodge-podge, hotchpotch)	1. Gemüseeintopf mit Schweineschwanz und -ohren, Lamm- und Kalbfleisch, Speck und Innereien, (Chipolatawürstchen), Weißkohl, Karotten, Lauch, Sellerie, Zwiebeln und Kartoffeln (*Nordfrankreich*)
(verschiedene Eintopfvarianten, *Flandern*)	2. Deftiges Gericht mit Ochsenschwanz
Hogue vosgien (*Vogesen*)	Roggenmehlkuchen, kugelförmig mit Zwetschgen
Hollandaise	Sauce aus Butter & Eigelb (↓) Sauce hollandaise
Holocentre	Dem Barsch ähnlicher Fisch
Homard	Hummer, Lobster
Homard Alexandre Dumas	Hummer mit Cognac flambiert, mit Käse überbacken und einer Sherrysauce
Homard à l'américaine	Hummer „amerikanisch"; keine Zubereitungsangabe, da der Hummer (in Frankreich lebend) zerteilt wird
Homard amoricaine	Lebend zerteilter Hummer! Keine weitere Angabe
Homard en demoiselles de Cherbourg	Kleiner Hummer im Weißweinsud gekocht
Homard grillé maître d'hotel	Gegrillter Hummer mit Haushofmeisterbutter (Butter mit Zitronensaft und Petersilie, S + P)
Homard à la nage	Hummer in Würzbrühe gekocht
Homard Newburg	Zerlegter Hummer mit Cognac, Madeira, Sherry, Sahne und Trüffelscheiben
Homard à la normande	Hummer in Eigelb-Sahne-Calvados-Sauce
Homard poché vivant	Lebend gekochter Hummer! (sadistisch! oder?)

Homard au porto	Hummer mit Portwein: Hummer im Sud gekocht, in Stücken in Buttersauce mit Portwein, Sahne, Salz und Eigelb gebunden und mit Cayennepfeffer gewürzt
Homard Thermidor	Hummer „Thermidor": Hummerhälften mit Butter im Ofen gebacken, ausgelöstes Fleisch in Scheiben, mit heller Einbrenne, Sahne, Eigelb und Senfsauce im Panzer zurück, mit Sauce Hollandaise oder Sauce Mornay (↓); auch mit Käse überbacken
hors	außer, außerhalb, ausgenommen
hors calibres	(über der Normalgröße) Große Kapern
hors saison	außerhalb der Saison
Hors d'œuvres	Vorspeisen (Speisekartenüberschrift)
Hors-d'œuvre chauds	Warme Vorspeisen
Hors-d'œuvre froids	Kalte Vorspeisen
Hors-d'œuvre riches	Teure Delikatessen als Vorspeise
Hors-d'œuvre variés	Verschiedene Vorspeisen, Bunte Platte von ~ ...
Hôte, Hôtesse, Hôtelier	Gastgeber, Gastgeberin, Wirt, Wirtin
Hôtel	Hotel
Hôtel de ville	Rathaus
Hotu	Flussfisch, Saibling, Rotforelle
Houblon	Hopfen
h. s.	Abkürzung für:
	1. Außerhalb der Saison
	2. Außer Dienst
Huguenotes	(Hugenotten-) Eier in Hammelfleischbrühe
Huile	Öl
Huile alimentaire	Speiseöl
Huile d'arachide	Erdnussöl, sehr oft benutzt
Huile blanche	Mohnöl
Huile de colza	Rapsöl, Rübenöl
Huile comestible	Speiseöl
Huile du hêtre	Bucheckernöl
Huile d'olive (vierge)	Olivenöl (kaltgepresst)
Huile de pépins de raisins	Traubenkernöl (kann hohe Temperatur vertragen)
Huile de sésame	Sesamöl
Huile de tournesol	Sonnenblumenöl

Huile et **vi**naigre	Essig und Öl (oder umgekehrt)
Huile **vé**gétable	Pflanzenöl
Huillier	Essig-Öl-Ständer (Menage)
Huîtres	Austern: die besten aus *Marennes, Belon* oder *Cancale*; werden frisch und roh gegessen;
	Die beste Zeit für Austern ist von Oktober bis März
Huîtres d'**Ar**cachon	Portugiesische (Sorte), graufleischige, längliche Austern aus dem Austernpark-Becken von *Arcachon* bei *Bordeaux,* (↑) Gravettes
Huîtres du **Ba**ssin de **T**hau	Austern aus dem Becken von *Thau, Languedoc* ♥
Huîtres **bou**zigues	Exzellente Austern (Bassin von *Thau* bei *Sète*) ♥
Huîtres de **C**ancale (Cancalaises)	Flache, weißfleischige Austern aus der Bucht von Mont-Saint Michel (*Ärmelkanal, Normandie*)
Huîtres **cr**euses	Gewölbte Austern, Felsenaustern
Huîtres **fi**ne de **cl**aires	Graufleischige Austern aus den Austernparks von *Marrene-Oléron, Charente-Maritime (Atlantik)* ♥
Huîtres **fi**nes de **B**elon	Die feinsten und teuersten Muscheln aus *Belon* in der *Bretagne*. Sind flach, mit weißem Fleisch ♥
Huîtres à la **fl**orentine (n. florentinischer Art)	Austern mit Spinat, Butter, Muskat, Parmesan oder Gruyère, mit Semmelbröseln überbacken
Huîtres **fr**ites en **b**rochettes	Frittierte Austernspießchen, in Zitronenwasser pochiert, mit Ei und Semmelbröseln paniert, mit Petersilie bestreut, Zitronenviertel
Huîtres au **gr**atin	Austern in der Schale, mit Petersilie, Kerbel, Estragon, Zitronensaft, Bröseln, mit Butter überbacken
Huîtres de **M**arennes	Flache, runde Austern, grünfleischig, aus dem Marennes-Becken (*Charente-Maritime*), tragen oft ein rotes Gütezeichen
Huîtres **ma**rinées	Eingelegte (marinierte) Austern
Huîtres **Mo**rnay	Austern, lebend im Meerwasser serviert
Huîtres à la **no**rmande	Überbackene Austern, mit Krabben, Champignons und Trüffelscheiben
Huîtres de **pa**uvres	Herzmuscheln
Huîtres **pl**ates	Runde Flachaustern (auch bei *Arcachon* gezüchtet)
Huîtres **po**rtugaises	Felsenaustern, Greifmuscheln (Vorsicht, die greifen!)
Huîtres de **Sa**int-Vaast- la **H**ougue)	Jodhaltige Austern aus *Saint-Vaast- la Hougue* in der *Normandie (Manche)* ♥

Huîtres spéciale de claires	Große grünfleischige Austern aus dem Becken von *Marrene-Oléron*, *Charente-Maritime* (*Atlantik*) ♥
Huitre varietée de Ré humide	Kleine, grau-grüne Auster (*Île de Ré, bei La Rochelle*) feucht
Hure	Kopfsülze (nichts anderes!), Presssack, meist vom Schwein oder Wildschwein, aber auch von Fisch
Hure d'anguille picarde	Aalsülze mit Eierscheiben, Karotten, Lauch, Zwiebeln, Pfefferschoten, Kräutern und Gewürzen
Hure de jambon	Schinkensülze
Hure à la parisienne	Schweine- oder Kalbszunge in Gelee
Hure de sanglier	Wildschweinkopf
Hure de saumon au citron	Lachssülze mit Zitrone
Hure de saumon aux écrevisses	Das Lachskopfteil mit Krebsen
Hure rouge	Große, dicke Wurst aus Schweinekopffleisch, Schwarten, Rindfleischmasse und Gelee (*Elsass*)
Hydne	Stoppelpilz, Stachelschwamm (unrasiert)
Hydromel	Honig-Wasser-Getränk (Met)
Hysope	Ysopkraut, Eisenkraut

I

Iceberg	Eisbergsalat
Ici carte en allemand	Hier gibt es die Speisekarte in deutsch
Ici on parle allemand	Hier spricht man deutsch
Ide mélanote	Aland, Orfe (Flussfisch)
Igname	Süßkartoffel
Ille flottante	Feine Nachspeise aus Biskuit und Vanillecreme, mit Kirschwasser, Maraschino, Aprikosenmarmelade, Rosinen, Mandeln, Pistazien, Sahnehäubchen, mit Creme anglaise umgossen; gleicht einer schwimmenden Insel
impérial(e)	kaiserlich, majestätisch
Impériale	1. Pflaumensorte 2. Eine 4 Liter-Flasche, für Schnäpse und Bordeauxweine verwendet
Impériaux	Beste Malaga-Trauben-Rosinen

inciser	einschneiden
incorporer	beimengen, einkneten
indigeste	unverdaulich
Indigestion	Magenverstimmung (gute Besserung mit Fernet!?)
Infusion	Aufguss, Kräutertee (Überbegriff)
Infusion de camomille	Kamillentee
Infusion de menthe	Pfefferminztee
Ingrédients	Zutaten, Bestandteile, Inhaltsangabe
innocent	(unschuldig), junges Täubchen (aber schon neugierig)
insipide	fad, geschmacklos
intérieur	innen, innerlich
Intérieur	das Innere, Inwendiges (Einrichtung)
Interprète	Dolmetscher
intervenir	eingreifen, einschreiten (Kochgang abbrechen)
Intestins	Eingeweide
Isard (rôti)	Baskischer Name für Pyrenäengemse (gebraten)
Italienne	1. Mit italienischer Weinsauce, Schalotten und Champignons
	2. Mit Makkaronis, Butter und geriebenem Käse
Invité	Gast, Eingeladener
Ive / Ivette	Günsel (Pflanzenart), ähnlich dem Schnittlauch
ivre	betrunken („sehr starker Tangoschritt")
Izarra	Grüner Kräuterlikör (48% Alk.!) auf der Basis von Armagnac, mit Honig von Akazien (*baskisch*), gibt es auch gelb (mit Safran gefärbt)

J

Jacques	Apfelküchlein
Jalousie	1. Kleines Blätterteiggebäck mit Konfitüre oder MandelVanille-Creme gefüllt;
	2. Marzipankuchen
Jamble	Napfschnecke, Schüsselschnecke (was tut die dort?)
Jambon	Schinken (vom Schwein) aus Schenkel oder Schulter des Schweins
Jambon à l'alsacienne	Schinken im Ofen mit Riesling und Madeira gedünstet (*Elsass*)

Jambon **cui**t des **A**rdennes	Gekochter, stark mit Wacholderbeeren geräucherter Schinken aus den *Ardennen* ♥
Jambon d'**Au**vergne	Luftgetrockneter, gesalzener Schinken
Jambon de **Ba**yonne	Berümter, roher, getrockneter, mild gesalzener Schinken ♥, aus *Bayonne* (*Sud-Ouest*; *Aquitaine*)
Jambon **bla**nc	Gekochter „*Pariser*" Schinken
Jambon **bo**urguingnon	Schinken in Rotweinsauce (*Burgund*)
~ **bra**isé au **p**oivre **v**ert	Gekochter Schinken in grüner Pfeffersauce
Jambon **bra**isé	Kochschinken
Jambon de **Bre**tagne	Gesalzener und geräucherter Schinken (*Bretagne*)
Jambon **bru**ni	Leicht im Ofen angebräunter Schinken (geräuchert)
Jambon de **ca**mpagne	Landschinken
Jambon au **ci**dre	Schinken in Apfelwein eingelegt
Jambon de **Co**rse	Luftgetrockneter Schinken aus *Korsika* ♥
Jambon **ch**aud au **ch**ablis	Heißer Schinken mit Chablis-Weißwein (*Burgund*)
Jambon en **cro**ûte	In Teigmantel gebackener Schinken
Jambon **cr**u	Roher Schinken, z. B.: Bayonner Schinken
Jambon **cui**t	Gekochter Schinken (Jambon de Paris)
Jambon **cui**t à l'**o**s	Gekochter Knochenschinken
Jambon **cui**t au **t**orchon	Im Tuch gekocht, gesalzener Schinken
Jambon **dro**z	Geräucherter Schinken (*Jura*)
Jambon au **fo**in	Gekochter Schinken, geräuchert mit Heu, Kräutern und Gewürzen; kalt oder warm serviert
Jambon de la **Fo**rêt-**N**oire	Geräucherter, Schwarzwälder Schinken
Jambon **fu**mé	Geräucherter Schinken
Jambon des **Gr**isons	Luftgetrockneter Schinken (*Bündner* Fleisch)
Jambon de **La**caune	Gesalzener, luftgetrockneter Schinken (*Tarn*)
Jambon à la **lie** de **v**in	Ganzer Schinken, mit Knoblauch und Zwiebeln in Rotwein geschmort (*Burgund*) ♥
Jambon de **Lu**xeuil	Gesalzener Schinken, in Wein eingelegt, dann über Nadelholz leicht geräuchert (*Haute-Saône*) ♥
Jambon au **ma**dère	Warmer Schinken mit Madeirasauce
Jambon au **na**turell	Gekochter Schinken, ohne Zutaten
Jambon de **mon**tagne	Roher Bergschinken, oft mit Pfeffer ♥
Jambon de **Mor**laix	Salziger Schinken aus *Morlaix*, *Bretagne*
Jambon du **Mor**van	Kräftiger, luftgetrockneter, roher Schinken

Jambon aux œufs	Schinken mit Spiegeleiern
Jambon à l'os	Knochenschinken, geräuchert
Jambon d'ours	Bärenschinken (macht bärig!?)
Jambon de Palatina	Roher, gesalzener, *Pfälzer* Schinken ♥
Jambon de Paris	Gekochter Schinken
Jambon de Parme	Sehr feiner, roher *Parma*-Schinken
Jambon de Pays	Schinken der Gegend
Jambon du pays	Roher Landschinken
Jambon persillé	Gekochter Schinken in Petersiliengelee (*Burgund*)
Jambon de Prague	Mild geräucherter Prager Schinken
Jambon de Reims	Panierter Schinken aus *Reims* (*Champagne*)
Jambon salé	Mit Pökelsalz eingelegter Schinken
Jambon de sanglier	Wildschweinschinken
Jambon saumoné	Lachsschinken ♥
Jambon en saupiquet	Gebratene Schinkenscheiben mit Rotweinsauce
Jambon de Savoie	Gesalzener, geräucherter Schinken (*Savoyen*)
Jambon serrano	Gesalzener, luftgetrockneter *spanischer* Schinken
Jambon sous cendre	Schinken in Asche gebacken
Jambon superieur	Frischer unbehandelter Qualitätsschinken
Jambon surchoix	Gezuckerter, mit Phosphaten behandelter Schinken, nicht empfehlenswert (bäh!)
Jambon de Vendée	In Kräutern und Salz, mit Schnaps eingelegter Schinken, luftgetrocknet (*Vendée*) ♥
Jambon de Westphalie	Roher, geräucherter, *westfälischer* Schinken
Jambon de York	Gekochter, geräucherter Schinken
Jambonneau	1. Eisbein, Haxe, Schweinekeule; 2. Muschelart
Jambonnette	1. Kleine Schweinekeule; 2. Schweinshaxe ausgebeint, mit gewürztem Schweinehack und Schinken gefüllt, dann luftgetrocknet
Jardinière (de légumes)	Gemüsemischung, meist aus Karotten, weißen Rübchen und grünen Bohnen, Erbsen, Blumenkohl, mit Sauce hollandaise (↓)
Jardin	Garten
Jardin potager	Gemüsegarten
Jarret	Große Haxe
Jarret de porc (rôti)	Schweinshaxe (gebraten)

Jarret de porc **br**uxellois	Schweinshaxe mit Rosenkohl (*Brüssel*)
Jarret de veau	Kalbshaxe
Jarret de **v**eau à la **pr**ovençale	Kalbshaxe mit Tomatensauce, Knoblauch und Rotwein
Jarretière	Glasauge (Meerfisch)
Jatte	Schüssel, Napf, Schale
jattée	Volle Schale (so etwas hat man gerne)
jaune	gelb
Jaune d'**œ**uf	Eigelb, Eidotter (das Gelbe vom Ei)
Jean-**d**oré (amiral)	Peterfisch, Heringskönig
Jesse	Flussfisch
Jésu(s) (de Morteau)	Große geräucherte Wurst mit Anis gewürzt (*Jura*)
Jésuite	Truthahn (reg.)
Jésuites	Blätterteigdreiecke mit Mandeln gefüllt („Jesuitenfürzle" na sowas!) (*Elsass*)
Jets	Sprossen, Schößlinge
Jets de **ba**mbou	Bambussprossen
Jets de **ho**ublon	Hopfensprossen
Jets de **ho**ublon à la **cr**ème	Hopfensprossen in Sahnesauce (*Flandern*)
jeter	wegschütten, wegwerfen, wegschmeißen
Jeu d'**us**tensiles en **b**ois	Kochlöffelgarnitur
jeune	jung
joindre	verbinden, beifügen
Joue de bœuf	Rinderwange, gekocht oder geschmort (en daube)
Jouée	Schinkenpastete
Jour	Tag
Jour de **f**ermuture	Ruhetag
Journal (Journaux)	Zeitung (Zeitungen)
Judru	Dicke, kleine Schweinswurst, mit in Tresterschnaps eingelegter Wurstmasse (*Burgund*)
Jujube	Brustbeere (exotische Frucht)
Julienne	1. Streifen; 2. Gemüsesuppe; 3. Leng, Lengfisch, im Mittelmeer (- 90 cm), Nordsee (- 150 cm)

Juliennes	In schmale Streifen Geschnittenes (Gemüse, Kartoffeln, Fleisch, Pilze u. a.), meist als Einlage für Suppen, Saucen oder als Beilage oder zu Rohkost
Jumeau	Rinderstück der Schulter (Überzwerchschenkel)
Jungfrauenkiechlas	Krapfen mit Kirschwasser, Orangenblütenwasser
(die schön geformten)	und Mandeln; woher? - natürlich aus dem *Elsaß*!
Jus	1. Saft, Bratensaft; Brühe;
	2. Schlechter Kaffee
Jus **bl**anc	Weißer Bratensaft (Grundbrühe)
Jus **br**un (de rôti)	Brauner Bratensaft (Grundbrühe)
Jus de **ci**tron	Zitronensaft
Jus de **fr**uit	Fruchtsaft
Jus d'**ora**nge	Orangensaft
Jus de **po**mme	Apfelsaft
Jus de **rai**sin	1. Traubensaft;
	2. Entfetteter Fleischsaft, der beim Erkalten geliert;
	3. Kaffee (pop.)
Jus de **to**mate	Tomatensaft
Jus de **vi**ande	Bratensaft
jusque, jusqu'à	bis
juteux, juteuse	saftig

K

Kaffeekrantz	Ungefüllter Kranzkuchen (*Elsass*)
Kaki	Süße Dattelpflaume, japanische Aprikose, aus der *Provence* und *Midi*, wird ausgelöffelt
Kaleréi (Kalerci?)	Schwartenmagen, Presssack (*Elsass*, *Lothringen*)
Kalmar (Calmar)	Tintenfisch
Kari	Curry
Kawa	(ugs.) Kaffee
Keftédes	Frikadellen aus Eiern, Hammel- und Rindfleischhack
Kiche (Quiche)	Speckkuchen
Kir	Aperitif aus Sekt, trockenem Weißwein und Cassis Likör (Heidelbeerlikör)
Kirsch	Kirschwasser (Branntwein)
Kiwi	Kiwi-Frucht

Knopfles, (Knepfles)	Spätzle, Knöpfli, frischgemacht
Koke-boterom	Rosinenbrötchen aus *Dünkirchen*
Kougelhof, Kouglof, Kugelhof, Kugelhopf	Kugelhupf, Gugelhupf, Kuchen in Kranzform, in einer speziellen Keramikform gebacken (*Elsass*)
Kouing-aman(n)	Lauwarm servierter Hefeteigkuchen mit karamelisiertem Zucker serviert (*Bretagne*)
Kummel	Kümmelschnaps oder -likör
Kumquat	Chinesische, säuerliche Orangenart, oft eingelegt
Koulibiac	Fleischpastete

L

Labre	Meerfisch: gefleckter Lippfisch, Wrasse
Lactaire	Pilz: Milchling, ähnlich dem Reizker, Hirschling, sehr schmackhaft und würzig ♥
Lactaire délicieux	Edelreizker, hervorragender Pilz ♥
Lactaire sanguin	Blutreizker, hervorragender Pilz ♥
Lait	Milch
Lait allégé / écrémé	Entrahmte Magermilch
Lait de beurre	Buttermilch
Lait bourru	Frische, noch kuhwarme Milch
Lait caillé	Dickmilch
Lait de coco	Kokosmilch
Lait de chèvre	Ziegenmilch
Lait condensé	Dosenmilch, Kondensmilch
Lait écremé	Magermilch, entrahmte Milch
Lait entier	Vollmilch
Lait froid	kalte Milch
Lait de poule	Milch mit Eigelb und Zucker vermischt, manchmal mit Orangengeschmack
Lait en poudre	Milchpulver, Trockenmilch
Lait ribot	Buttermilch, fast flüssiger Joghurt (*Bretagne*)
Laitages	Milchprodukte
Laitance, (Laite)	Fischmilch(n)er: das Sperma von Fischen, wie vom Hering, Karpfen, Kabeljau und Makrelen, wird meist zu Vorspeisen oder Garnituren verwendet
Laitance de carpe à la meunière	Karpfenmilch (Drüsen der männlichen Tiere), gemehlt und gebraten

Laitance de carpe sur Toast sauce moutarde	Karpfenmilch (Drüsen der männlichen Tiere) in Weißwein gekocht, auf Toast mit Senfsauce
Laitances à la diable	Karpfen- oder Heringsmilcher in Butter gebraten, mit Cayennepfeffer, auf Toast serviert
Laiterie	Molkerei, Milchladen
laiteux	milchig
Laitue	Kopfsalat, Lattich
Laitues braisées	Kopfsalatherzen, in Speck und Fleischsaft geschmort (auch mit Zwiebeln und Karotten)
Laitue chicon	siehe Laitue romaine (↓)
Laitue au lard	Mit Speck gedünsteter Kopfsalat
Laitue pommée	Kopfsalat, Lattich
Laitue romaine	Römischer Salat (Romana) mit langen festen Blättern (Sommerendivie)
Lame	Messerklinge (Rasierklinge)
Lamie	Heringshai
Lamparo	Fisch, der nachts mit Licht gefangen wird
Lamproie	Neunauge, Lamprete, Pricke (Meer- und Küstenfisch, Wanderfisch)
Lamproie à la bordelaise	Neunaugen-Fisch-Ragout mit Rotwein
Lamproie aux oignons	Neunauge in (Rot-)Wein mit Perlzwiebeln gedünstet
Lançon	Kleiner Sandaal, Tobiasfisch
Langouste, Langoustine	Languste oder Langustine, Stachelkrebs mit langen Fühlern, ohne Scheren (Scampi), kann wie Hummer zubereitet sein, wird aber meistens kalt serviert
Langouste bretonne	Die angeblich beste Languste, rotfarbig
Langouste brune	Braune Languste
Langouste en civet	Languste in Öl und Wein angebraten (*Banyuls*)
Langouste grillée aux deux sauces	Gegrillte Languste, mit Sauce Chauron (↓) und Sauce américaine (↓), dazu meist Kreolischer Reis
Langouste à la nage	Languste im Fischsud gekocht (*Bretagne*)
Langouste au naturel	Languste ohne Zutaten in (Salz-)Wasser abgekocht
Langouste rose	Rosa Languste aus *Portugal*
Langouste rouge	Rote, *Bretonische* Languste
Langouste à la Suchet	Languste in Butter-Cognac-Sauce geschmort, dann mit Käse überbacken

Langouste vert	Grüne Languste aus *Mauretanien*
Langoustine	Kaiserhummer, Kaisergranat, große Krabbe, Kaiserkrebs, Scampi (kleine Hummerart)
Langoustines **gr**illées	Hummerkrabben, gegrillt
Langoustines en **sal**ade	Hummerkrabbensalat
Langue	Zunge
Langues d'**av**ocat	Kleine Seezungen (reg.)
Langues de **ch**at	Löffelbiskuits, Katzenzungen
Langue de bœuf	1. Ochsen- oder Rinderzunge
	2. Pilz: Leberschwamm, Zunderpilz, rötlich in Zungenform
Langue de **bœuf br**aisée	Ochsenzunge geschmort
Langue de **bœuf** à la **ca**sserole	Ochsenzunge geschmort
Langue de **bœuf** à l'**éc**arlate	Gepökelte Ochsenzunge
Langue de **bœuf** à la **fo**ndue d'**oi**gnogns	Frittierte Ochsenzunge im Zwiebelmus
Langue de **bœuf** au **gr**atin	Ochsenzunge überbacken
Langue de **bœuf sau**ce **ma**dère	Ochsenzunge in Madeirasauce
Langue de mouton	Hammelzunge
Langue de porc	Schweinszunge
Langue de veau	Kalbszunge
Langue de **v**eau à l'**éc**arlate	Kalbszunge gepökelt
Langu**ier**	Schweinszunge geräuchert
Laper**eau**	Junges Wild-Kaninchen
Laper**eau** à la **n**ormande	Jungkaninchen mit Äpfeln, Sahne & Calvados (!)
Lapin	Kaninchen
Lapin à l'**ar**tésienne	Kaninchen mit Hammelfüßenfüllsel, in einer Biersauce gebraten (*Artois*)
Lapin à la **bo**urgeoise	Kaninchenstücke bemehlt angebraten, mit Weißwein und Fond geschmort, mit angebräunten Zwiebelchen, geschmorten Karotten und Speckwürfeln
Lapin (sauté) **ch**asseur	Kaninchen gebraten, in Wein-Pilzsauce

Lapin de **ch**ou	Wildkaninchen
Lapin de **cl**apier	Hauskaninchen
Lapin à la **di**jonnaise	Kaninchen mit Senfsauce gebraten
Lapin **do**mestique	Hauskaninchen, Stallhase
Lapin **fa**rci à la sariette	Kaninchen gefüllt mit Innereien, gewürzt mit Bohnenkraut u. a., meist mit Reis und Zwiebeln
Lapin à la **fl**amande	Kaninchenstücke eingelegt, mit Pflaumen und Zwiebeln geschmort
Lapin de **ga**renne	Wildkaninchen
Lapin en **gi**belotte	Kaninchenfrikassee (in Weißwein)
Lapin au **pè**re **D**ouillet	Kaninchenstücke mit Speckwürfeln in Butter angeschmort, in Weißwein und Brühe fertig-gekocht, mit Madeirasauce serviert
Lapin à la **pr**ovençale	Kaninchen geschmort, mit Speckstreifen, Knob-lauch, Tomaten und Zwiebelchen
Lapin aux **pr**uneaux	Kaninchenragout in Rotwein, mit Backpflaumen
Lapin en **sa**upiquet	Wildkaninchenragout mit säuerlichem Wein, Leber, Blut und Zwiebeln
Lapin **rô**ti au **f**our	Kaninchen im Backofen gebraten, meist mit Speckstreifen bedeckt und mit Thymian gewürzt
Lapin **sa**uté **ch**asseur	Kaninchenragout mit Champignons, Tomaten in Weißwein und braunem Bratensaft gedünstet
Lapin **sa**uté à la **m**ode de **G**airaut	Kaninchenstücke, geschmort mit Champignons in einer Rotwein-Tomaten-Sauce
Lapin **sa**uté à la **pr**ovençale	Kaninchen geschmort mit Zwiebeln, Tomaten, Champignons, Knoblauch und Kräutern
Lard	Schweinespeck
Lard **fu**mé	Räucherspeck
Lard **gr**as	Fetter Speck
Lard **ma**igre	Magerer Speck
Lard de **po**itrine	Magerer Brustspeck
Lard **sa**lé	Gesalzener Speck
Lardage	Das Spicken, das Gespickte, oder die Speckstrei-fen für das Spicken
lardé(e)	gespickt
larder	(durch-) spicken
Lardoire	Spicknadel
Lardon	Speckwürfel oder -Streifen (zum Spicken)

Laurier	Lorbeer
Lavaret	Renke (Alpenseefisch) oder Schnäpel (*norddeutscher* Seefisch), meist wie Forellen zubereitet
Lavaret du Bourget	Renke aus dem See (*Lac de Bourget, Savoyen*)
Lavaret du lac	Große Maräne (Süßwasserfisch)
Lavette	Spüllappen, Abwaschlappen
Lavignon	Pfeffermuschel (*Charente*)
Lèche	Dünne Scheibe (Fleisch oder Brot)
Le chef vous recommande...	Der Küchenchef empfiehlt ...
Le dimanche ou sur commande	Sonntags oder auf Bestellung
léger, légère	leicht, leicht verdaulich
Légume(s)	Gemüse
Légumes frais	Frischgemüse
Légumes à la grecque	Mischgemüse, in Marinade vorgekocht, mit Knoblauch, Thymian, Weißwein, kalt serviert
Légumes de jour	Gemüse des Tages
Légumes du marché	Gemüse vom Markt
Légumes printaniers	Frühlingsgemüse
Légumes de Saison	Gemüse der Jahreszeit
Légumes et salades	Gemüse und Salate (Speisekartenüberschrift)
Légumes secs	Trockengemüse (Hülsenfrüchte)
Légumes verts	Frisches, grünes Gemüse
Légumier	Tiefe Gemüseschüssel
le midi seulement	Nur mittags, nur zur Mittagszeit
Lentilles	Linsen
Lentilles vertes du Puy	Die beste (grüne) Linsensenart in Frankreich
Lépiote (élevée)	Großer Schirmpilz, Parasolpilz ♥
Les boissons ne sont pas compris	Die Getränke sind im Preis nicht inbegriffen
Les cartes de crédit sont acceptées	Man kann mit Kreditkarte bezahlen
lever	abschneiden, abnehmen (bei Fischen)
Levraut	Häschen (unter 10 Monaten)
Levretaut	Häschen bis 2 Monate alt
Levure	Hefe
Lewerknepfle	Leberklößchen aus Kalbfleisch (?) (*Elsass*)

Liaison	Bindemittel
libre	frei (Tisch)
Libre-service	Selbstbedienung
Liche, (Lichia)	Dornhai, Schokoladenhai (Meerfisch)
lier; lié(e)	binden, legieren; gebunden, angedickt (z. B.: Saucen)
Lieu	Atlantikfisch, ca. 70 - 80 cm, dem Lachs, Dorsch, Merlan ähnlich, feines, mageres Fleisch (1% Fett)
Lieu jaune	Der etwas feinere Fisch (Pollack), am Bauch grau, am Rücken grüngrau oder dunkelgrün
Lieu noir	Grünlicher Atlantikfisch, Köhler, Seehecht, Dorsch, der Bauch kupfer- bis silberfarben
Lièvre	Hase
Lièvre à l'angoumoise	Wildhase in Rotwein mit Schalotten und Cognac zubereitet (*Poitou-Charentes*)
Lièvre en cabessol	Hase mit Speck und Knoblauch gespickt, in Wein und Armagnac geschmort (*Périgord*)
Lièvre en chambessal	Hase in Rotwein mit Gewürzen eingelegt, gefüllt mit einer Masse aus Schweine- und Kalbfleisch, Zwiebeln, Bröseln, Ei, mit Speckstreifen umwickelt geschmort (*Limousin*, *Quercy*, *Périgord*)
Lièvre en civet	Hasenragout mit Champignons, Speck und Rotwein
Lièvre à la Duchambais	Gebratener Hase in einer Sauce aus Essig, Sahne, Schalotten, Pfeffer und Wacholderbeeren
Lièvre à la Dupin	Mit Schweinefleisch und Speck gefüllter Hase
Lièvre farçi à la Diane	Feldhase mit Hasenfleisch und Pilzen gefüllt
Lièvre farçi périgourdine	Mit Trüffeln gefüllter, gebratener Hase
Lièvre à la royale	Hase mit Gänseleber und Trüffeln gefüllt, in Wein geschmort ♥
Lièvre en saupiquet	Hasenragout mit säuerlichem Wein, Leber, Blut und Zwiebeln
Limace	Acker- oder Schnirkelschnecke (reg.)
Limaces à la sucarelle	Schnecken in Weißwein mit Tomaten und Knoblauch gekocht (*Südfrankreich*)
Limande (-sole), (Limandelle)	Kliesche oder Rotzunge (Plattfische), wie Seezungen zubereitet, aber nicht so schmackhaft
Limande à la bretonne	Rotzunge mit Krabben und Kräutern (Petersilie)

Limande à la **f**lorentine	Rotzunge mit Spinat und Milch-Käse-Mehl-Sauce im Ofen überbacken
Limande **so**le	Die echte Rotzunge (bessere Qualität)
Limandelle	Flügelbutt, der Seezunge ähnlich
Lime; Limon, Limette	Limette, Limone, kleine, grüne Zitrone
Limonade	Limonade, Zitronensprudel
Linge de table	Tischwäsche
Lingue	Leng, Lengfisch, dem Kabeljau ähnlich, aus dem Mittelmeer ca. 90 cm, aus der Nordsee ca. 150 cm
Lipide	Fettstoff, Fett, Öl
liquéfier	verflüssigen
Liqueur	Likör
Liqueurs	Spirituosen
liquide	1. flüssig 2. bar (Geld)
Liquide	1. Flüssigkeit 2. Bargeld
lisse	1. glatt 2. Zuckerguss
lisser	glattstreichen
Listao	Thunfisch
Lit de **sa**lade	Salatbett, auf dem ein Gericht serviert wird
Litchi, (Letchi)	Litchi (exotische Frucht)
Litorne	Großer Krammetsvogel (Drossel, Singvogel!)
Litre	Liter
Litron	Liter (populär - besonders für Wein)
Littorine	Strandschnecke, Meerschnecke
Livèche	Liebstöckel, Maggikraut (Gewürzkraut)
Livre	1. Pfund 2. Buch
Livre de **c**uisine	Buch mit Kochrezepten und Küchenbegriffen
local	örtlich, lokal
Loche (de franche)	Schlanker Flussfisch, Schmerle, Bartgrundel, sehr schmackhaftes Fleisch, 10-35 cm lang ♥
Loche de **m**er	Seequappe
Loeffelpastetlas	Kleine Teigklöße über dem Feuer in einer Kelle gegart („Löffelpasteten"); (*Elsass*, *Lothringen*)

Lompe	Seehase, Meerhase, Seebulle, Lumpfisch, liefert Rogen (Kaviarersatz)
long(ue)	1. lang
	2. für Suppen und Saucen: dünn
Longe	Lendenbraten, Stück vom Ende der Schulter bis zum Schwanz, bei (Wild-)Schwein und Kalb
Longe de **ch**evreuil	Rehrückenbraten
Longe de **mo**uton	Nierenstück vom Hammel
Longe de porc	Schweinelendenbraten
Longe de **p**orc rô**t**ie à la **b**roche	Schweinelendenstück am Spieß gebraten
Longe de **p**orc rô**t**ie au **ci**dre	Schweinelendenbraten in Apfelweinsauce (*Normandie*)
Longe de veau	Kalbsnierenbraten
Longe de veau à la **br**uxelloise	Kalbsnierenbraten, gespickt und gebraten, mit gedünstetem Chicoree, Rosenkohl und Schloss-kartoffeln, mit dem Bratensatz und Madeira
Longe de veau à la **Cô**te d'Azur	Kalbsnierenbraten, mit Spinatpüree, Strohkar-toffeln, gefüllten Tomaten & Artischockenböden
Longe de veau à la **fr**ançaise	Kalbsnierenbraten, mit Rahmspinat, Annakartof-feln (in Butter gebratene Kartoffelscheiben) und Madeirasauce
Longeole	Bauernwurst mit Anis gewürzt (*Savoyen*)
Longuet	Langes, trockenes und kaum gesalzenes Weißbrot
Lonzo	Ausgebeinter, getrockneter Rohschinken (*Korsika*)
Lorette	Mischsalat aus Feldsalat, Rüben und Sellerie
Lotte	Das Schwanzstück des Seeteufels (↓)
Lotte (Lote) **de mer** (baudroie)	Seeteufel (Anglerfisch, Karbonadenfisch, Forel-lenstör, Lotte, (italienisch: coda di rospo), meist wie Kabeljau oder Seelachs zubereitet ♥
Lotte de **m**er à l'**am**oricaine	Seeteufel gebraten, mit Schalotten, Tomaten, Knoblauch, Weißwein und Cognac
Lotte de rivière	Quappe, Aalquappe, Rutte, Trüssel, Treische, Trüsche (Süßwasserfisch) ♥
Lou **f**assun	Kohlroulade (*Provence*)
Lou-ken-kas (Loukinkas)	Stark gepfefferte Knoblauchwurst (*baskisch*)
Lou **m**agret	Das Magere von ... (reg.)

Lou pastis (*Provence*)	Rind- und Schweinefleisch geschichtet und stark in Wein mit Anisaperitif & Knoblauch eingekocht
Lou trebuc	Eingemachtes Fleischstück von Schwein, Ente oder Gans (*Béarn*)
Loubine (Loup) **de mer** (↓)	Anderer Name des „Bar" in *Südwestfrankreich*, auch Meeräsche, Seewolf oder Seebarsch ♥
Louche	Suppenkelle, Schöpflöffel, Saucenkelle
Louche à jus	Saucenlöffel
Loup (de mer) ♥	Seewolf, Seebarsch, Wolfsbarsch (Mittelmeerfisch)
Loup atlantique	Französischer Seewolf
Loup braise au Ricard	Mit Ricard (Anisaperitif) getränkter Seewolf, in Weißwein-Fisch-Fond gedünstet
Loup en croûte	Seebarsch im Teigmantel gebraten
Loup à la façon de Michel Guérard	Seewolf, in Seetang und Weißwein im Ofen gegart, mit Tomate, Paprikaschote, Petersilie, Kerbel, Estragon, Basilikum, Schnittlauch, S + P, Zitronensaft
Loup farci à la niçoise	Gefüllter Seebarsch in einer Sauce aus Tomaten, Kapern, Oliven und Champignons
Loup flambé au fenouil	Seewolf mit Fenchel gefüllt, mit Anisette flambiert
Loup grillé au fenouil	Gegrillter Seewolf mit in Butter gedämpftem Fenchel (aber auch mit Fenchelsamen gewürzt)
Loup marin	Seewolf, Kattfisch, Steinbeißer, Wasserkatze aus der Nordsee oder Ärmelkanal, bis 120 cm lang, starke Bezahnung, Fleisch sehr schmackhaft
Loup de la Méditerranée en croûte	Seewolf (Wolfsbarsch) aus dem Mittelmeer, in Blätterteigkruste, Estragon, Kerbel, S + P, Eigelb, Butter, im Ofen gegart, vorzüglicher Fisch!
Loup du nord	Französischer Seewolf
lourd(e)	schwer (Gewicht), schwer verdaulich (Speise)
lubrifier	einfetten, einölen
Lucine	Großmuschel
Lumas	Schneckenragout
Lump, (Lompe)	Seehase, Kaltmeerfisch, seine Fischeier sind dem Kaviar ähnlich
Lunch	Kaltes Buffet, Gabelfrühstück

Lychée	Aromatische, asiatische Frucht mit weißem Fruchtfleisch
Lycoperdon	Bovist, Flaschenstäubling, schmackhafter Bratpilz, gekocht wird er zäh

M

Macaron	Makrone, kleines rundes (Weihnachts-)Gebäck aus Zucker, Eiweiß und feingehackten Mandeln
Macaron alsacien	Anisbrot
Macaron de Boulay	Gebäck aus Mehl, Mandeln und kandiertem Zucker
Macarons des sœurs	Makronensorte aus *Nancy*
Macaronade	Makkaronis in Bratensaft mit Käse überbacken
Macaronis	Makkaronis (Röhrchen aus Hartweizengrießteig)
Macaronis à l'alsacienne	Makkaronis mit Schinken- und Hühnerfleischwürfeln, mit Käse (Emmentaler) überbacken
Macaronis farcis	Gefüllte Makkaronis (meist mit Spaghettis)
Macaronis au gratin	Mit Käse überbackener Makkaroniauflauf
Macaronis à l'italienne	Makkaronis mit geriebenem Käse, Butter & Salz
Macaronis à la milanaise	Makkaronis mit Champignons, geriebenem Käse, Schinken und Madeirawein
Macaronis à la napolitaine	Makkaronis mit Tomatensauce und Parmesankäse
Macaronis à la niçoise	Makkaronis mit einer Zwiebel-Tomaten-Parmesansauce (*Nizza*)
Macaronis à la sicilienne	Makkaronis mit gerösteter Hühnerleber, Butter und Käse
Macédoine	Kleingeschnittenes, kleingewürfeltes Mischgemüse oder Obst
Macédoine de fruits	Obstsalat
Macédoine de légumes	Mischgemüse in weißer Eigelb-Rahm-Sauce
macérer	einlegen, einweichen, marinieren
macéré(e)	eingelegt, mariniert, gebeizt, eingeweicht
Mâche (doucette)	Feldsalat, Ackersalat, Rapunzel
Machine	Maschine
Machine à café	Kaffeemaschine

Machine à coupe-légumes	Gemüseschneidemaschine
Machine à couper le pain	Brotschneidemaschine
Machine à couper la viande	Maschine für dünne Fleisch- oder Aufschnitt-scheiben zu schneiden
Machine à découper	Allesschneidemaschine
Machine à éplucher	Schälmaschine
Machine à fouetter	Rührmaschine
Machine à laver le pain le pain	Geschirrspüler
Macis	Muskatblüte
Macreuse	1. Trauerente
	2. Mageres Schulterstück vom Rind
Madeleine	Muschelförmiges Sandgebäck, Sandplätzchen, Gebäck aus Mehl, Eiern und Zucker
Madeleines de Commercy	Kleines Sandgebäck mit Vanille (*Lothringen*)
Mademoiselle	Fräulein (Serviererin)
Madère	Madeira(-Wein), Madeirasauce
Madrilène	Fleischbrühe mit Tomatensaft, wird eiskalt serviert
Magnum	Große Champagnerflasche (1,5 - 2 Liter)
Magret (Maigret) (de canard)	Entenbrust, Entenfilet, innen noch blutig
Magret (Maigret) fumé	Geräucherte Entenbrust (mit Fettrand) ♥
Magret aux baies de cassis et aux poires	Entenbrust mit schwarzen Johannisbeeren und Birnen
Maïa	Seedrache (Fisch)
maigre	mager, schier, ohne Fett
Maigre	Adlerfisch (*Atlantik*), Umberfisch mit sehr feinem Fleisch, meist gegrillt und flambiert ♥
Maingaux	Besonders feine Schlagsahne (zu frischen Früchten)
Maïs	Mais
Maïs bouilli	Gekochter Mais, meist mit Butter serviert
Maïs grillé	Mais mit den Blättern gekocht und dann gegrillt
(á la) Maison	Nach Art des Hauses; hausgemacht
Maître d'hôtel	Haushofmeister, Oberkellner, Garnitur (↑)

mal	schlecht, übel, unvollkommen
mal cuit	schlecht gekocht, teigig (Kuchen)
Malamat	Knurrhahn (Seefisch)
malaxer	(durch-)kneten
Malt	Malz
malté	Mit Malz angereichert (z. B.: Milch)
mamelle	Euter, Zitze
Mancelle	Als Wildgarnitur: Törtchen mit Wildfarce und Maronen-/Selleriepüree
Manchon	Blätterteiggebäck, aber auch kleines Biskuitgebäck (Petits fours) mit Buttercremefüllung
Mange-Goémon	Streifenbrasse (Meerfisch)
Mange-tout	1. Haricots: fadenlose grüne oder gelbe Bohnen, die man ganz essen kann
	2. Pois: Zuckererbsen, die mit der Hülse gegessen werden (Zuckerschoten)
mangeable	essbar
Mangeoire	1. (Tier-)Fressnapf;
	2 Fresslokal (pop.)
manger	essen
manger à la carte	Nicht das Tagesmenü, sondern nach der Karte essen
manger de tout	Alles essen
Mangerie	Fresserei (familiärer Ausdruck)
Mangeur	Esser (Gros Mangeur: großer (Fr-)Esser)
Mangue	Mangofrucht
Maniaque	Topflappen
Manou(i)ls	Gefüllte Hammelkutteln mit Schinken-Kräutermasse, Karotten, Knoblauch, Zwiebeln, Tomaten, Weißwein, Thymian, S + P (Rouergue)
Manqué	Luftiger Biskuit-Kuchen (Pariser Spezialität) mit verschiedenen Beigaben (Zitrone, Ananas, Creme)
Mante de mer	Glattrochen, Spiegelrochen (Meerfisch)
Maquereau(x)	Makrele(n), (Hochseefisch)
Maquereau aigre-doux	Süß-saure Makrele (ein launisches Weib)
Maquereau au beurre noir	Makrele (aus dem Atlantik) gebraten und mit brauner Butter übergossen, Petersilie, Zitronensaft, Salz, Essig und Butter

Maquereau à la bourgeoise	Makrele mit Fischfarce gefüllt, mit Kräutern in Butter gebraten, in Rahmsauce mit gehackten Champignons serviert
Maquereau à la flamande	Makrele mit Butter, Schalotten, Kräutern, Petersilie, Schnittlauch, S + P, in Alufolie gebraten
Maquereau fumé	Bückling
Maquereau grillé	Makrele gegrillt, meist mit Kräuterbutter
Maquereau mariné	In Weißwein marinierte Makrele
Maquereau aux petits pois à la provençale	Gebratene Makrele mit grünen Erbsen in einer Knoblauch-Tomatensauce
Maquereau Rosalie	In Nussöl gebratene Makrelenfilets mit Zwiebeln, Schalotten, Champignons und Knoblauch ♥
Maquereau au vin blanc	Makrele im Weißweinsud angekocht
Maquereuse	Bastardmakrele aus dem Mittelmeer (Stöcker)
Marache	Seeteufel, Krötenfisch, Meeresquappe
Marbrade	Schweinskopf in Gelatine (*Roussillon*)
marbré(e)	(Fleisch) mit feinen Fettadern (marmoriert)
Marc	Tresterschnaps, klar oder goldfarben
Marcassin	Junges Wildschwein, Frischling
Marcassin à la broche	Frischling am Spieß gebraten
Marcassin grand-veneur	Frischling in einer Sauce aus Rotwein, Wildfond und Kräutern geschmort; im Ofen überbacken
Marché (de la semaine)	Markt (Wochenmarkt)
Marché de poissons	Fischmarkt
Marée du jour	Tagfrische gemischte Meeresfrüchte und Fische
Marène	Maräne, Felchen (Süßwasserfisch)
Marennes	Sehr gute, flache Austern mit grüner Färbung
Marga (Merga)	Die Sauce und Gemüsezutaten zum Cous-Cous (↑)
Margate	Tintenfisch
Marguerites d'Angoulême	Schokoladenbonbons
Marie-Brizard	Früher nur Anislikör mit 20 Zutaten, heute als Markennamen für verschiedene Liköre
Marignan	Hefekuchen mit Likör und Sirup getränkt
Marinade	Marinade, Beize, Tunke; meist aus Essig, Öl, Salz, Wein, Gewürzen, Zwiebeln usw., in der Fleisch oder anderes (vor der weiteren Zubereitung) eingelegt oder konserviert wird

Marinade de **b**lanc de **p**oularde	Fein gewürzte Marinade mit dem weißen, zarten Poulardenbrüstchen
mariné(e)	(In Essig) eingelegt, mariniert, gebeizt
Marjolaine	Majoran
Markknefen (Markknepfle)	Markklößchen (*Elsass, Lothringen*)
Marmite	Schmortopf, auch der Inhalt kann gemeint sein
Marmite **be**rlugane	Suppe mit kleinen Felsenfischen
Marmite **d**ieppoise	Fischeintopf mit Gemüse und Kartoffeln
Marmite à **p**ression	Schnell-(Dampf-)Kochtopf
Marquise	Weißweinschorle mit Zitrone
Marquise au **c**hocolat	Schokoladen-Schaum-Creme
Marquise **g**lacée	Frucht-Schaum-Creme, angefroren
Marquise de **S**évigné	Trüffelomlett
Marmiton	Küchenjunge
Marron	Marone, Esskastanie, Maronie
Marrons au **b**eurre	Gekochte Maronen mit Butter
Marrons au **b**ouillon	In Fleischbrühe gekochte Maronen
Marrons **g**lacés	Kandierte Esskastanien (mit Zucker überzogen)
Marteau á **g**lace	Hammer, um Roheis kleinzuschlagen
Mascotte	Mokkacremetorte mit gerösteten Haselnüssen
masquer	Mit Sahne oder Sauce überziehen
Massepain (de Reims)	Marzipan (aus *Reims*)
Massillons	Petits fours (kleine Küchlein) aus Mandelteig
Matafan	Eierpfannkuchen, branntweingetränkt (*Savoyen*)
Matahami (klingt echt französisch!)	Auflauf mit Brustspeck, Zwiebeln, Knoblauch und Kartoffeln
Matefaim	Dicker Eier-Pfannkuchen (*Burgund*)
Matelote	Fischragout, Fischgulasch
Matelote **a**lsacienne	Gemischtes Fischragout mit Aal, Barsch, Karpfen, Hecht, Petersilie, in Schalotten-Riesling-Buttersauce
Matelote **a**ngevine	Aalragout in Rotwein; mit Zwiebeln, Champignons und Kräutern zubereitet (*Anjou*)
Matelote d'**a**nguille de la **B**idassoa	Aalragout mit Champignons und Rotwein (*baskisch, Südwestfrankreich*)

Matelote d'**a**nguille à la **b**ourguignonne	Aalragout „auf *Burgunder* Art": mit gedünsteten Karotten und Zwiebeln, mit Rotwein geköchelt & Knoblauch, Petersilie, Thymian, Lorbeer, Zucker, Champignons, Mehl- und Sardellenbutter, S + P, mit gekochten Krebsen und Croûtons serviert
Matelote au **b**eaujolais	Gemischtes Fischragout mit Aal, Karpfen, Schleie, Hecht, Petersilie, in Schalotten-Beaujolaisweinsauce
Matelote **b**lanche	Ragout aus Süßwasserfischen, Weißwein und Cognac (*Flandern*) (ohne Bier!)
Matelote **b**ourgeoise	Süßwasserfischragout mit Champignons, Weißwein, Kräutern und geröstetem Weißbrot
Matelote à la **c**anotière	Aal- und Karpfenstücke mit Cognac flambiert, in Weißwein-Butterfond gekocht, serviert mit Champignons, Gründlingen und Krebsen ♥
Matelote **c**hampenoise	Fischragout aus Aal, Hecht und Karpfen in (Rot-) Wein aus der Champagne gekocht
Matelote de la **M**arne	Ragout aus Süßwasserfischen der Marne
Matelote **m**eusienne	Aalragout mit Rotwein und Pilzen (*Belgien*)
Matelote **n**ormande	Meeresfischragout mit Apfelwein, Calvados (ja!), Kräutern und Sahne (*Normandie*)
Matelote à la **p**arisienne	Aal-, Barsch-, Karpfen- und Hechtstücke in Rotwein gekocht, mit Champignons, Trüffeln, Krebsschwänzen & niedlichen Fischklößchen serviert ♥
Matelote de **p**êcheurs	wie „à la parisienne" (↑), dazu glacierte Zwiebeln ♥
Matias	Flacher Brotteigkuchen, belegt mit Zwiebeln und Lauch (könnte fetzen!?)
Matière-**g**rasse	Der Fettgehalt, z. B.: bei Käse oder Milch
Matières **g**rasses	Öle und Fette
Mauviette	Fette Feldlerche, Drossel (Singvogel!)
Mayonnaise	Kalte Sauce aus Eigelb, Öl und Gewürzen, meist zu kalten Speisen serviert
Mayonnaise de **h**omard	Hummer in Krustentier-Sud gekocht, auf Kopfsalat mit Mayonnaise, Sardellenfilets, Kapern und Eierviertel serviert
Mayonnaise **v**erte	Frischgemachte Mayonnaise mit frischen Kräutern

Mazagran	1. Kaffeetasse, Kaffeebecher
	2. Schnuckeliges Törtchen mit Ragout gefüllt und überbacken
Mazarin	Mit kandierten Früchten gefüllter Kuchen
Méchoui	Spießbraten, meist vom Hammel (*nordafrikanisch*)
Médaillons	Kleine, runde Lendenscheiben von circa 100 Gramm, gegrillt (4 cm dick) oder gebraten, oft auf Croûtons angerichtet, Garnitures (↑) wie bei bei Tournedos, auch mit frischen Speckstreifen, rund geschnürt; mit verschiedenen Garnituren
Médaillons de chevreuil aux cerises	Rehmedaillons in Pfeffersauce mit Rotwein und Kirschen
Médaillons de fois gras	Runde Scheibe Gänseleber, meist mit Toast
Médaillon à l'impératrice	Rehmedaillon
Médaillons de porc en pâte feuilletée	Schweinefiletscheiben in Blätterteig
Médaillons de saumon	Lachsscheiben
Médaillons de veau	Kalbsmedaillons
Médaillons de veau au foie d'oie frais	Kalbsmedaillons auf frischer Gänseleber
Médaillons de veau strasbourgeoise	Kalbsmedaillons
Méd. de veau Villeroy	Kalbsmedaillons in einer Trüffel-Schinken-Sauce
Medley (de fruits)	Gemischtes, Potpourri (Obstsalat)
melangé(e)	gemischt
mélanger	mischen, vermischen, vermengen
mélanger en remuant	verrühren, einrühren
Melba	In Sirup eingelegte Frucht mit Eiscreme serviert, darauf Schlagsahne und Sirup
mêlé(e)	gemischt, vermischt
mêler	mischen, vermischen, vermengen, unterziehen; bei Wein: verschneiden
mêler en remuant	verrühren, einrühren
Melet	Kleine Sardelle (*provenzalisch*)
Melette	Sprotte, Breitling (*Südfrankreich*)
Méli-Mélo	Mischmasch aus Fleisch, Fisch oder Gemüse
Méli-Mélo de la mer	Gemischte Meeresfrüchte und Fischchen
Mélisse	(Zitronen-)Melisse (Würzkraut)

Melon	Melone, wird in unterschiedlichen Sorten uund Arten, aus Frankreich und anderen Ländern angeboten, z . B.: aus Gouadeloupe (meist runde, süße); aus Martinique und Marokko: glatt mit starker Zeichnung, saftig, im Mund schmelzend; runde süße Melonen aus Spanien und viele andere, große, kleine, runde, ovale, süße, wässrige, rote, gelbe, grüne usw.
Melon brodé	Netzmelone
Melon de Cavaillon	Sehr aromatische Netzmelone aus der *Charente*
Melon d'eau (pastèque)	Wassermelone
Melon aux fruits	Ausgehöhlte, mit Obstsalat gefüllte Melone, mit Likör und Zucker; geeist serviert
Melon garni de Jambon saumoné	Melone mit Lachsschinkenscheiben
Melon glacé	Eisgekühlte Melone
Melon au porto	Melone mit Portwein begossen (nicht der Pudel)
Melon de Schéhérazade	Ausgehöhlte Melone, ähnlich der Melon aux fruits (↑)
Melon sucrin	Sehr aromatische Netzmelone
Melon surprise	Ausgehöhlte Melone, ähnlich der Melon aux fruits (↑)
Melsat	Béarner Gericht mit Blutwurst und Schweinebrust, in einer Gemüsesuppe gekocht
Melva	Fregattenmakrele, 15 - 45 cm lang, aus warmen Meeren, schmackhaftes, thunfischähnliches Fleisch
Mendiants	„Studentenfutter" aus getrockneten Früchten, Mandeln, Feigen, Haselnüssen und Rosinen
Mendole	Schnauzenbrasse, Smaris (Fisch)
Menil	Seebarbe
Menon	Zicklein gebraten
Menotte	Hahnenkamm, Bärentatze (Speisepilz)
Menthe	Minze, Pfefferminze

MENU	Speisefolge, Speisekarte; Speisenzusammenstellung mit mindestens 3 oder mehr Gängen, meist zu fest gesetztem Preis; Das große Menu hat die nachstehende Reihenfolge:

1. Hors-d'hœvre oder Suppe
2. Fisch oder Meeresfrüchte
3. Entrée (Zwischengericht)
4. Hauptgericht, meist Fleisch
5. Salat
6. Käse
7. Speiseeis oder andere Süßspeise, kalt oder warm
8. Kuchen oder Obst (immer am Schluss!)

Früher gab es oft ein „großes Menü" bis zu 14 Gängen, heute kaum noch; wer will heute noch so viel essen? („oder fressen"?)

Menu **a**llégé	Leichtkostmenü
Menu et **c**arte des **v**ins	Speise- und Weinkarte
Menu **c**onseillé	Empfohlenes Tagesmenü
Menu **d**égustation	Menü zur Wahl
Menu pour **e**nfants	Kindermenü
Menu **e**xpress	Schnelles, fertiges Menü („aus der Schublade")
Menu de **f**ête	Festtagsmenü
Menu **ga**stronomique	Feinschmeckermenü (meist mindestens 4 Gänge)
Menu du **j**our	Tagesmenü
Menu **lé**ger pour **au**tomobilistes	Leicht verdauliches Menü für die Autofahrer
Menu de **m**ariage	Hochzeitsmenü
Menu de **n**oël	Weihnachtsmenü
Menu à **p**rix **f**ixe	Tagesmenü zum Festpreis
Menu **p**romotionnel	Werbemenü, um neue Gäste anzulocken
Menu **r**égional	Einheimisches, regionales Menü
Menu de **r**éveillon	Festtagsmenü (Weihnachten, Silvester); Menü ab 20 Uhr mit vielen Gängen, es wird bis Mitternacht gegessen, meist nur in der Familie oder unter Freunden. Im Restaurant muss vorbestellt und reserviert werden, sonst gibt es keinen Platz mehr! (Ist mir passiert; es gab nur noch die Disco!)
Menu de la **S**aint-**S**ylvestre	Silvestermenü, Menü zum Jahreswechsel

Menu servi de ... à ...	Menü wird von ... bis ... serviert (Zeitspanne)
Menu servi jusqu'à ...	Menü wird bis ....(Zeitangabe) serviert
Menu servi le midi seulement	Menü wird nur mittags serviert (abends geht es nach der Haupt-Karte)
Menu touristique	Touristenmenü (meist nichts für Feinschmecker!)
Menu végétarien	Vegetarisches Menü
Mère de sole	Limande, Rotzunge (Meerfisch)
Merga (Marga)	Die Sauce und Gemüsezutaten zum Cous-Cous (↑)
Merguez	Kleine, dünne, rote, scharfe nordafrikanische Lamm- oder Hammelwürstchen, meistens zum Cous-Cous; die Elsässer machen sie leider auch aus Rindfleisch und Schweinefleisch (aber wer gibt es zu?)
Méringuage	Meringe-, Baisermasse
meringué(e)	Mit Eiweiß/Zucker-Häubchen überbacken
Méringue	Baiser; leichte Nachspeise aus Eiweiß und Zucker, bei kleiner Flamme gebacken
Meringue Chantilly	Sahnebaiser
Merinque glacé	Baiser mit Eiscreme
Merise	Wildkirsche
Merlan	Merlan (Wittling, Weißling), 30 - 60 cm lang, goldfarben, an den Seiten silbrig, in Frankreich meist aus dem *Mittelmeer*, aber auch aus dem *Atlantik*
Merlan Bercy	Merlan in Weißwein, Schalotten und Butter gedünstet
Merlan à la biarotte	Gebratener Merlan mit pikanter Sauce
Merlan Colbert	Gebackener Merlan mit Kräutern gefüllt, ohne Mittelgräte, mit Kräuterbutter seviert
Merlan en colère	Merlan frittiert
Merlan Côte d'Azur	Merlan in Weißweinfischfond, mit Champignons, Sellerie- und Kopfsalatstreifen, Knoblauch, Tomaten, Schalotten & Zitronensaft pochiert (gekocht)
Merlan cru	Marinierter Merlan, roh, kalt serviert
Merlan à la flamande	Merlan in Weißweinfischfond mit gehackten Schalotten pochiert (gekocht) (*Flandern*)
Merlan frit	Frittierter Merlan (Wittling), (oft wie Seezunge zubereitet), mit Milch, Mehl, Salz, Petersilie, Zitrone (leicht verdaulich!)

Merlan au plat	Gebratener Merlan in Butter, Weißwein & Zitronensaft, im Ofen gebraten (leicht verdaulich!)
Merle	Amsel, Schwarzdrossel (Singvogel!!!)
Merle de mer	Lippfisch
Merleau	Junge Amsel (Singvogelbaby!)
Merlu	Seehecht, Meerhecht (*Atlantik*, bis 1 m lang und bis 4 kg schwer), sehr mager (1% Fett), meist gekocht; viele Zubereitungen, variable Saucen
Merlu des cailletots	Gebratene Seehechtscheiben mit Champignons, Muscheln und Garnelen, mit Calvados flambiert
Merlu à la Koskera	Gebratene Seehechtscheiben mit Erbsen, Kartoffeln, gehacktem Knoblauch und Spargelspitzen
Merlu en sauce verte	Seehecht in grüner Kräutersauce, mit Erbsen und Spargelspitzen
Merluche	Stockfisch; getrockneter (gesalzener?) Kabeljau
Merluchon	Kleiner Seehecht, siehe (↑) Merlu
Mérou	(Brauner) Zackenbarsch, wie Thunfisch zubereitet
Merveilles	Frittiertes Gebäck, runde Krapfen (*Périgord*)
Mesclun	Mischsalat meist wildgewachsen, mit Rauke, Löwenzahn, Endivie, Kerbel, Eichblattsalat, Feldsalat, Portulak, wildem Lattich, Kopfsalat, grünem oder rotem Lollosalat, Senfkohl u. a. (*Nizza*)
Mesclagne landais	Gebratene Gänseleberscheibe, paniert (*Landes*)
Mesure (en verre)	Maß (Messbecher)
Méthode	Eingemachtes Enten- oder Schweinefleisch (Confit)
Mets	Speise, Gericht, Essen (zubereitet)
Mets favori	Lieblingsessen
Metton	Sauermilchquark
mettre	hineingeben, -setzen, -stellen, -legen, -gießen
mettre au chaud	warmstellen
mettre le couvert	den Tisch decken, anrichten
Meunier	Döbel, Aitel, Alant (Flussfisch)
Meurette	1. Weinsauce aus dem Burgund, mit Karotten, Speckstreifen und Zwiebeln 2. siehe (↑) Matelotte d'anguille à la bourguignonne
mi-amer	halbbitter

Miche (de pain)	Brotlaib, traditionelles rundes Brot
Michon	Pfannkuchen mit Apfelscheiben gebacken
Mie	Brotkrume, Brösel
Mie de pain	Das Brotinnere (ohne die Kruste)
Miel	Honig
Miel artificiel	Kunsthonig
Miel de lavande	Lavendelhonig
Miel de romarin	Rosmarinhonig
Miel de tournesol	Sonnenblumenhonig
Miettes	Krümel, Krumen, Brösel
Miettes de crabes	Krabbenfleisch
Miglias(s)is	Süßes, korsisches Gebäck auf Kastanienblättern gebacken (nicht nur für süße Korsen)
Mignon	1. Gelbe Pflaume
	2. Liebliches, Allerliebstes
Mignon de veau	Kalbsfiletschnitzel
Mignon de veau chasseur	Kalbsschnitzel mit Champignons und Weinsauce
Mignardises	Süßes Minigebäck (zum Kaffee)
Migonnonette	Grob zerstoßener Pfeffer
Migourée	Verschiedene Seefischstücke in Fisch-Weißwein-Brühe, mit Knoblauch und Zwiebeln
Miot, Mijot	Ländliche Suppe mit Rotwein und Brot (auch süß)
mijoté(e)	geschmort, gedünstet, geköchelt
mijoter	langsam köcheln, schmoren
Milanais	Kleine runde Anisküchlein
Milhassou (milliassous)	Baskische Hirsetorte mit in Alkohol eingelegten Weintrauben (*Roussillon*)
Millas	Maisbrei
Millat, Milliard	Kirschtortenspezialität der *Auvergne*
Mille-feuille	Blätterteigschnitten mit Creme gefüllt
Mille-feuille au café	Blätterteigstücke mit Mokkacreme-Füllung
Mille-feuille de ris de veau	Kalbsbries in Blätterteig
Millet	Hirse
Millias, Milliasse	Hirsebrei, Hirsefladen, Hirsebällchen (in Suppe)
Millière	Reis-Mais-Brei (*Anjou*)
Millouin	Wildentenart, Tafelente

Mimosa	Kopfsalat mit Orangen oder als Vorspeise mit schön dekorierten, hartgekochten Eiern
mince	dünn, fein, schmal, schlank
Mince filet d'huile	Ein kleiner Ölspritzer (¼ Kaffelöffel)
Minerva	Bonbons aus *Nîmes*
Ministra corse	Sehr dickflüssige Gemüse-/Speck-Suppe (*Korsika*)
Minestrone	Gemüsesuppe mit Nudeln und Reis
Mini-Mont Blancs	Baisers mit Maronencreme und Schlagsahne
Mingeaux de Rennes	Erdbeersahne (*Bretagne*)
Minute (à la ~)	Minute; à la minute: „auf den Punkt" genau oder schnell (ruckzuck) zubereitet
Mique	Knödel (aus Weizen-, Hafer- oder Maismehl)
Mirepoix	1. Geröstetes, gewürfeltes Suppengrün (-Gemüse) 2. Sauce aus geröstetem Gemüse, Zwiebeln, Speck, Pilzen, Weißwein, Fleischbrühe u. a. 3. Liebenswertes Städtchen im *Roussillon*
Mirliton	Mit Creme gefülltes Blätterteigtörtchen (*Rouen*)
Miro(n)ton (de bœuf)	Gekochte, dünne Rindfleischscheiben mit Zwiebelscheiben in der Terrine geschichtet, mit Butter und Semmelbröseln gratiniert
Miroton de pommes	Heiße Süßspeise mit angebackenen Apfelscheiben
Miroux	Schlangenförmiger, süßer Hefekuchen
Missiasoga	*Korsisches* Ziegenfleischgericht (wer sowas mag ...?)
Missisa (*Korsika*)	Schweinefilet, eingelegt, geräuchert, dann gegrillt
Mitonnée	Brotsuppe mit Milch, Eigelb, Zwiebel (*Bretagne*)
mitonner	bei schwacher Hitze in einer Brühe kochen lassen
Mixed-Grill	„Gemischter Grill"; verschiedene Fleisch- oder Fischsorten
Moelle (de bœuf)	Ochsenmark, Knochenmark
moelleaux, moelleuse	sahnig; bei Wein: lieblich
Mogettes	1. Kleine Bohnenkerne 2. Bohnengericht mit Butter und Sahne (*Poitou*)
Moissac	Weiße Weintraubensorte
Moitié	Hälfte
Mojettes	Weiße Bohnen(-kerne)
Mojettes à la crème	Weiße Bohnen in Rahmsauce
Moka	Mokka; Abk. für Mokatine
Mokatine	Kleines, mit Mokkacreme gefülltes Gebäck

mollet(te)	weich, zart
Mollusques	Weichtierfleisch von Austern, Schnecken, Tintenfischen usw.
Molve	Leng(fisch)
Montegado	Bohnengericht (reg.)
monter	montieren (von Köchen gern gebrauchtes Wort), lockerluftiges Aufschlagen von Cremes & Saucen
Montglas	Streifen aus Champignons, Pökelzunge und Trüffeln mit brauner Grundsauce und Madeira
Montmorency	(Sauer-)Kirschentorte mit Baiserhaube
Morceau(x) de viande	Fleischstück(e)
Morille	Morchel, sehr guter, schmackhafter Speisepilz
Morilles à la **c**rème	Morcheln in Rahmsauce
Morne	Rotbrasse, dem Karpfen ähnlich
Mortadelle	Mortadella (*italienische* Fleischwurst)
Mortier	Mörser
mortifier	mürbe machen (Fleisch)
Morue	Kabeljau, Dorsch, Klippfisch, von 200 gr. bis 50 kg schwer! Die Leber ist reich an Vitamin A und D; er wird meist schon auf dem Schiff verarbeitet: gesalzen und konserviert
Morue à la **b**ayonnaise	Dorschauflauf mit Kartoffeln, salzig
Morue **b**orgne	Franzosendorsch (Meeresfisch)
Morue **c**antabrique	Kabeljaufilet in Gemüsesauce
Morue **f**raîche	Frischer (ungesalzener) Kabeljau
Morue **f**umée	Geräucherter Kabeljau; meist zu Vorspeisen
Morue à la **l**yonnaise	„Lyoner" Stockfisch gekocht in dünnen Scheiben, mit Zwiebel- und Kartoffelscheiben gebraten, Essig, Pfeffer, Petersilie
Morue à la **m**ode de **B**iscaya	Gedünsteter Kabeljau mit Paprikapüree (am Golf von Biscaya, ein Mädchen mal stand?)
Morue **n**oire	Schellfisch
Morue **r**onde	Klippfisch
Morue **s**échée (**s**alée)	Stockfisch (gesalzener, luftgetrockneter Kabeljau)
Mostèle, **M**o(s)telle	Seequappe, zarter Mittelmeerfisch (wie Dorsch)
Mou	Tierlunge

Mouclade	Gericht mit Zuchtmiesmuscheln in Weißwein mit Schalotten, Knoblauch und Petersilie gekocht, mit saurer Sahne und Butter gebunden
Mouchon	Bindenbrasse, große Geißbrasse (Meeresfisch)
moudré	gemahlen
mouiller	befeuchten, einem kochenden Gericht Wasser (oder Wein) hinzugeben
Mouillette	„Brotfinger": länglichgeschnittene Brotstreifen, die in weichgekochte Eier getaucht werden
Moule à **p**âtisserie	Kuchen- oder Puddingform
Moules	Mies- oder Pfahlmuscheln, Blaumuscheln
Moules **b**asques	Ausgelöste Miesmuscheln in Tomaten-Butter-Sauce mit Semmelbröseln
Moules de **b**ouchots	Zuchtpfahlmuscheln
Moules à la **B**reughel	Muscheln im Biersud (*Belgien*)
Moules à la **c**rème	Muscheln in Rahmsauce
Moules d'**E**spagne	Spanische Miesmuscheln
Moules à la **m**arinière	Muscheln „Seemannsart", gekocht in trockenem Weißwein, mit angedünsteten Zwiebeln, weißem Pfeffer, Salz, Petersilie, der Sud mit Butter gebunden und meist mit Pommes frites serviert
Moules **m**arinières	In Weinsud mit Kräutern und Zwiebeln (oft auch mit Knoblauch) gekochte Miesmuscheln ♥
Moules des **p**êcheurs	Miesmuscheln mit einer Mayonnaisensauce
Moules **p**oulette	Miesmuscheln mit einer Champignon-Eier-Sauce
Moules à la **p**rovençale	Miesmuscheln mit Schalotten, Knoblauch, Butter, Zitronensaft und Semmelbröseln überbacken
Moules **r**avigote	Muscheln in Essig-Öl-Zwiebel-Sauce
Moules au **S**afran	Miesmuscheln mit Safran, Zwiebeln, Weißwein, Petersilie, Thymian, Lorbeer, Öl und Pfeffer
Moulin à **c**afé	Kaffeemühle
Moulin à **p**oivre	Pfeffermühle
moulu	gemahlen
Mousse	Schaum-Cremespeise; leichte Pastetenpaste
Mousse de **b**rochet aux **q**ueues d'**é**crevisses	Hechtschaumcreme mit schönen, leckeren Krebsschwänzchen ♥
Mousse au **c**afé	Mokkaschaumcreme
Mousse **c**haude de **t**ruite	Heißer Forellenschaum mit Krebssauce ♥

A-Z Französisch - Deutsch

~ ~ de truite de rivière au coulis d'écrevisses	Zerstoßene Forelle mit Sahne & Eiweiß, P + S, Cognac, Crème double, Mehlbutter, Sahne
Mousse au chocolat	Schokoladenschaumcreme
Mousse de cresson	Kresseschaumcreme
Mousse de foies de volaille	Geflügelleberschaumcreme
Mousse glacée aux fraises	Erdbeerschaumcreme halbgefroren, mit Sahne
Mousse de homard	Hummerschaumcreme
Mousse de jambon froide	Kalte Schinkenschaumcreme
Mousse au kirsch	Schaumcreme mit Kirschwasser
Mousse de truite cardinal	Forellenschaumcreme, mit Muskat, Ingwer & Zimt
Mousse de volaille froid	Kalte Geflügel-Schaum-Masse
Mousseron	Kleiner, würzig nach Knoblauch riechender Speisepilz (Knoblauchschwindling), Maipilz, Mairitterling (der nach Knoblauch riechende Frühlingsritter?)
Mousseline	Sahnecreme, Sahnesauce
Mousseline d'artichauts	Artischocken-Sahne-Creme
Mousseline de brochet	Hecht-Sahne-Creme
Mousseline de foies de volaille	Geflügelleber-Sahne-Creme
Moussette	Kleines Mus, Müschen (schönes Wort), Ausdruck in der „Nouvelle Cuisine" (klingt irgendwie abgewandelt)
Moût	Traubensaft, Most
Moutarde	Senf, Mostrich
Moutarde à l'ancienne	Grobkörniger Senf nach alter Art
Moutarde Dijon	Der meistverbrauchte französische Senf ♥
Moutardelle	Meerrettich-Art
Moutardier	Senftopf, Senftöpfchen
Mouton	Hammel oder Schaf
Mouton en daube	Eingelegtes Hammelfleisch mit Gemüse, Wein und Kräutern geschmort
Mouton de pré salé	Schaf, das auf Salzwiesen (*Atlantik*) weidete ♥
Moyeu	Uraltausdruck für Eigelb, wird immer noch benutzt

Mulet (Muge, Mulle)	Seebarbe, Meeräsche (Küstenfisch), häufig angeboten, gekocht, gebacken und gegrillt
Mulet **c**abot	Seebarbe mit dickem Kopf bis 60 cm lang, auf dem Rücken silbrig, an den Flanken braun
Mulet **d**oré	Gold(meer)äsche, 20-45 cm lang
Mulet **l**ippu	Großlippige Meeräsche mit langen, großen Lippen, bis 50 cm lang! (nicht die Lippen!)
Mulet au **v**in **b**lanc	Seebarbe in Weißweinsauce
Mulette	Flussmuschel
mûr(e)	1. reif
	2. ugs. besoffen
Murçon	Bauernwurst, heiß serviert (*Ardèche*)
Mûre	Maulbeere
Mûre **s**auvage	Brombeere
Mûre de **r**once	Brombeere
Murène	Muräne, schuppenloser (Mittel-)Meerfisch, bis 130 cm lang, fettes, aber feines Fleisch, ohne Gräten; wird wie Aal zubereitet, meist kalt mit Knoblauchsauce oder in der Bouillabaisse; Sein Biß ist giftig!
Muscade (noix de ~)	Muskat(nuss)
Muscadet	Trockener Weißwein (*Loire*)
Muscat	Muskateller(wein)
Museau	Schnauze oder Maul vom Rind oder Schwein
~ de **b**œuf à la **v**inaigrette	Ochsenmaulsalat in Essigmarinade
Mustèle	Glatthai, Seehund
Mustèle, **M**ustelle, **M**ostelle	Schellfisch (aus dem *Mittelmeer*)
Myrtilles	Heidelbeeren, Blaubeeren
Mystache	Eiscreme mit Pistaziengeschmack
Mystère	Eiscreme im Baiser mit Mandelgeschmack, außen mit Krokant/Schokoladenüberzug

N

Nage	Wurzelsud, in dem Fische oder Krustentiere gekocht werden
Nageoires	Flossen
Naissain	Junge Muschel oder Auster
Nantais	Kleiner Mandelkuchen
Napolitain	Schichtkuchen mit Mandeln & Konfitürenfüllung
Nappe	Tischtuch
nappé(e)	nappiert: mit einer dickflüssigen Masse überzogen (Sauce, Gelee, Creme, Marmelade usw.)
napper	überziehen, übergießen, bedecken
Nase	Nase, Saibling (Flussfisch)
Natte	Zopf (-Brot)
Natte au **c**umin	Kümmelzopf (keine Frisur! Backware)
Natte aux **p**avetins (pavots)	Kleiner Mohnzopf
nature, (au) **n**aturel	einfach, ohne Zutaten zubereitet und serviert
naturel	unbearbeitet, in Wasser gekocht; naturrein (Wein)
Navarin de homard	Hummertopf mit Gemüse, Weißwein, Cognac, Zwiebeln, Kerbel, Estragon, Sahne und Cayenne zubereitet, mit Trüffeln in Becherform angerichtet
Navarin de mouton	Lamm- oder Hammelragout mit weißen Rüblein, Karotten, Zwiebeln, Knoblauch, Tomatenpüree, geformten Kartöffelchen und Kräutern
Navarin de **m**outon **pr**intanière	Lammschulterragout mit Frühlingsgemüse, weißen Rüben, Knoblauch und Thymian
Navet	Weißes Rübchen, Steckrübe, länglich oder rund; die runde ist schmackhafter (als Gemüse oder im Couscous wichtig!)
Navets **g**lacés	Gekochte weiße Rübchen mit Zucker glaciert
Navet de **S**aint-Victor	Kleines Kuchenschiffchen (nicht Victor's Rübchen!)
Navet de **S**uède	Steckrübe, Kohlrübe
Navette	Teigschiffchen
Nèfle	Mispelbeere
Nègre en **c**hemise	Gestürzte Schockoladencreme mit Schlagsahne
Négus	Weiche Karamellen (Plombenzieher)

Neige	Eiweiß, steif geschlagen; zerriebener Eisschnee
Nelusko	Kleine Biskuittörtchen mit Kirschenfüllung
Nem	Frühlingsrolle (keine chinesische Turnübung!)
Nemours	Törtchen mit Mirabellenmarmelade gefüllt
Néroli	Kleines Mandel-Orangen-Gebäck; Orangenblüten
nerveux	körperreich, nervig (Wein) (wer findet solche Ausdrücke?)
Nez de **c**hat	Riesenschirmpilz
Nid	Nest, Nestform
Nids d'**h**irondelles	Schwalbennester
Nids de **p**ommes de **t**erre	Strohkartoffelkörbchen (sehr niedlich - zum Fressen!)
Nigelle	Schwarzkümmel
Niniches **b**ordelaises	Weiche Karamellen mit Schokoladenüberzug
Noces	Haferschleim (*Bretagne*)
noir(e)	schwarz(e) (z. B.: Kaffee)
Noisette	1. Haselnuss
	2. Die kleine vom Kotelett ausgelöste, runde Fleischscheibe, das „Nüsschen" (ha!)
Noisette d'agneau	Lamm- oder Hammelstück, das „Nüsschen"
Noisette d'**a**gneau **C**ussy	Lammfilets auf Croutons, mit Champignonpüree gefüllten Artischockenböden und Hühnernieren, mit Madeira benetzt
Noisette d'**a**gneau à la **D**reux	Lammnüsschen mit Trüffeln gespickt, mit Pökelzungen- und Schinkenstreifen, mit Sauce financière (↓) Fleischbrühe mit Champignons und Madeira)
Noisette d'**a**gneau **R**ivoli	Lammnüsschen mit Trüffeln garniert und mit Madeira begossen, serviert auf Annakartoffeln (gebackene Kartoffelscheiben mit brauner Butter)
Noisette de biche **d**uchesse d'**U**zès	Hirschkuhnüsschen (wie niedlich) mit Pfeffersauce, Maronenpüree und Kartoffelkroketten
Noisette de chevreuil **N**esselrode	Rehnüsschen gebraten, mit Pfeffersauce und Maronenpüree ♥
Noisette de **c**hevreuil **S**aint-Hubert	Rehnüsschen mit Pilzsauce gratinée (Hubert's Nüsschen verdient ein Küsschen!)
Noisette de veau **g**ratinée	Kalbsnüsschen mit Käse überbacken
Noisettes	Kleine, runde Filetscheiben (Nüsschen)

Noix	1. Walnuss
	2. Schieres Fleisch
	3. Das Kugel- oder Eckstück aus der Oberkeule, die „Nuss"
Noix de **B**ayonne	Nussschinken
Noix (Noisette) de **b**eurre	Butterflocken, ein wenig Butter
Noix de **B**résil	Paranuss
Noix de **c**ajou	Cashewnuss
Noix de **c**oco	Kokosnuss
Noix **c**onfite	Kandierte Walnuss
Noix de **m**uscade	Muskatnuss
Noix de **p**orc	Schweinsnüsschen (sowas niedliches und schweiniges)
Noix de **S**aint-Jacques	Weißes Fleisch der Jakobsmuscheln
Noix de veau	Kalbsnuss
Noix de veau à l'**a**ixoise	Kalbsnuss mit Rübchen, Karotten, Zwiebeln und Maronen (mit Rübchen! ha!)
Noix de veau **b**ourgeoise	Gedünstete, gespickte Kalbsnuss mit Zwiebeln, Erbsen und Karotten
non	nein
Nonat (Nonnat)	Sehr kleiner Mittelmeerfisch, Fischbrut, meist frittiert oder in Omeletts
non **c**oupé	ein unverdünntes Getränk
Nonnenfirtzle	*Elsässer* Krapfen (Also, also, die Elsässer!)
Nonnetes de **D**ijon	Pfeffer(leb)kuchen aus *Dijon*
Nonpareilles	1. Sehr kleine, feinste Kapern
(Unvergleichliches)	2. Bunte Zuckerperlchen, zum Bestreuen von Gebäck u .a.
Noques	Nocken, Nockerln, kleine Klößchen aus Eiern, Mehl und Butter, mit Muskat gewürzt, oft als Suppenklößchen verwendet (*Elsässer* Klößchen)
Norvégien	Kleines Mandelküchlein mit Kirschwasser getränkt
Norvégiennes au **C**ointreau	Eis in Biskuit gehüllt, mit Baisermasse überbacken und mit Cointreau benetzt (ja!) ♥
Note	Rechnung, Abrechnung (im Hotel)
Notre **p**lat du **j**our	Unser Tagesgericht
Nougat	Nougat (*Montélimar* ist Hauptstadt des Nougats)

Nougat **g**lacé	Nougateistorte (die Kühle und doch Begehrenswerte)
Nougat **n**oir	Oblaten mit Honig-Mandelfüllung
Nougatine	Mit Creme gefülltes Gebäck
Nougatines de **P**oitiers	Nougatbonbons
Nouilles	Nudeln, Bandnudeln
Nouilles à l'**al**sacienne	Nudeln mit Butter und Semmelbröseln
Nouilles au **b**eurre	Bandnudeln mit Butter
Nouilles **fr**aîches (maison)	Frische, hausgemachte Nudeln
Nouilles au **j**ambon	Schinkennudeln
Nouilles **v**ertes	Breite Nudeln, mit Spinatpüree grün gefärbt
Nounat	Meergrundel (Fisch) (wo hat sie nur gegrundelt?)
Nourriture	Lebensmittel, Nahrung, Verpflegung, Kost
Nous **v**ous **p**roposons cette semaine ...	Wir empfehlen diese Woche ...
Nous **v**ous **r**emercions de **v**otre **v**isite	Wir danken für Ihren Besuch
nouveau, **n**ouvel(le)	neu
Nouvelle **c**uisine ("nix auf dem Teller")	Neue (schmale) Küche (modische Kochart von König Bocuse, er hat sich aber zurückbesonnen!)
Noyau	Obstkern, -Stein, Mandel

O

Oblade	Brandbrasse, meist aus dem Mittelmeer, bis 30 cm lang, dem Karpfen ähnliches Fleisch
occupé	besetzt
Odeur	Geruch, Duft, Aroma; arôme (↑), (nicht immer maximal)
Œuf	1. Ei
	2. Rogen
Œufs	Eier, Eiergerichte
Œufs d'**a**lose à la **b**ordelaise	Eier mit gewürztem Alsenrogen, mit Scheiben von Rindermark bedeckt, gebraten, mit Sauce bordelaise (↓)
Œufs à l'**al**sacienne	Spiegeleier auf Sauerkraut, mit Würstchen garniert
Œufs à l'**am**iral	Eier auf Champignons & Krebsschwänzen-Ragout
Œufs à l'**an**tiboise	Eier gebacken, mit Sardellenfilets belegt und mit Tomatensauce umgossen

Œufs à l'**au**vergnate	Verlorene Eier mit Wurst (die Wurst ist noch da! haa!)
Œufs au **ba**con	Spiegeleier mit Speck
Œufs **Be**rcy	Eier mit Schweinswürstchen (Chipolatas)
Œufs à la **be**rgère	Gekochte Eier mit (in) einer Mehl-Milch-Lamm-fond-Sauce überbacken
Œufs **Be**rlioz	Wachsweiche Eier auf einem Haschee aus Wild-fleisch & Champignons, mit Kalbsbrühe serviert
Œufs à la **bo**urguignonne	Verlorene Eier auf gerösteten Weißbrotscheiben, mit Rotweinsauce
Œufs **Br**agance mit Sauce béarnaise	Eier pochiert, auf gebratenen Tomatenhälften,
Œufs à la **br**etonne	Spiegeleier auf Zwiebelpüree, mit geriebenem Käse bestreut, mit Sauce überzogen
Œufs **b**rouillés	Rührei (im Napf)
Œufs **b**rouillés à l'**am**iral	Rührei mit Hummerfleisch
Œufs **b**rouillés **Ar**chiduchesse	Rührei mit Schinken und Champignons nach „Herzoginart"
Œufs **b**rouillés (à l') **Ar**genteuil	Rührei mit Spargelspitzen (*Argenteuil*) (dort wachsen manche Spargel)
Œufs **b**rouillés à l'**ar**lésienne	Rührei mit gebratenen Auberginenwürfeln und Tomaten vermischt
Œufs **b**rouillés **Au**male	Rührei mit Kalbsnieren und Tomaten gebraten
Œufs **b**rouillés au **ba**con	Rührei mit Frühstücksspeck
Œufs **b**rouillés **Be**rcy	Rührei mit Würstchen und Tomatensauce
Œufs **b**rouillés à la **br**abançonne	Rührei mit gedünsteten Tomaten (*Belgien*) (na ja? - ohne Bier?)
Œufs **b**rouillés à la **br**essane	Rührei mit sautierten, gewürfelten Geflügel-lebern und Trüffelscheiben garniert (*Bresse*)
Œufs **b**rouillés **Ca**rême	Rührei mit Champignons & Trüffelscheiben ♥
Œufs **b**rouillés aux **c**èpes	Rührei mit Steinpilzen ♥
Œufs **b**rouillés à la **cr**ème	Rührei mit saurer Sahne, auf Toast
Œufs **b**rouillés à l'**es**pagnole	„Spanische" Eier (olé): Rührei mit Paprika-streifen, Tomaten und Röstzwiebeln

Œufs brouillés aux foies de volaille	Geröstete Hühnerleber mit Rührei
Œufs brouillés forestière	Rührei mit Champignons (und Muscheln) ♥
Œufs brouillés grand Mère	Rührei mit gekochtem Schinken (kann man auch bei der Großmutter daheim essen)
Œufs brouillés Joinville	Rührei mit gewürfelten Garnelen, Champignons und Trüffeln vermischt, in der Blätterteigpastete mit Garnelen & Trüffelscheiben garniert ♥
Œufs brouillés à la mariniére	Rührei mit Champignons und Muscheln ♥
Œufs brouillés Marivaux	Rührei mit gehackten Trüffeln vermischt, mit Champignonscheiben und Fleischsauce umgeben
Œufs brouillés Moréno	Rührei mit Tomaten, Zwiebeln und Petersilie
Œufs brouillés à la périgourdine	Rührei mit Trüffeln (Périgord) ♥
Œufs brouillés aux pointes d'asperges	Rührei mit grünen Spargelspitzen
Œufs brouillés à la portugaise	Rührei mit angebratenen Tomaten und Tomatensauce
Œufs brouillés (à la) princesse	Rührei mit Streifen von Geflügelfleisch und grünen Spargelspitzen; meist mit Trüffelscheiben und Rahmsauce umgossen ♥
Œufs brouillés à la purée de champignons	Rührei mit Champignonpüree
Œufs brouillés à la reine Margot	Rührei mit Mandelbutter in Tarteletts (Törtchen mit Rand) gefüllt, mit Sauce Velouté (↓) umgossen
Œufs brouillés aux truffes	Rührei mit Sahne und Trüffeln ♥
Œufs brouillés Yvette	Rührei mit Krebsschwänzen vermischt und grünen Spargelspitzen garniert, Nantuasauce (↓)
Œufs de caille au caviar	Wachteleier (meist -kleine- aus Japan) mit Kaviar
Œufs à la campagnarde	Auflauf mit Kartoffeln, Eiern, Käse und Sahne
Œufs à la cantalienne	Eier im Ofen mit geraspeltem Cantalkäse gebacken
Œufs à la cardinale	Spiegeleier mit Hummer- und Trüffelscheiben ♥
Œufs Carême	Eier mit Trüffel- und Champignonscheiben garniert und mit Sauce überzogen (glaciert) ♥
Œufs en cassolette	Eier im Steingutnapf, mit Tomaten, Erbsen und geriebenem Käse gegart

Œufs à la **ch**asseur	Eier mit gebratener Geflügelleber, Champignons und mit Madeirasauce umgossen
Œufs à la **Châ**tillon	Rühreier mit gebratenen Champignonscheiben und Petersilie vermischt, mit Fleurons garniert
Œufs **C**luny	Spiegeleier mit Geflügelkroketten und mit Tomatensauce umgossen
Œufs en cocotte	Eier im ausgebuttertem Förmchen, im Wasserbad zubereitet
Œufs en **c**ocotte aux **ch**ampignons	Eier im Förmchen auf Champignonpüree gekocht
Œufs en **c**ocotte **Col**bert	Eier im Förmchen, mit Hühnerfrikassee & Sauce aus Bratensaft, Zitrone, Madeira und Kräutern ♥
Œufs en **c**ocotte à la **crè**me	Eier im ausgebuttertem Förmchen, mit Sahne gekocht
Œufs en **c**ocotte à la **Di**ane	Eier im Förmchen, mit Wildpüree und Trüffeln ♥
Œufs en **c**ocotte **fl**orentine	Eier im Förmchen, mit Spinat, Reibekäse und Sauce Mornay (↓) (Käse/Butter-Sauce) überbacken
Œufs en **c**ocotte à la **fo**restière	Eier im Förmchen, mit gehackten Morcheln und gebratener Speckscheibe gekocht und mit Wildbrühe umgossen (macht wild?)
Œufs en **c**ocotte **Je**anette	Eier im Förmchen, mit Hühnerfleisch & (grünen) Spargelspitzen ♥
Œufs en **c**ocotte	Eier im Förmchen, mit Gänseleber, Trüffelscheiben und Madeirasauce ♥ ♥
Œufs en **c**ocotte **Ni**non	Eier im Förmchen mit gerösteter Gänseleber
Œufs en **c**ocotte **Pé**rigeux	Eier im Förmchen, mit Gänseleber und Trüffel sauce ♥
Œufs en **c**ocotte à la **re**ine	Eier im Förmchen mit Hühnerfrikassee und einer Geflügelrahmsauce ♥
Œufs en **c**ocotte **ro**uennaise	Eier mit Entenbraten(-resten) im Wasserbad zubereitet (*Rouen*)
Œufs en **c**ocotte aux **to**mates	Eier im ausgebuttertem Förmchen, auf frischem Tomatenpüree mit Petersilie
Œufs en **c**ocotte **Val**entine	Eier im Förmchen, mit Champignons und Tomaten
Œufs en **c**ocotte **Zin**gara	Eier im Förmchen, mit Schinken, Champignons und Madeirasauce

Œufs à la coque	Weichgekochte (circa 3 Min.) Eier in der Schale
Œufs à la crème	Spiegeleier mit Sahne überbacken
Œufs durs	Hartgekochte Eier (7-8 Minuten)
Œufs durs à l'antiboise	Eierhälften mit durch das Sieb gedrücktem Eigelb,
(Harte Eier nach der Art der	Butter, Ragout aus Hummer & Tomaten, unter-
Antiboiser)	zogenem Eiweißschnee, dann mit Käse überbacken
Œufs durs en aspic	Hartgekochte Eier(scheiben) in Aspik (kalt)
Œufs durs à la béchamel	Hartgekochte Eier mit Milch-Mehl-Butter-Sauce
Œufs durs à la diable	Senfeier nach „Teufelsart" (scharf, hussa!)
Œufs durs et farcis à la strasbourgeoise	Passiertes Eigelb mit Gänseleberpüree in Eihälften gefüllt, paniert, frittiert, mit Geflügelrahmsauce
Œufs durs en gelée	Hartgekochte Eier(scheiben) in Aspik (kalt)
Œufs durs (à la) hongroise	Hartgekochte Eier mit Béchamelsauce (↓), Paprika, Zwiebelringen und gebratenen Tomaten
Œufs durs à la mayonnaise	Hartgekochte Eier mit Mayonnaise
Œufs durs poulette	Hartgekochte Eier mit Eigelb-/Sahne-/Butter-Sauce, Zitronensaft und Champignons
Œufs durs en salade	Eiersalat (vorsichtig geschnitten!)
Œufs farcis	Gefüllte Eier
Œufs (durs) farcis aux anchois	Hartgekochte Eier mit Sardellen gefüllt
Œufs farcis à la bretonne	Hartgekochte „ Eier der Bretonen" mit Fisch-masse gefüllt (*Bretagne*)
Œufs (durs) farcis aux crevettes	Hartgekochte Eier mit Krevetten gefüllt
Œufs farcis aux fines herbes	Hartgekochte Eier mit Kräutermayonnaise gefüllt, mit Oliven, Tomaten und Salat serviert (*Dauphiné*)
Œufs farcis au paprika	Gefüllte Eier (Butter & Eigelb) mit Paprika bestreut
Œufs Florentine	*„Florentiner"* Spiegeleier auf Spinat serviert
Œufs à la française	Spiegeleier auf Blattspinat, in Butter gebraten, mit gegrilltem Magerspeck garniert
Œufs frits	Eier in schwimmendem Fett gebacken, mit übergestülptem Eiweiß und weichem Eigelb
Œufs frits à l'américaine	Frittierte Eier auf Speck, mit gegrilltenTomaten
Œufs frits andalouse	Frittierte Eier mit Auberginen und Tomatensauce
Œufs frits bordelaise	Frittierte Eier mit Pilzen (*Bordeaux*)

Œufs frits à la hongroise	Hartgekochte Eier mit Zwiebeln, Paprika, Tomaten & mit Milch-/Mehl-/Butter-Sauce überbacken
Œufs frits à la huguenote	Verlorene „Hugenotten"-Eier mit Bratensaftgelee
Œufs frits à la milanaise	Frittierte Eier zu Spaghetti- oder Makkaroniauflauf, mit gegrillten Tomaten & Tomatensauce
Œufs frits provençale	Frittierte Eier mit Auberginenscheiben und gebratenen Tomaten
Œufs frits à la romaine	Verlorene Eier auf Spinat (die suchen die Römer noch!)
Œufs froids à la Dreux	Spargelspitzen und Trüffelscheiben mit Eihälften belegt, auf Croutons mit Gelee garniert
Œufs en Gelée	Eier in Aspik
Œufs au Gratin (gratinés)	Eier mit Käse-Sahne Sauce überbacken
Œufs gratinés à la portugaise	"Portugiesische" (von der Sonne verwöhnte) überbackene Eier, mit Oliven & gewürfelten Tomaten
Œufs grillés eskualduna	Spiegeleier auf fettem Speck, mit Paprikaschoten und mit Parmesan überbacken *(baskisch)*
Œufs à la huguenote	Verlorene Eir in Sülze (Pech füe die Hugenotten!)
Œufs au jambon	Spiegeleier mit Schinken
Œufs au lait	Gesüßte Eiermilchcreme
Œufs au lard maigre	Spiegeleier mit magerem Frühstücksspeck
Œufs Magda	Rühreier mit Käse, Senf und Kräutern
Œufs à la Maintenon	Verlorene Eier mit Zwiebelpüree und Sauce
Œufs mayonnaise	Hartgekochte Eier mit Mayonnaise
Œuf de mer	Schwarzer Seeigel (Spezialität)
Œufs Metternich	Spiegeleier & Champignons mit Käse überbacken
Œufs en meurette	Verlorene Eier mit Zwiebel-Lauch-Rotweinsauce, Speckwürfeln und Petersilie garniert ♥
Œufs Mimosa	Halbierte Eier mit Mayonnaise
Œufs Miroir	Spiegeleier; meist im Pfännchen serviert (niedlich)
Œufs mollets	Wachsweichgekochte Eier (circa 5 Minuten)
Œufs mollets Berlioz	Wachsweiche Eier auf einem Haschee von Wildfleisch & Champignons, mit Kalbsbrühe serviert
Œufs mollets à la dauphinoise	Wachsweiche Eier paniert, in heißem Fett gebacken; mit Tomatensauce und frittierter Petersilie

Œufs mollets à la milanaise (*„Mailänder" Art*)	Wachsweiche Eier mit Schinken, Pökelzunge und Champignons, mit Sauce Mornay (↓) und mit Parmesan bestreut, dann überbacken
Œufs mollets soubise	Wachsweiche Eier mit Zwiebelpüree, Sahne, Champignons und Sauce Béchamel (↓)
Œufs aux morilles	Eier mit Morcheln ♥
Œufs Mornay	Verlorene Eier mit Käse-Sahne-Sauce
Œufs moulés	Eier aufgeschlagen, im Förmchen pochiert
Œufs moulés Antonin Carême	Gestürzte Eier auf Gänsestopfleber, mit Austern und Sahnesauce bedeckt
Œufs moulés Cherville	Gestürzte Eier im Förmchen, mit geriebenem Käse und Sauce Mornay (↓) überbacken
Œufs moulés à la périgourdine	Gestürzte Eier mit Trüffelscheiben, auf mit Trüffelpüree gefüllten Tarteletts und Madeirasauce ♥ (*Périgord*)
Œufs à la neige	1. Eiweißschneeklößchen; 2. Süßspeise mit einer englischen Creme, darauf geschlagenes Eiweiß, mit kalter Caramelsauce oder Vanillesauce serviert
Œufs à la niçoise	Spiegeleier auf Trüffelessenz gegart, mit Trüffelscheiben und -Sauce ♥ (Auch in Nizza gibt es gute Eier)
Œufs Opéra	Spiegeleier mit Geflügelleber & Spargelspitzen
Œufs au plat	Spiegeleier (wie bei „Muttern")
Œufs au plat à la normande	Spiegeleier mit Austern und Sahne überbacken ♥ (*Normandie*)
Œufs sur le plat	Spiegeleier (auch wie bei „Muttern")
Œufs sur le plat au bacon	Spiegeleier mit Speck (englische Spezialität!)
Œufs sur le plat au beurre noir	Spiegeleier mit brauner Butter und Essig (**Tipp:** schmeckt sehr gut, aber schwer verdaulich)
Œufs sur le plat à la florentine	Spiegeleier auf Spinat, rohem und gekochtem Schinken, Butter, Muskat, Pfeffer und Salz
Œufs sur le plat au jambon	Spiegeleier mit Schinken
Œufs sur le plat au lard maigre	Spiegeleier mit magerem Speck
Œufs sur le plat aux tomates	Spiegeleier mit frischem Tomatenpüree, Salz und Zucker

Œufs pochés	Pochierte oder verlorene Eier: Eier ganz, ohne Schale, in Essigwasser gekocht (wer sucht sie?)
Œufs pochés Amélie	Verlorene Eier mit gemischtem Gemüse, Champignons und Sahnesauce (Amélie hat sie gefunden)
Œufs pochés à l'auvergnate	Verlorene Eier auf Kohl, mit Speckscheiben und Wurst (*Auvergne*) (Kein Kommentar!)
Œufs pochés à la béchamel	Verlorene Eier mit Sauce Béchamel (↓) und Käse überbacken
Œufs pochés Belle Hélène	Verlorene Eier mit Geflügelhaschee, Spargelspitzen und Geflügelrahmsauce ♥
Œufs pochés à la bordelaise	Verlorene Eier „*Bordelaise*", in Blätterteigpasteten, Mark, Kräutern, Knoblauch, Bordeauxwein
Œufs pochés à la bourguignonne	Verlorene Eier auf Toast, mit einer Rotwein-Kräuter-Sauce (*Burgund*) (alle verlieren mal was)
Œufs pochés Cardinal	Verlorene Eier mit Hummerragout, Béchamelsauce mit Fischbrühe, Hummerbutter und Trüffelessenz, mit einer Trüffelscheibe dekoriert ♥
Œufs pochés à la chasseur	Verlorene Eier auf Tarteletts, mit sautierten Champignons und Geflügelleber in Jägersauce gefüllt
Œufs pochés à la flamande	Verlorene Eier auf mit Rosenkohlpüree gefüllten Blätterteigkrustaden, mit Rahmsauce überzogen
Œufs pochés à la Florentine	Verlorene Eier „Florenz", mit Spinat, Parmesan, Mornaysauce (↓) (Käsesauce) (eierarmes Florenz?)
Œufs pochés à la gasconne	Verlorene Eier auf angebratenen Tomaten dressiert, mit Lammhaschee gefüllt, mit Tomatensauce und Reibekäse bedeckt, glaciert
Œufs pochés à la grecque	Verlorene Eier „griechisch": kalt auf Lauchgemüse (dort auch wiederzufinden!)
Œufs pochés Henri IV	Verlorene Eier mit Artischocken, Sauce Béarnaise (↓), Champignon- oder Tomatenpüree
Œufs pochés Louis XIV	Verlorene Eier auf Blätterteigkrustaden (gefüllt mit Champignonpüree & gewürfelter Pökelzunge), mit gehackten Tüffeln überstreut (sogar der Louis ...)
Œufs pochés à la lyonnaise	Verlorene Eier mit Butter und Käse überbacken (wer gönnt sowas nur den stolzen Lyonnern?)
Œufs pochés en matelote	Verlorene Eier auf Röstbrot mit Rotweinsauce

Œufs pochés en meurette	Verlorene Eier mit Speckstreifen, Zwiebeln und Burgundersauce (auch mit Pilzen)
Œufs pochés Mornay	Verlorene Eier mit Käsesauce und Parmesan überbacken
Œufs pochés à l'oseille	Verlorene Eier auf Sauerampfer
Œufs pochés à la ravigote	Verlorene Eier in einer Sauce mit Kapern und Cornichons (kleine saure Gürkchen) (niedlich)
Œufs pochés Rossini	Verlorene Eier mit Gänseleber, Trüffeln und Madeirasauce (auch der Rossini - und wo sind sie?)
Œufs pochés à la rouennaise	Verlorene Eier mit pürierter Gänseleber auf Toast (*Rouen*) (wer wird sie finden? Rouen ist nicht so groß)
Œufs pochés des vignerons	Verlorene Eier auf Toast mit Schnecken, Schinken und Rotweinsauce (sogar die Winzer verlieren sie)
Œufs poêlés aux tomates	Setzeier auf gebratenen Tomatenhälften
Œufs à la provençale	Eier mit Tomaten, Fleisch, Knoblauch und Wein
Œufs en robe de chambre	In gebackene, ausgehöhlte Kartoffeln rohe Eier gefüllt & mit Butterflöckchen im Ofen überbacken
Œufs à la russe	„Russische Eier": Blätterteigkrustade mit russischem (Gemüse-)Salat und Mayonnaise, darauf verlorenes Ei, garniert mit Räucherlachs, Kaviar und Gurke
Œufs Saint-Tropez	Verlorene Eier auf Toast mit Tomatensauce
Œufs savoyarde	Spiegeleier mit Kartoffeln, geriebenem Käse und Crème fraiche (*Savoyen*)
Œufs à la tripe	Eierscheiben in heller Zwiebel-Mehl-Sauce
Œufs à la trouvillaise	Spiegeleier mit Ragout von Garnelen, Muscheln & Champignons, mit Weißwein-/Garnelensauce
Œufs à la valencienne	Verlorene Eier mit Knoblauchmayonnaise überzogen, auf Artischockenböden angerichtet
Œnophile	Freund eines guten Tropfens (auch zweien und mehr)
Ofenkiechlas	Vanilleplätzchen (*Elsass, Lothringen*)
Officier	Franzosendorsch (Meeresfisch)
offrir	anbieten
offrir un repas	bewirten
Ognonnade, Oignonade	Zwiebelragout in Butter und Weißwein gedünstet
Oie	Gans (weißes, großes Geflügeltier)
Oie à l'alsascienne	Mit Kalbsbrät gefüllte, gebratene Gans

Oie confite	Im eigenem Fett und Gelee eingemachte Gans
Oie en daube (froide)	Mit einem Ragout von Pökelzunge, Speck, Trüffeln und Cognac gefüllt, im Ofen gedünstet, kalt
Oie en daube à la normande	Geschmorte Gans mit Fleisch-Apfel-Füllung (weißer großer Vogel aus der *Normandie*)
Oie farçi aux pruneaux	Geschmorte Gans mit einer Füllung von Backpflaumen, Zwiebeln, Schinken und Oliven, oft mit Maronen serviert (*Südwestfrankreich*)
Oie à la flamande	Gans „flämisch", mit Karotten, Kohl und Rüben
Oie à la paysanne	Geschmorte Gans mit Karottenscheiben, Sellerie Zwiebeln und gedünsteten Erbsen und Bohnen
Oie du réveillon	Feiertags- und Silvesteressen; (**Tipp:** Vorbestellen! Sonst gibt es meist keinen Platz mehr!)
Oie rôti	Gebratene Gans
Oie rôti à la mode de Toulouse	Nach „*Toulouser*" Art: Gebratene Gans mit einer Leber-Sardellen-Pilze-Kräuter-Füllung ♥
Oie sauvage	Wildgans
Oie à la strasbourgeoise	Gebratene Gans, mit Maronen und Sauerkraut
Oignon	Die Zwiebel
Oignons glacés	Mit Zucker glacierte junge Zwiebelchen
Oignons à la grecque	Zwiebeln in einer Marinade aus Öl, Zitrone, Weißwein und Kräutern
Oignons en marinade	Gekochte Frühlingszwiebeln, eingelegt in Öl, Zitronensaft, Weißwein und Kräutern
Oiseau	Vogel (konnte mal fliegen)
Oiseau(x) sans tête	Kalbsroulade(n) gefüllt
Oison	Junge Mastgans, Gänschen (kein junger Teenager!)
Oison farci à la fermière	Jungmastgans gebraten, gefüllt mit einer Masse aus Weißbrot, Geflügelleber, Speck, Ei und Äpfeln
Olive	1. Olive 2. Stumpfmuschel
Olives farcies	Gefüllte Oliven
Olive noire	Schwarze Olive
Olive verte	Grüne Olive
Olive de mer	Kleine Kammmuschel (kämmt sich mit der Bürste)
Olivette	1. Tafelweintraube 2. Pflaumentomate
Omble	Goldforelle, Bachsaibling

Omble **ch**evalier	Saibling oder Schwarzritter, der feinste der Süßwasserfische *(Schweiz, Bayern, Savoyen)*; meist gebraten oder in Sahnesauce ♥ ♥
Omble de **fo**ntaine	Bachsaibling, sehr schmackhafter Fisch ♥
Ombre	Äsche, Äschling, Goldforelle (Flussfisch) *(Alpen)*
Ombre **b**leu	Renke, Blaufelchen: sehr schmackhafter Fisch ♥
Ombre de **m**er	Meeräsche (Fisch des *Mittelmeers* und *Atlantiks*)
Ombrine	Schattenfisch, dem Barsch ähnlich (Meeresfisch), Umber (Karpfenfisch)
Omelette	Eierpfannkuchen, Omelett, Omelette
Omelette **A**gnès **S**orel	Mit Champignons und Hühnerpüree gefülltes Omelett, mit Pökelzungenscheiben darauf
Omelette **A**laska	Mit Eis gefüllter Biskuit, mit Eischnee überbacken
Omelette **A**rgenteuil	Omelett mit Spargelspitzen gefüllt
Omelette à la **belle Ar**lésienne	Omelett mit Stockfisch gefüllt, gebratenen Auberginenwürfeln und Tomatensauce überdeckt
Omelette à la **be**rgère	Omelett mit Lammhaschee gefüllt, Champignons
Omelette de **bo**hémienne	Omelett mit gehacktem Schweineschinken
Omelette **bo**nne **f**emme	Omelett mit Zwiebeln, Speck und Champignons
Omelette **bo**urguignonne	Mit Schnecken und Schneckchenbutter gefülltes Omelett, mit Petersilie bestreut
Omelette **br**avaude	Omelett mit gewürfelten Bratkartoffeln, Speck, dicker Sahne und Käse *(Auvergne)*
Omelette à la **br**etonne	Omelett mit Lauch, Champignons und Zwiebeln
Omette aux **cè**pes	Omelett mit gebratenen Steinpilzen ♥
Omelette au champignons	Omelett mit (frischen) Champignons
Omelette au champignons de **bo**is	Omelett mit frischen, gedünsteten Waldpilzen
Omelette (à la) **ch**asseur	Omelett mit Geflügelleber, Champignons, Zwiebeln (und Jägersauce umgossen)
Omelette **ch**erbourgeoise	Omelett mit Garnelen *(Cherbourg)*
Omelette **C**luny	Omelett mit Wildpüree gefüllt, Tomatensauce
Omelette aux **co**ques	Omelett mit normannischen Müschlein
Omelette à la **co**rse	Omelett mit Ziegenkäse
Omelette aux **co**urgettes	Omelett mit Zucchini
Omelette à la **crè**me	Omelett mit untergeschlagener Sahne

Omelette **cr**espeu	Omelett mit Kartoffeln oder Pökelfleisch gefüllt (*Provence*) (wer hat da gepökelt)
Omelette aux **cr**oûtons et au **l**ard	Omelett mit gerösteten Landbrotwürfeln & Speck (na ja!)
Omelette de **de**ssert	Omelett als Süßspeise mit Fruchtfüllung
Omelette d'**en**tremets	Süßes Omelett (Dessert)
Omelette à l'**es**pagnole	Omelett „spanisch", mit Zwiebeln und Tomaten
Omelette à la **fa**vorite	Omelett mit gehacktem Schinken, Spargelspitzen, in Rahmsauce mit Trüffelscheiben belegt ♥
Omelette aux **fi**nes **h**erbes	Omelett mit Petersilie und Schnittlauch
Omelette **fl**ambée au **Rh**um	Omelett gezuckert und mit Rum flambiert
Omelette au **fo**ie gras	Omelett mit Gänse(stopf)leber
Omelette aux **fo**ie de volaille	Omelett mit Geflügelleber, Madeira oder Portwein, Kalbsjus, Salz und Pfeffer
Omelette **fo**restière	Omelett mit Pilzen
Omelette au **fr**omage	Omelett mit Gruyère- oder Emmentaler-Käse
Omelette au **gr**iottes	Omelett mit Sauerkirschen (sauer macht süß)
Omelette aux **h**erbes	Omelett mit (frischen) Kräutern
Omelette au **ja**mbon	Omelett mit gekochtem Schinken (umwerfend)
Omelette à la **ju**rasienne	Omelett, gefüllt mit mageren Speckwürfeln, Sauerampfer und Schnittlauch (interessant)
Omelette au **l**ard	Omelett mit Brustspeck
Omelette **ly**onnaise	1. „*Lyoner*" Omelett mit gedünsteten Zwiebeln 2. Gefülltes Omelett mit Geflügelfleisch, Trüffeln, Champignons, dazu Zwiebelsauce und Emmentaler ♥
Omelette **mo**ntagnarde	Omelett mit Käse und Weißbrotbröseln
Omelette aux **mo**rilles	Omelett mit Morcheln (*Savoyen*)
Omelette **mo**usseline	Schaumomelett (für Schaumschläger)
Omelette à l'**os**eille	Omelett mit Sauerampfer und Kerbel
Omelette **N**antua	Omelett mit Krebsschwänzen
Omelette **na**ture	Omelett ohne was (für Babys und Anspruchslose)
Omelette **nî**moise	Omelett mit Stockfischpüree gefüllt, in Öl gebacken und mit Trüffelscheiben garniert
Omelette **ni**vernaise	Omelett mit Schinken, Schnittlauch, Sauerampfer
Omelette aux **no**ix	Omelett mit gehackten Walnüssen

Omelette **no**rmande	1. Omelett mit Apfelscheiben und Calvados
	2. Omelett mit Krabben, Austern, Champignons und einer hellen Mehl-/Buttersauce
Omelette **no**rvégienne	Biskuitomelett mit Eis gefüllt, mit Eiweißschnee überbacken (Ist es den Norwegern nicht kalt genug?)
Omelette à la **pa**ysanne	Omelett mit Kartoffeln, Speck und Zwiebeln
Omelette **P**armentier	Omelett über gebratenen Kartoffelscheiben
Omelettes **p**lates...	Pfannkuchen mit ...(„verschiedenen" Garnituren)
Omelette aux **po**intes d'**a**sperges	Omelett mit grünen Spargelspitzen (reizvoll und schmackhaft – die Spitzen im grünen Dessous)
Omelette aux **po**mmes de **t**erre	Omelett mit Kartoffeln serviert (nicht sehr einfallsreich, ich hoffe, der Koch kann mehr!)
Omelette au **po**tiron	Omelett mit Kürbis, mit Gin oder Genever flambiert
Omelette à la (Mère) **Po**ulard	Das Eigelb wird in heiße Butter gegeben, geschlagene Sahne dazu, mit Salz und Pfeffer gewürzt, dann wird das Eiweiß untergerührt (*Normandie*)
Omelette à la **p**rovençale	Omelett mit Zwiebeln, Tomaten und Kräutern
Omelette aux **ro**gnons	Omelett mit Nieren (meist vom Lamm)
Omelette à la **ro**yale	Omelett mit einer Füllung aus Nieren, Champignons, Trüffeln und einer Portwein-Sahne-Sauce
Omelette au **sa**ucisson	Omelett mit kleinen (Schweine-)Wurststücken
Omelette **sa**voyarde	Omelett mit Lauch, Kartoffeln, gepökelten Schweinefleischstreifen, Käse und Sahne (*Savoyen*)
Omelette **so**ufflée	Eierauflauf, das Eiweiß wird extra geschlagen
Omelette **su**rprise	„Überaschungsomelett": heiß, mit Eis gefüllt und auf Biskuitboden angerichtet (als Dessert)
Omelette à la **Ta**lleyrand	Omelett mit Kalbshirn und Sahnesauce
Omelette aux **to**mates	Omelett mit Tomaten, gehackter Petersilie
Omelette aux **tr**uffes	Omelett mit Trüffeln
Omelette à la **Vi**chy	Omelett mit Karotten gefüllt und Rahmsauce
Onglet (de bœuf)	Ochsenfleischscheibe (Nierenzapfen) nahe des Zwerchfells; oft als Steak verwendet (viereckig)
Onglet à l'**é**chalote	Langes Ochsenfleischstück mit Schalotten gegrillt
Opéra	Zu gekochtem Fisch: Spargelspitzen und Trüffeln
Operne	Muschelart
Orade	Mittelmeerfisch
Orange	Orange, Apfelsine

Französisch - Deutsch

Orange **am**ère	Bittere Orange, Pommeranze
Orange **Ch**antilly	Orangen-Sahne-Dessert in der Orangenschale
Oranges au **Co**intreau	Orangenscheiben in Cointreau-Likör eingelegt
Orange **gi**vrée	Orangensorbet in der Fruchtschale
Oranges à l'**ori**entale	Orangen, gedünstet mit Curaçao-Likör (lecker)
Orange **pre**ssée	Frisch gepresster Orangensaft
Orange **sa**nguine	Blutorange
Orange **so**ufflée	Überbackene Orange
Orange **so**ufflée à la **n**orvégienne	Orangen-Auflauf mit Speiseeis und Eiweiß- schaum überbacken
Orangeade	Orangensaft, Orangenlimonade
Orangina	Orangenlimonade, sehr schmackhaft ♥
Orangine	Orangenkuchen
ordinaire	einfach, gewöhnlich; bei Wein: der günstigste (aber meistens gar nicht so schlecht)
Oréchiette	Kleine ohrförmige Nudel
Oreille	Ohr
Oreille-de-**liè**vre	Feldsalat, Rapunzel
Oreille-de-**m**er	Seeohr, Abalone, Breitfußschnecke, sehr schmack- haft ♥
Oreille-de-**no**yer	Austernpilz, Austernseitling
Oreilles de **po**rc	Schweinsohren (die schweinischen Lauscher)
Oreilles de **po**rc à la **be**rrichonne	Eintopf mit Schweinsohren und Feuerbohnen, die Schwarte mitgekocht (*Berry*)
Oreilles de **ve**au farcies	Mit Hechtmasse gefüllte Kalbsohren, in Weinsauce
Oreillette	Blätterteiggebäck mit Orangenblüten (*Provence*)
Orge	Gerste
Orge **m**ondée	Graupen
Orge **p**erlé	Perlgraupen
Orgeat	Mandelmilchsaftsirup
Origan	Oregano, Dost (wilder Majoran)
Orly	Garnitur zu Fisch: paniert, frittiert, Tomatensauce
Ormeau, Ormet, Ormier	Seeohr, Breitfußschnecke, sehr schmackhaft ♥
Oronge	Kaiserling (Blätterpilz), sehr schmackhaft, im Aussehen dem giftigen Fliegenpilz ähnlich ♥
Orphie	Hornfisch, Hornhecht (Meeresfisch), dem Makre- lenhecht ähnlich; meist in Suppen

Ortendaise	Austernart
Ortie	Brennnessel
Ortolan	Fettammer (kleines Vögelchen!)
Os	Knochen
Os à **m**oelle	Markknochen
Oseille	Sauerampfer
Osso **b**uco (Ossobuco)	Ochsenbeinscheibe (italienische Spezialität)
Osso **b**uco à la **mi**lanaise	Ochsenbeinscheibe mit Tomaten-Weißweinsauce
ôter	entfernen
Oublies à la **pa**risienne	Waffelhörnchen
Ouillade, **O**ulade	Suppe mit Bohnen, Ei, Knoblauch, Kohl, Kartoffeln und Würstchen
Ouiliat (Ouilliat) **t**ourri	Zwiebelsuppe (*Béarn*) mit weißen Bohnen, Gänseschmalz, Knoblauch und Fadennudeln
Ours	Bär
Oursin (comestible) (Oursin de mer)	Schwarzer See-Igel, wird gekocht oder roh (!) gegessen
Oursin **b**reton	Dicker, grüner See-Igel aus der *Bretagne*
ouvert	geöffnet, offen
Ouvre-**b**oîtes	Dosenöffner
Ouvre-**b**outeilles	Flaschenöffner
Ouvre-**h**uitres	Austernöffner (nicht der Drink an der Bar)
Oxtail **c**lair	Klare Ochsenschwanzsuppe, mit Madeira und Cognac
Oyonnade	Gänsefleischragout (*Bourbonnais*)

P

Pachade	Pflaumenomelett (*Auvergne*)
Paëlla	Spanisches Pfannenreisgericht mit Safran, Geflügelfleisch, Fischen, Krustentieren, Muscheln
Pageau, **p**agel, **p**ageot	Rotbandbrasse, Pandora (Seefisch), bis 80 cm lang, gedrungene Spindelform mit roten Querstreifen, meist wie die Dorade (↑) zubereitet
Pagre	Gemeine Seebrasse, Sackbrasse
Pagure	Einsiedlerkrebs mit feinem Fleisch

Paillard(e) — Dünnes, plattes Kalbs- oder Rinderschnitzel von bester Qualität; gegrillt oder gebraten ♥
(nach einem Pariser Restaurateur um 1880)

Paille — Trinkhalm, Strohhalm
Pailles au fromage — Käsestäbchen
Paillettes d'anchois — Blätterteigstäbchen mit Sardellenbutter
Paillettes au chester — Blätterteigstäbchen mit Chesterkäse
Paillettes au parmesan — Blätterteigstäbchen mit Parmesan
Pain — 1. Brot
Brot gibt es in Frankreich zu jeder Mahlzeit normalerweise gratis; es wird gebrochen und die Butter oder der Käse wird bissweise aufgetragen! Auch wird es wie ein Schwamm benutzt, um die Sauce aufzusaugen oder den Teller zu reinigen
2. Eine variable Streichpastete ohne Teigkruste, wird meist eingemacht in Gläsern, Dosen u. a. angeboten

Pain d'anis — Anisplätzchen
Pain d'avoine à la crème — Haferbrot mit Sahne
Pain azyme — Oblate, ungesäuertes Brot
Pain bagnat — Großes Sandwich in Essig und Öl getränkt und mit Nizza-Salat gefüllt
Pain benoîton — Langes Roggenbrot mit Korinthen
Pain bis — Leichtes Grau- oder Mischbrot
Pain blanc — Weißbrot (ungesäuert)
Pain bourguignon — Käse-Eier-Pudding
Pain briare — Mischbrot
Pain brioché — Leicht gesüßtes Brot
Pain de brochet — Hechtpastete
Pain à café — Doppelbrötchen
Pain de campagne — Großes gemehltes Bauernweißbrot, meist rund
Pain aux céréales — Brot aus mehreren Getreidemehlen
Pain au chocolat — Schokoladenbrot, Schokoladencroissant, Blätterteigbrötchen mit Zartbitterschokolade gefüllt
Pain complet — Vollkornbrot, nicht so kompakt wie das deutsche
Pain cordon — Brot aus „Nordwindweizen" mit Doppeleinschnitt

Pain, couvert et service compris	Brot, Gedeck und Service im Preis inbegriffen
Pain de cuisine	Brot mit Hackfleisch oder Fischmasse; variabel
Pain de cuisine de légumes	Brot-Gemüsemasse (meist als Füllung)
Pain cuit au bois	Holzofenbrot
Pain daussée	Brotscheiben mit Zwiebelpüree
Pain d'écrevisses	Fischpastete mit Krebsschwänzen
Pain empereur	Kleines rundes Weißbrot aus feinem Weizenmehl
Pain (en) épi	Stangenbrot, Form der Ähre ähnlich
Pain d'épice	Pfefferkuchen, „Lebkuchen" aus Roggenmehl, Zucker und Honig, „Honigbrot"
Pain d'épice(s)	Lebkuchen, Würzkuchen, Honigkuchen
Pain fantaisie	Baguette, das nicht nach dem Gewicht verkauft wird, sondern zum Stückpreis
Pain de fantaisie	Oberbegriff für Stangenbrot, das nicht nach Gewichtspreis verkauft wird
Pain de foie gras frais	Gänselebercreme
Pain de foie de porc	Leberkäse vom Schwein
Pain frais	Frisches, frischgebackenes Brot
Pain aux fruits	Früchtebrot (*englisches*)
Pain de gênes	Genueser Biskuitkuchen mit Mandeln und Marzipan
Pain grillé	Geröstetes Brot, Röstbrot
Pain de gruau	Feinstes Weißbrot aus Weizenmehl
Pain intégral	Vollkornbrot, nicht so kompakt wie das deutsche
Pain au lait	Brot aus Mehl, Milch, Eiern, Butter, Zucker, Hefe
Pain de lapin dauphinois	Knödel aus Kaninchenfleisch mit Sahnesauce
Pain au levain	Sauerteig-Hefebrot
Pain long	Langes Stangenweißbrot (circa 400 Gramm)
Pain de ménage	Hausbrot, Bauernbrot, Landbrot
Pain de mie	Toastbrot, Sandwichbrot
Pain mirau	Stangen- oder Kugelbrot mit dichter Kruste
Pain mollet	Leichtes Milchbrot
Pain noir	Schwarzbrot aus Roggen- oder Buchweizenmehl
Pain d'œuf au caramel	Karamelcreme
Pain parisen(ne)	Langes Stangenweißbrot, dicker als die Baguette

Pain de paysans	Maronenmehlbrot (Spezialität in der *Dordogne*)
Pain perdu	„Arme Ritter": Trockenes Brot in Milch getaucht, mit geschlagenen Eiern, in der Pfanne gebacken
Pain de poisson	Fischpastete, Fischpudding
Pain de pommes des Picards	Kompott aus Bratäpfeln
Pain rassis	Altbackenes Brot
Pain de régime	Diätbrot
Pain à la reine	Fischcreme, hauptsächlich aus Hechtfleisch
Pain restaurant	Langes Stangenweißbrot, dicker als die Baguette
Pain russe	Schwarzbrot
Pain sandwich	Größeres, längliches „Sandwich"-Brötchen
Pain de seigle	Roggenbrot mit dunkelbrauner Kruste
Pain au son	Kleiebrot (verschieden geformt)
Pain de sou	Schwarzbrot
Pain aux six céréales	Sechskornbrot mit Weizen, Roggen, Hafer, Mais, Gerste und Buchweizen
Pain à tête	Rundes Landbrot (*Auvergne*)
Pain de viande	Hackbraten, falscher Hase
Pain viennois	„Wiener Brot", Milchweißbrot
Pains soufflés à la vapeur	Dampfnudeln
Paire	Paar
Paire de Francfort	Ein Paar Frankfurter Würstchen (das gibt es auch!)
Palais de bœuf	Ochsenmaul, Ochsengaumen
Palais de bœuf au curry	Ochsengaumen gedünstet in Currysauce, mit Reis
Palée	Felchen
Paleron	Das Schulter-/Nackenstück, der Bug vom Rind
Paletes de pommes de terre	Kartoffelküchlein
Paletes aux raisins	Rosinenplätzchen
Palets de dames	Kekse mit Vanille- oder Orangengeschmack
Palette	Schulterstück, Bug von Hammel oder Schwein
Palette de porc aux choux	Schweineschulterstück mit Kohl
Palette de porc au vin blanc	Schweineschulterstück in Weißweinsauce (*Elsass*)

Palmier	1. Palme, Palmblatt
	2. Schweinsohr (Süßgebäck)
Palombe	Ringeltaube (Wildtaube)
Palombe à l'**A**rmagnac	Ringeltaube gebraten, mit Armagnac flambiert
Palombe en **s**almis	Ringeltaubenragout in Rotweinsauce
Palomet	Täubling, Speisepilz
Palomine	Makrele
Palourde, **P**alourdou	Venusmuschel, Kreuzmuster-Teppichmuschel ♥
Palourde **am**éricaine	Großmuschel („Shellmuschel")
Palourdes **fa**rcies à la **p**rovençale	Muschel mit Knoblauchbutter gefüllt
Pamplemousse	Pampelmuse, Grapefruit
Pamplemousse **g**lacée	Eisgekühlte Pampelmusenhälfte
Pan	Kalbslende mit Keule (spanischer Name für Brot)
Pan **ba**gnat	Halbes rundes Brötchen mit Olivenöl beträufelt, belegt mit grünem Salat, mit Anchovis oder Thunfisch, kleinen Bohnenkernen, Eier- und Tomatenscheiben, schwarzen Oliven, Pfefferschoten und Zwiebeln (*Nizza, Riviera*)
Pan **co**udoun	Quitten im Teigmantel (*Provence*)
panaché(e)	gemischt, gemengt, buntfarbig
Panaché	1. Bier mit Limonade (Radler, Alsterwasser)
	2. Mischgemüse, gemischte Früchte oder gemischte Vorspeise
Panaché de la **m**er	Gemischte Meeresfrüchte
Panade	1. Brotsuppe: Brotwürfel in Butter gebraten, mit Milch aufgegossen, mit Eigelb und Sahne gebunden, auch mit Zwiebeln oder Streifen von Sauerampfer, Kopfsalat, Spinat oder Brunnenkresse
	2. Brandteig
Panade au **c**éléri	Brotsuppe mit Stauden- oder Knollensellerie
Panadel	Suppeneinlage
Panais	Pastinake, karottenähnliches Wurzelgemüse, geschmacklich feiner als Petersilienwurzel (süßlich)
pané(e) (paner)	paniert (panieren), vorher durch geschlagenes Ei oder flüssige Butter gezogen
Panettes	Korsische Rosinenbrötchen

Panier	Korb
Panier de la friteuse	Drahteinsatz
Panier à friture	Frittierkorb
Paniers des fromages assortis	Korb mit gemischten Käsesorten
Panier à salade	Salatkorb
Panier à vaisselle	Geschirrwagen (Spülmaschine)
Panier verseur	Flaschenträger (-Korb)
Panisses (Panissos)	Kichererbsen-Kroketten (*Nizza*)
Panne de ...	Das Fehlen von ....
Pannequet	Dünner gerollter oder gefalteter Pfannkuchen, mit süßer oder salziger Füllung, Palatschinken
Pannequet à la confiture	Gefalteter Pfannkuchen mit Konfitüre gefüllt
Pannequet au foi de veau	Mit Kalbslebermasse gefüllter Pfannkuchen
Pannequets de fruits de mer	Pfannkuchen mit Meeresfrüchten
Panse	Pansen, erster Teil des Kuhmagens
Panure	Panier- oder Semmelmehl
Panzarotti	Kleine Reis- oder Kartoffelkrapfen (*Korsika*)
Papaya, Papaye	Papaya, Baummelone
Papetons	Frittierte Auberginen (*Avignon*)
Papiettes de veau	Kalbsspieße (*Elsass*)
Papillons	Schmetterlingsnudeln (Farfalle)
Papillotte (en ~)	Backpapierhülle (auch Alufolie) in der Fleisch oder Fisch eingehüllt und schonend gegart wird
Paprika	Paprikapulver (Gewürz)
Paquets de lapin à la brignolaise	Gebackene Kaninchenstücke mit Speck und Tomaten
par personne	Pro Person
Paralithode camtschatika	Königskrebs, Kamtschatkakrabbe
parer	1. putzen (Gemüse, Früchte)
	2. auslösen (Fleisch)
	3. zurechtschneiden
parer des œufs	Verzieren oder garnieren von Eiern
parer des poires	Birnen schälen

Parfait	1. Eisbombe
	2. feine halbgefrorene Eiscreme
	3. Kuhmilchkäse (überfett)
parfait	perfekt, vollendet
Parfait de foie gras frais	Frisches, kaltes Entenlebermus, getrüffelt ♥
Parfait impérial	Feines Speiseeis im Biskuitteig
Parfait de lièvre	Kaltes, gebratenes Hasenfleisch mit Gelatine, Sauce Béchamel und gekochter Leber
Parfait (à la) lyonnaise	Eiscreme mit Mandeln
Parfait martiniquais	Mokkaeis mit Rum
Parfum	Geschmack, Duft
parfumé(e)	gewürzt, aromatisiert
Parfums	Geschmacksrichtungen (z. B. bei Eiscreme)
Parfums au choix	Geschmack nach Wahl (z. B. bei Eiscreme)
Paris-Brest	Süßes Brandteiggebäck: Windbeutel mit Cremefüllung und Mandelhäubchen in Kranzform
(nach der Radstrecke Paris - Brest benannt)	
Parmentier	Mit Kartoffeln, siehe auch unter (↑) Garnitures
parsemer (de ...)	bestreuen (mit ...)
(à) **p**art	extra, getrennt (z. B.: Sauce), dazu, dabei
partager	trennen, entzweien, halbieren
Parure	Abfall, Reste von Haut oder Fett u. a.
parure	geschält, zugerichtet
Pascades	Eierkuchen gesalzen, mit Speck und Zwiebeln in Erdnussöl gebacken (*Rouergue*)
Pascaline d'agneau	Osterlamm
Passarelle	Muskattraubenrosine
passé	1. abgelagert, ausgereift (z. B.: Käse), vergangen
	2. durchgedrückt, durchgesiebt, gefiltert usw.
Passe-crassane	Birnensorte (Bergamotte)
Passendale	*Belgischer* Schnittkäse
Passe-pierre	Strandfenchel, grünen Bohnen ähnliche Algenart
passer	1. Durchpassieren, durch ein Sieb schütten oder drücken (Saucen, Suppen, Gemüse usw.)
	2. abseien, filtern (z. B. Kaffee)
	3. Etwas hinüberreichen (Tisch)
Passoire	Sieb, Durchschlag
Paste	Maismehlbrei

Pasténague	Gewöhnlicher Stechrochen (Meerfisch)
Pastèque	Wassermelone
Pastille	Bonbon, auch Plätzchen mit erfrischenden Zutaten
Pastis	1. Anisapéritif (ähnlich: Anisette, Pernod, Ricard)
	2. Blätterteigkuchen mit Äpfeln (*Lothringen*)
Pastis **ga**scon	Blätterteigkuchen mit Butter & Vanillezucker bedeckt und in Armagnac getränkten Apfelscheiben
Pastis **la**ndais	Kuchen mit in Armagnac eingelegten Backpflaumen und Orangenblütenwasser (*Landes*)
Patate	Ein üblicher Name für Kartoffeln
Patate **d**ouce	Batate, Süßkartoffel
Pâte (↓) Pâté	Teig, Nudel, Teigware, Paste
(en) **pâte**	In der Teigkruste
Pâte d'**am**andes	Mandelpaste, Mandelmasse, Marzipan
Pâte-**ba**ba	Flüssiger Hefeteig (Babateig)
Pâte à **bri**oches	Hefeteig
Pâte **bri**sée	Mürbeteig, Pastetenteig, leicht gesalzen
Pâte à **cho**ux	Brandteig, Brandmasse
Pâte de **coi**ngs	Quittenpaste
Pâte feuilletée	Blätterteig
Pâte feuilletée du **Rou**ssillon	Salziger Blätterteigkuchen mit Tomaten, Sardellen und Oliven
Pâte à **fr**ire	Backteig
Pâte de **fr**uits	Fruchtpaste
Pâte **le**vée	Hefeteig
Pâte **sa**blée	Sandteiggebäck
Pâte **su**crée	Zuckerteig
Pâté (↑) Pâte	Pastete:
	1. Hackfleisch von Fisch oder Geflügel in der Terrine gekocht mit variablen Zutaten: Gewürzen, Eiern, Pilzen, auch mit Rotwein usw.
	2. Fleisch- oder Leberkäse
Pâté aux **an**chois de **Col**lioure	Mit Sardellen gewürzter, pikanter Krapfen
Pâté d'**an**guilles	Aalpastete (*Anjou, Pays de la Loire*)
Pâté de **bé**casses	Schnepfenpastete
Pâté **bo**urbonnais	Kartoffelpastete mit Zwiebeln, Knoblauch, Sahne
Pâté de **br**ochet	Kalte Hechtpastete (*Elsass*)

Pâté de **ca**mpagne	Bauernpastete aus variablem gehacktem Fleisch und Innereien, kräftig gewürzt, oft mit Teigkruste
Pâté de **ca**nard	Entenpastete
Pâté de **cé**drat	Zitronengelee, Spezialität aus *Bayonne*
Pâté de **cè**pes à la **li**mousine	Blätterteigpastete mit Steinpilz-Schinkenfüllung (*Limousin*)
Pâté chaud	Heiße Pastete
Pâté **c**haud de **fa**isan à la **vo**sgienne	Heiße Pastete mit Fasanenfleisch, Speck, Champignons, Speck, Trüffeln, Weißwein u. a. (*Vogesen*)
Pâté **c**haud ou **fr**oid de **c**aneton **Ga**ston Richard	Entenpastete „Gaston Richard" kalt oder warm, mit Champignons und Trüffeln, Madeirawein
Pâté **c**haud de **so**le à la **di**eppoise	Heiße Seezungen-Pastete mit Austern & Krabben
Pâté en **cro**ûte	Gefüllte Blätterteigpastete
Pâté **de fo**ie	Leberpastete
Pâté de **fo**ie (d'oie) **gras**	Gänseleberpastete
Pâté de **fo**ie (d'oie) **gras** du **Pé**rigord (truffé)	Gänseleberpastete mit Trüffeln
Pâté de **fr**omage	Käsepastete, Quarkkuchen
Pâté de **gi**bier	Wildpastete (*Anjou, Pays de Loire*)
Pâté de **la**pin	Kaninchenpastete (*Savoyen*)
Pâté de **liè**vre	Hasenpastete (*Savoyen und Dauphiné*)
Pâté **mai**son	Hausgemachte Pastete
Pâté avec **mo**ule	Pastete in der Form serviert
Pâté **Pa**ntin Ferdinand Wernert	Pastete im Teigmantel, gefüllt mit Geflügel-, Kalb- und Schweinefleisch, Schinken, Wild, Trüffeln und Cognac (Rezept von Paul Bocuse)
Pâté **pa**risien	Pastete mit Kalb- und Rindfleischfüllsel, Zwiebeln und Weißwein, in Cognac eingelegt
Pâté de **per**dreaux	Rebhuhnpastete (*Savoyen und Dauphiné*)
Pâté du **Pé**rigord	Pastete mit Gänseleber und Trüffeln
Pâté de **Pi**thviers	Lerchen-Pastete, Singvogel-Pastete!!
Pâté aux **po**ires	Birnentorte
Pâté de **po**mmes de terre	In Teig eingehüllte Kartoffelscheiben im Ofen gebacken, den „Deckel" abgeschnitten, die Scheiben mit Crème fraîche bestrichen, den Deckel aufgesetzt und lauwarm serviert

Pâté du **tê**te de **c**ochon	Schweinskopfsülzenpastete
Pâté **ven**déenne	Wildhasen-Pastete
Pâté de **vo**laille	Pastete mit mindestens 15 % Geflügelanteil
Patée	Mieses Essen, Fraß, Pampe
Patelle	Napfschnecke, Schüsselschnecke (*Landes, Atlantik*)
Pâtes alimentaires	Nudeln, Teigwaren aus Wasser und Weizengrieß
Pâtes **fra**îches	Frische Nudeln
Pâtes **im**périaux	Frühlingsrollen
Pâtes aux **œu**fs	Eiernudeln, Eierteigwaren
Pâtes aux **to**mates fraiches	Nudeln mit frischgemachtem Tomatenpüree
Patiance	Gartenampfer, Gemüseampfer
Pâtisserie	1. Feinbäckerei, Konditorei
	2. Das Backen;
	3. Feinbackwaren, Kuchen, Gebäck, Süßspeisen, Torten usw.
Pâtisserie **fi**ne	Feingebäck
Pâtisserie **mai**son	Backwaren (wie Kuchen) nach Art des Hauses
Pâtissier	Feinbäcker, Konditor; in der kalten Küche zuständig für alle Süßspeisen und Desserts; in der warmen Küche zuständig für alle Teiggerichte, Nudeln und Krustaden
Patisson oder **Pâ**tisson	Gemüsekürbis, Melonenkürbis
Pâtissoir	Backfisch
Patron	Chef, Besitzer, Betriebsinhaber, Arbeitgeber
Patudo	Thunfisch
Paturon **l**andais	Deftiges Gericht mit Lamm- oder Hammelnieren, Gemüse und Madeirawein (*Landes*)
Pauchuse	Fischragout oder -suppe mit Weißwein und Knoblauch
Paupiette	Geschmorte Fleischroulade, Fleischröllchen
Paupiette de **bœu**f (à la) **na**politaine	Gefüllte Rindfleischroulade mit Spaghetti und Tomatensauce
Paupiette de **po**rc au **f**our	Gebratene und gefüllte Schweinsroulade
Paupiette de **s**ole	Seezungenröllchen
Paupiette de **s**ole **D**ugléré	Seezungenröllchen mit Zwiebeln, Tomaten, süßer Sahne und Petersilie gefüllt

Paupiette de **s**ole **So**phie	Seezungenröllchen mit Lachsbutter bestrichen und in Weißwein gedünstet
Paupiette de veau	Kalbsroulade
Paupiette de **v**eau **No**ailles	Kalbsroulade mit Kalbsfüllsel, Champignons und Kräutern gefüllt, mit Trüffelsauce überzogen und mit Trüffeln dekoriert
Pauvre **h**omme	„Armer Mann"-Sauce: mit Fleischbrühe, Schalotten, Petersilie, Pfeffer und Salz zubereitet
Pavé	1. Ein dickes (Rind-)Fleischstück 2. Gelee, Pastete, gefülltes süßes (Blätterteig-) Gebäck, viereckig
Pavé de **b**œuf au **R**oquefort	Dickes gegrilltes Rindfleischstück mit Roquefort-Käse darüber serviert
Pavé de **gl**ace	Eisdessert, mosaikartig zusammengesetzt
Pavé de **sa**umon	Lachspastete in Sülze
Pavés	Bonbons
Pavot	Mohn
pa-y-**all**	Brot(scheiben) mit Knoblauch & Olivenöl, (*baskisch*)
Peau	Haut
Pebronata (**P**epronata?)	Rindfleischragout mit Tomaten, Zwiebeln, Wein, Gemüse-Paprika, Kräutern und Gewürzen
Pêche	1. Pfirsich 2. Fischfang
Pêche **car**dinal	Gekochter Pfirsich mit Himbeerpüree serviert ♥
Pêche **M**elba	Pfirsich Melba: Nachspeise aus Pfirsichhälfte, Vanilleeis, Himbeermus, Mandelsplittern ♥
Pêche **Ni**non	Gekochter Pfirsich mit Grießpudding und Aprikosensauce
Pêche **po**chée au **v**in **r**ouge et **gl**ace ...	Pfirsich in Rotwein gekocht, mit ...-Speiseeis (variabel) ♥
Pêche à la **pr**onvençale	Halber Pfirsich mit Feigenpüree und Schlagsahne
Pêches **so**ufflées	Pfirsich-Auflauf
Pêche du **j**our	Fisch(e), Fischfang des Tages
Pêcheur	Fischer
Pectine	1. Geliermittel aus sauren unreifen Früchten 2. Schale (Kartoffeln)
Peigne (de venus)	Kammmuschel
Peigne de **J**acob	Jakobsmuschel

Pela	Röstkartoffeln mit Reblochon (Kuhmilchkäse aus Savoyen) überbacken (*Savoyen*)
Pélamide, Pélamyde	Pelamide (Thunfischart)
pelé(e)	geschält(e)
peler	schälen (z. B.: Obst, Kartoffeln)
Pêle-mêle	Mischgericht, Allerlei
Pelle	Schaufel
Pelle à pâtisserie	Tortenschaufel
Pelle à rôtir	Bratschaufel
Pelle à tarte	Tortenheber
pelletée	schaufelvoll
Pelou	Krabbe (reg. *Nizza*)
Pelouse	Seezungenart
Peluche	Haut, Schale, Hülse, Pelle von Obst und Gemüse
Pelure	Haut (Pelle) bei Obst und Gemüse
Pelure de truffes	Trüffelschalen
Penistace	Baum mit bananenähnlichen Früchten
Pension complète	Vollpension
Peperade, Pipérade (basquaise)	Kräftiges Omelett mit Knoblauch, Paprikaschote, Tomaten, Zwiebeln, auch mit Huhn-, Schinken- oder Thunfischstücken (*baskisch, Südfrankreich*)
Pepperpot	Ragout aus Schweine- und Hammelfleisch mit Gemüse in Biersauce (*Belgien*)
Perce-pierre	Strandfenchel, grünen Bohnen ähnliche Algenart
Perche	kleiner Barsch, Bärschling oder Egli (Fisch aus der Schweiz oder Bodenseeraum), meist frittiert (einer der feinsten Süßwasserfische)
Perche au chablis (au Riesling)	Barsch in Chablis oder Riesling gedünstet, mit Butter, Zwiebeln, Weißbrot und Käse, überbacken
Perche commune	Flussbarsch
Perche dorée	Kaulbarsch, Rotzbarsch
Perche de mer	Sägebarsch
Perche goujonnière	Kaulbarsch, Rotzbarsch
Perche Joinville	Barschfilets in Weißwein gekocht, mit Garnelen- schwänzen, Champignons und Trüffeln garniert
Perche noir	Forellenbarsch
Perche truitée	Forellenbarsch
Perdreau	Junges Rebhuhn (jünger als ein Jahr)

Perdreau **Ca**rème	Rebhuhn gebraten, mit Geflügelsauce und Sahne überzogen und mit gedünstetem Sellerie serviert
Perdreau à la **ca**talane	Rebhuhn in einer Schinken-Tomaten-Knoblauch-Sauce (*katalanisch*)
Perdreau au **ch**ou	Geschmortes Rebhuhn mit Wurst und Kohl (*Lyon*)
Perdreau **f**lambée du **B**ocage	Mit Calvados flambiertes Rebhuhn, mit Morcheln und Brunnenkresse ♥
Perdreau des **ne**iges	Schneehuhn
Perdreau à la **no**rmande	Rebhuhn in einer Butter-Sahnesauce mit Äpfeln und Calvados ♥
Perdreau à la **pr**ovençale	Rebhuhn in Tomatensauce, meist mit Thymian und Knoblauch
Perdreau **ro**i **R**ené	Rebhuhn mit Speck in Weinlaub, mit einer Champignon-Weißweinsauce
Perdreau à la **vi**gneronne	Gebratenes, mit Speck umwickeltes Rebhuhn, mit Weintrauben dekoriert und serviert
Perdrix	Feldhuhn
Perdrix **bl**anche	Schneehuhn (meist ohne Schneeschuhe serviert!)
Perdrix au **ch**ou	Geschmortes Rebhuhn mit Speck und Kohl
Perdrix **co**mmune	Rebhuhn
Perdrix **gr**ecque	Königsrebhuhn
Perdrix **gr**ise	Rebhuhn
Périgeux	Braune Sauce mit Trüffeln und Trüffelsaft
Périgord, périgourdine	Mit Trüffeln, Garnitures (↑)
Perlon (Grondin ~)	Roter Knurrhahn, Seeschwalbenfisch
Perlot	Kleine Auster von der Ärmelkanalküste
Pernod	Anis-Aperitif, 40% Alkohol, wird mit Wasser anbei serviert
Perroquette de **m**er	Seepapagei (Meerfisch)
Persil	Petersilie
Persil **a**rabe	„Arabische Petersilie": Korianderblätter
Persil **f**rit	Petersilie frittiert
Persillade	1. Feingehackte Petersilie (auch getrocknet) 2. Petersilie(nsauce) mit Knoblauch und Zitronensaft
Persillade de **b**œuf	1. Rindfleisch mit Petersilie und Knoblauch geschmort 2. Rindfleischsalat mit Petersilie

persillé(e)	1. Marmoriertes Fleisch; von feinen Fettadern durchzogen 2. Käse mit Blauschimmel 3. Ein Gericht mit Petersilie bestreut oder gewürzt
Personel de salle	Bedienungspersonal
Pèse	Waage
peser	(ab-) wiegen
Pet-de-nonne	„Nonnenfürzel", leichter Krapfen, Baiser (*Elsass*) (Klostergeruch!)
Pétéram, Pétéran	Ragout aus Hammel- und Kalbfleisch mit Kartoffeln, Speck, Zwiebeln und Knoblauch (*Garonne*)
pétillant	sprudelnd (Mineralwasser), perlend (Wein)
petit(e)	klein
Petit beurre	Butterkeks
Petit chou	Windbeutel (hoffentlich nicht Ihr Ehemann)
Petit coup	Schlückchen, Kleinmenge z. B.: Rotwein
Petit déjeuner	Frühstück; meist nur Kaffee, warme Milch, Butter, Marmelade, Baguette und/oder Croissant
Petit déjeuner britannique	„Englisches Frühstück": mit Eiern, Wurst, Speck, Tomaten, Marmelade, Fruchtsaft und Tee
Petit déjeuner continental	Kontinentales Frühstück: mit Kaffee oder Tee, Brot oder Brötchen, Butter und Marmelade
Petit-gris	1. Erd-Ritterling, ziemlich fader Speisepilz 2. Gartenschnecke
Petit-lait	Molke
Petit noir	Kleines Tässchen starker Kaffee (Mokka)
Petit pain	Längliches Brötchen, Semmel
Petit pain au chocolat	Brötchen mit Schokolade gefüllt
Petit pain au lait	Milchbrötchen
Petit pâté à la reine	Blätterteigpastetchen mit Hühnerragout und Trüffeln gefüllt
Petit salé	Pökelfleisch vom Schwein, auch geräuchert
Petit salé de Murat aux choux	Pökelfleisch vom Schwein mit Kohl (*Auvergne*)
Petit soufflé au fromage et Jambon	Kleiner Auflauf mit Käse und Schinken
Petit-suisse	Frischkäsedessert, siehe auch Fromages (↓) im Anhang

Petit tacaud	Zwergdorsch
Petite bouchée au fromage	Warmes, mit Käse gefülltes Blätterteigpastetchen
Petite bouchée St. Hubert	Mit Wildragout gefülltes Blätterteigpastetchen
Petite cigale	„Kleine Grille", Kleiner Bärenkrebs
Petite cuiller	Kaffeelöffel
Petite friture	Kleine frittierte (Mittelmeer-)Fische
Petite marmite	Suppentopf mit Rinderhaxenfleisch, angebratenem Huhn, Fleischbrühe, Karotten, Erbsen, weißen Rüben, Lauch, Sellerie, Markknochen, mit gerösteten Brotscheiben und geriebenem Käse serviert
Petite morue	Dorsch
Petite-oie	Gänseklein
Petite pâté aux épinards	Kleine Spinat-Pastete
Petite roussette	Kleingefleckter grauer Katzenhai, 40-60 cm lang
Petite vive	Kleines Petermännchen (Meerfisch)
Petits charolais à la confiture	Mit Konfitüre gefüllte, runde Kekse
Petits chaussons (aux champignons)	Warme Teigtaschen (mit Pilzen gefüllt)
Petits farcis provençaux	Ausgehöhlte Zwiebeln, Auberginen, Tomaten, runde Zucchini, Gemüsepaprika, mit Fleischragout oder Wurstbrätfüllung, mit Knoblauch
Petits fours	Dessertgebäck, Teegebäck, Plätzchen, Minitörtchen mit oder ohne Füllung oder Zuckerguss
Petits gâteaux	Teegebäck (wörtlich: kleine Kuchen)
Petits-gris	Kleine (Garten-)Schnecken
Petits lardons	Kleine Speckstreifen
Petits légumes	Junges, kleingeschnittenes Gemüse
Petits oignons	Kleine junge Zwiebeln (Steckzwiebeln)
Petits oignons marinés	Perlzwiebeln
Petits oignons à l'orientale	Kleine Zwiebeln „orientalisch", mit Safran, P + S, trock. Weißwein, Koriander, Tomaten, Knoblauch
Petits pains de lièvre à la normande	Kleine Pasteten mit Hasen- und Kalbfleisch, Mehl und Eiern gefüllt (*Normandie*)
Petits pâtés de Béziers	Teigtäschchen aus Blätter-, Mürbe- oder Hefeteig, mit Meeresfrüchten gefüllt (*Languedoc, Roussillon*)

Petits pâtés à la bourgeoise	Pastetchen „bürgerlich", mit Wurstbrät & Eigelb liebevoll gefüllt
Petits pâtés de Pézenas	Pastetchen gefüllt mit Hammelragout & Nierenfett, mit Orangen- und Zitronenschale (*Languedoc*)
Petits pithiviers	Blätterteigstückchen
Petits pois	Grüne Erbsen (die kleinen grünen runden)
Petits pois à l'anglaise	Grüne Erbsen in Salzwasser gekocht und in Butter geschwenkt (sehr einfallsreich!)
Petits pois bonne femme	Frische grüne Erbsen mit Zwiebeln und Speck
Petits pois à la flamande	Grüne Erbsen und Karotten
Petits pois (frais) à la française	(Frische) grüne Erbsen mit Zwiebeln und Kopfsalatstreifen in Butter gedünstet, mit Zitronensaft
Petits pois gourmands	Zuckererbsen
Petits pois à la paysanne	Grüne Erbsen mit gebratenem Speck
Petits pois à la Sainte-Mandé	Grüne Erbsen & Bohnen mit Pommes Macaire (↑) serviert
Petits radis	Radieschen
Petits rougets à l'orientale	Kleine Meerbarben „orientalisch", mit Safran, Olivenöl, Weißwein, Tomaten, Thymian, Lorbeer, Knoblauch, Zitrone, Pfeffer und Salz
Petites	Kutteln (reg.)
Petites génoises	Eckiges, kleines Mandelgebäck
Petites timbales	Becherpastetchen
Pétoncle	Archenkammmuschel, Kammmuschel
Pets de nonnes	„Nonnenfürzchen", kleine Krapfen (die lautlosen)
Pfannkuchen-potage alsacien	Elsäßische Flädlesuppe mit Schnittlauch und feingehackten Zwiebeln
Pflütten	Kartoffelauflauf (*Elsass, Lothringen*)
Pholade	Dattelmuschel (honni soit qui mal y pense!)
Pholiote ridée	Reifpilz, Runzel-Schüppling, Zigeuner (Waldpilz)
Pibales	Glasaale, Aalbrut
Pibales à la basquaise	Glasaale mit roten Peperonis in Olivenöl gebraten
Pibales à la ravigote	Glasaale in Kräutersauce
Picalilli	Gemüse in Essig-Senf-Sauce (gibt es auch im Glas)
Picanchâgne	Birnenkuchen (*Burgund*)
Picard, Picaud	Flunder

Picardines **s**auce **r**habarbe	Dünne Putenschnitzel und Entenfilets in Eierpanade, mit Pflaumen, Rhabarberkonfitüre, Crème fraîche, Genever oder Gin, Kräutern und Gewürzen gebraten
Picarel	Schnauzenbrasse, Smaris (kleiner Meerfisch)
Picaut	Junge Pute (reg.)
Piccata	Kleines Schnitzel
Piccata de **v**eau **i**talienne	Kleines Kalbsschnitzel mit Erbsenreis (Risi-Bisi)
Pichet	Kleiner Krug oder Gefäß für Wein oder Cidre
Picholine	Große, grüne Olive in Olivenöl oder Sole eingelegt
Pickles	In Essig eingelegtes Gemüse (gibt es auch im Glas)
Picon	Aperitif auf Weinbasis, mit Bitterkräutern, Orangenschale, Chinin und Enzian
Picousel	Fleischpastete (*Rouergue*)
Pièce	Stück, Teil (Fleisch)
Pièce de bœuf	Tafelspitz (Rindfleisch)
Pièce de **b**œuf **S**oubise	Rindfleischstück geschmort, mit Zwiebelsauce
Pièce **m**ontée	Baumkuchen, prachtvoll dekoriert, zu Festessen
Pièce de **r**ésistance	Hauptgericht
Pied(s)	Fuß (Füße), Stengel, Staude, Stiel, Knolle
Pied de **c**heval	Flache Auster aus dem Ärmelkanal
Pied de **c**ochon	Schweinsfuß, siehe: Pied de porc (↓)
Pied de **c**oq	Hahnenkamm (Speisepilz)
Pied de **f**enouil	Fenchelknolle
Pied de mouton	Hammelhaxe
Pièce de **m**outons **f**rits	Frittierte Hammelfüße (ohne Socken!)
Pied de **m**outon **r**ouennaise	Hammelhaxenfleisch mit Wurstbrät gefüllt
Pied de porc	Schweinshaxe, Schweinsfuß
Pieds de **p**orc à la **ch**erbourgeoise	Gekochte Schweinsfüße mit Zwiebeln, Karotten und Kräutern (*Cherbourg, Normandie*)
Pieds de **p**orc à la **S**ainte-Menehould	Schweinsfüße gekocht und dann gegrillt oder Schweinsfüße in Brühe gekocht, paniert und goldgelb im Fett gebraten
Pieds de **p**orc **p**anés	Panierte Schweinshaxen
Pied de veau	Kalbshaxe
Pied de **v**eau **vi**naigrette	Kalbshaxe gekocht in Essig-/Öl-/Kräutersauce (kalt)

Pieds-paquets (Pieds et paquets)	Hammelkutteln in Päckchenform, in Weißwein-/Tomatenmarksauce, mit Speck, Hammelfüßen, Knoblauch und Petersilie gekocht (*Marseille*)
piémontaise	Tomatenrisotto (zu Wildgerichten)
Pieuvre	Polyp, Krake, Riesenintenfisch
Pigeon	Taube
Pigeon à la crapaudine	Taube aufgeschnitten, flachgepresst, paniert und dann gegrillt (*Île-de-France, Paris*)
Pigeon aux petits pois	Geschmorte Taube mit grünen Erbsen
Pigeonneau	Junge Taube
Pigeonneau en terrine	Junge Taube im eigenen Saft zubereitet
Pignatelles	Teigklößchen frittiert, mit Käse und Schinken
Pignon	Piniennuss oder -kern
Pikefleisch	Rinderbrust geräuchert (*Straßburg, Elsass*)
Pilaf, Pilaw	In Butter gekochter Reis, meist mit Hammel, Fisch oder Muscheln serviert (auch mit Geflügel)
Pilchard	Herings- oder Sardinenart, meist als Konserve
Pile (de plateaux)	(Tablett-)Stapel
Pilée	Haferbrei mit Milch angemacht
piler	zerstampfen
Pilet (à la longue queue)	Wildenten-Art
Pilon à pommes de terre	Kartoffelstampfer
Pilote	Pilotmakrele, 35-70 cm, meist aus dem *Mittelmeer*
Piment (de la Jamaique)	Nelkenpfeffer, Piment
Piments basquais	Kleine, rote, mit Kräutermayonnaise gefüllte Paprikaschoten ♥
Piment doux	1. Süßes Paprikapulver 2. Gemüsepaprika-Schote
pimenté	gepfeffert, gewürzt
Pimperneau	Aal (reg.)
Pimprenelle	Pimpernell, Bibernell, Pimpinelle, Steinpetersilie
Pince	Zange, Pinzette, Klammer
Pince à escargots	Schneckenzange
Pince à gateau	Gebäckzange
Pince à glaçons	Eiswürfelzange
Pince à homard	Hummerzange
Pince à saucisses	Wurstzange
Pince à sucre	Zuckerzange

Pinceau	Pinsel
Pincée	Prise (Maß: ein Messerspitzchen voll)
Pineau	Aperitif aus Jungwein (süßlich) und Weinbrand
Pinée	Stockfisch, beste Qualität
Pintade	Perlhuhn (mit leichtem Wildgeschmack)
Pintade à l'**am**éricaine	Gegrilltes Perlhuhn mit gebratenen Speckscheiben und Tomaten garniert
Pintade sur **ca**napé	Perlhuhn auf geröstetem Weißbrot
Pintade à la **li**mousine	Perlhuhn mit Maronen, Weißkraut und Wein
Pintade au **ni**d	Gebratenes Perlhuhn im Kartoffelkörbchen
Pintadeau	Junges Perlhuhn
Piochon	Grünkohl
Piochou	Sehr guter Weißkohl aus dem *Anjou*
Piperade, **P**ipérade (basquaise)	Kräftiges Omelett mit Knoblauch, Paprikaschote, Tomaten, Zwiebeln, auch mit Huhn-, Schinken- oder Thunfischstücken (*baskisch, Südfrankreich*)
Pippermint (-get)	Kräuterlikör mit Pfefferminze
piquant	pikant, scharf (gewürzt)
Piquante	Braune, pikante Sauce, mit Schinken, Cornichons, Essig, Mehl, Butter, Schalotten, Petersilie zubereitet
piqué	1. gespickt (Fleisch) 2. herb, säuerlich (Wein)
piquer	stechen, pickieren; Fleisch oder Geflügel spicken, z. B.: mit Speck- oder Zungenstreifen, Trüffeln usw.
Pique-**n**ique	Picknick, Mahlzeit im Freien
Piques à **c**anapés	Käse- oder Cocktail-Picker oder -Gäbelchen
Pirogue, **P**irojki	Pirogge, (russische) Hefeteigpastete, gefüllt mit Fleisch, Fisch, Kohl, Pilzen u. a.
Pissala(t), **P**issalot	Salzige Gewürzpaste aus Sardellen, Thymian, Lorbeer, Nelken und Olivenöl (*Nizza, Provence*)
Pissaladier, **P**issaladière (warm oder kalt serviert)	Zwiebeltorte; Teig mit Zwiebeln, Sardellen, Tomaten und schwarzen Oliven belegt (*Südfrankreich*)
Pissenlit (Bettnässer?)	Löwenzahn, Kuhblume
Pissenlits à la **crè**me	Löwenzahn in Sahnesauce
Pissenlits au **la**rd(ons)	Löwenzahnsalat mit gebratenen Speckwürfeln
Pissenlits **vi**naigrette	Löwenzahnsalat mit Essig-/Öl-/Kräuter-Sauce

Pistache	1. Pistazie
	2. Eintopf mit Hammelfleisch und weißen Bohnen (*Luchon*)
(en) Pistache	Zubereitung mit viel Knoblauch (*Languedoc*)
Pistache de mouton	Hammelragout mit Knoblauch & weißen Bohnen
Pistils de safran	Safranfäden
Pistolet	In der Mitte geteiltes Milchbrötchen (*Belgien*)
Pistou	Würzpaste aus Olivenöl mit Basilikum, Petersilie, Schnittlauch, Estragon, Knoblauch (auch mit Tomatenmark und Parmesan) zubereitet
Pithiviers	Blätterteigkuchen mit Mandelcreme (*Loire*)
Pittara	Apfelmost (*baskisch*)
Pizza	Pizza (ich wüßte mehr als 50 Zubereitungen, aber Sie wollen doch
(Deutsches Nationalgericht?)	französisch essen!)
Pizza à emporter	Pizza zum Mitnehmen
Pizza niçoise	„Nizzaer Pizza" mit Zwiebeln, Tomaten, Oliven und Parmesan als Belag
Pizza du pêcheur	Pizza mit Muscheln, Garnelen, Tintenfisch und Tomaten
Pizza Pugliese	Pizza mit Sardellen, Kapern und Zwiebeln
Pizza Regina	Pizza mit Tomaten, Champignons und Käse
Place	Platz, Stelle
à la place de ...	An Stelle von ...
placer	hinstellen, hinlegen, plazieren
Plaisir	Waffelhörnchen
Planche	Platte, aber auch gerillte Pfanne
Planche à découper	Tranchierbrett
Planche à fromage	Käseplatte
Plante	Pflanze
Plantes aromatiques	Gewürzpflanzen, wie Petersilie, Kerbel, Estragon, Rosmarin, Thymian usw.
Plante potagère	Gemüsepflanze
Plaque	Platte, Scheibe, Deckel
Plaque de boucherie	Fleischblech
Plaque chauffante	Heizplatte, Rechaud
Plaque de cuisson	Heizplatte, Rechaud
Plaque à gateau	Kuchenplatte
Plaque à patisserie	Backblech

Plaque de **ve**rre	Glasplatte
Plat	Gericht, Speise, Gang, Schüssel, Platte, Schale
Plat **al**légé	Kalorienarme Speise
Plat **be**rnois	Sauerkrautplatte mit Schweinefleisch, -Speck und -Wurst
Plat **ch**aud	Warmes Gericht
Plat **co**nseillé	Empfohlenes Gericht (Spezialität oder „Rückblick")
Plat **co**nventionné	Gericht zu einem Festpreis (untere Preisklasse)
Plat-de-côtes, **p**lates-côtes	Zwerchrippchen; ein Rind- oder Schweinefleisch-stück, bestehend aus Rippen und Muskulatur, Schälrippchen (vom Schwein)
Plat-de-côtes **sa**lé	Gepökeltes Schälrippchen oder Ochsenbrust
Plat **cu**isiné	Fertiggericht, Vorgekochtes (angeliefert)
Plat du jour (garni)	Tagesgericht (mit Beilage)
Plat **fr**oid	Kaltes Gericht
Plat **ga**rni	Hauptgericht mit Gemüse
Plat à **hors** d'œuvre	Vorspeisenplatte, -Kabarett
Plat **lo**cal	Spezialität des Ortes, Lokalplatte
Plat **na**tional	Nationalgericht
Plat à **po**isson	Fischplatte
Plat de **po**isson	Fischgericht
Plat **pr**éparé	Fertiggericht
Plat **pr**incipal	Hauptgericht
Plat **re**commandé	Empfohlenes Gericht
Plat de **ré**gime	Diätgericht
Plat **ré**gional	Spezialgericht der Gegend
Plat de **ré**sistance	Hauptgericht
Plat de **vi**ande (garni)	Fleischspeise (mit Beilagen)
Plat **vé**gétarien	Vegetarisches Gericht
plat(e)	platt, flach, glatt; schal (Getränk)
Plate	Flache Auster
Plateau	Platte, Tablett
Plateau de **cr**ustacés	Frisch gekochte, verschiedene Krustentiere
Plateau de **fr**omages	Käseplatte, Käseauswahl
Plateau de **fr**uits de **me**r	Platte mit verschiedenen Meeresfrüchten
Plateau **ré**chaud	Kochplatte
Plateau **to**urnant	Drehplatte
Pleuronecte	Scholle, Blattfisch

Pleuronectides	Plattfische
Pleurote	Austernpilz, Austernseitling (gezüchtet)
pleuvoir	übergießen, beregnen
Plie	Scholle, Goldbutt, Platteisen, sehr schmackhafter Meeresfisch ♥
Plombières	Eiscreme mit (kandierten) Früchten oder Aprikosenkonfitüre und Sahne, „Fürst-Pückler-Eis"
plonger	eintauchen
Plongeur	Tellerwäscher, Geschirrspüler
Pluches	Blattspitzen aromatischer Kräuter
Plum-**c**ake	Königskuchen
plumer	rupfen
Pluvier	Regenpfeifer (Vogel)
Poche	Tasche, Sack
Poche à **do**uille	Spritzsack, meist für Teig, Sahne usw.
Poche de **v**eau **f**arcie	Kalbfleischtasche mit Gemüsefüllung
poché(e)	Mit schwacher Hitze gekocht oder gebraten
pocher	Unter dem Siedepunkt abkochen
Pocheteau	Glattrochen, Spiegelrochen
Pochou, **P**ochouse, **P**ouchouse	Dicke Fischsuppe oder Ragout aus Süßwasserfischen z. B.: Aal, Barsch, Hecht, Karpfen, Schleie
Pochouse **bo**urguignonne	Fischragout aus Süßwasserfischen, mit einer Wein-/Cognac-/Mehlbutter-Sauce, Knoblauch (*Burgund*)
Pochouse **m**atelote	„Matrosengericht": Süßwasserfischragout in Weißwein gekocht mit Knoblauch
Poêle	Pfanne
Poêle à **fl**amber	Flambierpfanne
Poêle à **fr**ire	Brat-/Grill-Pfanne
Poêle à **gr**iller	Grillpfanne
Poêle **no**ire	(schwarze) Omelettpfanne (keine afrikanische)
poêlé(e)	In der Pfanne gebraten
poêler	braten, in der Bratpfanne braten, frittieren
Poêlée	„Volle Pfanne": in einem Gang in der Pfanne gekocht
Poêlon	Kleine (Keramik-) Pfanne, Kasserolle
Pogne	Hefegebäck, meist mit kandierten Früchten
Pogne **s**uisse	Hechtähnlicher Fisch (*Französische Schweiz*)
Poids	Gewicht

Poids net	Nettogewicht, Reingewicht
Pointe	Spitze, Prise, Stachel
Pointes d'asperges au beurre fondu	Spargelspitzen (-Köpfe) mit zerlassener Butter
Pointe de culotte	Rinderhüftspitze
Pointe de grumeau	Das Brust-Bein, die -Spitze, der -Kern vom Rind
Poirat	Birnenkuchen (*Berry*)
Poire	Birne
Poire Bar-le-Duc	Gekochte Birnenhälften auf Johannisbeereis, mit Honig und Johannisbeeren
Poire à la Beaujolaise	Gekochte Birne und Sauce aus Beaujolaiswein, Zucker, Zimt, Pfefferkörnern, Orangen- und Zitronenscheiben (*Lyon*)
Poire belle Angevine	Birne in Sirup, auch mit Likör
Poire belle Hélène	Birne „Helene": Nachspeise aus einer Birne in Sirup, mit Vanilleeis und heißer Schokolade
Poire Bourdaloue	Gekochte Birne mit Mandelcreme, mit Butter bestrichen, gezuckert, zerstossene Maronen darüber
Poire à la bourguignonne	In Rotwein gedünstete Birne (*Burgund*)
Poire (belle) dijonnaise	In Rotwein gedünstete Birne mit Johannisbeergelee und gebrannten Mandeln
Poire Melba	Birne mit Vanilleeis, überzogen mit Himbeermus
Poire savoyarde	Mit Schlagsahne überbackene Birne
Poire à la vigneronne	Birnen in gezuckertem Rotwein gekocht
Poiré	1. Birnenmost
	2. Birnenpaste (*Belgien*)
Poiré à carde (blonde)	Mangold
Poireau	Lauch, Porree
Poireaux (à la) béchamel	Lauch in Butter gedünstet, mit Milch-/ Mehlsauce
Poireaux braisés	Gedünsteter Lauch
Poireaux à la grecque	Lauch „griechisch": mit Zwiebel, Fenchel, Thymian, Koriander, Lorbeer, Sellerie, Zitrone, P + S
Poireaux à la provençale	Mit Tomaten, Oliven und Zitronensaft gekochter Porree
Poireaux à la savoyarde	Lauch-/ Käseauflauf mit Semmelbröseln (*Savoyen*)
Poirée (à carde)	Mangold, (chinesische) Beete
Pois	Erbse(n)

Pois cassés	Geschälte, zerdrückte Erbsen als Püree oder in Suppen
Pois chiches	Kichererbsen (im Cous-Cous unentbehrlich)
Pois chiches en marinade	Kichererbsen mit Frühlingszwiebeln in einer Weinmarinade gekocht, lauwarm als Salat serviert
Pois gourmands	Zuckererbsen, ohne Fäden & wunderschön grün
Pois mange-tout	Zuckererbsenschoten ohne Fäden (ganz essbar)
Pois mange-tout à la paysanne	Zuckererbsenschoten mit Speck und Zwiebeln geschmort
Pois petits	Junge Erbsen
Poisson(s)	Fisch(e), Fischgericht
Poisson-chat	Zwergwels, Katzenwels (Flussfisch)
Poisson-chien	Hundsfisch (Süßwasserfisch)
Poisson d'eau douce	Süßwasserfisch (Überbegriff), Flussfisch
Poisson-épée	Schwertfisch, Sägefisch
Poisson farci à la florentine	Großer, gebackener Fisch (variabel) mit Spinat gefüllt
Poisson de mer	Meerfisch (Überbegriff)
Poisson de notre vivier	Frischer Fisch aus „unserem Bassin"
Poisson de rivière	Flussfisch (Überbegriff)
Poisson de roche	Felsenfisch, Küstenfisch (Überbegriff)
Poisson volant	Flugfisch
Poissonnier	1. Fischhändler 2. Fischkoch
Poissonnière	1. Fischhändlerin 2. Fisch-Kochkessel
Poissonnerie	Fischmarkt, großes Fischgeschäft
Poissons et crustacés	Fische und Krustentiere (Speisekartenüberschrift)
Poitrine	Brust
Poitrine d'agneau à la diable	Lammbrustwürfel mit Cayenne und Senf gewürzt, mit Butter und Panitur, gegrillt
Poitrine d'agneau vert-pré	Lammbrust mit Brunnenkresse und (Stroh-) Kartoffeln serviert
Poitrine de bœuf	Ochsenbrust
Poitrine de bœuf braisée	Ochsenbrust geschmort
Poitrine de bœuf salée	Ochsenbrust gepökelt (*Elsass*)
Poitrine de mouton	Hammelbrust

Poitrine de **m**outon **fa**rcie à l'**ari**ègeoise	Hammelbrust mit Schinken, Eiern, Knoblauch, Kräutern und Gewürzen gefüllt, mit Gemüse gekocht, mit Kartoffeln und Kohl serviert (*Ariège*)
Poitrine d'**oi**e **f**umée	Geräucherte Gänsebrust ♥
Poitrine de veau	Kalbsbrust
Poitrine de **v**eau (farci) à l'**al**sacienne	Kalbsbrust mit einer Wurstbrät-Gemüsefüllung
Poivrade	Salatsauce mit gestossenem Pfeffer, Essig, Weißwein, geröstetem Suppengrün und Wildbrühe
Poivre	(Schwarzer) Pfeffer
Poivre d'**amé**rique (rose)	Rosa Pfeffer
Poivre d'**an**	Bohnenkraut, Pfefferkraut, Eselspfeffer
Poivre **ar**omatique	Nelkenpfeffer, Piment
Poivre **blanc**	Weißer Pfeffer
Poivre de **ca**yenne	Cayennepfeffer, spanischer Pfeffer (sehr scharf)
Poivre en **gra**ins	Pfefferkörner
Poivre **gr**is	Grauer Pfeffer
Poivre **mou**lu	Gemahlener Pfeffer
Poivre **noir**	Schwarzer Pfeffer
Poivre **ve**rt	Grüner Pfeffer
poivré(e)	gepfeffert (auch „gepfefferter" Preis)
poivrer	pfeffern, mit Pfeffer würzen
Poivrette	Schwarzkümmel
Poivrier	Pfefferstreuer oder -Dose
Poivrière	Pfefferdose oder -Behälter
Poivron (carré)	Große Gemüsepaprikaschote (nicht scharf), eckig, gibt es in verschiedenen Farben
Poivrons **fa**rcis à la **ni**çoise	Mit einer Reis-Speck-Eier-Parmesan-Masse gefüllte Paprikaschoten (*Nizza*)
Poivrons (farcis) au **gra**tin à la **ni**çoise	Mit Semmelbröseln und Olivenöl überbackene, mit Sardellen & Knoblauch gefüllte Paprikaschoten
Poivrons **gr**illés	Gegrillte Paprikaschoten mit Essig-Öl-Sauce
Poivron **lo**ng des **L**andes	Längliche, meist grüne Gemüsepaprikaschote
Pojarski	Kalbs- oder Geflügelfleischhack, zu Schnitzeln geformt, paniert und gebraten
Polenta, **P**olente	1. Polenta, Maisbrei (nicht die Polizei!) 2. Maronenmehl (*Korsika*)

Polente au gratin	Maisbrei mit Butter, Olivenöl
polonaise (à la ~)	siehe Garnitures (↑)
Pomelo	Süße gekreuzte Frucht: Grapefruit und Orange
Poivronnade	Kulinarisches Gericht mit Gemüsepaprika
Pomfret	Meerfisch, der Brachsenmakrele ähnlich ♥
Pommade	Paste aus Öl, Gewürzen, Eiern und Käse zubereitet
Pomme	1. Apfel
	2. Kartoffel, pommes de terre (↓)
Pommes **ab**ricotées	Mit Aprikosenkonfitüre überzogene Äpfel
Pommes à l'**al**sacienne	Bratäpfel mit süßer Sahne überbacken
Pomme d'**am**our	Tomate
Pommes au **be**urre	Heiße Apfelschnitze in Apfelpüree, überbacken
Pommes **bo**nne femme	Bratäpfel mit Zucker und Butter gefüllt, meist mit Johannisbeergelee serviert
Pommes **cu**ites	Bratäpfel
Pommes à la **li**mousine	Apfelsüßspeise mit Vanille, Maronenpüree und Mandeln, heiß serviert
Pommes en **ma**rmelade	Apfelmus
Pommes **me**ringuées	Äpfel in Vanillesirup, gedünstet und mit Eiweiß-/Zucker-Masse überbacken
Pommes en **ro**be	Äpfel im Schlafrock
Pommes **Ri**chelieu	Äpfel mit Vanillezucker gefüllt, auf Kuchenteig mit Johannisbeergelee überzogen
Pommes (de terre)	Kartoffeln, ist auf der Speisekarte unter „Légumes" zu finden, meist ohne „de terre" bezeichnet
Pommes **al**lumettes	Streichholz-/ Stäbchenkartoffeln, roh frittiert
Pommes (de terre) **Al**phonse	Kartoffelauflauf mit geraspeltem Käse, Petersilie, Pilzen und Zitronensaft
Pommes (de terre) à l'**al**sacienne	Kleine oder gewürfelte Kartoffeln mit Speckwürfeln, Zwiebeln und Kräutern gebraten (*Elsass*)
Pommes (de terre) **am**andines	Kartoffelkroketten in Mandelnsplittern gewälzt und im Fett schwimmend ausgebacken (frittiert)
Pommes (de terre) l'**an**glaise	Dampfkartoffeln mit Butter und Petersilie
Pommes (de terre) **An**na	In Butter, ofengebackene, dünne Kartoffelscheiben

Pommes (de terre) Annette	Kartoffelstäbchen mit Butter, ofengebacken
Pommes (de terre) argentées	Kartoffeln in Alufolie zubereitet
Pommes (de terre) à la basquaise	Überbackene Kartoffeln mit Tomaten, Schinken, Paprikaschoten und Petersilie gefüllt
Pommes (de terre) à la Bernoise	Berner Rösti: Geraspelte Kartoffeln mit Speck in heißer Butter, oft mit Sahne geröstet (*Schweiz*)
Pommes Berny	Kartoffelkroketten (Bällchen) mit Mandelsplittern paniert, frittiert, oft mit Trüffelscheibchen
Pommes (de terre) à la berrichonne	Pommes château (↓) in Fleischbrühe mit Speckwürfeln, Zwiebeln und Kräutern zubereitet
Pommes au beurre	In Butter geschwenkte, vorgekochte Kartoffeln, gebraten
Pommes (de terre) à la boulangère	Kartoffelscheiben in Brühe angekocht, mit Zwiebeln in Butter oder Schweineschmalz gebraten; zu Bratenfleisch mit Rahm gebraten
Pommes (au) bouillon	Rohe, gewürfelte Kartoffeln mit Fleischbrühe, Lauch, Sellerie und Karotten im Ofen gegart
Pommes (de terre) dans la braise	Kartoffeln in der Glut zubereitet
Pommes (de terre) en brioche	Kartoffelpüreemasse mit Eigelb zu kleinen, runden Küchlein (brioches) geformt, mit Eigelb bestrichen, im Ofen gebacken
Pommes (de terre) Byron	Kartoffelpüree in Fladenform mit Rahm übergossen und dann mit Käse im Ofen überbacken
Pommes (de terre) Carême	Kartoffelpüree mit Rahm und Parmesan vermischt, dann im Ofen überbacken
Pommes (de terre) château	Schlosskartoffeln: kleine, runde, neue Kartoffeln gekocht (blanchiert), in Eiswasser abgeschreckt, dann in Butter mit Petersilie gebraten
Pommes chatouillard	In lange Späne geschnittene Kartoffeln, frittiert
Pommes (de terre) chips	Kartoffelchips: dünne, frittierte Kartoffelblättchen, zum Essen heiß, zum Knabbern kalt serviert
Pommes (de terre) cocotte	Rohe „Oliven"-Kartoffeln gekocht und gebraten
Pommes (de terre) comtoise	Kartoffelauflauf mit Käse und Sahne

Pommes (de terre) **co**peaux	Lange, dünne frittierte (Span-)Kartoffelbänder
Pommes (de terre) en **co**uronne	Pürierte Kartoffeln mit Butter, Eigelb und Brandteig vermischt, dann als Kringel gespritzt, frittiert
Pommes (de terre) à la **crè**me	Kartoffelscheiben in Milch und dicker Sahne gekocht, mit Muskat, S + P
Croquettes de **p**ommes (de terre)	Kartoffelkroketten: Kartoffelpüree geformt in Kugeln, Rollen usw., durch Eigelb gezogen, paniert, dann in der Fritteuse goldgelb gebacken
Pommes (de terre) **da**rphin	Geraspelte Kartoffeln in Stäbchenform, mit Butter in der Pfanne, dann im Backofen gebacken
Pommes (de terre) **da**uphine	Frittierte Kartoffelkroketten, (-Bällchen, -Klößchen)
Pommes (de terre) (à la) **da**uphinoise	Rohe Kartoffelscheiben gebraten, mit Milch oder mit Sahne übergossen und mit geschlagenem Ei und Käse überbacken
Pommes (de terre) **du**chesse	Herzoginkartoffeln: 1. Kartoffelpüreeküchlein mit Butter und Eigelb überbacken 2. die o.g. Masse püriert, mit Milch vermengt, aufgespritzt, mit Eigelb bestrichen & überbacken
Pommes (de terre) (aux) **fi**nes **h**erbes	Kräuterkartoffeln: Pellkartoffeln in weißer Sauce, mit Schnittlauch, Petersilie, Kerbel und Zwiebel
Pommes (de terre) **fo**ndantes	Angekochte, ovale Kartoffeln, in Butter gebraten, dann Fleischbrühe dazugeben, einziehen lassen
Pommes au **fo**ur	In der Schale mit Salz im Ofen zubereitete Kartoffeln, vorher geköpft, ausgehöhlt, die Kartoffelmasse püriert, mit Butter, S + P vermengt und eingefüllt
Pommes (de terre) **fr**ites	Kartoffelstangen (circa ¾ cm stark) frittiert
Pommes (de terre) au **fr**omage	Kartoffel-Käse-Auflauf
Pommes (de terre) **ga**ufrettes	Frittierte Waffelkartoffeln
Pommes (de terre) de **Gr**anville	Kartoffeln gekocht, mit Austern & Champignons in heller Buttersauce

Pommes (au) **gr**atin	Kartoffelauflauf mit Milch oder Sahne, Käse und geschlagenem Ei im Ofen überbacken
Pommes (de terre) à la **ho**ngroise	Kartoffelscheiben „ungarisch": mit Zwiebelringen, Tomatenmark, Butter, scharfem Paprika, Kümmel und Petersilie, mit Brühe und süßer Sahne zubereitet
Pommes (de terre) à l'**hu**ile	1. In Öl geschwenkte Kartoffeln 2. Kartoffelsalat
Pommes (de terre) **ju**liennes	Halbdicke Pommes frites
Pommes (de terre) **ju**rassiennes	Knuspriger Kartoffelauflauf mit Butter und Reibkäse gebacken
Pommes (de terre) au **la**it	Kartoffeln in einer Butter-/Mehl-/Milch-Sauce
Pommes (de terre) à la **la**ndaise	Gewürfelte Kartoffeln mit Schinken aus *Bayonne* und Zwiebeln (*Landes*)
Pommes (de terre) au **la**rd	Kleine, ovale Kartoffeln mit Zwiebelchen und Speckwürfeln, Tomatenmark, Butter, Mehl und Fleischbrühe zubereitet
Pommes (de terre) **Lo**rette	Mit Käse vermischte Kartoffelmasse frittiert
Pommes (de terre sautées) à la **ly**onnaise	„Lyoner Bratkartoffeln": mit viel Zwiebeln, gebratenen Kartoffeln, mit Petersilie bestreut
Pommes (de terre) **Ma**caire	Gekochte Kartoffelmasse, mit Butter, S + P, fladenförmig in der Pfanne gebraten
Pommes (de terre) **Ma**ire	Gekochte Kartoffeln als Scheiben mit Butter, Fleischbrühe und Milch zubereitet
Pommes (de terre) **ma**ître d'**h**otel	Scheiben von Pellkartoffeln in Butter & Milch, mit Muskat, S + P geschmort; mit Petersilie bestreut
Pommes (de terre) en **ma**telote	Kartoffelragout mit Rotwein
Pommes (de terre) à la **mé**nagère	In der Schale gebackene Kartoffelmasse, (↓) Pulpe de fruit, mit Röstzwiebelwürfeln und gehacktem Schinken gemischt, dann mit Käse überbacken
Pommes **Mo**nt-d'Or(e)	Kartoffelpüree mit Käse & Ei im Ofen überbacken
Pommes **mo**usseline	Kartoffelsahnepüree
Pommes (de terre) **Na**ntua	Eigroße Kartoffeln im Ofen gebacken, ausgehöhlt, gefüllt mit Krebsschwanzragout in Nantua-Sauce

Pommes (de terre) **na**ture	Salzkartoffeln
Pommes (de terre) en **n**eige	Schneekartoffeln: Salzkartoffeln durchgesiebt
Pommes (de terre) **Ni**non	Kartoffel/Butter/Eigelb/Tomatenpüree-Masse mit Kochschinkenwürfeln, wie kleine ovale Brötchen geformt, mit Eigelb bestrichen, im Ofen gebacken
Pommes (de terre) **no**isette	Ausgestochene, haselnussgroße, vorgekochte, in Butter gebratene Kartoffeln (Nusskartoffeln), wie Pommes parisiennes (↓)
Pommes (de terre) **no**rmande(s)	Rohe Kartoffeln mit Speck, Zwiebeln & Lauch in Butter, Fleischbrühe/Sahnesauce, mehlbestäubt und Muskat, mit geriebenem Käse überbacken
Pommes (de terre) **no**uvelles	Frühkartoffeln, neue Kartoffeln
Pommes (de terre) **pa**ille	Strohkartoffeln (dünnste Pommes frites), frittiert
Pommes (de terre) **pa**illasson	Roh geriebene Kartoffelfladen im Ofen gebacken
Pommes (de terre) **Pa**nama	Rohe Kartoffeln gehobelt, mit Kräutern, Pfeffer und Salz in der Pfanne braun gebraten
Pommes (de terre) (à la) **pa**risienne	Ausgestochene, haselnussgroße, runde, vorgekochte in Butter gebratene Kartoffeln mit Kräutern (Nusskartoffeln)
Pommes (de terre) (à la) **Pa**rmentier	Geschälte, rohe Kartoffelwürfel gesalzen, in Butter gebraten, mit gehackter Petersilie
Pommes (de terre) à la **pa**ysanne	Bratkartoffeln mit Zwiebeln und Speck, mit Fleischbrühe, Mehl und Petersilie fertig gegart
Pommes (de terre) **pe**rsillées	Kleine, gerundete Kartoffeln in Butter angebräunt, in Fleischbrühe mit viel Petersilie fertig gegart
Pommes (de terre) **po**êlées	Kartoffeln in der Pfanne gebraten, Bratkartoffeln
Pommes (de terre) **po**nt **n**euf	Pommes frites, circa 1 cm dick
Pommes (de terre) à la **po**rtugaise	Rohe Kartoffelwürfel in Tomatensauce, mit Zwiebeln und Knoblauch gedünstet
Pommes (de terre) **pr**ovençale	Rohe Kartoffelscheiben mit Knoblauch in Olivenöl gebraten

Pommes (de terre) en **pu**rée	Kartoffelpüree
Pommes (de terre) **ri**ssolées	Bratkartoffeln, Schwenkkartoffeln, in der Pfanne mit Öl und Butter knusprig gebraten
Pommes (de terre) en **ro**be des **C**hamps	Pellkartoffeln mit der Schale serviert
Pommes (de terre) **Ro**bert	Mit Kräutern gebackenes Kartoffelpüree
Pommes (de terre) **rô**ties	Röstkartoffeln im Ofen gebacken, mit Butter oder Schweineschmalz
Pommes (de terre) en **sa**lade	Kartoffelsalat
Pommes (de terre) (sautées) **sa**rladaises	Kartoffelauflauf mit Butter oder Schmalz zubereitet, mit Gänsestopfleber oder Trüffeln geschichtet
Pommes de terre sautées	Bratkartoffeln, Schwenkkartoffeln, in der Pfanne mit Öl und Butter zubereitet
Pommes (de terre) sautées à **cru**	Rohe Kartoffelscheiben in Fett angebraten
Pommes (de terre) en **so**ufflé	Lockerer Kartoffelauflauf mit Butter, Eiern und süßer Sahne zubereitet
Pommes (de terre) **so**ufflées	Dicke, 2x frittierte Kartoffelscheiben (aufgebläht)
Pommes (de terre) **so**us la **c**endre	In der Asche, mit der Schale gebratene Kartoffeln
Pommes (de terre) à la **sa**voyarde	1. Rohe Kartoffel- und Zwiebelscheiben mit Butter gebraten, mit Käse und Fleischbrühe vollendet 2. Kartoffelauflauf mit Milch oder Sahne, geschlagenem Ei, mit geraspeltem Käse überbacken, in Fleischbrühe serviert (*Savoyen*)
Pommes (de terre) à la **tri**pe	Kartoffelscheiben mit Innereien in Sahnesauce zubereitet
Pommes (de terre) (à la) **va**peur	Dampfkartoffeln; geschälte Kartoffeln über Dampf gegart
Pompano	Pompano, Seefisch mit weißem Fleisch
Pompe	Obsttorte (*Auvergne*)
Pompe aux **g**rattons	Kuchenkranz aus Mehl, Milch, Eiern, Butter und Schweinepastete als Kuchenkranz

Pomponette	Pastetchen mit variabler Füllung, überbacken
Pont-neuf	Mürbeteigtörtchen mit Johannisbeergelee gefüllt
Porc	Schwein, Schweinefleisch
Porc à la **bi**ère	Schweinefilet in Bier-Zwiebelsauce (*Belgien*)
Porc en cr**oû**te	Schweinebraten im Brotteig
Porc fr**oi**d	Kalte Schweinebratenscheiben
Porc r**ô**ti à la **s**auge	Schweine(filet)braten in Salbeisauce
Porcelet (farci)	Junges Schwein, Spanferkel (gefüllt)
Porchette, Porchetta	Gefülltes, am Spieß gebratenes Spanferkel (*Provence, Nizza*)
Pormonier	Kräuterwurst aus *Savoyen*
Porte-g**â**teau	Kuchenständer
Portion	Portion
Portion de **f**rites	Portion Pommes frittes
Porto	Portwein
Portugaise	1. Preiswerte, bauchige, längliche Austernart
	2. Geschälte Tomaten mit Knoblauch vermengt
Portulak	Portulak: Salatpflanze, Blätter dick und fleischig
Portune	Wollkrabbe, Taschenkrebs frittiert
Poussilakaya	Junges, kleines, saftiges Pfläumchen (*russisch*)
Pot	Topf, Kanne, Krug
Pot à la **bi**ère	Bierkrug
Pot à **gr**és	Topf aus Steingut
Pot à **l**ait	Milchtopf
Pot au **l**ait	Milchkanne
Pot-au-feu	Suppeneintopf, der oft in zwei Gängen serviert wird:
(„Topf auf dem Feuer")	
(sehr aufwendig)	1. Die Bouillon, in der die anderen Zutaten gekocht wurden, mit Knochenmark, auf Weißbrotscheiben
	2. Rind, Kalb, Huhn, Lamm, Gemüse, Trüffel aber auch mit Pute, Fasan oder Rebhuhn ♥ ♥
Pot au **f**eu à l'**al**bigeoise	Aufwendiger Eintopf aus *Albi* mit: Kalb, Schinken, eingemachtem Enten- oder Gänsefleisch, Rübchen, Karotten, Lauch, Kohl, Nudeln, Zwiebeln, Kartoffeln, Knoblauch, Suppengemüse, Pfeffer u. a. ♥ ♥
Pot-au-**f**eu à la **bé**arnaise	Gemüseeintopf mit Huhn, Rind und gekochtem Schinken

288

Pot-au-feu carcassonnais	Eintopf mit Hammelhals, Magerspeck, Kohl und weißen Bohnen (*Languedoc*) ♥
Pot-au-feu de homard (à la) breton	Eintopf mit Hummer, Mies- & Kammmuscheln, Garnelen und Austern im Sud gekocht (*Bretagne*) ♥
Pot de crème au chocolat	Schokoladenpudding im Töpfchen
Pot de crème à la vanille	Vanillepudding im Töpfchen
Pot de filets de harengs	Im Topf eingelegte Heringsfilets
potable	trinkbar
Potage(s)	Suppe(n), meist gebunden (siehe auch Consommés und Veloutés)
Potage aux abattis de volaille (d'oie)	Suppe mit Geflügelklein (mit Gänseklein im *Elsass*)
Potage Ambassadeur	Botschafter-Suppe mit pürierten Erbsen, Reis, Sauerampfer, Kopfsalat und Kerbel
Potage Antonin Carême	Samtsuppe aus Geflügelfond mit Mehl gebunden, pürierten Champignons und Artischocken, garniert mit Trüffelscheiben
Potage Aurore	Suppe mit Kürbis, Tomaten und Kartoffeln
Potage à l'avoine	Hafermehlsuppe
Potage Bagration	Kalbfleischsuppe gebunden, mit Makkaroni und Käse
Potage basque	Suppe mit grünen Bohnen und Kartoffeln auf Weißbrotscheiben mit Käse serviert
Potage brabançon	Belgische Biersuppe mit Speck, Kartoffeln, Rosenkohl, Sellerie, Eiern und Reis
Potage Bressane	Suppe mit Kürbispüree und Fadennudeln
Potage (à la) bretonne	Suppe aus pürierten weißen Bohnen und Lauch
Potage (à la) briarde	Suppe mit pürierten Kartoffeln, Karotten und frischem Kerbel, mit gerösteten Brotwürfeln
Potage cancalaise	Fischsuppe, oft mit Muscheln (*Bretagne*)
Potage carolorégien	Belgische Kartoffelsuppe mit Schweinsohreneinlage
Potage au cerfeuil	Kerbelsuppe (*Elsass*)
Pogage à la champenoise	Suppe mit Püree von Kartoffeln und Sellerie
Potage clair	Klare Suppe
Potage Compiègne	Weiße Bohnenpüreesuppe mit Sauerampfer, Kerbel
Potage (à la) Conti	Linsenpüreesuppe mit Kräutern, Sahne, Röstbrot

Potage **Cr**écy	Suppe mit pürierten Karotten und Kartoffeln und Zwiebelröhrchen (-Schoten)
Potage crème d'**as**perges	Spargelcremesuppe
Potage **cr**ème de **cé**lerie	Selleriecremesuppe
Potage **cr**ème de **ch**ampignons	Champignoncremesuppe
Potage **cr**ème de **vo**laille	Geflügelcremesuppe
Potage **cre**ssonière	Brunnenkressesuppe
Potage **cu**ltivateur	Gemüsesuppe mit Kartoffeln, Lauch, Karotten, weißen Rüben, Zwiebeln und Speckwürfeln
Potage **Du**barry	Blumenkohlsuppe mit Kartoffeln, Fleischbrühe, Milch, Butter, Sahne, Kerbel, Brotwürfeln
Potage **Es**au	Linsensuppe
Potage (à la) **fe**rmière	Gemüsesuppe
Potage **fl**amand	Gemüsesuppe mit eingerührtem Ei
Potage **Ge**rminy	Gemüsesuppe mit Sauerampfer, Sahne & Eigelb
Potage aux **he**rbes	Kartoffel-Kräutersuppe, meist mit einem Püree von Spinat, Kopfsalat, Sauerampfer, Lauch & Kerbel zubereitet, mit gerösteten Brotwürfeln garniert
Potage **it**alien	Suppe mit Kohl, Reis und Parmesan
Potage du jour	Tagessuppe
Potage **ju**lienne(s)	Suppe mit Fleischbrühe und Gemüsestreifen
Potage **la**boureur	Kräftige, gebundene Suppe mit Pökelfleisch, Schweinshaxe, Erbsenpüree, Lauch, Karotten, weißen Rüben und Zwiebeln
Potage aux **lé**gumes	Gemüsesuppe
Potage **li**é	Gebundene Suppe
Potage **Lo**ngchamps	Suppe mit Erbsen, Fadennudeln, Sauerampfer und Kerbel
Potage **ma**igre	Dünne (Fasten-)Suppe mit Sauerampfer, Lauch, Kerbel, Kartoffeln und etwas Sahne
Potage **ma**raîchère	Gemüsegärtnerinsuppe: Kartoffelsuppe mit Kerbel, Salatstreifen, Portulak, Spinat, Sauerampfer, Nudeln
Potage aux **ma**rrons	Suppe mit Maronenpüree und Röstbrotwürfeln
Potage aux **me**niers	Pilzsuppe
Potage aux **no**ques	Suppe mit Nocken oder Klößchen, Eigelb, Sahne

Potage d'osseille	Gebundene Sauerampfersuppe mit Sahne
Potage ox-tail clair	Klare Ochsenschwanzsuppe mit Madeira oder Sherry
Potage de pain à la française	Französische Brotsuppe: Brotwürfel in Rinderbrühe mit gebräunten Zwiebeln gekocht, dann mit Eigelb und Sahne gebunden
Potage Parmentier	Kartoffelsuppe mit Milch, Fleischbrühe, Salz, Lauch, Butter, Mehl, Sahne, Kerbel, Brotwürfeln
Potage aux petites pâtes	Suppe mit kleinen Nudeln als Einlage
Potage (aux) poireaux	Lauchsuppe (*Elsass*)
Potage poireaux et pommes de terre	Lauchsuppe mit Fleischbrühe, Kartoffeln, auf Brotscheiben mit Butter
Potage de pois	Grüne Erbsenpüreesuppe
Potage Pompadour	Feine Tomatensauce mit Sagoperlen
Potage au potiron	Kürbissuppe
Potage printanier	Suppe mit jungem Frühlingsgemüse
Potage à la purée de haricots blancs	Suppe mit weißen, pürierten Bohnen
Potage purée de pois cassés	Grüne pürierte Erbsensuppe
Potage purée soissonnaise	Suppe mit weißen, pürierten Bohnen
Potage (à la) queue de bœuf	Ochsenschwanzsuppe
Potage Saint-Germain	Erbsensuppe mit Butter, Röstbrot, Sahne
Potage (à la) semoule	Grießsuppe
Potage velouté	Cremesuppe
Potage aux vermicelles	Fadennudelsuppe mit Fleischbrühe zubereitet
Potager	1. Suppenkoch 2. Gemüsegarten
Potée	Deftiger Eintopf in irdenem Topf gekocht, meist mit Kohl, Kartoffeln und Speck, auch mit Fisch
Potée alsacienne	Gemüseeintopf mit Meerrettich, Schinken, Schweinewurst und Speck
Potée ardennaise	Belgischer Gemüseeintopf mit Kartoffeln und Pökelfleisch

Potée à l'auvergnate	Eintopf mit Schweinskopf, -Haxen und -Suppen-fleisch, Speck, Cervelatwurst, Kartoffeln, Gemü-se, Kräutern und Röstbrotscheiben (*Auvergne*)
Potée bourguignonne	„Burgunder" Suppentopf , wie Petite marmite (↑), mit gepökeltem Schweinefleisch und -Haxe, Knob-lauchwurst, Kartoffelwürfeln, Lauch, Karotten, Weißkraut und weißen Rüben (*Burgund*)
Potiron(g)	Riesenkürbis
Potpourri	Meist mit Naturschnitzeln oder Lendenschnitten, Koteletts vom Hammel & Schwein mit brauner und Tomaten-Sauce überzogen, dazu gebratene Champignons, Gemüse & Kartoffelkroketten
(Meist guter Mischmasch)	
Pouding	Pudding
Pouding bourguignon	Eier-Karamel-Pudding
Pouding Nesselrode	Vanillepudding mit Maronenpüree, kandierten Früchten und in Rum eingelegten Rosinen
Pouding de riz	Reispudding
Poudre	Puder
Poudre de blé	Weizenstärke
Poudre à lever	Backpulver
Poudrette à sucre	Puderzucker-Streuer
Pouillard	Junges Rebhuhn
Poularde	Junges Masthuhn, Poularde, fette junge Henne
Poularde (à la) bayonnaise	Mariniertes Masthuhn in Fett gebacken
Poularde au blanc	Masthuhn mit Sahne-Zitronen-Sauce
Poularde de Bresse rôti	Gebratenes Masthuhn aus *La Bresse* (*Burgund*)
Poularde de Bresse en vessie	Masthuhn nach der Art von *La Bresse* (*Burgund*) in der Schweinsblase gekocht
Poularde cardinal	Masthuhn gekocht, mit Tomaten-Sahne-Sauce
Poularde charentaise	Poularde mit Champignons in einer Sauce mit süßem Pineau-Wein aus der *Charente*
Poularde en cocotte	Poularde im Schmortopf gegart
Poularde demi-deuil	Poularde in „Halbtrauer": eine Hälfte mit weißen Champignons, die andere mit schwarzen Trüffeln belegt, mit heller Geflügelsauce ♥
Poularde Derby	Gebratenes Masthuhn mit Gänseleber, Reis und Trüffeln

Poularde **g**ratinée à la **m**ode des **A**ndelys	Masthuhn mit Käsesauce, auf Strohkartoffeln in der Röhre überbacken
Poularde à la **lo**rraine	Poularde mit Kalbfleischmasse und Kräutern gefüllt, gekocht und mit Rahmsauce serviert
Poularde à la **mo**de de **B**ordeaux	Masthuhn mit Schalotten in Weinsauce
Poularde à l'**or**ange	Gebratenes, ausgebeintes, zerlegtes Masthuhn, mit Orangenfilets, benetzt mit Orangensaft, kalt serviert
Poularde à la **vi**erge	Gekochtes Huhn mit Geflügelrahmsauce und Hühnerpüree überzogen, mit Lammbries und gedünsteten Zwiebeln serviert
Poule	Henne, Huhn, Suppenhuhn, 18 - 20 Monate alt
Poule de **fa**isane	Fasanenhenne
Poule de **me**r	Peterfisch, Heringskönig
Poule en **pâ**te	Huhn im Teigmantel gegart
Poule-au-**po**t	1. Hühnersuppeneintopf 2. Gefülltes Huhn im Topf mit Gemüse gekocht
Poulet	(Brat-) Hähnchen, Hühnchen, 10-16 Wochen alt
Poulet à l'**al**sacienne	Hähnchen auf Nudeln und Erbsen mit Butter und Parmesan darüber (*Elsass*)
Poulet à l'**an**cienne	Hähnchen gedünstet, weiße Sauce, Champignons
Poulet en **ba**rbouille	Hähnchen zerteilt, angebraten und mit einer Sauce aus Hähnchenblut, Essig, Speck, Rotwein, mit Champignons und Zwiebelchen serviert
Poulet **ba**squais, (basque)	Geschmortes Hähnchen mit Tomaten, Pfefferschoten, Paprika & Champignons, in Weinsauce
Poulet du **Be**rry en **b**arbouille	Hühnchen aus *Berry* ♥, zerteilt, gebraten, flambiert, mit einer Sauce aus dem Blut, Rotwein, der Leber, Sahne und Eigelb zubereitet
Poulet (au) **bl**anc	Hähnchen gekocht, mit Champignons, Sahnesauce
Poulet (au) **bo**nne **f**emme	Hähnchen gebraten, mit Speckscheiben und gebratenen Kartoffeln, (nach Art der guten Frau)
Poulet à la **bo**rdelaise	Hähnchen mit Schalotten, Steinpilzen, Weinsauce
Poulet de **Bo**urgogne	Hähnchen mit Schalotten in Weinsauce
Poulet de **Bresse**	Hähnchen mit Spitzenqualität aus der Gegend um *La Bresse* in *Burgund*

A→Z Französisch - Deutsch

Poulet de **B**resse au **sel**	Hähnchen aus *La Bresse* ♥ mit Trüffeln unter der Haut im Salzmantel gegart ♥
Poulet de **B**resse en **ve**ssie	Hähnchen aus *La Bresse* ♥ in einer mit Madeira und Gemüsefond abgekochten Schweinsblase, mit Hackfleisch gefüllt und gekocht
Poulet à la **br**uxelloise	Hühnchen mit gedämpftem Chicorée (*Belgien*)
Poulet **ch**asseur	Hähnchenstücke mit Pilzen in Tomaten-Weiß-wein- Sauce
Poulet en **cocotte** (bonne femme)	Hähnchen im Schmortopf (mit Gemüse) zubereitet, wie es eine „gute" Frau zubereitet
Poulet à la **co**mtoise	Zerteiltes Huhn in Brühe mit Weißwein und Zwiebeln gedünstet, in einer Eigelb-Sahne-Sauce, mit serviert (*Franche-Comté*)
Poulet (à la) **co**uvinoise	Hähnchen mit Salbei (*Belgien*)
Poulet aux **éc**revisses	Hähnchen mit Flusskrebsen angerichtet (*Languedoc*)
Poulet **fe**rmier	Hähnchen von der Hühnerfarm
Poulet **fr**anc-comtoise	Angebratenes, zerteiltes Hähnchen mit Zwiebeln, Brühe und Weißwein gedünstet, mit einer Eigelb-Sahnesauce und Morcheln (*Franche-comtois*)
Poulet en **fr**icassée	Hühnerfrikassee
Poulet de **gr**ain	Hähnchen, nur mit Getreidekörnern gefüttert
Poulet **grillé pa**lace	Hähnchen gegrillt, mit Cognac-Estragon-Sauce
Poulet grillé à la **ly**onnaise	Hähnchen gegrillt mit einer Senf-Zwiebel-Sauce (*Lyon*)
Poulet **Ma**rengo (siehe auch unter Garnitures)	Hähnchen(ragout) in einer Wein-Tomaten-Sauce mit Champignons, frittierten Eiern und Krebsen, auf angebratenen Weißbrotscheiben serviert ♥
Poulet en **ma**telote	Zerteiltes Huhn mit Fleischbrühe, Rotwein und Speckstreifen zubereitet (*Nivernais*)
Poulet aux **mo**rilles	Hähnchen mit Morcheln ♥
Poulet (à la) **mo**rvandelle	Gebratenes Hühnchen mit Schinken, Zwiebeln und Kartoffeln
Poulet (à la) **ni**çoise	Hähnchen mit Pilzen, Knoblauch und Oliven
Poulet à la **pi**carde	Zerteiltes Hähnchen mit Apfelwein, Milch, Hühnerbrühe, Kuhmilchkäse (Maroilles) und Mehlschwitze im Ofen überbacken (*Picardie, Flandern*)
Poulet en **pie**	Hähnchen im Teigmantel zubereitet (*Île-de-France*)
Poulet (à la) **pr**ovençale	Hähnchen mit Tomaten, Knoblauch und Oliven

Poulet **r**eine	Sehr fleischiges Hähnchen
Poulet **r**eine **sa**uté à l'archeduc	Geschmortes Hähnchen mit Butter, Madeira, Cognac, Trüffeln, P + S, Eigelb/Sahne-Samtsauce
Poulet **ri**cardière	Hähnchen mit Sahne & Ricard-Aperitif gebacken
Poulet **ro**uilleuse	Zerteiltes Huhn in Gänseschmalz gebraten, mit Brühe und Weißwein angegossen
Poulet **r**ôti	Brathähnchen mit aromatischen Kräutern
Poulet en **sa**uce	Hähnchen in einer Weißwein-Sahnesauce (*Burgund*)
Poulet **sa**uté aux **ar**omates	Zerteiltes Hähnchen gebraten, mit Tomaten, Kräutern und schwarzen Oliven
Poulet sauté **Bo**ivin	Geschmortes Huhn mit Artischocken, Zwiebeln und Kartoffeln
Poulet sauté à la **bo**rdelaise	Zerteiltes Hähnchen gebraten, mit Artischocken- herzen und Schalotten
Poulet **s**auté (à la) **ch**asseur	Hähnchenragout mit einer Weißwein-/ Tomaten- sauce, mit in Butter gebratenen Champignons
Poulet **s**auté à la **cr**ème	Gebratenes und zerteiltes Hähnchen mit einer Champignon-Sahne-Sauce
Poulet sauté **Du**rand	Gebratenes und zerteiltes Hähnchen mit Toma- ten und Schinkenröllchen
Poulet sauté (à la) **ni**çoise	Gebratenes Hähnchen mit Wein, Artischocken- böden, Oliven und Kräutern (*Nizza, Provence*)
Poulet **s**auté à la **po**itevine	Hähnchen zerlegt, mit Champignons geschmort
Poulet **s**auté à la **pr**ovençale	Zerteiltes Hähnchen, gebraten, in einer Sauce mit Zwiebeln, Tomaten, Champignons, Sardellen und Oliven serviert
Poulet sauté (à la mode de) **Sa**int-Tropez	Zerteiltes Hähnchen, geschmort mit Speck, Toma- ten und Weißwein
Poulet sauté **Va**llée d'Auge	Zerteiltes Hähnchen in Butter gebraten, mit einer Calvados-Sahne-Sauce (*Normandie*)
Poulet au **ve**rjus	Hähnchen mit einer Sauce aus unreifen, grünen Trauben (*Auvergne*)
Poulet en **ve**ssie	In der Schweinsblase gekochtes Hähnchen
Poulet au **vi**naigre	Zerteilte Hähnchenteile gebraten, mit Essig, To- maten, Schalotten, Weißwein, die Sauce mit Sahne gebunden (*Lyon*)

Poulette	Sehr junges, kleines Hähnchen oder Hühnchen
Poulpe	Polyp, gewöhnlicher kleiner Krake, Moschuspolyp
Poulpe à la ni**ç**oise	Kleiner Krake in pikanter Tomatensauce
Poulpes en po**t**ée	Tintenfischragout, geschmort mit Tomaten, Zwiebeln und Knoblauch
Poulpes à la **v**inaigrette	Tintenfischstücke in Essig/Öl/Kräutersauce
Poumon	Lunge
Pountari	Mit Speck gefüllte Kohlroulade (*Auvergne*), rote Beeten, mit Milch und Eiern gebunden, im Schmortopf mit Schweineschmalz zubereitet
Poupart	Taschenkrebs
pour commencer	Zu Beginn
pour co**n**tinuer	Darauffolgend, als Folge
pour de**ux** personnes	Für zwei Personen (z. B.: Chateaubriand)
pour **en**fants	Für Kinder
pour **fi**nir	Zum Abschluss
Pour **gr**oupes: **c**hoisir le **m**ême **m**enu	Für größere Gruppen: ein gemeinsames Menü wählen! (sonst kündigt der Koch!)
Pourboire (compris)	Trinkgeld (inbegriffen)
Pourceau	Ferkel, junges Schwein
Pourpier	Portulak, Burzelkraut, Kreusel
Pousse	Sprosse, junger Trieb, Schößling
Pousse de **b**ambou	Bambussprosse
Pousse-**café**	Verdauungsschnaps nach dem Kaffee
pousser	drücken, stoßen, gären (Wein)
poussez!	drücken! (Tür)
Poussin (grillé)	Küken (gegrillt)
Poutargue, Poutine	Weißer Rogen (Fischeier) der Meeräsche getrocknet & gepresst, meist als Vorspeise oder in Salaten
Poutina	Kleine, frittierte Mittelmeerfische
Poutinat, **P**outine	Kleine Fische in einer Oliven-Zitrone-Marinade gekocht
Praire	Sandmuschel, Herzmuschel, warzige Venusmuschel
Praires **f**arcies	Herzmuscheln, belegt mit Schalotten, Petersilie, Weißbrotscheiben und Butterflocken, im Ofen gebacken (*Bretagne*)
Pralin	Krokant, geröstete Mandelmasse
Praline	Gebrannte, in Zucker (kandierte) Mandel

praliné	Mit Mandelkrokant vermischt
Praliné	1. Nougat
	2. Schokoladenbonbon mit gebrannten Mandeln
	3. Genueser Teig mit Mandeln
Pratelle	Egerling (Champignon)
Pré-salé	Hammel- oder Lammfleisch, von Tieren, die auf von Meerwasser überspülten Wiesen weideten. Das Fleisch ist von hervorragender Qualität ♥
Premier **j**us	Ausgeschmolzenes, gereinigtes Tiergewebefett
Premier **p**lat	Erster Gang beim Menü
Prémonata	Rindfleisch mit Wacholder geschmort (*Korsika*)
Préparation	Zubereitung
Préparation ... **m**inutes	Zubereitung ... Minuten
préparer	zubereiten, anrichten, herstellen
préparer un **p**oisson	Einen Fisch anrichten (filieren und die Gräten entfernen), meist am Tisch (auf Verlangen)
Préparer à (votre) **t**able	Am Tisch (Ihrem) zubereiten
Près de la **c**heminée	In Kaminnähe
Près de la **f**enêtre	Am Fenster (Sitzplatz)
Presse	Presse
pressé(e)	ausgepresst
Presse-**a**grumes	Zitronenpresse
Presse-**a**il	Knoblauchpresse
presser	pressen, auspressen
Pression (à la ~)	Druck, (Bier) vom Fass
prêt(e)	fertig, bereit
prête à **ê**tre **s**ervi	tisch- oder servierfertig
Prêtre	Kleiner Priesterfisch, Streifenfisch
Prière	Bitte, Wunsch
Prière de **n**e **p**as **f**umer	Bitte nicht rauchen!
(**B**eaujolais) **P**rimeur	Der neue Wein, ganz früh und (zu) jung abgefüllt
(Richtige Weinkenner trinken gelagerte Weine!)	(Mode- und Geschmackssache zu einem unverschämt hohen Preis, der alte Wein ist besser!)
Primeurs (Erstlinge)	1. Neuheiten
	2. Früh(lings)gemüse, Frühobst
printanier(e)	Frühlings- ... (Gemüse, Obst usw.)
Prise	Prise (als Maß), eine Messerspitze voll

pris(e)	1. angedickt, z. B.: Saucen; geronnen
	2. besetzt
Prisultre	Korsischer, roher Schinken
privé	privat
Prix	Preis
Prix boissons et **ser**vice compris	Getränke und Bedienungsgeld im Preis inbegriffen (wer macht das noch?)
Prix fixe	Festpreis
Prix modérés	Heruntergesetzte Preise
Prix nets	Nettopreise
Prix par personne	Preis pro Person
Prix pilote	Richtpreis
Prix selon **gr**osseur	Preis nach Größe (Fleischstücke, Fisch usw.)
Prix tout **c**ompris	Inklusivpreise (mit Bedienungsgeld und Steuer)
Procope	Erdbeerschaumeisbombe in Vanilleeis eingehüllt
(ältestes Pariser Café)	
Profiterole	Dem Mohrenkopf ähnliches Kleingebäck, Windbeutel aus Brandmasse, variabel gefüllt ♥
Profiterole au **ch**ocolat	Windbeutel mit Schokoladenfüllung
Profiteroles **gl**acées au chocolat	Windbeutel mit Eis gefüllt und mit Schokoladensauce überzogen
(en) **Pr**omotion	(Im) Sonderangebot
Proposition	Vorschlag, Angebot, Empfehlung
Proposition du **jo**ur	Tagesempfehlung
Proposition de **me**nues	Menüvorschlag
Prune	Pflaume
Pruneau (vieux)	1. Backpflaume, (alte) Dörrpflaume
	2. Pflaumenschnaps
Pruneaux à l'Armagnac	Backpflaumen in Armagnac eingelegt
Prunaux au **th**é	Backpflaumen in Tee
Prunelle	1. Schlehe
	2. Schlehenlikör oder -Schnaps
Prunelles **s**auvages	Schlehenschnaps
Psalliote (des champs)	Egerling (Wiesen-Champignonart)
Psalliote **ch**ampêtre	Feldchampignon
Psalliote **fo**rête	Schafspilz
Psalliote **ro**sé	Rosafarbener Egerling (Wiesen-Champignonart)
Pschitt	Sehr schmackhafte (Marken-)Orangenlimonade

Pucelle	Dem Maifisch ähnlich
Puits d'**a**mour	Rundes Blätterteiggebäck mit Creme gefüllt
Puits de **c**oncombre	Hälften ausgehöhlter, großer Gurken mit einer Füllung aus gewürfeltem Hering, Schnittlauch, Petersilie, Crème fraîche und Zitronensaft
Pulpe (de fruit)	(Frucht-)Fleisch, das Innere der Frucht, das Mark
pulvériser	zerreiben, pulverisieren
pur	unvermischt, pur, klar, hell, unverdünnt, schier
pur **b**eurre	In reiner Butter zubereitet
Purée	1. Püree, Brei, Mus 2. Gekochtes (Suppe) aus Gemüse, Kartoffeln, Puffbohnen und Erbsen u. a.
Purée **ar**gentée	Suppe mit Kartoffelpüree und Tapioka
Purée **A**rgenteuil	Spargelpüree
Purée **b**rabançonne	Belgisches Rosenkohlpüree
Purée de **ch**âtaignes	Esskastanienpüree (Maronenpüree)
Purée de **ch**ou-fleur	Blumenkohlpüree (verkochte Pampe?)
Purée de **C**iboure	Suppe aus pürierten weißen Bohnen, Kartoffeln, Oliven, Eigelb, Schalotten und Bratensaft, (*baskisch*)
Purée **C**lamart	Erbsenpüree
Purée du **c**omte	Linsen-, Gemüse-, Wurzelgemüsepüree
Purée **C**ondé	Suppe mit rotem Bohnenpüree
Purée **C**onti	Linsenpüree
Purée de **c**ourgettes	Püree aus Zucchini, Zwiebeln und Knoblauch
Purée **Du**barry	Blumenkohlpüree
Purée **fa**ubonne	Püree aus weißen Bohnen
Purée **f**lorentine	Spinatpüree
Purée **g**arbure	Gemüsepüree
Purée à la **ma**raîchère	Pürierte frische Erbsen & Zwiebeln in Nudelsuppe
Purée **M**arie-Louise	Karotten- und Kartoffelbrei vermischt
Purée de **ma**rons	Esskastanienpüree (Maronenpüree)
Purée de **Ne**sselrode	Esskastanienpüree (Maronenpüree)
Purée d'**oi**gnogns	1. Zwiebelpüree 2. Pürierte Zwiebelsuppe
Purée **Pa**rmentier	Kartoffelpüree
Purée de **po**ireaux	1. Lauchpüree 2. Pürierte Lauchsuppe

Purée de pois cassés	1. Erbsenpüree
	2. Erbsenpüree-Suppe mit Fleischbrühe, Butter, Mehl, Speck, Zucker, Kerbel, Suppengewürz, Zwiebel, Thymian, Lorbeer und angebratenen Weißbrotwürfen
Purée de pommes	Apfelmus
Purée de pommes de terre	Kartoffelbrei, Kartoffelpüree
Purée à la reine	Geflügelpüree
Purée Saint-Germain	Grünes Erbsenpüree
Purée soubise	Zwiebelpüree (oft mit Milch gebunden)
Purée velours	Karottenpüree mit Tapioka
Purée Victoria	Püree aus gelben Erbsen
Purée Vichy	Karottenpüree

Q

Quart	Viertel (Maß)
Quartanier	Wildschwein
Quartier de viande	Viertel, großes Fleischstück, Teil, Stück, aber auch die Keule mit einem Rückenteil
Quartiers d'artichauts à la paysanne	Geviertelte Artischocken mit Zwiebelchen und Speck zubereitet
Quasi de bœuf	Rindermittelstück
Quasi de veau	Fleischstück aus der oberen Kalbsschenkelmitte (Cul-de veau - Kalbspopo)
Quasi de veau en cocotte	Stück vom Kalbshintern oder aus der Nuss mit Zwiebeln, Champignons und Knoblauch
Quasi de veau à la Montsareau	Fleischstück aus der oberen Kalbsschenkelmitte mit Zwiebeln, Speck und Karotten in Weißwein, geschmort und mit Zwiebelpüree serviert
quatre	vier (Zahl)
Quatre-èpices	„Vier-Gewürze"-Mischung aus weißem Pfeffer, Ingwer oder Zimt, Muskatnuss und Gewürznelke
Quatre fruits jaunes	Der Ausdruck umfasst Orangen, Zitronen, Pommeranzen (Bitterorange), Zitronat
Quatre fruits rouges	Rote Früchte: Ausdruck umfasst Kirschen, Erdbeeren, Johannisbeeren und Himbeeren

Quatre-mendiants	Nachspeise aus Feigen, Rosinen, Haselnüssen und Mandeln (Studentenfutter)
Quatre-quarts (*Bretagne*)	Flacher, runder Kuchen mit jeweils gleichen Gewichtsanteilen von Mehl, Eiern, Zucker & Butter
Quatre-quarts au **ch**ocolat	Runder, flacher Schokoladen-Kuchen
Quatre-saisons (marchand des ~)	Obst- und Gemüßehändler, meist auf der Straße
Quenelles	Kleine, leichte Klößchen, Knödel, meist aus Fleisch, Geflügel, Wild oder Fisch u. a.
Quenelles à l'alsaciennne	Geflügel- und Kalbsleberwürfel, kurzgebraten mit Röstzwiebeln, mit Weißbrot (ohne Kruste) & Eigelb vermischt, im Förmchen gebacken (*Elsass*)
Quenelles de brochet à la **ly**onnaise	„Lyoner" Hechtklößchen mit Milch, Butter und Mehl, Eiern, Muskat, Salz und Pfeffer
Quenelles de brochet **ly**onnaises à la financière	„Lyoner" Hechtklößchen mit Sahne, Butter, Mehl, Champignons, Eiern, Muskat, S + P
Quenelles de brochet **m**éthode **a**ncienne	Hechtklößchen „alte Art" mit Rindernierenfett oder Butter, Rindermark, Mehl, Eiern, Käsesauce Sauce Mornay (↑), mit Käse & Bröseln bestreut
Quenelles de brochet Nantua	Hechtklößchen in einer Krebsschwänzchensauce mit Krebsbutter ♥
Quenelles de farine	Mehlklößchen
Quenelles de foie	Leberklößchen (*Elsass*)
Quenelles au foie de **ve**au	Kalbsleberklößchen
Quenelles au gratin	Überbackene Klößchen
Quenelles de merlan Soubise	Merlan-Fisch-Klößchen mit Zwiebelpüreesauce ♥
Quenelles de poisson	Fischklößchen, meist aus weißen Fischen
Quenelles de volaille	Geflügelklößchen
Quetsche	Zwetschge, große Pflaume (auch als Schnaps! ja!)
Queue	Schwanz, Fruchtstiel
Queue de bœuf	Ochsenschwanz
Queue de bœuf à la bruxelloise	Ochsenschwanz mit Backpflaumen (*Belgien*)

Queue de **bœ**uf aux **chipolatas**	Ochsenschwanz in einer Zwiebel-Speck-Sauce, mit (Paprika-)Chipolatawürstchen
Queue de **bœ**uf en **h**ochepot (*Flandern*)	Zerteilter Ochsenschwanz mit Schweinsfüßen und -ohren; mit Karotten, weißen Rüben, Lauch, Zwiebeln und Weißkraut gekocht; dazu gegrillte Würstchen und Salzkartoffeln in Rotweinsauce
Queues d'**écrevisses**	Krebsschwänze
Queues d'**écrevisses f**rites	Krebsschwänze paniert und frittiert zubereitet
Queues de **langoustines** (grillées) en **b**rochette	Langustenschwänze (am Spieß) gegrillt
Queue de **lotte**	Seeteufelschwanz, Lotte de mer (↑) ohne Kopf und Kragen und meist ohne die klebrige Haut
Queue de **po**êle	Pfannenstiel
Quiche	Herzhafter Kuchen, Torte, meist aus Mürbeteig, warm gegessen (gut für die Mikrowelle geeignet!)
Quiche aux **ch**anottes	Zwiebeltorte mit Mohn (*Elsass*)
Quiche au **fr**omage	Salziger Käsekuchen
Quiche **lo**rraine (das Original)	Lothringer Specktorte mit Zwiebeln, Eiern, Speck, Crème fraîche und geriebenem Käse (*Lothringen*)
Quiche **ma**rseillaise	Kuchenboden mit Zucchini-, Paprikaschoten- und Auberginen-Belag
Quiche aux **mo**ules	Kuchen mit Muscheln
Quiche aux **oi**gnons	Zwiebelkuchen, Zwiebeltorte
Quiche **to**urangelle (*Pays de la Loire*)	Kuchen mit Schweinefleisch-Eier-Sahne-Schweinegrieben und Schweinemet-Belag
Quichet	Große Brotrinde mit Sardellen, überbacken
Quignon	Brotkante, Brotstück mit viel Kruste („Knörzel")
Quillet	Runde Biskuitküchlein mit Vanillecreme gefüllt

R

Râble	Rückenstück
Râble de **lapin**	Kaninchenrücken
Râble de **lapin** à la **mo**utarde	Kaninchenrücken mit Senfsauce
Râble de **lièvre**	Hasenrücken

Râble de lièvre cauchoise	Gespickter Hasenrücken in Senf-Sahne-Sauce
Râble de lièvre à la crème	Hasenrücken in Rahmsauce (*Lyon*)
Râble de lièvre à la Diane	Gebratener Hasenrücken in Pfeffersauce mit Maronenpüree und ungesüßter Schlagsahne
Râble de lièvre aux nouilles à l'alsacienne	Hasenrücken mit hausgemachten Nudeln, darauf Semmelbrösel & Butterflöckchen (*Elsass*) (jah! ♥)
Râble de lièvre à la Piron	Marinierter Hasenrücken mit Speck angebraten, mit Trauben, Wein und Tresterschnaps fertig geköchelt und weißen und blauen Trauben serviert (*Burgund*)
Rabot, Rabotte	1. Hobel 2. Apfel oder Birne im Teigmantel gebacken
Rabotte champenoise	Mit Apfel gefüllte Teigtasche
Rabotte picarde	Apfel im Blätterteig (*Picardie*)
Racine	Wurzel, Wurzelgemüse (es gibt so schöne Wurzeln!)
racler	schaben, abkratzen
Raclette (*Savoyen*)	Käsegericht mit geschabtem und geschmolzenem Raclettekäse, samt der Rinde zu Pellkartoffeln und meist sauer eingelegten Gürkchen oder Zwiebeln, auch Champignons, Schinken oder Speck serviert (Ein Schnäpschen kann danach nicht schaden!)
Radis	Rettich (scharfer?)
Radis au beurre	Radieschen oder Rettich, mit Butter
Radis noir	Meerrettich
Radis rose	Radieschen
Raffinage	Verfeinerung
raffiner	verfeinern, verkleinern, läutern
rafraîchir	erfrischen, kühlen, abkühlen, abschrecken
rafraîchissant	erfrischend, kühlend (tut gut)
Rafraîchissement(s)	Erfrischung(en) (ahh, besonders im Sommer)
Ragoût	Ragout, Schmorfleischgericht aus in kleine Stücke geschnittenem Fleisch, Gemüse oder Fisch, in einer Sauce (sehr variabel) zubereitet
Ragoût de bœuf	Rinderragout

A‑Z Französisch - Deutsch

Ragoût de **coquilles Saint-Jacques aux truffes fraîches**	Jakobsmuscheln-Ragout mit frischen Trüffeln in Demi-Glace pochiert, P + S, auf in Salzwasser gekochten Spinatblättern verteilt ♥ ♥
Ragoût **fin** (Feines Ragout)	Ragout aus Geflügel- und Kalbsfleisch, Kalbsbries und -zunge, Hühnerleber und Champignons, einer Eier-/Mehl-/Sahne-Sauce, meist als Füllung in Pasteten oder Muscheln und überbacken ♥
Ragoût de **haricots blancs à la niçoise**	Hammel-/Schweineragout mit weißen Bohnen und Knoblauch (*Nizza, Provence*) ♥
Ragoût à la **juive**	Rind-/Kalbfleischragout mit Kartoffeln und Knoblauch
Ragoût de **mouton**	Hammelfleischragout im Ofen, meist mit verschiedenem Gemüse geschmort ♥
Ragoût de **mouton berbère**	Hammelfleischragout mit Aprikosen, verschiedenem Gemüse, mit Zimt, Piment und Safran gewürzt
Ragoût de **mouton à la Navarin**	Hammelfleischragout mit Zwiebeln, Möhrchen, weißen Rüblein, Kartoffeln und Tomaten
Ragoût de **porc à l'alsacienne**	Schweinsragout mit Zwiebeln in Schmalz angebraten und mit brauner Sauce fertiggeköchelt (*Elsass*)
Ragoût à la **toulousaine**	Nieren und Kämme vom Hahn geschmort, Kalbsbriesscheiben und mit Geflügelklößchen, mit Fleurons garniert (*Toulouse, Midi-Pyrénées*)
Ragoût de **veau aux anchois**	Kalbragout mit Sardellen (*Nizza, Provence*)
Raie	Glattrochen, Spiegelrochen
Raie au **beurre blanc**	Glattrochen gekocht, in weißer Buttersauce
Raie au **beurre noire**	Glattrochen gekocht, mit brauner Butter, Kapern, S + P, Petersilie und Essig
Raie **bouclée**	Nagel- oder Dornrochen, Keulenrochen, Steinrochen
Raie **cendré**	Glattrochen (flutschig, der Kerl)
Raie **cornue**	Teufelsrochen
Raie **sauce aux câpres**	Gekochter Rochen in Sauce mit Kapern
Raifort	Meerrettich (der Scharfe!)
Raiponce	Feldsalat, Ackersalat, Rapunzel
Raisin	Weintraube

Raisin blanc (noir)	Weiße (blaue)Traube
Raisin de corinthe	Korinthe
Raisin sec	Rosine, Sultanine
Raisin de Smyrne	Sultanine (Geliebte des Sultans)
Raisins de table	Tafeltrauben, Esstrauben
Raisiné	Traubenmarmelade, auch mit Quitten und Birnen
Raisinée de Courtenay	Birnen- oder Quittenschnitze in Traubensaft gekocht, mit Rum parfümiert, kalt mit kleinen Hefekuchen serviert (Burgund)
Raiteau	Kleiner Rochen
Raïto	Fischragout in Rotwein, mit Oliven, Tomaten, Kapern und Walnüssen (Provence)
Raiton, Raiteau	Kleiner Rochen
rallonger	verlängern, auch Tisch ausziehen (stripteasen)
Ramasse-miettes	(Tisch-)Krümelbürste oder -Besen
Ramequin	Gefäß aus Porzellan oder Ton, Auflaufform
Ramequin au fromage	Käsetörtchen mit Gruyére oder Emmentaler
Ramequin douasien	Milchbrötchen mit einer Masse aus gehackten Kalbsnieren, Ei und Paniermehl gefüllt, im Ofen überbacken
Ramereau (Ramier)	Ringeltaube
Ramier	Ringeltaube
Râpe	Reibe, Reibeisen (nicht die böse Schwiegermutter!)
Râpe à fromage	Käsereibe
Râpe à muscade	Muskatreibe
rapé(e)	gerieben, geraspelt
raper	reiben, raspeln (na, na)
rapide	schnell
Rascasse	1. Drachenfisch, Drachenkopf: Meerfisch mit weißem, festem Fleisch, meist in Fischsuppe verwendet, aber die Filets auch gebraten, wie von der Dorade oder des Merlans
(Der „Drache" treibt sein Unwesen im Mittelmeer und vor den britischen Inseln)	2. Der Name eines guten Restaurants in Porte La Nouvelle ♥
Rascasse brune	Brauner Drachenfisch
Rascasse farcie	Drachenfisch mit seiner Leber gefüllt (Provence)
Rascasse du nord	Großer Seebarsch, Goldbarsch (Nordatlantik)
Rascasse rouge	Großer, roter Drachenfisch, Rotbarsch

rassis	abgelagert, altbacken (Brot)
Rastegais	Fischkuchen
Ratafia (nicht Maffia!)	Aperitif aus Traubensaft und Tresterschnaps
Ratatouille (niçoise)	Provenzalischer Gemüseschmoreintopf (*Nizza*) aus Auberginen, Gemüsepaprika, Tomaten, Zwiebeln, Zucchini, Knoblauch, Basilikum, Thymian mit Olivenöl und Weißwein, auch lauwarm oder kalt ♥
Rate	Milz
ratisser	schaben
Raton	Kleiner Kuchen, Törtchen, variabel belegt
Rave	Rübe (Gemüse! Diesen Begriff nicht falsch verwenden!)
Ravier	Vorspeisenteller, kleines ovales Schälchen
Ravigote	1. Kalte Essig-Salatsauce mit Kapern, gehackten Zwiebeln, Senf(mayonnaise) und Kräutern
	2. Warme Sauce aus gehackten Schalotten, Butter, Kalbsbrühe, Weißwein, Essig und Kräutern
Raviole (Ravioli)	Ravioli, gefüllte quadratische Nudelteigtasche
Ravioles aux **é**pinards	Raviolis mit Spinatpüree gefüllt
Ravioles à la **ni**çoise	Raviolis mit Fleisch-Spinatmasse gefüllt (*Nizza*)
Ravioles al **su**go	Raviolis mit Tomatensauce
Ravitaillement (en ...)	Versorgung (mit ...), Verproviantierung
Rayolles	Teigtaschen mit Kräutern gefüllt, mit einer Nusssauce überzogen (*Alpen*)
Rayon	Regal, Fach
Rayon de **b**oissons	Getränkefach
Rayon de **m**iel	Bienenhonigwabe
Réception	Empfang(sbüro) (im Hotel)
Recette	Rezept
Recette de **c**uisine	Kochrezept
rechauffer	aufwärmen
Réchaud	(Spiritus-)Kocher, Warmhalteplatte
Récolte	Ente (Ente gut, alles gut!)
recommandé(e)	empfohlen
recouvert de ...	bedeckt mit ...
recouvrir	bedecken
reçu	empfangen, erhalten, bestätigt
Reçu	Quittung

recuire	noch einmal braten, kochen, aufbacken, aufwärmen
réduire	einkochen, reduzieren, eindicken, entwässern
réfractaire	hitzebeständig, feuerfest (z. B.: Pyrex, Jenaer Glas)
Réfrigérateur	Kühlschrank, ugs.: Frigo
refroidir	abkühlen
Régal	1. Festmahl
	2. Leckerbissen, Genuss
	3. Espresso oder Mokka mit Rum
Régalade	Schmauserei (auch Fressgelage) (wer tut denn sowas?)
régaler	Die Zeche bezahlen, jemanden bewirten; Einen ausgeben, Jemand freihalten (der hat's gut);
je me **r**égale	es schmeckt (mir)
régence	Garnitur zu gekochtem Fisch: mit Krabben, Austern, Fischklößchen und Champignons
Régime	Diät, Schonkost (oh je, und das in Frankreich! Beileid!)
Régime **v**égétarien	Rohkost
Région (vinicole)	(Weinbau-)Gebiet
Réglisse (du Vivarais)	Lakritze, Süßholz (ohne Raspel)
Régineu	Rohe Schinkenscheiben durch geschlagenes Ei gezogen und im Ofen überbacken (*Provence*)
Reine	1. Königin; à la reine: siehe Garnitures (↑)
	2. Vorspeise mit Hühnerbrust, Pilzen in Sauce und Trüffelscheiben
Reine des bois	Waldmeister (Kraut) (Nicht der von Lady Chatterly)
Reine-claude	Reneklode, gelbe Edelpfläumchenart, Ringlot(te)
Reine Margot	Geflügelschaummasse mit Mandelpüree, Geflügelschaumbrötchen mit Krebsbutter gefüllt, dazu Geflügelrahmsauce; wird zu Geflügel serviert
Reine de Saba ("Die Königin von Saba")	Mit Grand-Marnier aromatisierten, kandierten Früchten gefüllter Kuchen, mit Schokoladencreme
Reinette	Reinette (Apfelsorte)
Relais	Landgasthaus (ursprünglich Poststation)
Relais **g**astronomique	Gehobeneres Landgasthaus mit ausgesuchten Speisen (und auch den Preisen!)
Relais **r**outier	Fernfahrerrestaurant mit kleinem, einfachem Speiseangebot, aber fast immer gut zubereitet und zu günstigen, bürgerlichen Preisen

relevé(e)	1. pikan;
	2. auf die Suppe folgender Zwischengang
relever	1. Eine Speise durch Würzen pikanter machen
	2. Eine Speise ausrichten, „den letzten Pfiff" geben
Relgieuse	Mit Creme gefülltes Gebäck (Windbeutel)
Remoulade (Sauce ~)	Remouladensauce; siehe Sauce remoulade (↓)
remplacer	ersetzen, auswechseln (z. B.: frisches Besteck)
remplir	auffüllen, einschenken, ein Glas nachschenken (ja!)
remuer	rühren
Rémy-Martin	Marken-Cognac ♥, besonders der Cordon bleu ♥ ♥
Renaissance	siehe Garnitures (↑)
Renne	Rentier (das Tier, nicht der Rentner!)
renverser, (renversé(e))	Eine Masse stürzen, z. B.: Pudding, (gestürzt)
Renvois (avoir des ~)	Rülpser (aufstoßen, rülpsen) (Bäuerchen machen)
Repas	Mahlzeit, Essen
Repas à la carte	Nach der Karte sich seine Speisefolge einzeln zusammenstellen, im Gegensatz zum Menü
Repas chaud à toute heure	Warmes Essen wird durchgehend serviert (hoffentlich nicht aus der Schublade!)
Repas noce	Hochzeitsessen
Repas à prix fixe	Mahlzeit aus mehreren Gerichten bestehend, zu einem festgesetzten Preis
Repas rapide	Schnelle Küche (vorbereitet, aus der Schublade)
Repas servi jusqu'á ...	Essen wird serviert bis ... (Uhr)
Requin	Haifisch (vorsichtig! beißt vielleicht noch)
Réserve du patron	„Reserve des Wirts": Bezeichnung für Weine hoher Qualität, die der Wirt selbst ausgesucht hat
réservé	reserviert (Pech gehabt)
réservez votre table!	reservieren Sie Ihren Tisch! (rechtzeitig!)
Résidus alimentaires	Speisereste
Restaurant	Restaurant, Speisegaststätte (hätten Sie's gewusst?)
Restaurant fermé (ouvert)	Restaurant ist geschlossen (ist geöffnet)
Restaurant libre-service	Selbstbedienungsrestaurant (Oh Gott, das in France)
Restaurant en plein air	Freiluft-, Terassenrestaurant
Restaurateur	Gastwirt, Speisewirt, Gastronom

Restauroute (**R**estoroute)	(Autobahn-)Raststätte (Bocuse kocht dort nicht!)
Restif	(ugs.) Restaurant
Restons	Dünne Pfannkuchen (*Belgien*)
retenier	zurückhalten, reservieren
retirer	entfernen, herausnehmen
réunir	mischen, vereinigen
Réveillon	„Mitternachtsessen" an Weihnachten & Silvester (unbedingt rechtzeitig! Platz reservieren!)
Réveillon du jour de l'**a**n	Silvester/Neujahrsfestessen
Réveillon de **n**oël	Mitternachtsfest(fr)essen zu Weihnachten (üppig)
revenir (faire ~)	1. anbraten, anbräunen (Fleisch) 2. Bei Gemüse: in Fett dünsten, schmoren
Rhubarbe	Rhabarber
Rhum (agricole)	Rum, meist weiß von den französischen Antillen
Rhum **g**rand **a**rôme	Brauner Rum mit Zuckercouleur gefärbt
Ricard	Aperitif auf Anisbasis; siehe Madame-Brizard (↑)
Richelieu	Siehe Garnitures: „à la Richelieu" (↑)
Rigadelle	Venusmuschel oder „die Muschel der Venus"
Rigodon	Speckkuchen mit Früchten, meist aber mit Nüssen (*Burgund*)
Rigodon aux poires	Nussgebäck mit Birnenkonfitüre
Rigolettes	Kleingebäck
Rillauds (Rillons, Rillots)	Gekochte Schweinsbruststückchen, karamelisiert
Rillettes	1. Scharf gebratenes Schweinemett 2. Feingehacktes Schweine-, Kaninchen- oder Geflügelfleisch im eigenen Fett gebraten und eingemacht
Rillettes d'**An**gers	Pastete aus Schweinefleisch und fettem, frischen Schweinespeck zubereitet
Rillettes du **Ma**ns	Schweinefleischpastete
Rillettes d'**oie**	Eingemachte Gänsepastete
Rillettes de **po**rc	Schweinefleisch im eigenen Schmalz eingemacht
Rillettes de **To**urs	Fette, eingemachte Schweinepastete (*Tours*)
en **r**illettes	zerkleinert

Rillons	1. Grieben, ausgelassene Fettstückchen vom Schwein oder der Gans
	2. siehe: „Rillauds" (↑)
Rimote	Maisbrei, gezuckert
Rince-**d**oigts	1. Fingerschale
	2. Zitronen-Erfrischungstuch
rincer	abspülen
riche	reich; (Nahrung) gehaltvoll, kostbar
Ripaille	Schlemmerei (wie bei den alten Römern?)
faire **r**ipaille	schlemmen
Ris d'**agneau**	Lammbries (Brustdrüse unterhalb des Halses)
Ris de **veau**	Kalbsbries (Brustdrüse unterhalb des Halses)
Ris de veau **C**lamart	Kalbsbries in Scheiben gebraten, mit Erbsen serviert
Ris de veau à la **fi**nancière en vol-au-vent	Kalbsbries „Finanzmannsart" im Blätterteig gebacken (hoffentlich stimmen die Finanzen)
Ris de veau à la **ma**réchal	Kalbsbries gebraten, mit Spargeln und Trüffeln serviert ♥
Ris de veau **no**rmand	Kalbsbries gebraten und flambiert, auf Toast mit Äpfeln und Sahnesauce serviert (*Normandie*)
Ris de veau **R**égence	Kalbsbries mit einer Sauce von Champignons, Sahne, Portwein und Trüffeln
Ris de veau **vi**gneronne	Kalbsbries mit Weintrauben gedünstet
Risi-**p**isi (Risi-bisi)	Reis mit grünen Erbsen vermischt (Beilage)
Risotto	Risotto: Cremiges Reisgericht: der Reis wird in Olivenöl, aber auch mit Butter (und Weißwein) angeschwitzt und hierin bissfest ausgequollen; er wird zu oder mit enorm vielen, variablen Zutaten zubereitet und serviert (aus *Italien*, Mama mia)
Risotto aux **fo**ies de volailles	Geflügelleber-Risotto mit Champignons, Zwiebeln, Fleischbrühe, Kalbsjus, P + S
Risotto à la **mi**lanaise	Risotto mit Pökelzunge, Schinkenstreifen, Trüffeln, Champignons in Tomatensauce, mit Parmesankäse
Risotto à la **ni**çoise	Risotto mit Tomaten, Muscheln, Krabben, Oliven, Pinienkernen und Rosinen; gewürzt mit Safran ♥ (*Nizza*)

Risotto à la **pi**émontaise	Risotto mit Safran gewürzt, geriebenem Parmesan und Trüffelscheibchen (*Piémont*)
Rissole	1. Pastete
	2. Frittierte kleine Teigtasche mit Fleisch, Fisch oder Gemüse gefüllt, meist halbmondförmig
	3. Teigtasche mit Konfitüre, Cremes u. a. gefüllt
Rissole du **Bu**gey	Blätterteigpastetchen
Rissoles à la **re**ine	Blätterteigpastetchen mit Geflügelmasse & einer Milchsauce gefüllt, in Öl frittiert
Rissoles aux **pr**uneaux	1. Teigtaschen mit Backpflaumenfüllung (*Savoyen*)
	2. Halbmondförmige Pastetchen mit Backpflaumenfüllung und Rum aromatisiert (*Aquitaine*)
Rissole **su**cré	Süße Teigtasche, meist mit Mandelcreme gefüllt
Rissolées	Goldgelb Angebratenes, z. B.: gewürfelte Kartoffeln (und anderes Gebratenes)
rissolé(e)	gebräunt, goldgelb bis braun gebraten oder gebacken
rissoler	goldgelb bis braun braten oder backen
Rissolette	Geröstete Brotscheibe mit Hackfleisch (Rückblick?)
Rivesaltes	Dunkelbernsteinfarbene, kräftige Likörweine (*Pyrénées-Orientales, Aude*)
Riz	Reis
Riz (à la mode) de **Ba**yonne	Risotto (↑) mit Schinken, Käse & Ei (*Bayonne* in der Nähe von *Biarritz*)
Riz **ca**ntonnais	Reis mit Kochschinkenstreifen, Rührei und grünen Erbsen
Riz **Ca**simir	Reis mit geschnetzeltem Schweine-, Kalbs- oder Rindfleisch mit Früchten, gerösteten Mandelstiften in einer Currysauce
Riz **co**lonial	Reis mit geschnetzeltem Schweine-, Kalbs- oder Geflügelfleisch mit Ananasstücken, gebratener Banane und Pinienkernen in einer Currysauce
Riz **C**ondé	In Milch gekochter Reis mit Eigelb und Butter, Aprikosen und kandierten Früchten
Riz **c**ondé à la **m**altaise	Gesüßter Milchreis mit Früchten & Orangensaft
Riz **cr**éole	Reis mit Fleischbrühe, Butter & Zwiebeln, dazu Pfefferschoten & Tomaten
Riz au **cu**rry	Curry-Reis

Riz aux **fe**vettes	Reis mit kleinen weißen Bohnenkernen, Speck-würfeln, Zwiebeln und Knoblauch (gibt oft Pfft)
Riz à la **ga**ducha	Reisgericht mit Tomaten, Zwiebeln, scharfen Chorizowürstchen (mit Cayennepfeffer gewürzt), Oliven, oft auch mit Räucherspeck (*Baskenland*)
Riz au **gr**as	Reis, in sehr fetter Brühe „trocken" gekocht
Riz à la **gr**ecque	Reis mit Zwiebeln, Paprika und Mettwurst
Riz à l'**in**dienne	Reis mit Butter, nach dem Ankochen circa
(auf indische Art)	45 Minuten gequollen (Die Inder haben Zeit)
Riz au **la**it	Milchreis
Riz à la **me**ntonnaise	Milchreis mit Eiern und Zitronensaft (Dessert)
Riz à la **ni**çoise	„*Nizzaer*" Reissalat mit Gemüsepaprika, Gurken, Oliven, Kräutern (und Knoblauch)
Riz aux **pi**gnons	Milchreis mit Pinienkernen & kandierten Früchten
Riz **pi**laf (pilaw)	Reis mit Fleischbrühe, Butter & Zwiebeln zubereitet
Riz au **sa**fran	Mit Safran gewürzter und gelb gefärbter Reis
	(leider wird oft auch das viel billigere Kurkuma verwendet)
Roblot	Makrele aus dem *Atlantik*
Rocambole	Rötliche Knoblauchart, mild, den Perlzwiebeln ähnlich
Rocher **é**pineux	Seeschnecke (ohne Surfbrett), Nagelschnecke
Rochers à la **cr**evette	Krabbenkroketten
Rogatons	Speisereste
Rognon(s)	Niere(n)
Rognons **B**eauge	Nieren in einer Senf-Madeira-Sauce
Rognons **bl**ancs	Hoden von Schlachttieren (sollen Potenz bringen!)
Rognons de **bœuf**	Rindernieren
Rognons de **mouton** en **br**ochette	Hammelnieren auf Spießchen gebraten oder gegrillt
Rognons de **porc** au **Ma**dère	Schweinenierchen in Madeirasauce
Rognons de **veau**	Kalbsnieren
Rognons de **veau** **ba**squaise	Gegrillte Kalbsnieren mit einem Tomaten-Champignon-Reis
Rognons de **veau** à la **bor**delaise	Kalbsnieren in einer Sauce aus rotem Bordeaux-wein, Rindermark, Steinpilzen und Petersilie
Rognons de **veau** en **br**ochette	Kalbsnieren am Spießchen gebraten oder gegrillt

Rognons de **v**eau **ch**arentais	Kalbsnieren in Kräutersauce (*Charente*)
Rognons de **v**eau **ch**asseur	Kalbsnieren kurzgebraten, mit Champignons in Weißweinsauce „Jägerart" (nach der Pirsch!)
Rognons de **v**eau à la **co**llioure	Kalbsnieren in Weißwein gekocht, mit Gemüse und Sardellen ♥ (*Collioure* ♥, *Roussillion*)
Rognons de **v**eau à la **di**jonnaise	Angebratene Kalbsnieren mit Kalbsbrühe, Röstgemüse und Weißwein geschmort, in Scheiben mit einer Rahm-Pfifferling-Sauce serviert (*Dijon*)
Rognons de **v**eau **fl**ambés (à la) **d**ijonnaise	Mit Cognac flambierte Kalbsnieren in Senfsauce (*Dijon*)
Rognons de **v**eau **fl**ambés (à la) **R**obert	Kalbsnieren leicht angebraten, mit Cognac flambiert und in Rahmsauce serviert
Rognons de **v**eau à la **li**égeoise	Ganze Kalbsnieren in einer Kasserole angebraten, mit Wacholderschnaps flambiert, und mit Kalbsbrühe übergossen
Rognons de **v**eau **sa**voyarde	Kalbsnieren mit Lauch (*Savoyen*)
Rognons de **v**eau **ve**rt **p**ré	Kalbsnieren gegrillt, mit Kräuterbutter, grünem Gemüse, Kresse und Strohkartoffeln
Rognonnade (de veau)	Mit der Niere zusammen gekochte Kalbslende, in ihr eigenes Fett eingewickelt; Kalbsnierenbraten
Rogomme	Schnaps (ugs.)
Rogue	Rogen (Fischeier) (bitte nicht stückweise bestellen!)
Rolle	Wurst, zylinderförmig
Romain(e)	Römischer Salat, Römersalat, Sommerendivie
Romanoff, **R**omanov	siehe Garnitures (↑)
Romarin	Rosmarin (Gewürzpflanzennadeln)
Rombosse	Apfel im Schlafrock (Teigmantel) (*Belgien*)
Romsteck	Rumpsteak, kurzgebratenes Fleischstück meist vom Rind, aber auch vom Pferd
Roncin aux **c**erises	Eier-Milch-Pudding mit Kirschen
rond	1. rund 2. Bei Mehl: grob
Rond	Bezeichnung für Rindernuss und Oberschale des Rinderschenkels
Rond-de-**c**uir	Sitzkissen

Rond de feutre	Bierdeckel
Rond de serviette	Serviettenring
Ronde des fromages	Käseplatte, größere Käseauswahl
Ronde des glaces	Speiseeisplatte
Rondeau	Kleiner Schmortopf (für den Backofen geeignet)
Rondelle de citron	Zitronenscheibe
Rondelle de saucisse	Wurstscheibe
Roquett	Rautenkohlsalat, Rucola, sehr geschmackskräftig, kann auch andere Salate „würziger" machen
Rosbif	Roastbeef, gebratenes Stück aus der Rinderlende, warm oder kalt serviert
Rose des prés	Wiesenchampignon
rosé(e)	rosa
Rosé	Rosé, Weißherbst, Schillerwein: der Most von roten Trauben wird sofort abgepresst, daher wird der Wein nur rosa, da die Farbe aus der Beerenhaut nicht herausgelöst wird
Rosette	Schweinedauerwurst, luftgetrocknet im Netz (*Lyon*)
Rosette d'Egleton	Getrocknete Schweinswurst mit Speck (*Beaujolais*)
Rosette de Lyon	Schweinswurst mit Speck, Knoblauch, S + P; gibt es auch in der Pfanne oder im Ofen gebraten (*Lyon*)
Rosquilla	Mandelgebäck aus den *Pyrenäen*
Rossini	Mit Gänseleber- und Trüffelscheiben (↑) Garnitures
Rot, (roter)	Rülpser, (rülpsen, Bäuerchen machen)
Rotangle, Rotengle	Süßwasserfisch, Rotfeder, Rotauge, Döbel
rôti(e)	gebraten
Rôti	Der Braten (in der Pfanne oder im Ofen zubereitet)
Rôti de bœuf	Rinderbraten
Rôti de bouquetin	Braten vom Steinbock
Rôti de porc	Schweinebraten
Rôti (de porc) à la boulangère	Schweinebraten mit Fettsauce glaciert, auf Kartoffeln und Zwiebeln
Rôti (de porc) Montmorency	Schweinebraten in Rotweinsauce, mit Kirschen
Rôti de porc de sanglier	Wildschweinbraten in einer Wein-Maronenpüreesauce serviert (*Korsika*)

Rôti de porc en sanglier	Schweinebraten in Wildmarinade eingelegt und gebraten
Rôti de porc aux marrons	Schweinebraten mit Esskastanien(-Püree) (*Korsika*)
Rôti de porc aux pruneaux	Schweinebraten mit Backpflaumen
Rôti de porc à la sauge	Schweinebraten mit Salbei gewürzt
Rôti de veau	Kalbsbraten
Rôti de veau froid	Kalbsbraten in Scheiben kalt serviert
Rôti de viande mariné	Sauerbraten
Rôti galloise	„Gallischer" Toast: Gloucester- oder Chester- Käse in englischer Senf-/Bier-Sauce, Cayennepfeffer
Rôtie	Röstbrot, Toast, geröstete Brotscheibe
rôtir	braten, rösten, grillen
Rôtis et Grillades	Gebratenes & Gegrilltes (Speisekartenüberschrift)
Rôtisserie	Grillrestaurant, Steakhouse
Rôtisseur	Bratenkoch, Fleischbrater
Rôtissoire	Bratengrill, Bratgeschirr
Rouelle	Rädchen, (Bein-)Scheibe der Kalbskeule, aber auch Scheiben von Fisch, Kartoffeln & Gemüse
Rouelle de veau	Kalbfleischbeinscheibe aus der Keule oder Haxe
Rouelle de veau à la cocotte	Kalbfleischbeinscheibe geschmort
Rouelle de veau dans son jus (Osso bucco)	Kalbfleischbeinscheibe natur, gebraten im eigenen Saft
Rouelle de veau aux pruneaux	Kalbfleischbeinscheibe mit Dörrpflaumen, Zwiebeln, Karotten, Wein und Cognac geschmort (*Poitou-Charentes*)
Rouennaise	Entenleberpüreesauce mit Zitronensaft & Pfeffer
Rougail, Rougaille	Sehr pikante Würze auf der Basis von Krustentieren, Gemüse & Fisch, in Öl langsam geschmort (von den *Antillen*); zu Reis & creolischen Gerichten
rouge	rot
Rouge au piment	Rote Paprikasauce
Rouget	Rote Meerbarbe (köstlicher Mittelmeerfisch) mit sehr magerem gesundem Fleisch, viel Proteinen, Jod, Eisen und Phosphor! ♥ ♥
Rouget-barbet	Seebarbe, die echte Rotbarbe ♥ ♥

Rouget à la catalane	Rotbarbe gebraten, mit Tomaten, Reis, Paprika, Fenchel, mit Paniermehl bestreut, dann überbacken (*Roussillon*) ♥
Rouget à la crème	Rotbarbe in Sahnesauce
Rouget grenobloise	Rotbarbe gebraten, mit Kapern, Zitronensaft und Petersilie (*Grenoble*)
Rouget grondin	Knurrhahn, ähnlich der Barbe
Rouget à l'italienne	Gekochte Rotbarbe mit Tomaten, Champignonscheiben und Semmelbröseln, dazu eine Sauce aus Weißwein, Tomatenmark und Schinken
Rouget (pochés) de la Méditerranée - Sauce au pistou	Mittelmeerbarben, im Fischsud mit wenig Hitze gegart, dazu Basilikum-Sauce; im Sommer auch kalt serviert
Rouget (à la) niçoise	Rotbarbe gebraten, mit Tomaten, Sardellenfilets, Oliven und Sardellenbutter überbacken (*Nizza*) ♥
Rouget à l'orientale	Meerbarbe „orientalisch" nach „Müllerinart" gebraten, mit S+P, Kerbel, Zitrone, Tomatensauce, Öl, Zucker, Knoblauch, Safran, Fenchel, Thymian, Lorbeer, Koriander, Petersilie. (kalt)
Rouget en papiotte	Rotbarbe in (Alu-)Folie gegart
Rouget à la provençale	Meerbarben „ländlich", kurz nach „Müllerinart" gebraten, im Ofen mit Zwiebeln, Tomaten, Oliven, Knoblauch, Petersilie fertiggegart, Zitronensaft; wird sehr heiß oder auch kalt serviert ♥
Rouget de roche	Streifenbarbe
Rouget de vase	Rotbarbe
Rouille	Knoblauchmayonnaise mit Olivenöl zubereitet, Cayenne, Fleischbrühe, Safran, Semmelbröseln; wird zu Fischsuppen und kalten Schnecken serviert (*Mittelmeerraum*) (meist lecker und sehr pikant) ♥
Roulade	1. Gefüllte Fleischroulade
	2. Biskuitrolle
Roulade de bœuf	Rinderroulade
Roulé	Gefüllte Biskuitrolle
Rouleau(x)	Rolle(n)
Rouleau à pâtisserie	Teigrolle, Tortenrolle, Nudelholz, Welcherholz
Roulette de pâtissier	Teigrädchen

Rouleau de **pr**intemps	1. Frühlingsrolle
	2. Japanische Turnübung
Roulette de **ve**au à la crème	Fleisch der Kalbskeule, gespickt, mit Champignons in Wein-Sahne-Sauce
Rousseau	Seebrasse, (↑) Daurade rose
Roussette	Katzenhai, Dornhai (*Ostatlantik, Mittelmeer*)
Roussettes	Krapfen mit Rum und Orangenblütenwasser
roussir	bei starkem Feuer bräunen
Roussotte	Pfifferling, Eierschwammpilz
Routier	Fernfahrer, Relais routier (↑)
Roux, brun, blond, blanc	Mehlschwitze, Einbrenne, braun, hell, weiß
Rovellon (Champignon ~)	Echter Reizker, Kiefernblutreizker, ein wunderbar würziger Speisepilz, auch als Glaskonserve oder getrocknet, sollte vorher in Salzwasser kurz abgebrüht und dann in Butter gebraten sein ♥
Royal	Eierstich
royal (à la ~)	königlich
Royan	Große Sardinenart
Royat	Apfeltasche
Ruche	Dessert mit Honig
Rumsteak, **R**umpsteak	Rumpsteak
Russule	Täubling (Lamellenpilz)
Rutabaga	Steckrübe, Kochrübe (schöne feine Rübe)

S

Sabardin	Schweinewurst aus Brust, Hals und Innereien, in Rotwein gekocht (*Loire*)
Sabayon	1. Weinschaumcreme mit Zucker, Eigelb und etwas Stärke; auch mit Orangensaft oder Likör, Portwein, Madeira, Sherry, Gewürzen, wie Zimt oder Vanille u. a. abgeschmeckt oder mit verschiedenen Spirituosen als „trockene" Sauce; warm oder kalt serviert
	2. Schaumsauce mit Champagner zu Fisch und Krustentieren
Sablé	Sandgebäck (der Sand wurde vorher gereinigt)

Sablé **bi**squette	Gebäck mit Ziegenkäse
Sablé de **Ca**en	Butterplätzchen
Sablés **fo**ndants	Sandplätzchen
Sablé au **fr**omage	Käse-Sandgebäck
Sabodet	Schweinekopffleisch-Kochwurst, warm (*Lyon*)
Sabre	Glasauge, Degenfisch, flacher Mittelmeerfisch, bis ca. 110 cm lang; meist für Fischsuppen verwendet
Sabron(n)ade	Ragout aus Schweinefleisch, Schinken & Gemüse
Sac (à dresser)	Sack, Beutel, Dressiersack (der heißt wirklich so)
Saccharine	Süßstoff, Saccharin; ist 400 mal süßer als Zucker
Sachet de thé	Teeaufgussbeutel
Sacristains	Blätterteigstangen, spiralförmig, mit gehackten Mandeln und Zucker bestreut
Sadrée	Bohnenkraut, Pfefferkraut (gut gegen pftt)
Safran	Safran (das teuerste Gewürz)
Sagou	Sago (perlförmige Stärke)
saignant(e)	Bei Fleisch: sehr heiß und kurz angebraten, innen noch rosa und blutig
Saindoux	Schweineschmalz
Saint-Amour	Einer der besten Beaujolaisweine (AOC), geschmeidig, ausgewogen, solid, mit leichtem Erdbeeraroma
Saint-**É**milion au **c**hocolat	Schokoladentorte mit Mandelmakronen (*Aquitaine*)
Saint-**H**ubert	Mit einer Wildfleischmasse gefüllte Champignonköpfe und Pfeffersauce (Garnitur zu Wild)
Saint-**J**acques	Jakobsmuscheln
Saint-**Mi**chel	Mokkatorte
Saint **P**ierre (poisson de ~)	Peterfisch, Meerfisch bis 50 cm, sehr weißes, zartes Fleisch von hervorragender Qualität, wird aber auch in der Bouillabaisse verwendet
saisir	Mit starkem Feuer anbraten oder ankochen, damit sich die Poren des Fleischs, durch das Gerinnen des Eiweißes schließen
saisi	angebraten, angekocht
Saison	Jahreszeit

SALADES

Salade acidulée

Salade Aïda
(Titelgestalt der gleichnamigen
Oper von Verdi, 1871)

Salade Alma

Salade alsacienne

Salade américaine

Salade andalouse

Salade Annette

Salade à l'ardennaise
Salade Argenteuil

Salade arlequin
Salade arlésienne

Salade Astoria

Salade batavia
Salade Béatrice

SALATE; hier die wichtigsten, leider nur 140 an der Zahl, es gibt zu viele(!) um alle aufzuführen
Saure Äpfel gefüllt mit gehacktem Bleichsellerie und Banane, übergossen mit frischer Sahne und Zitronensaft
Salat aus Artischockenböden, Tomaten, grünen Paprikaschoten, Endiviensalat in Streifen und gehacktem Eigelb, in Essig-Senf-Kräuter-Sauce

Salat aus Bleichsellerie, Kopfsalatherzen, Grape-fruitschnitzen, gehackten Cornichons, Kapern, Sardellenpaste, mit Mayonnaise und Walnüssen
„*Elsässer* Kartoffelsalat" mit gehackten Gewürz-gurken, Kapern, Perlzwiebeln, Streifen aus Pökel-zunge, gekochtem Schinken und Suppenfleisch
Kopfsalat mit Sardellen, hartgekochten Eiern, Käsewürfelchen, Kresse und Tomaten
Reissalat mit grünem Paprika, Tomaten, Zwie-beln, Knoblauch und Petersilie in Essig-Öl-Sauce
Kartoffelsalat mit Bleichsellerie, Muscheln und Mayonnaise
Kartoffelsalat mit Würstchenscheiben
Salat mit gekochten Erbsen, grünen Böhnchen, Karottenwürfeln, Blumenkohlröschen mit May-onnaise, darüber Spargelspitzen und Eierscheiben
Obstsalat mit Rum oder Kirschwasser
Salat aus Auberginen, Kartoffeln, Tomaten, Zwiebeln, Essig und Öl, Knoblauch, Zwiebeln, Kräutern und Salz *(Arles)*
Kopfsalatherzen mit Birnen, Grapefruit, roten & grünen Paprikastreifen, Haselnüssen, Essig & Öl
Grüner oder rötlicher, krauser Salat (ungekämmt)
1. Kartoffelsalat mit Hühnerbrust- und Trüffel-streifen, angemacht mit leichter Senf-Mayonnaise und mit Spargelspitzchen garniert
2. Gemischter Salat aus grünen Bohnen, Toma-ten, Artischockenböden, Champignons, Spargeln, Sellerie, Endivie, Krebsen mit Estragon und Schnittlauch

Französisch - Deutsch

Salade Beaucaire	Salat aus Streifen von Knollen- & Bleichsellerie, Äpfeln, Champignons, Endivie, Schinken, Kräutern, Kartoffelscheiben, mit Mayonnaise angemacht
Salade beaucairoise	Salat mit Hühnerfleisch, Sellerie, Schinken, Äpfeln, Champignons, Kartoffeln & roten Beeten
Salade Berthelotière	Spinatsalat „nach Berthels Art" mit Scampis und Hühnerfleisch ♥
Salade betteraves (rouges)	Rote Beete-Salat
Salade Biarritz	Gewürfelter Knollensellerie & grüne Paprikaschoten auf grünem Salat mit Mayonnaise darüber
Salde de bigarades	Kompott aus Bitterorangen
Salade de boeuf **P**armentier	Rindfleischsalat mit Kartoffeln, kalt serviert (ja, ja der Parmentier und seine schönen Kartoffeln!)
Salade de boeuf à la **p**arisienne	Rindfleischsalat, mit hartgekochten Hühnereiern und Gemüse, mit Kräutern, meist mit Essig & Öl
Salade Boniface	Salat „Wohlmacherart": Schneckchen in Rotwein gekocht, mit Artischockenböden, zart gehackten Champingnons und mit Essig und Öl angemacht
Salade bressanne	Salat aus Artischockenböden, Tomaten und weißen Bohnen mit Essig und Ölsauce
Salade bretonne	1. Gekochte Austern, Hummerkrabben & Kartoffelwürfel auf grünem Salat, mit Mayonnaise 2. Weiße Bohnen, Tomaten- und Zwiebelwürfel, und Kräuter in Essig-Öl-Sauce angemacht
Salade Café de **P**aris	Kopfsalat mit Geflügelbrust, Mayonnaise, Sardellen, Oliven, hartgekochten Eiern, Essig und Öl
Salade Carmen	Würfel von roten angedünsteten Paprikaschoten, Hühnerfleisch, Erbsen und Reis mit einer Estragonessig-Kräuter-Sauce angemacht
Salade catalane	Salat mit Thunfisch, Tomaten, Oliven und Knoblauch (*Roussillon*)
Salade cauchoise	Kartoffelsalat mit Schinken, Sellerie und Sahne
Salade de céleri	Selleriesalat von der Staude!
Salade de célerie en **b**ranches	Bleichselleriesalat
Salade de céleri-**r**ave	Selleriesalat von der Knolle (! soll sie stärken)

320

Salade de **ce**rvelas	Wurstsalat (*Elsass, Lothringen*)
Salade ~ **st**rasbourgeoise	*Straßburger* Wurstsalat mit Emmentalerstreifen
Salade de **ch**ampignons	Champignonsalat mit Sahne, Zitrone, Kräutern
Salade (à la) **ch**âteleine	Salat aus Kartoffeln, Eiern, Artischockenböden, Trüffeln, mit Essig-Öl-Sauce und Estragon ♥
Salade du **ch**ef	Salat des Hauses („man muß fragen, was drin ist!")
Salde **ch**evreuse	Staudenselleriestreifen, Chicorée, Trüffeln, Tomatenscheibchen, mit Essig-Öl-Sauce angemacht
Salade de **ch**ou blanc	Weißkrautsalat
Salade de **ch**ou fleur	Blumenkohlsalat mit Sc. Vinaigrette, Senf, Kerbel
Salade de **ch**ou de **M**ilan	Wirsingsalat
Salade de **ch**ou rouge	Rotkrautsalat
Salade de **cœ**urs d'**a**rtichauts	Salat mit Artischockenherzen, meist mit Essig und Öl angemacht
Salade de **cœ**urs de **l**aitue	Salat mit Kopfsalatherzen
Salade de **cœ**urs de **p**almier	Salat mit Palmenherzen
Salade **co**mposée(s)	Gemischter (Gemischte) Salat(e), z. B.: grüner Salat, Kartoffelsalat, rote Beete usw. (oft schön komponiert!)
Salade de **co**ncombre(s)	Gurkensalat, mit Essig, Öl, S + P, Kerbel
Salade de **cr**abes	Krebsfleischsalat
Salade de **co**urgette à l'**es**pagnole	Zucchinisalat mit Paprikaschoten & Tomaten in Essig-Öl-Sauce (kein Knoblauch?)
Salade **cr**éole	Reissalat mit Mayonnaise, Tomatenscheiben und Schnittlauch
Salade **cr**essonnière	Kartoffelsalat mit Eierscheiben & Brunnenkresse
Salade aux **cr**etons	*Belgischer*, gemischter Salat mit Grieben (ohne Bier?)
Salade de **cr**evettes	Krabbensalat
Salade **cr**ue (de crudités)	Rohkostsalat
Salade de **cu**isiniers	„Salat der Köche" (den sie anrichten!), mit Endivie, Radicchio, Entenfleisch, Trüffeln, Kapern, Kerbel, mit Essig-Öl-Sauce ♥ (Die Köche essen ihn sogar selbst!)
Salade **cu**ite	Gemüsesalat

Salade **dau**phinoise	Endivien-, Chicorée- und Feldsalat mit Erdnussöl und Walnusskernen (*Dauphiné*)
Salade **Del**monico	Salat von gekochten Selleriewürfeln, Apfelwürfeln, angemacht mit Zitronenmayonnaise und Sahne
Salade **demi-d**euil	„Halbtrauer"-Salat mit Kartoffeln, schwarzen Trüffeln, Senf, Sahne, Essig, Pfeffer und Salz ♥
Salade (Donna) **Doria**	Salatgurkenkugeln rollen in Zitronenmayonnaise und Sahne, mit Kerbel und Estragon gewürzt
Salade d`**épi**nard crus	Roher Spinatsalat
Salade **es**pagnole	Salat mit Tomaten, roten und grünen Paprika-streifen, grünen Bohnen, Zwiebeln in Essig/Öl
Salde **fl**amande	Salat aus Kartoffeln, Chicorée, gebratenen Zwie-beln, Heringswürfeln, Kerbel (dazu flämisches Bier?)
Salade **fé**camboise	Salat mit Bückling, Eiern & Kartoffeln (*Normandie*)
Salde **Flo**réal	Salat aus dem Zahn des Löwen, Pampelmuse, zarten, roten Rübchen, Fenchel, Kerbel & Kresse
Salade **Flo**rida	1. Orangenschnitze auf Salatherzen mit Rahm- / Zitronensaftsauce 2. Ananas- und Grapefruitwürfel, sowie Bananen mit Rahmsauce & gehackten Walnüssen bestreut
Salade à la **fra**nçaise	Grüner (meist Endivien-)Salat mit Essig-Öl-Sauce
Salade **Fra**ncillon	Kartoffelsalat mit Muscheln und Trüffeln ♥
Salade **fri**sée	Endiviensalat (kraus und ungekämmt!)
Salade de **fru**its	Obstsalat
Salade de **fru**its de mer	Meeresfrüchtesalat (meist sehr lecker, „die Früchte"!)
Salade **Ga**ribaldi	Rote Paprikaschoten in Streifen, Äpfeln & Bleich-sellerie auf grünem Salat mit Mayonnaise
Salade **gr**and-veneur	Streifen von Staudensellerie, Fasanenbrust, rohen Champignons und Trüffeln, mit Johannisbeer-gelee und Meerrettich-Senfmayonnaise serviert
Salade de **ha**rengs saurs	(Matjes-)Heringssalat mit Senf und Öl, mit Cornichons, meist mit Salzkartoffeln und roten Beeten serviert (*Flandern*)
Salade de **ha**ricots blancs	Salat mit weißen Bohnen
Salade de **ha**ricots **fra**is	Salat mit grünen Bohnen
Salade de **ha**ricots verts	Grüner Bohnensalat (auch mit Champignons)

322

Salade Henri IV	Salat aus gewürfelten Kartoffeln und Artischocken-böden mit Essig-Öl-Sauce angemacht
Salade de homard	Hummersalat: meist mit Kopfsalat, hartem Eigelb, Essig, Öl, Mayonnaise, Sardellen und Kapern (gibt es auch mit Trüffeln, den Hummersalat)
Salade impérial	Salat aus grünen Bohnen, Trüffelchen und niedlichen Spargelspitzen ♥
Salade italienne	Gebratenes Kalbfleisch und Salami in Streifen, mit Äpfeln, Tomaten, Cornichons, gekochtem Knollensellerie, mit Mayonnaise angemacht; auch mit Sardellenfilets, Kapern, Oliven usw.
Salade japonaise	Kartoffelsalat mit Muscheln und Trüffeln
Salade juvénile	Grüner Salat mit Äpfeln, Avocados, Karotten, Petersilie und Pfefferminze
Salade de laitue	Kopfsalat
Salade de laitue aux œufs durs	Kopfsalat mit hartgekochten Eiern in Essig-Öl-Sauce
Salade de langouste	Langustensalat: meist mit Kopfsalat, Vinaigrette, hartem Eigelb, Mayonnaise, Sardellen, Kapern
Salade de légumes	Gemüsesalat, meist aus Artischockenböden, Kopfsalatherzen, Mischgemüse, Blumenkohl und Kartoffeln, angemacht mit Mayonnaise, Petersilie
Salade de légumes (à la) parisienne	Verschiedene Gemüse in Essig-Öl-Sauce und gewürfeltem Hummerfleisch (*Pariser Art*)
Salade de lentilles	Linsensalat (Salat mit Rückstoß!)
Salade Lorette	Rote Rüben und Bleichsellerie in Streifen, mit Feldsalat in Essig/Öl-Marinade angemacht
Salade lyonnaise	1. Salat aus Geflügelleber, Hammelhaxenfleisch, eingelegten Heringen, Kartoffeln und hartem Ei 2. Gewürzeltes, gekochtes Mischgemüse, Sardel-lenfilets und Sauce Ravigote (↓)
Salade de mâche (moine)	Feldsalat, Rapunzelsalat
Salade Marguerite	Tomaten-, Kartoffel- und Gurkenwürfel mit Gar-nelenschwänzchen in Mayonnaise angemacht
Salade Marianne	Streifen von gekochtem Knollensellerie, grünen Paprikaschoten, Scheiben von Trüffeln, mit Mayonnaise angemacht und mit Tomaten-scheiben dekoriert

Französisch - Deutsch

Salade de **me**sclun	Kopf-, Löwenzahn- und Feldsalat mit Pimpinelle, Rauke, Kerbel und gerösteten Weißbrotwürfeln, meistens mit etwas Ziegenkäse (Côte d´Azur)
Salade **Mi**ami	Mandarinenschnitten und geschälten Tomatenscheiben auf grünen Salatblättern, mit Zucker und Salz, sowie Zitronensaft angemacht
Salade **Mi**mosa	Salatherzen gewürfelt, mit Bananenscheiben, Orangenschnitten, Trauben, hartem Eigelb, Sardellenfilets, Zitronensaft & Crème fraîche angemacht
Salade **Mi**rabeau	Tomaten- und Kartoffelwürfel, Gurkenscheiben und Sardellenfilets in einer Essig/Öl/Senf-Sauce
Salade **mi**xte	Gemischter Salat
Salade de **mo**ine	Feldsalat, Rapunzelsalat
Salade de **mu**seau de **b**œuf	Ochsenmaulsalat mit Essig-Öl-Sauce
Salade **na**ntaise (*Nantes*, nicht Nantua)	Salat mit Garnelen, Spargelköpfen, Räucherlachs, auf Salatblättern mit Essig/Öl-Sauce & Eischeiben
Salade **ni**çoise (es gibt verschiedene Zubereitungen)	„*Nizzaer*" Salat mit Kartoffeln, grünen oder Saubohnen, Kopfsalatherz, Zwiebeln, Kapern, Basilikum, Tomaten, Sardellenfilets oder Thunfisch, schwarzen Oliven, auch mit Gurken, Paprikaschoten, hartgekochtem Ei, mit Olivenöl & Essig, Salz und Pfeffer, auf Kopfsalatblättern serviert
Salade **op**éra	Salat aus Hühnerbrust-, Pökelzungen-, Bleichselleriestreifen mit Spargelspitzen und Mayonnaise
Salade **Or**lov (Orlow)	Artischockenböden und gewürfelte süße Melone in Essig-Öl-Dressing (Graf Orlov kannte die Melonen!)
Salade **pa**loise	Salat aus gekochten Schwarzwurzeln, Spargelspitzen, Artischockenböden in Essig/Öl-Sauce
Salade **pa**nachée	Gemischter Salat
Salade **pa**risienne	1. Salat mit hartgekochten Eierscheiben, gekochtem Fleisch, Kartoffelwürfeln, grünem Salat, strammen Tomaten & Kräutern in Essig/Öl 2. „Gestürzter" Salat in gesülzter Form, mit Gemüse, Hummer- und Krebsschwänzen, Mayonnaise und Gelee (gekühlt)
Salade **P**armentier	Noch warmer, gewürfelter Kartoffelsalat mit Mayonnaise, mit gehacktem Kerbel gewürzt

Salade pastourelle	Roquefortkäse auf Salatherzen mit Kerbel
Salade du pays de Caux	Kartoffelsalat in Sahnesauce mit Schinken und Sellerie
Salade paysanne	Gewürfelter Kartoffelsalat nach der „Art der Agrarwirtin", mit Knollensellerie, Mohrrübchen-scheiben & weißen Rüben, sowie Zwiebelwürfeln
Salade du pêcheur	Salat mit Garnelen, Muscheln, Thunfisch, Gemü-sepaprika und schwarzen Oliven, in Essigkräuter-sauce (*Bretagne*, ansonsten regional abweichend)
Salade de piment doux	Salat mit Gemüse-Paprikaschoten
Salade de pissenlit	Salat von Löwenzähnchen, mit Essig/Öl-Sauce
	(pissenlit heißt „Bettnässer"; mein **Tipp:** nur mittags essen!)
Salade de poisson	Fischsalat
Salade poitevine	Reissalat mit Champignons, Tomaten und Zwie-beln, gewürzt mit Estragon, P + S (*Poitou*)
Salade de poivrons	Salat mit Gemüse-Paprikaschoten
Salade de pommes de terre	Kartoffelsalat - variabel angemacht; auch mit Weißwein, anstatt (und?) Essig und Öl
Salade à la princesse	Gebratene Kalbsnierenstreifen mit Spargel-spitzen, Paprikaschoten, Cornichons & Sellerie; in Senfsauce
Salade de printemps	„Frühlingssalat" (variabel, nach der Saison)
Salade Rachel	Kartoffelsalat mit Artischockenböden, Stauden-sellerie, grünen Spargelspitzen, Trüffeln, Mayon-naise ♥
Salade de raifort	Meerrettichsalat (der fetzt!)
Salade rhénane	„Rheinischer" Salat mit Kalbsbratenstreifen, Es-siggürkchen, gekochten Kartoffeln, Räucher-hering, Kapern & *Elsässer* Rübchen, in Essig & Öl
Salade de riz à la niçoise	„Nizzaer" Reissalat mit Frühlingszwiebelchen, Pa-prikaschoten, Erbsen (die kleinen runden, grünen), schwar-zen Oliven, mit gestampften Tomaten und Es-sig/Öl-Sauce (Vinaigrette, die nette)
Salde romaine	Salat der Römer, knackig (ach, die Römer) und grün!
Salade au Roquefort	Kopfsalat in Streifen mit Birnenwürfeln in einer Sauce aus Blauschimmelkäse, Sahne, Zitronen-saft, Pfeffer und Cognac angemacht ♥

325

Salade russe	„Russischer" Salat aus Kartoffeln, gekochtem Gemüse und Mayonnaise (ganz ohne Wodka?)
Salade de saison	Salat nach der Jahreszeit zusammengestellt
Salade de seiches	Salat aus eingelegten Tintenfischen
Salade sicilienne	Artischockenböden mit Würfeln oder Streifen von gekochtem Knollensellerie, Tomaten, Äpfeln, mit leichter Mayonnaise angemacht
Salade de tomate(s)	Tomatensalat (aus den runden, roten Paradiesäpfeln)
Salade touraine	Salat aus Kartoffelscheiben, Endivie, Apfel- und Knollenselleriescheiben, mit Essig/Öl-Sauce
Salade de Trévise	Chicoréesalat, Zichoriensalat
Salade variée	Gemischter Salat (einmal so und einmal so!)
Salade des vendageurs	Gemischter Salat aus Löwenzahn, Spitzwegerich, Feldsalat, mit angebratenen Speckstreifen, mit Essig und Öl angemacht (*Burgund*)
Salade verte (panachée)	Grüner Salat (gemischt)
Salade de viande	Fleischsalat
Salade à la vinaigrette	Salat mit Essig/Öl-Sauce und Kräutern
Salade de volaille	Geflügelsalat
Salade Waldorf (im berühmten, luxuriösen Hotel „Waldorf-Astoria", 1893 in New York kreiert)	1. Salat von säuerlichen Äpfeln und rohem Knollensellerie, mit Mayonnaise und gehobelten Walnüssen darüber 2. Ausgehöhlter Apfel mit obigen Zutaten auf einem (einsamen) Salatblatt serviert
Saladier	Salatschüssel
Salaison	1. Salz-Gepökeltes vom Fleisch oder Fisch 2. Das Einpökeln
Salaison de Corbiéres	Wurstsorte (so gut wie der Wein aus *Corbiéres*)
Salambô (kein neuer Tanz!)	Kleines Brandteiggebäck mit einer Creme gefüllt
Salami de Strasbourg	Geräucherte Dauerwurst aus Rind und Schwein
salé(e)	1. gesalzen, salzig, gepökelt 2. Gepökeltes vom Schwein 3. „Gesalzene Rechnung"
Salé	Pökelfleisch, Kassler
saler	salzen, pökeln, einpökeln
Salière	Salzstreuer, Salzbehälter
Salle	Saal, Raum, Zimmer

Salle de **ba**in	Badezimmer
Salle à **ma**nger	Speisesaal
Salle de **re**staurant	Speisezimmer, Gaststube
Salmigondis	Fleischragout (mehrere Sorten), vorher auf dem Spieß gebraten
Salmis oder **Salmi**	(Wild-/Geflügel-)Ragout, Salmi
Salmis de **bé**casse	Schnepfenragout
Salmis de **ca**nard sauvage	Wildentenragout
Salmis de **fai**san	Fasanenragout
Salmis **fr**oid	Erkaltetes (wildes) Ragout
Salmis de **pal**ombes	Pilzragout mit Schinkenwürfeln, Rotwein und Schalotten (*Bordelais*)
Salmis de **pe**rdreau	Rebhuhnragout mit Trüffeln und Champignons
Salon-service	Das Servieren von Mahlzeiten in abgegrenztem Raum, für Gäste, die nicht gestört werden wollen
Salon de thé	Teestube, Café
Salope	Scheefsnut, Blattfisch, Flügelbutt (Meerfisch)
Salpicon	Jede kleinwürflige Masse, die zu einem Ragout zubereitet wird, wie Fleisch und Gemüse, Trüffeln, als Füllung von Pasteten, Ragout fin usw., aber auch feingeschnittene Früchte in Sirup
Salsifis	Haferwurz
Salsifis (noir)	Schwarzwurzel (kräftige, aromatische Gemüsewurzel)
Salsifis à la **crè**me	Schwarzwurzeln in Sahnesauce
Salsifis d'**Es**pagne	Schwarzwurzel
Salsifis à la **ma**yonnaise	Schwarzwurzel-Salat mit Mayonnaise
Salut	Wels, Weller (karpfenartiger Süß- und auch Salzwasserfisch)
Sanciaux	Dünne Eierkuchen der *Bourbonen*, süß oder salzig
Sandre	Zander
Sandwich	Belegtes Brötchen (meist länglich und fein, für die Gourmets der Neuzeit!)
Sandwich au **fr**omage	Käsesandwich
Sandwich au **ja**mbon	Schinkensandwich
Sandwich jambon-**b**eurre	Schinkensandwich, gebuttert
Sandwich-**sa**lami	Salamisandwich
Sandwich au **sa**ucisson	Wurst-(Salami)sandwich

Sang	Blut
Sanglier	Wildschwein (Wildsau)
Sanglier **ma**rinée **r**ôti	Gebratener, vorher eingelegter Wildschweinbraten
Sanguette (Sanquette)	Eierkuchen/Zwiebel/Hühnerblutgericht (↓) Sanguine
Sanguin	Milchling, Reizker (festfleischiger Waldpilz) ♥
Sanguine	1. Blutorange
	2. Gericht aus Zwiebeln, Eiern und Hühnerblut in der Pfanne gebraten
Sanguisorbe	Pimpernelle, Bibernell (Würzkraut)
sans	ohne
sans **a**lcool	alkoholfrei
sansonnet	Star (reg.)
Santé!	Prost!, zum Wohl! (nicht zu oft!)
sapide	schmackhaft
Sapindor	Grüner Kräuterlikör mit Pflaumen (*Jura*)
Sarçelle	Knäkente (kleine Wildente) (mageres Fleisch)
Sarçelle (braisée) au **p**orto	Knäkente in Portwein geschmort
Sarçelle **r**ôti	Knäkente gebraten, mit Orangeschnitzen garniert
Sarde	Meerfisch, (↑) Pélamide
Sardines	Sardinen: Am Mittelmeer fast immer tagesfrisch und meist gegrillt und mit frischer Butter serviert
Sardines (à l') **an**tiboise	1. „*Antiber*" Sardinen: entgrätet, angebraten in Olivenöl, mit Zwiebeln oder Knoblauch, mit Weißwein, Tomaten, im Ofen überbacken; dazu Sardellenbutter
	2. Frische frittierte Sardellen mit Essig/Öl-Sauce
Sardines à la **ba**squaise	Entgrätete Sardinen in Olivenöl angebraten, mit Kapern und Sauce Béarnaise (↓) serviert
Sardines **be**urre	Sardinen in Butter gebraten
Sardines à la **ca**pucine	Sardinenauflauf mit Zwiebeln, Tomaten & Salat
Sardines à l'**es**cabèche	Gemehlte, frittierte Sardinen mit heißer Sauce Escabèche (↓) übergossen und 24 Std. einziehen gelassen (mariniert); als Vorspeise kalt serviert
Sardines **fa**rcies aux **é**pinards	Sardellenfilets mit Spinat gefüllt und im Ofen gebraten (*Provence*)

Französisch - Deutsch

Sardines **f**arcies à la **ni**çoise	Sardinenfilets mit einer Muschel-Mangold- Eier-Masse (Farce) überbacken
Sardines **f**arcies au **ve**rt	Sardinen, entgrätet, mit einer Spinatfüllung (*Côte d'Azur, Provence* und *Alpes*)
Sardines **g**rillées	Gegrillte Sardinen, meist mit Kräutern
Sardines à l'**hu**ile	Ölsardinen
Sardines à la **me**unière	Mit Zitronensaft beträufelte Sardinen, bemehlt und (in Olivenöl) gebraten
Sardines à la **to**ulonnaise	Sardinen entgrätet und mit Muscheln in Weißweinsauce gekocht (*Toulon*)
Sardinelle	Ohrensardine (wo hat die ihre Hörmuscheln her?)
Sardoche	(ugs.) Sardine
Sargue, **S**ar	Bindenbrasse, große Geißbrasse
Sarment	Weinrebenholz, wird sehr oft zum Grillen verwendet (auch zu schönen Festen und „Gelagen")
aux **s**arments	Über Rebenholzfeuer gebraten
Sarran	Mittelmeerfisch
Sarrasin	Buchweizen
Sarriette	Bohnenkraut
Sartadagnano	Kleine Fische in Öl, in der Pfanne wie ein Pfannkuchen gebacken, mit Essig beträufelt (*Provence*)
SAUCE	Sauce, Soße, Tunke (**Tipp:** Manche der Herkunftsnamen können Sie unter „Garnitures" finden)
Sauce à l'**aigre-doux**	Süßsaure Sauce aus brauner Grundsauce, Essig, Weißwein, Kapern, Rosinen und Karamelzucker
Sauce à l'**ail**	Knoblauchsauce mit Olivenöl, Tomaten und Paprikaschoten
Sauce **aïlloli**	Knoblauchmayonnaise mit Olivenöl
Sauce **Albert**	Sauce aus Butter, Mehl, Wasser, Zitrone, Rahm, Meerrettich, Eigelb, engl. Senf, Weißbrot, Essig
Sauce **Albuféra**	Geflügelrahmsauce mit Cayennepfeffer und Butter; meist zu Bries und Geflügel
Sauce **allemande** (Deutsche Sauce)	Kalter weißer Fond mit Eigelb, Champignonfond, Zitronensaft, Muskat, Pfeffer (und Sahne); (verbesserte, weiße Grundsauce (↓) Sauce velouté)
Sauce **américaine**	Sauce aus Tomaten, Röstgemüse & Hummerbutter
Sauce **anchois** (Sardellensauce)	Mit zerstossenen Sardellen und -Butter, Mehl, Eigelb und Fischsud zubereitet

329

Sauce andalouse	Mayonnaise mit Tomatenpüree und milden, gewürfelten, roten Paprikaschoten
Sauce (à l') aneth	Dillsauce mit Fisch/Kalbssamtsauce, Sahne und Zitrone
Sauce anglaise	Weiße Buttersauce mit Tomaten und Madeira
Sauce (à l')aurore	1. Sauce aus Milch, Zwiebeln, Butter und Tomaten
(nach Art der Morgenröte)	2. Weiße Fischgrundsauce mit Tomatenpüree; mit
(nach heißer Nacht?)	Mehl, Butter und Milch gebunden
Sauce aurore maigre	Fischgrundsauce mit Tomatenpüree
Sauce avignonnaise	Rahm-Mehl-Eier-Sauce mit Knoblauch, geriebe- nem Emmentaler, Petersilie; mit Eigelb gebunden
Sauce Bachique	Weißwein-Bouillon-Sauce mit Knoblauch, Schalot-
(Bacchus-Sauce)	ten, Kresse, Rosmarin, Salbei, Estragon, Kerbel, Thymian und Olivenöl (*Languedoc*)
Sauce banquetière	Geflügelrahmsauce mit Tomatenpüree, Kalbs- glace, Trüffeln, Butter und Madeirawein
Sauce banquière	Geflügelrahmsauce mit Tomatenpüree, Kalbs- fleischsaft, Butter und Madeirawein
Sauce barbecue	Sauce aus Tomaten, Olivenöl, Cognac, Curry und feinen Kräutern; zu gegrillten Gerichten
Sauce au basilic	Basilikumsauce mit Olivenöl und Tomaten
Sauce bâtarde	Bastardsauce, siehe „Sauce au beurre" (↓)
Sauce béarnaise	Klassische sämige Butter-Sauce aus Eigelb, mit
(benannt 1840 vom Pariser	eingekochtem Estragonessig-Kräuter-Sud, Kerbel,
Restaurant „Henri IV" nach der	Schalotten, Petersilie, weißem Pfeffer, Salz und
Heimat des gleichnamigen	Cayennepfeffer ♥ ♥
Königs)	
Sauce Beauharnais	Sauce béarnaise (↑) mit ¼ Estragonbutter ♥ ♥
Sauce béchamel	Helle cremige Grundsauce aus Milch, Butter,
(sehr oft verwendet)	Mehl, Sahne, Muskat, Pfeffer und Salz; gibt es auch mit Zwiebelringen und Speckwürfeln
Sauce Bercy	1. Zu Fleisch: Sauce aus Ochsenmark, Weißwein, Bratensaft, Schalotten, Butter und gehackter Petersilie
	2. Zu Fisch: In Butter gedünstete Schalotten, mit Fischsud und Weißwein, mit Eigelb und Butter gebunden, mit gehackter Petersilie

Sauce au **beurre**	Buttersauce mit Mehl, Eigelb, Sahne, Zitronensaft
Sauce au **beurre blanc**	Buttersauce mit eingekochter Schalotte, Weißwein oder Weinessig, meist zu gekochtem Hecht (*Nantes*)
Sauce **bigarde**	Zu Geflügel: Orangen- und Zitronensaft mit Essig, Zucker und brauner Grundsauce zubereitet
Sauce **blanche**	Weiße Sauce aus Butter, Mehl und Wasser
Sauce **blonde**	Helle Sauce aus Butter, Mehl und Weißwein
Sauce **bohémienne**	Kalte Sauce béchamel (↑) mit Estragonessig
Sauce **bolo(g)naise**	Sauce aus Hackfleisch, Tomaten und Weißwein
Sauce **Bonnefoy**	Wie Sauce bordelaise (↓), aber mit Weißwein und gehackter Petersilie
Sauce **bordelaise** (Bordelaiser oder Mark-Sauce)	Bordeaux-Rotweinsauce, mit Schalotten, Butter, brauner Grundsauce, Fleischsaft, Lorbeer, Thymian, Ochsenmark und weißem Pfeffer & Champignons
Sauce **bourguignonne** (Burgundersauce)	Rotweinsauce, zubereitet mit Bauchspeck, Schalotten, Butter, Champignonsstücken, Mehlbutter, Thymian, Lorbeer, Petersilie, Cayennepfeffer und Knoblauch
Sauce **bretonne** (Bretonische oder Bretagnische Sauce)	1. Sauce mit in Butter gebräunten Zwiebeln, mit Tomatenmark, Weißwein, Knoblauch & Petersilie 2. Butter-Weißwein-Sauce mit Champignon-, Lauch-, Sellerie- und Frühlingszwiebel-Streifen
Sauce **brune**	Braune Sauce aus Mehlschwitze, Champignons und Madeirawein
Sauce **Byron**	Rotweinsauce mit Trüffelscheiben
Sauce **Café de Paris**	Mit Butter, dicker süßer Sahne, etwas Mehl und Beurre Café de Paris (↑) zubereitet ♥
Sauce (aux) **câpres**	Weiße Buttersauce mit Kapern und Milch
Sauce **carbonara**	Sauce aus Rahm, Speckstreifen und Eigelb
Sauce **Cardinal**	Milch-/Mehl-/Eiersauce mit Rahm, Fischbrühe, roter Hummerbutter und Trüffelessenz ♥
Sauce **carmélite**	Burgunderwein mit Schinkenstreifen und glacierten Zwiebeln (die armen Karmeliter hatten Wein & Schinken!)
Sauce (aux) **Champignons**	Champignonsauce (hätten Sie es gewusst?)

Sauce Chambord	Lachsköpfe und -abschnitte mit Röstgemüse zerhackt, Petersilienstielchen, Champignonrestchen, Lorbeerblatt & Thymian, in Butter angeschwitzt, mit Rotwein abgelöscht, eingekocht mit brauner Grundsauce, durchgesiebt, Sardellenbutter dazu ♥
Sauce Chantilly	Schaumsauce: Sauce der Holländer oder Mayonnaise mit Zitronensaft & Schlagsahne gemischt ♥
Sauce charcutière (Metzgersauce)	Sauce aus Essig, Weißwein, Gurken, Zwiebeln, Senf, mit Cornichons in kleinen Streifchen
Sauce Chateaubriand	Gehackte Schalotten, Thymian, Lorbeerblatt und Champignonresten in Weißwein gekocht, mit Fleischglace vermischt, mit Butter aufgeschlagen, mit Petersilie, Estragon, Pfeffer und Salz gewürzt, siehe auch Chateaubriand (↑) ♥
Sauce chasseur (Jägersauce)	Sauce aus Kraftbrühe, Weißwein, Butter, Öl, Champignons, Schalotten, Tomaten & Estragon
Sauce chasseresse (Jägerinsauce)	Dicke Wildpfeffersauce mit ungesüßtem Rahm, garniert mit Trüffel- und Eiweißstreifen
Sauce chaude	Fondue mit Gemüse (*Nizza*)
Sauce chaudeau	Warme Weinsauce
Sauce chaud-froid	Gesülzte Geflügel- oder Kalb-Samtsauce (velouté) mit variablen Zutaten und Gewürzen, auch Sahne
Sauce chaud-froid Aurore	Gesülzte Samtsauce (velouté) mit Tomatenpüree
Sauce chaud-froid blanche	Gesülzte Samtsauce (velouté) mit Sahne
Sauce chaud-froid vertpré	Gesülzte Samtsauce (velouté) mit Kerbel, Estragon, Schnittlauch, Brunnenkresse und Spinat
Sauce chevreuil (Rehsauce)	Bratensatz, Wildbrühe und -marinade (ohne Essig) mit Cognac oder Rotwein und Zucker
Sauce Chivry	Geflügelrahmsauce mit Weißwein, Butter, Estragon, Schnittlauch, Spinat, Kresse, zu gekochtem Geflügel
Sauce Choron	Sauce béarnaise (↑) mit Tomatenpüree, ohne Estragon und Kerbel ♥
Sauce civet	Mit Blut gebundene braune Sauce
Sauce Colbert	Sauce aus Bratensaft mit Butter, Eigelb, Zitronensaft, Senf, Madeirawein, Petersilie und Estragon ♥

Sauce Collioure
(*Roussillon*)

Mayonnaise mit Tomatenpüree, Knoblauch & zerdrückten Sardellen; meist zu gegrilltem Fisch ♥

Sauce (à la) crème

Weiße Buttersauce mit Eigelb, Rahm und Muskat

Sauce crèmeuse

Butter-Mehl-Sauce mit Champignons, Schalotten, Fleischbrühe, S + P, Crème fraîche (*Languedoc*)

Sauce (aux) crevettes

Weiße Buttersauce oder Fischgrundsauce mit Garnelenbutter, Sahne & Garnelenschwänzchen ♥

Sauce Cumberland

Sauce aus Johannisbeergelee, Portwein, Schalotten, Orangen- und Zitronenschale, Senf und Gewürzen

Sauce (au) Curry
(Currysauce)

Weißer Fond mit Zwiebeln, Sellerie, Petersilienwurzel, Mehl, Curry, Thymian, Lorbeerblatt & Muskatblüte; auch mit Sahne oder Kokosnussmilch

Sauce demi-deuil

Kalbs-oder Geflügelrahmsauce mit Trüffelessenz eingekocht und Trüffelscheiben garniert

Sauce demi-glace

Braune Grundsauce aus Mehlschwitze, geröstetem Gemüse, Speckwürfeln, Karotten, Zwiebeln, Thymian, Lorbeerblättern und Madeira zubereitet; aber auch mit Rotwein, Fleischextrakt, Tomaten

Sauce à la diable
(Teufelssauce)

Sauce aus Fleischbrühe, Zwiebeln, Tomatenmark, Mehl und Weißwein, mit Essig, Thymian, viel Pfeffer, Paprika, sowie Cognac („teuflisch" scharf, aber gut)

Sauce Diane

Pfeffersauce mit ungesüßter Sahne gebunden, hart- gekochtem Eiweiß und Trüffelstreifen ♥

Sauce Dieppoise

Sauce aus Fisch-Würzbrühe mit Garnelenschwänzchen, Miesmuscheln, Butter und Sahne

Sauce Dijonaise

Leichte Sauce hollandaise (↓) mit Dijon-Senf

Sauce diplomate

Sauce normande (↓) mit Hummerbutter, Hummerstücken & Trüffelscheiben oder -würfelchen ♥

Sauce divine
(„Die göttliche" Sauce)

Sauce aus Geflügelextrakt, Trüffelbrühe, Eigelb, Butter, Sahne, Sherry, mit Cayennepfeffer ♥

Sauce duchesse

„Herzoginsauce": Milch-Mehl-Eier-Butter-Sauce, mit Sahne, gehackter Zunge und Champignons

Sauce Dugléré

Fischsamtsauce mit geschmolzenen Tomaten

Sauce duxelles

Braune Grundsauce mit Wein, Tomatenmark, Zwiebeln, Champignons, gehackten Kräutern (und Schinken)

Sauce (Marinade) **escabèche**	Kleine gemehlte und frittierte Fische mit einer heißen Marinade aus Essig, Öl, Wasser, mit Scheiben von Karotten, Zwiebeln und Paprika, mit Knoblauch, Lorbeer, Thymian und anderen Gewürzen 24 Std. mariniert und kalt serviert
Sauce espagnole	1. Braune Grundsauce aus Mehlschwitze, geröstetem Gemüse, Speckwürfeln, Karotten, Zwiebeln,Thymian & Lorbeerblättchen zubereitet (nach Escoffier); oft kommt auch Bratenfond dazu 2. Senfmayonnaise mit Knoblauch, Schinken und Paprika
Sauce à l'estragon (à blanc)	(Helle) Estragonsauce mit Speck, Fleischbrühe, Wein, Geflügelrahmsauce und aromatischen Kräutern; Die dunkle Estragonsauce wird mit Weißwein und brauner Grundsauce zubereitet
Sauce au fenouil	Sauce mit Fenchel, Mehl und Butter
Sauce financière (Finanzmannsart)	1. Sauce mit Fleischbrühe, Champignons und Madeira-Wein 2. Braune Sauce mit Trüffelessenz
Sauce aux fines herbes (Kräutersauce)	Feine Kräutersauce; sehr variable Zubereitungen; oft mit Weißwein, Kerbel, Estragon, Schnittlauch, Bibernelle, Petersilie und Schalotten
Sauce fleurette	Sauce hollandaise (↓) mit Sahne angerührt ♥
Sauce à la florentine	„Florentiner" Spinatsauce
Sauce Foyot (Pariser Restaurant)	Sauce béarnaise (↑) mit Fleischextrakt vermischt ♥
Sauce à la Française	„Französische Sauce" aus Mehlsauce, Krebsbutter, Champignons, Knoblauch und Muskat
Sauce aux fruits de mer	Sauce aus Meeresfrüchten und Tomaten
Sauce genevoise (Genfer Sauce)	Sauce aus Fischresten, angeschwitztem Röstgemüse, Rotwein, brauner Grundsauce, Butter und Kräutern
Sauce Godard	Schinkenabschnitte mit Röstgemüse in Weißwein eingekocht, brauner Grundsauce und Pilzbrühe
Sauce grand veneur (Sauce „scharfer" Oberjäger)	Sauce aus Wildkraftbrühe mit Rotwein & Hasenblut gebunden, Johannisbeergelee und Cayennepfeffer; auch mit Armagnac, Madeira und Sahne

Sauce Granville	Weißweinsauce mit gewürfelten Champignons, Krabbenschwänzen und Trüffeln
Sauce gratin (Gratiniersauce)	Sauce mit gehackten Schalotten, Weißwein und Fischfond eingekocht, mit Duxelles (↑) & brauner Grundsauce, Petersilie um Fisch zu überbacken
Sauce gribiche	Sauce aus hartgekochten Eiern, einer Mayonnaise ähnlich, mit Cornichons, Senf, Kapern, Pfeffergürkchen, Petersilie, Estragon, Kerbel, Essig & Öl ♥
Sauce hollandaise (eine der wichtigsten Saucen!)	Grundsauce: aus Eigelb, Butter, Pfeffer und Salz, Zitronensaft oder Essig und Cayennepfeffer ♥
Sauce homard	Sauce normande (↓) mit Hummerpüree
Sauce hongroise (Ungarische Sauce)	Butter-Mehl-Sauce mit gehackter Zwiebel & Räucherspeck, Rosenpaprika, Sahne, Butter, Zitrone
Sauce aux huîtres	Sauce normande (↓) mit Austerneinlage
Sauce hussarde (Hussarensauce)	Weißweinsauce mit Zwiebeln, Butter, brauner Grundsauce, Tomatensauce, Schinkenwürfeln, Knoblauch, Kräutern und gerieb. Meerrettich ♥
Sauce à l'indienne	ähnlich der Sauce au curry (↑) mit Zitronensaft
Sauce Isigny	Sauce hollandaise (↑) mit dicker Sahne ♥
Sauce italienne (italienische Sauce)	Weißwein-/braune Grund- und Tomatensauce mit Schinkenwürfeln, Schalotten & Champignons, Öl
Sauce ivoire (Elfenbeinsauce)	Helle Geflügel- oder Kalbsrahmsauce mit Fleischsaft angerührt
Sauce Joinville	Sauce normande (↓) mit Champignonpüree, Trüffeln, Garnelenschwänzchen, Austernsaft und Krebsbutter
Sauce lyonnaise	Weißweinsauce mit Butter, Zwiebeln, Knoblauch und Kräutern (auch mit Tomatenpüree) (*Lyon*)
Sauce madère (Madeirasauce)	Braune Bratensauce mit Madeirawein, Fleischbrühe, Champignons, Weizenmehl und Butter zubereitet; Tipp für Sie: Madeira sollte mit der Sauce einkochen!
Sauce maître d'hôtel	Sauce aus Butter, Petersilie und Zitronensaft
Sauce maltaise	Sauce hollandaise (↑) mit Blutorangensaft und Orangenschalenstreifen
Sauce marchand de vin	Sauce aus Bratensaft, Schalotten und Rotwein
Sauce (à la) marinière (nach Matrosenart)	Sauce aus Fischwürzbrühe, Mehl, Weißwein, Eigelb, Butter, Muschelbrühe & Muscheln, weißem Pfeffer

335

Sauce matelote	Sauce aus Fischfond, Mehl, Schalotten, Cham-
(Matrosensauce)	pignonschalen, Butter, Rotwein und Cognac
Sauce mayonnaise	Kalte Sauce aus Essig oder Zitronensaft, Eigelb,
	Öl, Senf, S + P
Sauce mayonnaise collée	Kalte Sauce aus Essig, Eigelb, Öl, Senf, S + P, mit Gelatine gebunden
Sauce à la menthe	Pfefferminzsauce, leicht gesüßt
Sauce mexicaine	Mayonnaise mit Sardellenpaste und gehackten
(mexikanische Sauce)	grünen und roten Paprikaschoten
Sauce mirepoix	Sauce mit Speck, Karotten, Zwiebeln, Gewürzen
Sauce à la moelle	Sauce bordelaise (↓) mit gekochtem Rindermark,
(Marksauce)	Weißwein und gehackter Petersilie
Sauce Mornay	Käsesauce aus Milch, Mehl, Butter, Eigelben,
(Käsesauce)	Sahne, geriebenen Emmentaler oder Parmesan
	(häufige Sauce!)
Sauce mousquetaire	Sauce aus Mayonnaise, Schalotten, Bratensauce,
	Weißwein und Kräutern und Cayennepfeffer
Sauce mousseline	Schaumsauce, wie Sauce Chantilly (↑)
Sauce moutarde	Sauce aus Senf, Butter (und Kartoffelmehl) oder
	Sauce hollandaise oder Mayonnaise (↑) mit Senf
Sauce Nantua	Mehl-Buttersauce mit süßer Sahne, Butter, Krebs-
(Nantua-Sauce)	sud, Krebsschwänzchen (Cognac und Trüffeln?)
Sauce à la neige	Weiße Sauce aus Mayonnaise und Schlagsahne
Sauce Newburg	Sahnesauce mit Cognac flambiert, zu Hummer
Sauce normande	Buttersauce mit Eigelb, Sahne, Fischsud, Champi-
(Normannische Sauce)	nonfond, Apfelwein (Cidre) und Calvados (ja!) ♥
Sauce aux œufs	Eiersauce
Sauce aux œufs durs	Milch-Butter-Mehlsauce mit gehackten, hartge-
	kochten Eiern und Petersilie; meist zu Fisch
Sauce pauvre-homme	Braune Grundsauce mit gehackten, gedünsteten
(Arme Leute Sauce)	Schalotten, Petersilie und gerösteten Bröseln
Sauce des pêcheurs	1. Zu Fisch: Essig/Öl-Sauce
	2. Zu Krustentieren: Kräuter-Senf-Mayonnaise
Sauce Périgeux	1. Dunkle Sauce mit Madeirawein, Butter, Trüffeln
oder périgordine	2. Madeirasauce mit Trüffelringen & Gänseleber
Sauce piquante	Braune Sauce mit Fleischbrühe, Essig, Wein, Zwie-
(Pikante Sauce)	beln, Cornichons, Madeira, Cayennepfeffer, Pe-
	tersilie und Kerbel

Sauce poivrade (Pfeffersauce)	Pfeffersauce mit Karotten, Zwiebeln, Schalotten, Essig, Petersilie, Wildsud & Weißwein zubereitet
Sauce au poivre	Pfeffersauce mit Rahm und ganzen Pfefferkörnern
Sauce au poivre vert	Sauce mit Rahm und grünen Pfefferkörnern
Sauce aux pommes	Apfelmus-Sauce
Sauce au porto (Portweinsauce)	Braune Bratensauce mit Portwein, Fleischbrühe, Champignons, Weizenmehl & Butter zubereitet, mit Schalotten, Thymian, Zitronen- und Orangensaft (**Tipp:** Portwein sollte mit der Sauce einkochen!)
Sauce portugaise (Portugiesische Sauce)	Braune Grundsauce mit Röstgemüse, Zwiebeln, Weißwein, Tomatenmark, Knoblauch, Butter, Petersilie (und Madeirawein)
Sauce poulette	Weiße Buttersauce mit Eigelb, Zwiebeln, Sahne, Champignonfond, Petersilie und Zitronensaft
Sauce printanière	Sauce mit jungem zartem Gemüse & Kräuterbutter
Sauce provençale (Provenzalische Sauce)	Gewürfelte Tomaten mit Knoblauch in Olivenöl geschmolzen, mit Petersilie, Zucker, S + P, Kalbs- oder Fleischbrühe
Sauce raifort	Samtsauce mit gerieb. Meerrettich & Zitronensaft
Sauce ravigote	Sauce aus Essig, Öl, Senf, Kapern, Zwiebeln, Salz, weißem Pfeffer und gehackten Kräutern
Sauce rémoulade	Mayonnaise mit Senf, gehackten Kapern, Cornichons, Kerbel, Estragon und Sardellenessenz
Sauce riche	Sauce cardinal (↑) mit Hummerfleisch, Trüffeln ♥
Sauce Richelieu	Fleischbrühe mit Tomatenmark, angedünsteten, durchpassierten Zwiebeln, Muskat, Zucker, Weißwein, Fischfond, Trüffelsud und Madeirawein
Sauce Robert (nach Vinot, 16. Jahrhundert)	Braune Sauce aus Fleischbrühe, Tomaten, Zucker, ½ Weißwein, ½ Essig, Senf, Weizenmehl & Zwiebeln
Sauce romaine (Römische Sauce)	Sauce aus karamelisiertem Zucker, Essig, Korinthen, Pinienkernen, Mandeln & brauner Grundsauce
Sauce au Roquefort	Sauce aus Roquefortkäse, Butter und Rahm
Sauce rouennaise (Rouenaiser Sauce)	Sauce Bordelaise (↑) mit roher durchpassierter Entenleber und Butter verrührt
Sauce rouille	Gehackte Paprika und Chilischote, Knoblauch, Olivenöl und Semmelbröseln verrührt & Tabasco; meist zu Bouillabaisse (↑) Fischsuppe

Sauce Royale (Königliche Sauce)	Geflügelrahmsauce mit Sahne, Butter, Sherry, rohen Trüffeln; zu weißem Fleisch oder Geflügel ♥
Sauce Saint-Malo	Weißweinsauce mit Schalotten, Senf, Sardellensud
Sauce salmis	Braune Sauce aus Wildgeflügelresten, Schalotten, Zwiebeln, Knoblauch, Lorbeer, Thymian und Petersilie, Weiß- oder Rotwein, zu Wildgerichten
Sauce de sauge	Helle warme Sauce mit Salbei
Sauce saupiquet	Rotweinsauce, Saft unreifer Trauben und Bratfett
Sauce smitane	Sauerrahmsauce mit angeschwitzten Zwiebeln, Weißwein und Kabusauce (russische Würzsauce)
Sauce Soubise (Zwiebelsauce)	Weiße Milch-Mehl-Sauce mit Fleischbrühe, Sahne und Zwiebeln
Sauce Souchet	Weißweinsauce mit in Butter gedämpften Streifen aus Lauch, Karotten, Selleriestreifen & Fleischfond
Sauce Souwaroff (Suwarow)	Sauce Béarnaise (↑) mit Fleischextrakt & Trüffeln
Sauce suprême	Geflügelcremesauce mit Butter, Mehl, süßer Sahne, mit Zitrone und Cayennepfeffer, oft mit Champignons
Sauce tabasco	Schärfste Sauce aus Peperonis & Essig hergestellt
Sauce tartare (richtig wäre tatare)	Mayonnaise (oder hartgekochte Eier durch das Sieb gestrichen, mit Essig und Öl) mit Kräutern, Kapern, Zwiebeln, Senf, Schnittlauch & Estragon
Sauce tomate (Tomatensauce)	Meist mit Zwiebeln, Knoblauch, Olivenöl, Lorbeer, Basilikum, Zucker, Pfeffer, Salz; sehr variabel
Sauce tomate cru	Rohe, kalteTomatensauce (variable Zubereitung)
Sauce toulousaine	Geflügelrahmsauce mit Eigelb und Sahne
Sauce aux truffes	Trüffelsauce
Sauce valois	Sauce béarnaise (↑) mit brauner Grundsauce
Sauce velouté (Samtsauce)	Weiße Grundsauce mit gekochten Kalbsknochen und Geflügelhälsen, Mehlschwitze mit Butter, Kräutern, oft auch mit Eigelb & Sahne zubereitet
Sauce velouté de poisson	Weiße Grundsauce (↑) mit Fischfond anstatt Brühe
Sauce venaison	Siehe Sauce grand veneur (↑) mit schwarzem Pfeffer
Sauce au verjus	Braune Grundsauce mit dem Saft unreifer Trauben, Butter und Sherry

Sauce verte (Grüne Sauce)	1. Sauce aus Quark, süßen Paprikaschoten und feinen grünen Kräuterlein 2. Mayonnaise mit feinen grünen Kräutern
Sauce victoria	Hummersauce mit Hummerfleisch und Trüffeln
Sauce vierge	Rahmsauce mit Artischockenpüree und Schlagsahne, Salz und Pfeffer
Sauce villageoise (Dörfliche Sauce)	Kalbssamtsauce mit Zwiebelpüree, Kalbs- und Pilzbrühe, Eigelb, Sahne und Butter zubereitet
Sauce Villeroi (Herzog, 1644-1730, frz. Marschall)	Geflügelrahmsauce mit Eigelben, Trüffeln, Pfeffer, Zitronensaft, Butter & Schinkenextrakt zubereitet
Sauce vinaigrette	Salatsauce aus Essig, Öl, gehackten Kapern, Estragon, Kerbel, Petersilie, Schnittlauch, S + P
Sauce Vincent	Grüne Kräutermayonnaise mit Worcestershiresauce
Sauce (au) vin blanc	Weißweinsauce mit (Fischfond) Butter, Zitronensaft
Sauce (au) vin rouge	Rotweinsauce
Sauce zingara	Zigeunersauce aus brauner Grundsauce und Tomatenpüree, mit Madeira, Cayennepfeffer, Schinkenstreifen, Champignons, Pökelzunge & Trüffeln
saucer	austunken (den Teller, die Schüssel, das Näpfchen)
Saucier	Saucenkoch, meist der 2. Küchenchef; oft ist er auch für die Suppen & Saucengerichte zuständig
Saucière	Sauciere, Saucenschüssel, Saucengefäß
Saucisse	Wurst, Bratwurst, Würstchen; gehacktes, gewürztes, rohes Schweinefleisch im Schweinedarm
Saucisse d'Ardure	Grill- oder Bratwurst
Saucisse à la catalane	Lange Schweinswurst mit Knoblauch, Orangenschale und Kräutern gekocht (*Roussillon*)
Saucisse au foie	Schweinewurst mit etwas Rinderleber; wird in Stücken serviert und aus der Haut geschabt
Saucisse de Francfort	(Strammes) Frankfurter Würstchen gekocht
Saucisse sèche	Geräuchertes Würstchen, trockene Wurst
Sauce de Strasbourg	Bratwurst aus Rind- und Schweinefleisch, gekocht
Saucisse de Toulouse	Schweinewürstchen gebraten (*Toulouse*, *Languedoc*)
Saucisse de vienne	Wiener Würstchen gekocht
Saucisses au vin blanc	Knoblauchwürste in Weißwein & Tomatensauce

Saucisson	Trockene Wurst, Salami, Hartwurst, Dauerwurst
Saucisson à l'**ail**	Knoblauchwurst vom Schwein
Saucisson d'**Arles**	Wurst aus fettem Schweine- und magerem Rindfleisch
Saucisson en **br**ioche	Gehäutete Schweinswurst im Brioche-Teig (*Lyon*)
Saucisson **ch**aud à la **ly**onnaise	Heiße, luftgetrocknete Schweinswürste nach „Lyoner Art", mit Dampfkartoffeln und Butter oder mit Kartoffelsalat (in der Autobahnraststätte?)
Saucisson **cou**rt à l'**anis**	Kleine Wurst mit Anis gewürzt (wer tut sich sowas an?)
Saucisson en **cr**oûte	Das Würstchen unterm (Teig-)Mantel
Saucisson en **fe**uilletage	Das Würstchen zart in Blätterteig gehüllt
saucisson de **fo**ie	Leberwurst (*Elsass-Lothringen*)
Saucisson **fu**mé	Geräucherte Wurst
Saucisson de **Lyon** (petit Jésus)	Wurst aus Lyon, der Mortadella ähnlich; auch „kleiner Jesus" genannt (na, na! Der Papst droht!)
Saucisson **sec** (et beurre)	Feste Knoblauch-Schweine-Dauerwurst (& Butter)
Sauf le dimanche	außer sonntags
Sauf le soir	nur abends
Sauge	Salbei
Saumon	Lachs oder Salm (Wanderfisch)
Saumon de **Bal**tique	Lachs aus der Ostsee
Saumon **bl**anc	Seehecht, weißer Seelachs, Colin (↑)
Saumon (à la) **Ch**ambord	Lachs in einer Rotweinsauce mit Sardellenpaste, Krebsen, Champignons und Trüffelscheiben ♥
Saumon au **ch**ampagne	In Champagner gekochter Lachs
Saumon au **cou**rt-bouillon	Lachs im Fischsud (↑) court-bouillon, gekocht
Saumon **cru** **R**enga-Ya	Rohe Lachsschnitzel mit S & P, Olivenöl, Zitronensaft, Schnittlauch und Kaviar; Benannt nach dem Restaurant von „Paul Bocuse" in Japan
Saumon **fr**ais **ma**riné à l'**aneth**	Roher, mit Dill gebeizter Lachs (Graved Lax)
Saumon **fu**mé	Räucherlachs
Saumon **fu**mé creme **raifort**	Räucherlachs mit Sahnemeerrettich

Saumon **gr**illé à la **pr**ovençale	Mit Kräutern der Provence gegrillter Lachs
Saumon **ma**riné **ma**ison	Lachs nach Art des Hauses gebeizt
Saumon à la **na**ntaise	Lachs in Weißwein mit Champignons gekocht, garniert mit Austern, Langusten- und Trüffelscheiben
Saumon en **pa**pillote au **b**eurre **b**lanc	Lachs in der Folie gegart und mit weißer Buttersauce serviert
Saumon **po**ché	Gekochter Lachs, oft mit Sauce hollandaise (↑)
Saumon **Ri**chelieu	Lachsmedaillon in Butter gebraten, mit Trüffeln
saumoné	lachsartig
Saumoneau	Lachs in jungem Alter
Saumonette	Kleingefleckter Katzenhai, Seehase
Saumurage	Das Pökeln
Saumure	Salzlake, Sole zum Konservieren
saumuré(e)	gepökelt(e)
Saupiquet	1. Mittelalterliche, pikante braune Rotweinsauce mit Zwiebeln, Saft von unreifen Trauben, Pfeffer, gebratenen Speckwürfeln & Tomaten (*Burgund*) 2. Gebratene Schinkenscheiben in Sauce saupiquet (↑) (*Montpellier*, *Languedoc*)
saupoudrer	bestreuen (heißt nicht die Sau pudern!)
Saupoudreuse	Streuer, Streudose
Saur, **S**auret (hareng)	Bückling
sauré(e)	gesalzen und geräuchert
Saurel	Bastardmakrele, Stachelmakrele, Stöcker
Sauté	Schnell angebratenes und weiter geschmortes oder gedünstetes (Fleisch-)Gericht, wie z. B.: Gulasch, Würzfleisch
sauté(e)	gebraten, geschmort (z. B.: Ragout), sautiert
Sauté d'agneau	Lammragout
Sauté d'agneau forestière	Lammragout mit Morcheln, gewürfeltem, gebratenem Speck und Sauce aus Kalbsbrühe
Sauté de bœuf bourguignon	Rinderragout mit Rotwein/Zwiebelsauce ♥
Sauté de cabillaud	Kabeljauscheiben in einer weißen Sauce
Sauté de chevreau à la **pr**ovençale	Jungziegenragout mit Tomaten und Kräutern der Provence (Ziegenfleisch ist Geschmackssache!)

Sauté de chevreuil	Rehragout
Sauté de lapin	Kaninchenragout
Sauté de mouton **es**pagnol	Hammelragout „spanisch", mit Tomatensauce und Oliven
Sauté de poulet à la **ma**yonnaise	Hühnerragout mit Zitronenmayonnaise
Sauté de veau	Kalbragout aus Schulter-, Brust- und Halsstücken
Sauté de veau à la **ca**talane (katalanisch)	Kalbragout in Olivenöl mit Knoblauch angebraten, mit brauner Bratensauce und Weißwein geschmort, mit Zwiebelchen, Tomaten, Champignons und entsteinten Oliven (*Roussillon*) ♥
Sauté de veau chasseur (nach Jägerart)	Kalbragout mit Weißwein, Steinpilzen und Tomatenmark
Sauté de veau indienne	Kalbragout (aus Indien) mit Curry gewürzt
Sauté de veau Marengo (siehe auch Garnitures!)	Kalbragout in Olivenöl mit Zwiebeln angebraten, mit Weißwein gekocht, dann mit brauner Bratenbrühe, Tomatensauce, Champignons, Knoblauch und Kräuterbündel fertiggeschmort; serviert mit herzförmigen Croûtons ♥
Sauté de veau à la **po**rtugaise (portugisisch)	Wie Marengo (↑), aber ohne Champignons, dafür reichlich Tomatenwürfel und mit Petersilie
Sauté de veau à la **pri**tanière (pritanier)	Kalbragout mit schön geformtem, jungen Saisongemüselein serviert
sauter	sautieren, rasch anbraten, in Butter schwenken; erst dann kommen die flüssigen Beigaben dazu
Sauteuse	Bratpfanne, Schmorpfanne
Sautoir	Halbflache Kasserolle (für kleine Stücke)
sauvage	wild(e), z. B.: die Ente (nicht der Pizzabäcker!)
sauver	überkochen (Wasser, Milch usw.)
Savarin (au rhum) (Dem Gastrosophen Brillat-Savarin gewidmet)	1. Hefeteigring, Napfkuchen 2. Kranzkuchen dessen Teig vorher in Zuckersirup (und Rum) getränkt wird
Savarin **Ch**antilly	Napfkuchen mit Kirschwasser getränkt, dünn mit Aprikosenpüree überzogen, darüber Schlagsahne
Saveur	Geschmack, Aroma
Savourée	Bohnenkraut (beugt Blähungen vor!)
Savouret	Markknochen
savourer	genießen, (aus)kosten

savoureux, **s**avoureuse	schmackhaft, köstlich, lecker
Savouries	Leckere Häppchen
Scalopp	Jakobsmuschel
Scampi	Kaiserhummer, Scampi, rote Garnele
Scare	Seepapagei, Meerfisch
Scarole	Zaunlattich, Eskariol, krause Endivie
Schankelas	Mandelhörnchen (*Elsass*)
Schiefela	Schweineschulter mit weißen *elsässer* oder *lothringer* Rübchen serviert, dazu Kartoffelsalat
Schniederspettel (beliebt!)	*Elsässer* Schweinswurst mit Kümmel, geräuchert
Schnitz	Backobst mit Speck (*Elsass*)
Schwarzwurst	Schwarzgeräucherte Schweinewurst aus Kopf- und Fußfleisch, Ohren, Schwarten, Speck, Zwiebeln und Schweineblut (woher? ... Aus dem *Elsaß*, klaro)
Schwobebredel	Mandelplätzchen mit Orangeat (*Elsass*)
Scie	1. Sägefisch
	2. Säge
Sciène	Meerrabe, Seerabe, Umber (Meerfisch)
Scorpène	Drachenfisch, Drachenkopf (↑) Rascasse
Scorsonère	Bocksbart, Schwarzwurzel ähnlich (auch in Bayern)
Seau	Kübel, Eimer
Seau à champagne	Sektkühler
Seau à glace	Eiseimer
Sébaste	Goldbarsch, Rotbarsch
sec, **s**èche	1. trocken (herb, bei Wein)
	2. pur, ohne Wasser
	3. gedörrt (z. B.: Pflaumen)
Sèche	Brotfladen mit Eiern und Zucker (*Franche-Compté*)
Seiche	Tintenfisch (Sepia)
Seigle	Roggen
Sel	Salz
Sel de **cé**lerie	Selleriesalz
Sel de **cu**isine	Kochsalz
Sel **ge**mme	Steinsalz
Sel **ma**rin	Meersalz, Siedesalz
Sélection (de fromages)	(Käse-)Auswahl
Self-**S**ervice	Selbstbedienungsrestaurant (dort isst Gott nur im höchsten Notfall! Hoffentlich auch Sie!)

343

Selle	Rückenstück, Sattelstück
Selle d'agneau	Lammrücken
Selle d'agneau Armenonville	Lammrücken mit grünen Bohnen, Artischocken-böden, Tomaten und Pommes cocotte ↑
Selle d'agneau à la broche	Lammrücken am Spieß gebraten
Selle d'agneau en croûte	Lammrücken im Teigmantel gebraten
Selle d'agneau aux griottes	Lammrücken mit Sauerkirschen
Selle d'agneau à la portugaise	Lammrücken mit geschmorten Tomaten, grünen Bohnen und Kartoffeln
Selle de chevreuil	Rehrücken
Selle de chevreuil aux chanterelles	Gebratener Rehrücken mit Pfifferlingen ♥
Selle de chevreuil Metternich	Gebratener Rehrücken, mit Blut gebundener Pfeffersauce, mit Äpfeln garniert & Johannisbeergelee gefüllt, Rotkraut und Esskastanien als Beilage
Selle de chevreuil Windsor	Gebratener Rehrücken mit Pfeffersauce, gedüstetem Bleichsellerie und Esskastanien
Selle de marcassin	Rücken vom Frischling
Selle de mouton	Hammelrücken, Sattelstück vom Hammel
Selle de mouton à la fermière	Gebratener Hammelrücken mit Speck, Weißkrautröllchen, Karotten und Bratkartoffeln serviert
Selle de porc truffée	Gebratener Schweinerücken mit Trüffeln
Selle de veau	Kalbsrücken(speer), Kalbskarree
Selle de veau Matignon	Halbgar geschmorter Kalbsrücken mit Fleischwürzgemüse und fettem Speck belegt, im Schweinenetz, im Ofen fertiggebacken
Selle de veau Orloff	Kalbsrücken Orloff: die Rückenfilets werden abgelöst, der Rücken mit Champignonpüree bestrichen, die geschnittenen Filets daraufgelegt, zwischen jedes eine Scheibe Gänseleber & Champignonpürre gegeben und mit Käse-Butter-Sauce - Sauce Mornay (↑) - überzogen & überbacken ♥
selon	je, nach
selon arrivage	Nach Anlieferung
selon disponibilité	Nach Verfügbarkeit, wenn verfügbar
selon la grosseur	Nach Größe (berechnet)

selon le poids	Nach Gewicht (berechnet)
selon quantité	Nach der Menge (berechnet)
selon la saison	Nach Jahreszeit
selon votre goût	Nach Ihrem Geschmack
Selters; eau de seltz	Selterswasser, aber besser gleich Perrier bestellen
Semoule	(Weizen-)Grieß
Semoule de blé	Hartweizengrieß (im Cous-Cous)
Semoule aux fruits confits	Im Ofen überbackener, mit kandierten Früchten gefüllter Grießflammerie
Semoule au lait	Grießbrei
Semoule de riz	Reisgrieß
Senteurs de provence	Wohlgerüche (Kräuter der *Provence*)
Sépia	Tintenfisch
Sépiole	Kleiner Tintenfisch
Sept-œil	Neunauge (Fluss- oder Meerfisch)
Serpent de mer	Seenadel, Meerfisch, schlangenähnlich
Serpolet	Wilder Thymian, Quendel, Feldthymian
Serveur	Kellner
Serveuse	Kellnerin, Bedienung
servi	angerichtet, aufgetragen
Service	1. Bedienung
	2. Der Dienst, der erwiesen wird
	3. Bedienungsgeld
	4. Der Gang, z. B.: das Menü besteht aus 3 Gängen: „le menu à trois services"
Service ? % (non) compris	Bedienungsgeld ? % (nicht) eingeschlossen
Service à flamber	Gerätschaft zum Flambieren
Service ... % en sus	Zusätzliches Bedienungsgeld von ... %
Service de table	Essservice, Essgeschirr
Service et taxes compris	Bedienungsgeld und Steuern inbegriffen (S.T.C.)
Service à toute heure	Bedienung (Essen) zu jeder Tageszeit
servir	anrichten, bedienen, auftragen
servir froid(e)	gekühlt, kalt servieren
Serviette (de papier)	(Papier-)Serviette
Sigui	Maifisch, der Alse, dem Mutterhering ähnlich
Silure	Wels, Waller (Flussfisch)
Singe	(ugs.) Corned Beef

singer	mit Mehl bestreuen (reg.) (eigentlich: nachäffen)
S'il vous plaît	Bitte.... (als Bitte, nicht Antwort auf danke!)
Sirène	Kuchen in Schlangenform
Sirop	Sirup (eingedickter, süßer Fruchtsaft), wird meist mit Mineralwasser als alkoholfreies Getränk zubereitet, aber auch als „Schuss" im Bier verwendet, ähnlich wie bei der Berliner Weiße
Sirop de cerise	Kirschsirup
Sirop d'érable	Ahornsirup
Sirop de framboise	Himbeersirup
(Sirop de) Grenadine	Sirup von Granatäpfeln (auch für Cocktails)
Sobronade (Périgord)	Deftiger Gemüseeintopf, hauptsächlich mit weißen Bohnen und Rüben, Kohlrabi, frischem oder gepökeltem Schweinefleisch oder auch Schinken
Socca	„Nizzaer" Riesenpfannkuchen aus Kichererbsenmehl in Olivenöl gebraten
Société privée	Geschlossene Gesellschaft
Soif	Durst; j'ai soif: ich habe Durst (wer nicht?)
Soirée	Abendgesellschaft
Sole	Seezunge, der feinste aller Plattfische, sehr leicht verdaulich! ♥
Sole Aiglon	Gekochte Seezunge in Weißweinsauce, mit Champignon/Zwiebelpüree & Blätterteighalbmonden
Sole Alexandra	Gekochte Seezunge mit Trüffelscheiben und einer Fischcremesauce, mit Blätterteighalbmonden garniert
Sole Bedfort	Gegrillte Seezunge auf Kräuterbutter mit gefüllten Croûtons: einmal mit Champignonspüree und gehackten Trüffeln, die anderen mit Spinatpüree; mit Käsesahnesauce (Sauce Mornay) (↑) & mit geriebenem Käse bestreut, dann überbacken ♥
Sole Bercy	Seezungenfilets auf gebutterten Schalotten, im Sud aus Fischfond und trockenem Weißwein, S & P, geköchelt, dann mit flüssiger Butter und Zitronensaft übergossen, mit Petersilie bestreut; gibt es auch mit einer Kräutersauce überbacken
Sole bonne femme	wie „Sole Bercy" (↑), mit Champignonscheiben
Sole bordelaise	Gekochte Seezunge in Rotwein/Schalottensauce

Sole à la bourguignonne	wie „Sole Bercy" (↑), mit Zwiebeln, Champignons, Rotweinsauce, Zucker, Croûtons
Sole à la bretonne	Gekochte Seezunge mit Champignons und Weißweinsauce, mit Fleurons garniert
Sole cardinal	Gekochte Seezungenfilets mit Hummerscheiben und rosa Hummersauce (↑) Sauce cardinal ♥ ♥
Sole au champagne	Seezunge mit Fischfond, Champagner und Butter, im Ofen pochiert, mit weißer Sauce serviert ♥
Sole aux champignons	wie Sole Bercy (↑), mit Champignonscheiben
Sole (à la) deauvillaise	Seezunge im Fischfond mit gehackten Zwiebeln gekocht und mit Fleurons garniert
Sole dieppoise	Im Weißwein-Fisch- Muschelsud gekochte Seezungenfilets, garniert mit Muscheln, Krabben, Champignons und mit Sahnesauce überzogen ♥
Sole à la Dugléré	Seezunge im Sud aus Weißwein, Butter, Schalotten, Tomaten & Petersilie gekocht und dem eingekochten, mit Butter gebundenem Sud darüber
Sole à la fermière	Seezunge mit Wurzelgemüse in Weißwein gekocht, darüber den mit Rahm eingedickten Sud
Sole grand veneur	Seezunge „Oberjägermeisterart" mit brauner Pfeffersauce aus Essig, Gemüse und Sahne
Sole frite	Seezunge in Milch gelegt, gemehlt, frittiert, in Öl gebraten, gesalzen, Petersilie darüber mit Zitrone
Sole Gisèle	Gekochte Seezunge mit Krabbensauce überzogen und mit Spargelköpfen dekoriert
Sole grillée	Gegrillte Seezunge mit Butter beträufelt, Salz, meist mit gegrillten Tomaten oder Champignons und variablen Buttern oder Saucen serviert
Sole à la jardinière	Seezunge mit Gemüsesalat kalt serviert
Sole Marguery	Seezunge in Weißwein mit Muscheln & Krebsen
Sole marinière	Wie „Sole au champagne" (↑), mit gekochten Muscheln
Sole meunière	Seezunge „Müllerin": gemehlt, S + P, in Butter und Olivenöl gebraten; mit Petersilie & Zitrone
Sole meunière á la niçoise (Nizza, Côte d'Azur)	Seezunge „Müllerin" auf „Nizzaer Art", zu der wie oben zubereiteten Seezunge ein Püree aus Butter, Salz, Zucker, Tomaten, Knoblauch, oft auch mit Gurken, Zucchini & Auberginen serviert wird ♥

A-Z Französisch - Deutsch

Sole aux **mo**ules	wie „Sole au champagne" (↑), mit gekochten Muscheln ♥
Sole (à la) **no**rmande	Seezunge in Sahnesauce, mit Austern, Krabben und Krebsen ♥ (*Normandie*)
Sole **no**rmande (*normannisch*)	Seezunge in Weißwein-Champignonsud-Seezungenfond gegart, mit Sauce normande (↑), Austern, Muscheln, Garnelenschwänzchen, Krebsen, Champignons, Trüffeln und mit Fleurons garniert ♥ ♥
Sole à la **po**rtugaise	wie „Sole Bercy" (↑), mit gehackten Tomaten
Sole (à la) **ro**uennaise (*Rouen*)	Seezunge in Rotwein gegart, mit Austern, Muscheln, Garnelen, Champignons und kleinen Stinten (kleines Fischchen) im mit Butter gebundenen Sud ♥
Sole **Sai**nt-**M**ichel	Seezungenfilets mit Fisch- und Gänselebermasse gefüllt, auf grünen Erbsen mit Krebsschwänzlein und Sauce Nantua (↑) ♥
Sole **Sull**y	Seezunge gekocht, dann in Fett gebacken
Sole aux **to**mates	wie „Sole Bercy" (↑), mit gehackten Tomaten dazu
Solette	Kleine Seezunge
Soliem, **S**olimeme	Hefekuchen (*Elsass*)
Sommelier	Weinkellner, Getränkekellner
Sorbet	Leicht gefrorenes Eis aus Obstsaft, Fruchtmark oder sogar Gemüse, oft mit Likör, Weißwein oder Sekt verfeinert. Hat nur die Festigkeit von Apfelmus; wird in gekühlter Sektschale meist zwischen Menügängen zur Geschmacksneutralisierung serviert
Sorbet au **ca**ssis	Eis aus schwarzem Johannisbeersaft
Sorbet au **ch**ampagne	Champagner-Eis
Sorbet aux **fr**aises	Erdbeereis
Sorbet aux **fr**uits	Fruchtsafteis
Sorbet au **ci**tron	Zitroneneis
Sorbet à la **gr**oseille	Johannisbeersafteis
Sorbet aux **pê**ches	Pfirsicheis
Sorbet au **Rh**um	Rum-Eis
Sorbet au **Sa**uternes	Eis mit Sauternes-Wein
Sorbetière	Speise-Eismaschine

Französisch - Deutsch A→Z

Sortie (de secours)	(Not-)Ausgang
Sot-l'y-laisse	Bürzel (Geflügelteil über dem After)
Soubise	Zwiebelpüree mit Sauce béchamel (↑)
Soucoupe	Untertasse
Souchef	Der 2. Küchenchef, der Küchenchef-Stellvertreter
Soude	Natron
Sou **f**assum (*Provence*)	Mit Hackfleisch und Reis gefüllte Kohlroulade
Soufflé	Leichter schaumiger Eierauflauf (mit geschlagenem Eiweiß) und Mehl gebundener Milch; kann sowohl eine Fleisch-, aber auch eine Gemüse- oder Süßspeise mit pürierten Zutaten sein (sehr variabel)
Soufflé **da**me **b**lanche	Mandelauflauf
Soufflé aux **ép**inards	Spinatauflauf mit Käse und Eiern zubereitet
Soufflé au **fr**omage	Käseauflauf
Soufflé **gl**acé	Speise-Eis-Auflauf mit Sahne, Eigelb, Sirup
Soufflé au **Gr**and Marnier	Orangenauflauf mit Grand Marnier (Orangenlikör)
Soufflé au **ja**mbon	Auflauf mit Schinken, Sauce Béchamel, Eiern, Paprika
Soufflé de **ja**mbon strasbourgeoise	Auflauf mit Schinken, Gänseleber und Trüffeln (*Straßburg, Elsass*)
Soufflé **no**rmand	Eierauflauf mit Makronen und Calvados
Soufflé au **pa**rmesan	Auflauf mit Parmesan, Mehl, Milch, Eiern, Muskat
Soufflé **pr**aliné	Auflauf aus Eiern, Milch, Vanille, Zucker, Mandeln
Soufflé à la **re**ine	Auflauf mit Hühnerfleisch, Béchamelsauce und Geflügelrahmsauce anbei
Soufflé **Ro**thschild	Auflauf mit kandierten Früchten, Eiern, Zucker, Milch, Vanille-Eis und mit Mandeln
Soufflé au **su**rprise	Eiscreme und Biskuit, mit Baisermasse überbacken
Soufflé de **ri**z	Süßer Reisauflauf
souffler	aufblähen (nicht den Darm), z. B.: Kartoffeln (in Fett)
SOUPE	Suppe (wird meistens nur am Abend angeboten)
Soupe aux **abatis** à l'Allemande	Geflügelkleinsuppe mit Hähnchenfleisch, Leber, Hals und Kropf, Perlgraupen, in Fleischbrühe (nach deutscher Art) mit Eigelb, Butter und Sahne gebunden
Soupe **agriculteur**	Gemüsesuppe mit Magerspeck über Röstbrot

Soupe **aïgo boulido** aux **œufs** pochés	Knoblauchsuppe mit verlorenen Eiern auf Weißbrotscheiben in Olivenöl getränkt (*Provence*)
Soupe **aïgo saou** (*Provence*)	Gewürzte Fischsuppe mit Knoblauch, Tomaten, Zwiebeln, Kartoffel- und Weißbrotröstscheiben
Soupe à l'**ail**	Knoblauchsuppe mit Salbei, Nelken, S+P, gerösteten Brotscheiben und geriebenem Käse
Soupe **alsacienne** (*Elsass*)	Sauerkrautsuppe mit Zwiebeln, Gänseschmalz, Kartoffeln, und gerösteten Weißbrotscheiben
Soupe **ardennaise**	„*Ardenner*" Suppe mit Chicoréeherzen, Lauch, Kartoffeln, Milch und gerösteten Brotscheiben
Soupe **auvergnate** (*Auvergne*)	Gemüsesuppe aus Linsen, Karotten, weißen Rüben, Grünkohl, Lauch, auf Mischbrotscheiben mit gepökeltem Schweinskopf und Kalbskopf
Soupe **basque**	„*Baskische*" Fischsuppe mit Seehecht, Zwiebeln Kräutern und Gewürzen (*Languedoc*)
Soupe à la **bière**	Biersuppe mit Brotkrumen, Zwiebeln und Geflügelfleisch (Flandern, wo sonst?)
Soupe **bonne femme**	Kartoffel/Lauch-Suppe mit Brustspeck gekocht und mit Röstbrotscheiben serviert
Soupe **boraine**	Kartoffelsuppe mit Schweinsohren (*Belgien*)
Soupe **bretonne** (*Bretagne*)	Suppe mit weißen Bohnen, Tomaten, Zwiebeln, Milch und Butter; mit Weißbrotscheiben serviert
Soupe **bûcheronne**	Helle Suppe aus weißen Bohnen und Rübchen, Kohlrabis, Kartoffeln, Speck, Röstbrotscheiben
Soupe de **cagouilles**	Schneckensüppchen
Soupe au **Cantal**	Suppe aus Fleischbrühe, Cantalkäse, Knoblauch, Sahne und Schwarzbrotscheiben (*Auvergne*)
Soupe aux **cerises** (*Franche-Comté*)	Suppe mit entsteinten Kirschen, Mehlschwitze, Zucker, Kirschwasser, Röstbrotwürfeln, lauwarm
Soupe **Chantilly**	Linsensuppe mit Sahne und Hühnerklößchen
Soupe de **châtaignes**	Maronisuppe mit Milch, Sellerie, Thymian und Rosmarin (*Limousin*)
Soupe **Chatillon**	Tomatensuppe mit Sauerampfer & Fadennudeln
Soupe aux **choux**	Kohlsuppe (unserem lieben Freund Helmut gewidmet)
Soupe de **courge**	Kürbissuppe mit Weißbrotwürfeln, geriebenem Käse, Sahne, Salz und Pfeffer
Soupe **courquignoise**	Suppe aus verschiedenen Fischen, Muscheln, Schalotten, Lauch und Weißwein; mit Käse überstreut

Sauce au cresson (cressonnièrère)	Kressesuppe mit Kartoffeln und Kerbel
Soupe cultivateur	„Landwirt-Suppe" : Gemüse der Jahreszeit in ausgelassenem Speck gedünstet, mit Kartoffeln, grünen Bohnen und Erbsen und Fleischbrühe, über Weißbrotscheiben serviert
Soupe dauphinoise	Suppe aus Zwiebeln, Karotten, Lauch, Tomaten, weißen Bohnen, Sauerrampfer, frischer Sahne und Weißbrotröstscheiben (*Dauphiné*)
Soupe d'écrevisses (à la marinière)	Krebssuppe mit Fleischbrühe, Reis, Karotten, Zwiebeln, Petersilienwurzel, Sahne, Lorbeer, Thymian, S+P, Sahne, Cognac, Weißwein, Paprika
Soupe d'épautre	Gemüsesuppe mit Lammfleisch
Soupe fassolada	Suppe mit grünen Bohnen in Fleischbrühe, Karotten, Sellerie, Tomatenpüree und Olivenöl
Soupe fermiére	„Pächterin-Suppe" aus Fleischbrühe, Karotten, Weißkohl, weißen Rübchen, Kartoffeln, Lauch, Magerspeck, Croûtons oder Weißbrotröstscheiben
Soupe franc-comtoise (*Franche-Compté*)	Kartoffelsuppe mit weißen Rüblein, Kopfsalat, Fadennudeln, Sauerrampfer und Kerbel
Soupe Germiny	siehe (↓) Soupe à l'**os**eille, Sauerampfer-Suppe
Soupe godaille	Suppe mit verschiedenen Fischen, Schalotten, Knoblauch & Entenfett; auf Brotscheiben serviert
Soupe à la jambe de bois (Holzbein-Suppe) (uraltes Rezept aus *Lyon*)	Mit Rinderhaxe, Kalbshaxe, Schweineschulter, Pute, Rebhuhn, Lammkeule, Rindfleisch, Huhn und Zwiebeln, Nelken, Kräutern, Lauch, weißen Rüben, Sellerie, mit Trüffeln & Pistazien gespickte Schweinswürste, mit Knochen der Ochsenhaxe serviert ♥
Soupe du jour	Tagessuppe
Soupe aux légumes	Gemüsesuppe
Soupe ménagère	„Hausfrauen-Suppe" mit Karotten, Kartoffeln, weißen Rüblein, Lauchstängchen, Kohl, und gepökeltem Brustspeck, über Brotscheiben gegossen
Soupe menestra (minestra, minestrone, italienische Gemüsesuppe)	Minestrone mit Fleischbrühe, Brustspeck, Zwiebeln, Lauch, Karotten, weißen Rüben, Staudensellerie, Kohlherz, Zucker, Tomaten, grünen Erbsen und Bohnen, Kartoffeln, Räucher-

speck, zerbrochenen Spaghettis, S + P, Knoblauch, Kerbel & Basilikum, meist mit Parmesan serviert

Soupe Montespan
(Françoise de ~, 1641-1707)

Samtsuppe mit frischen grünen Erbsen, Spargelpüree und Tapiokakugeln (Japanperlen)

Soupe de moules

Miesmuschelsuppe mit Mittelmeerfischen, Weißwein, Zwiebeln, Sahne, Lauch, Tomaten, Fenchel, Thymian, Safran, mit Brot und geriebenem Käse

Soupe nîmoise

„Nimeser" Suppe: Lauch, Kohl, Staudensellerie in Butter gedünstet, mit Perlgraupen oder Reis, Basilikum, Salz, dazu geriebener (Gruyère-)Käse

Soupe à la normande

„Normannische" Suppe: mit Fleischbrühe, Lauch, Karotten, Kartoffeln, Reis, Sahne auf mit Butter bestrichen Weißbrotscheiben gegossen

Soupe à l'oignon (gratinée)

Zwiebelsuppe (mit Käse überbacken)

Soupe à l'oseille

Sauerampfer-Suppe mit Fleischbrühe, Kartoffeln, in der mit Weißbrotscheiben ausgelegten Terrine

Soupe paysanne

Bauernsuppe mit Lauch, Kohl, Fleischbrühe, Bohnen, Kartoffeln, in der Terrine, auf Weißbrotscheiben

Soupe à la pie

Süße Rotweinsuppe (Anjou)

Soupe au pistou

Gemüsesuppe, Nudeln und Pistou-Paste (↑) (Nizza)

Soupe aux poireaux

Lauchsuppe

Soupe de poissons
(Grundrezept)

Fischsuppe mit weißem Fischfleisch, Zwiebeln, Knoblauch, Nelken, Lorbeer, Fenchel, Tomaten, trock. Weißwein, Petersilie oder Kerbel, auf Brotscheiben in der Terrine, die Fische separat serviert

Soupe de poissons à la biarotte

Fischsuppe mit Schollen, Karotten, Sauerampfer, Salat, Schmalz, Eigelb und Gewürzen (Biarritz)

Soupe de poissons à la provençale

Fischsuppe mit Seefischen, Tomaten, Knoblauch und Kräutern (Provence)

Soupe de poissons à la sétoise
(Sète, Hafenstadt südlich von Montpellier)

Fischsuppe mit kleinen Krustentieren, Zwiebeln, Tomaten, Knoblauch, roten Paprikaschoten, Eigelb, Weißwein und Fadennudeln (Languedoc, Roussillon) ♥

Soupe au potiron

Kürbissuppe mit Milch, Katoffeln, leicht gezuckert, Butter, mit hellem Landbrot serviert (Savoyen)

Soupe à la reine

Suppe mit Kalbs-, Rind- und Suppenhuhnfleisch

Soupe **savoyarde**	„*Savoyer*" Suppe mit fettem Speck, Lauch, Zwiebeln, Salz, Kartoffeln, Milch, auf mit Käse überbackenen Croûtons oder Weißbrotscheiben
Soupe aux **tripes**	Suppe mit Kutteln
Soupe aux **truffes** Elysée	Trüffelsuppe „Elysée" (Staatspräsident d'Estaing von Paul Bocuse gewidmet): aus doppelter Geflügel-Kraftbrühe, Karotten, Zwiebeln, Sellerie, Champignons, Trüffeln, Gänseleber, in der Terrine mit Blätterteigdeckel, im Backofen gegart
Soupe au **vin** (Weinsuppe)	Rotweinsuppe mit den kleinen weißen Rübchen, Karöttchen, Zwiebeln und Lauch (*Burgund*)
Souper	(Festliches) Abendessen, sehr spät (bis Mitternacht), oft nach Veranstaltungen serviert
Soupier (reg. Ausdruck)	Mini-Tintenfisch, meist frittiert (*Südfrankreich*)
Soupière	Suppenschüssel
Soupirs-de-**n**onne	Die kleinen Brandteigkrapfen der Nonnen
Soupion	Mini-Tintenfisch, frittiert (*Südfrankreich, Algerien*)
sous	unter
Sous-chef	2. Küchenchef, der Stellvertreter; meist der Saucier
sous la cendre	1. In Asche gegart 2. In Blätterteig eingebacken
Sous-noix	Bei Schlachttieren die Unterschale der Nuss
Spaghetti à la bourguignonne	Spaghetti mit einer Rotwein-Fleisch-Tomatensauce (auch in Frankreich gibt es Spaghettis!)
Spaghetti aux œufs	Spaghetti mit angebratenen Speckwürfeln und einer Käse-Sahne-Eier-Sauce
Spaghetti au pistou	Spaghetti mit einer Paste aus Basilikum, Knoblauch, Parmesan und Olivenöl (auch mit Pinienkernen)
Sparaillon	Brasse (Meerfisch)
Spatule	Rührlöffel, Spachtel, Spatel
Spetzli (Spatzelli) (Spätzle)	Die kleinen Spätzle der Schwaben gibt es auch im *Elsass*; meist mit der Hand geschabt & gerollt (...) (kleines unregelmäßiges, längliches Stück Teig, gekocht)
Spécialité(s)	Spezialität(en)
Spécialité du chef	Spezialität des Küchenchefs
Spécialité de la maison	Spezialität des Hauses

Spécialités de fruits de mer	Spezialitäten von Meeresfrüchten
Spécialités régionales	Regionale Spezialitäten
Spécialité de la saison	Spezialität der Jahreszeit
Spet	Pfeilhecht
spiritueux	stark alkoholhaltig (stärkt den Geist? oder?)
Spiritueux	Spirituosen, Schnäpse
spoon	Sorbet (↑) mit Meringe
Sprat	Der Sprotte ähnlicher kleiner Nordmeerfisch, meist frittiert oder geräuchert
Squille	Heuschreckenkrebs, Steingarnele
Steak, Steck, Steack	Steak, Beefsteak
Steak bien cuit	Gut durchgebratenes Steak (manchmal Schuhsohle)
Steak bleu	Steak kurz angebraten, fast roh
Steak de canard au poivre vert	Mastentenbrustfilet mit grünem Pfeffer gewürzt
Steak de cerf avec poire garnie d'airelles	Mit Birnen & Preiselbeeren gefülltes Hirschsteak
Steak à cheval	Rindersteak mit Spiegelei (nicht vom Pferd!)
Steak grillé	Gegrilltes (Rinder-)Steak
Steak haché	Rinderhacksteak mit gehackten Zwiebeln, P + S, in Butter gedünstet, mit Kalbsfond serviert, „Hamburger"
Steak haché au gruyère	Hacksteak mit Käsefüllung
Steak marchand de vin	Gegrilltes Rindersteak mit Rindermark und Schalotten in Rotwein
Steak morvandiau	Beefsteak mit Sauce aus Weißwein, Schalotten, Senf
Steak à point	Steak halb durchgebraten, rosa
Steak au poivre (concassé)	Pfeffersteak mit weißen, zerstossenen Pfefferkörnern in Butter gebraten, Bratensauce mit Cognac
Steak au poivre vert	Steak mit grünem Pfeffer
Steak aux œufs au miroir	Rinderfilet-Hacksteak in Butter von beiden Seiten angebraten, mit Spiegelei(ern) und mit Kalbsfond umgossen
Steak de porc	Schweinesteak
Steak saignant	Steak kurzgebraten, innen noch blutig

Steak tartare	Beefsteak Tartar : Rinderfilet-Hacksteak (roh und kalt) mit Eigelb, (heißer Fleischbrühe,) Kapern, gehackten Zwiebeln & gehackter Petersilie serviert
Steak de veau Napoléon	Kalbsteak mit Leberpastete überbacken, auf Reis, mit Tomaten, Trüffeln, Pfifferlingen in Madeirasauce
Sterlet	Zwergstör, Sterlet(t), gutes Fleisch; Kaviarlieferant
Stoc(c)aficada (*Provence, Côte d'Azur*)	Geschmortes Stockfischragout mit Zwiebeln, Knoblauch, Paprika, Sardellen, Kartoffeln & Oliven
Stroudel	Strudel (*Elsass, Lothringen*)
Stroudel aux pommes	Apfelstrudel
Stroudel au pavot	Mohnkuchen
Stuf(f)atu	Nudelauflauf mit gemischtem Fleisch: Lamm- oder Ziegen-, Hasen- oder Wildtaubenfleisch, Zwiebeln, Knoblauch, Tomaten, Rotwein und Kräutern (*Korsika*)
Subrics	Kleine Frikadellen aus Fleisch, Fisch, Gemüse u. a.
Subrics de cervelle à l'italienne	Feste Kalbshirnküchlein mit einer Tomatensauce
Subrics d'épinards	Kleine grüne Spinatküchlein
Suc	Saft
Sucette	Lutschbonbon
sucré(e)	gezuckert(e), süß(e)
Sucre	Zucker
Sucre candi	Kandiszucker
Sucre caramélisé	Karamellzucker
Sucre cristallisé	Kristallzucker
Sucre en morceaux	Würfelzucker
Sucre en poudre	Puderzucker
sucre de raisins	Traubenzucker
sucré	gesüßt, süß, gezuckert, süßlich
sucrer	süßen, zuckern
sucrerie	Süßigkeit, Zuckerware, Zuckerwerk
Sucrier	Zuckerdose, Zuckerstreuer
Sucrin	Netzmelone (sehr aromatisch)
suer	schwitzen (lassen)
sugelé	tiefgefroren
Suggestion(s)	Empfehlung(en)

Suggestion du **ch**ef	Der Küchenchef empfiehlt ...
Suggestion du **jo**ur	Empfehlung, Vorschlag des Tages
Suggestions **ra**pides	Schnellgerichte (direkt aus der Schublade)
sup.	Abkürzung für
	1. supérieur (↓)
	2. Supplément (↓)
supérieur	hervorragend, besser, vorzüglich, höher, ober(er)
Supion, **S**uppion	Kleiner Tintenfisch
Supions à la **pro**vençale	Kleine Tintenfischstücke in Tomatensauce mit Knoblauch und Kräutern geschmort
Supions à la **sè**toise (nach der Art von Sète)	Kleine Tintenfische (mit sehr kleinen Krustentieren) mit Tomatenpüree und Reis
Supplément	1. Zuschlag, Aufschlag (Preis)
	2. Nachschlag beim Essen (in besseren Betrieben ohne Aufschlag)
Supplément pour **c**hangement de **g**arniture	Preisaufschlag bei Änderung der Beilage
supplémentaire	zusätzlich, Aufschlag, extra, dazu
en **s**upplémentaire	wird zusätzlich berechnet
Support pour **g**ateaux	Kuchenständer
Support **p**our **p**etits **p**ains	Brötchenaufsatz (Toaster)
Suprême	Das feinste Stück oder Teil vom Fleisch, Fisch, Geflügel oder Wild, mit besonders feiner Zubereitung (das erfreut die Gaumen von Mama und Papa!)
suprême	mit Mehl-Milch-Eier-Sahne-Sauce
Suprême au **fro**mage	Käse-Eiercreme; meist warm und lieb serviert
Suprême de **p**intadeau à la strasbourgeoise	Perlhühnchen mit weißer Geflügelrahmsauce und ??? - mit Sauerkraut (*Straßburg, Elsass*)
Suprême de **vo**laille	Das zarte Teil des Geflügelbrüstchens
Sur **c**ommande	Nur auf Bestellung (sonst gibt's nix!)
sur **d**emande	Auf Anfrage
Sureau	Holunder
Surette	Regional: Sauerampfer; meist aber eine Geflügelrahmsuppe mit Sauerampfer & grünen Spargeln
Surfine	1. Kleine sehr feine Kaper
	2. erstklassig

surgélé(e)	tiefgefroren, tiefgekühlt
Surgélés	Tiefkühlkost
Süri rüewe	Eintopf mit weißen Rüben in Schmalz mit
(Saure Rüben)	Schweinehaxen und -schulter und Zwiebelringen
Sur le grille	Auf dem Grill (zubereitet)
Sur réservation	Auf Vorbestellung
Surmulet	Streifenbarbe, ähnlich der Rotbarbe
Surprise (en ~)	„Auf überraschende Art"; meist Gerichte oder
	Süßspeisen mit einer nicht erwarteten Zubereitung
(en) sus	zusätzlich, noch dazu, darüber hinaus
Suze	Markenaperitif mit Enzian
Synapture	Plattfisch, Scholle
Syngnate	Große Seenadel, schlangenartiger Meerfisch

T

Table	1. Tisch, Tafel
	2. Essen
Table côte fenêtre	Tisch am Fenster
Table de desserte	Beistelltisch
Table dans le coin	Tisch in der Ecke
Table d`hôte	Stammtisch
Table libre	Freier Tisch
Table de service	1. Beistelltisch, Servier-Tranchiertisch
	2. Tischgesellschaft;
	3. Essen, Kost
Table réservée	Reservierter Tisch
Table roulante	Teewagen
Tablée	Tischgesellschaft
Tablier de sapeur	Kutteln gegrillt, mit Béchamelsauceund Schnecken-
	butter, paniert und im Ofen überbacken (*Lyon*)
Taboulé, Tabboulé,	Libanesische Spezialität: Salat aus Weizenschrot
Tabbûla	(Bulgur), gewürfelten Tomaten, Frühlingszwie-
	beln, Pfefferminze, Petersilie, Schnittlauch, Zitro-
	nensaft, S + P, Olivenöl (kalt oder lauwarm)
Tabouret de bar	Barhocker (Hochsitz mancher Schlucker und Jäger)
Tacaud	Küstenfisch: Kabeljau, Dorsch, Köhler, Seelachs
Tagliatelles	Italienische Bandnudeln (nicht die Bandwürmer)

Taliburs aux **p**ommes	Äpfel im „Schlafrock" (*Picardie*)
Talmmouses	Süße Käse- oder Kartoffelkrapfen (*Paris*)
Talmouses au **f**romage	Tortenform mit Blätterteig ausgelegt, mit Eierstichmasse und mit Paprikapulver vermischtem, geriebenem Käse aufgefüllt & im Ofen überbacken
Tamarin	Indische Dattel
Tambouille	Mittelmäßige Küche (für anspruchslose Gaumen)
Tamis (de crin)	Feines Sieb; früher aus Pferdehaar, heute aus Draht
Tamisage	(durch-)sieben
tamiser	durch ein Sieb drücken, durchsieben
Tanche	Schleie, Schlei: Karpfenfisch bis ca. 50 cm lang
Tanche à la **bi**ère	Schleie in Butter angebräunt, in hellem Bier (klaro) mit Petersillie, Sellerie und Zwiebeln gedünstet (*Flandern, Belgien*)
Tanche au **la**rd	Schleie in einer Specksauce
Tanche de **me**r	Seeschleie
Tanche à la **po**itevine	Schleie mit Knoblauch und Schalotten in Butter gebraten, dann mit Essig und Bratfond übergossen
Tango (doch nicht der letzte?)	Bier mit Grenadine (Kirschsirup) (Geschmackssache!)
Tapas	Häppchen vom Fisch, Muscheln, Krabben usw., mit Paprika und Tomatenpüree, angemacht und kalt auf grünem Salat, dazu auch frittierter Tintenfisch (heiß) mit Zitronenmayonnaise; es gibt auch andere Variationen, z. B.: mit Käse (*katalanisch*)
Tapé	Venusmuschel, Teppichmuschel
Tapenade (Tapanade)	Gewürzpaste aus der *Provence*, bestehend aus in Olivenöl zerdrückten Sardellen, Senf, Pfeffer, schwarzen Oliven, Kapern, Knoblauch, Lorbeer, Zitronensaft, Worcestershiresauce, Weinbrand und Kräutern der Provence, pikant ♥
Tapioca	Tapioka, Sago (Bindemittel aus Wurzelknollen, Perlen aus Maniokstärke)
Tartarinades	Schokoladenbonbons aus *Tarascon*
Tarte	Flacher Kuchen, Torte, meist mit Obst belegt
Tarte **al**jotte	Kuchen mit Käse, Eiern und Sahne, heiß serviert

Tarte à l'**al**sacienne	1. Mandelkuchen
	2. Hefekuchen mit Äpfel- und Birnenschnitzen, Milch-Eier-Sahne-Zuckersauce mit Zimt gewürzt, dann im Ofen überbacken (*Elsass*)
Tarte aux **am**andes	Kuchen mit Mandel-Sahne-Belag oder -Füllung
Tarte à la **bo**uillie	Kuchen mit einer Mehlcremefüllung
Tarte **bo**urbonnaise	Süßer Quarkuchen (*bourbonnais*)
Tarte de **br**ie	Briekäse in Tortenform
Tarte aux **ch**anterelles	Torte mit Pfifferlingen (*Limousin*)
Tarte au **ci**tron	Zitronenkuchen mit Eiern, Sahne, Zucker, Zitronensaft, geriebener -Schale oder Zitronat (*Provence*)
Tarte au **cô**rin	*Belgischer* Kuchen mit Äpfeln und Pflaumenmus
Tarte de **co**urge	Gezuckerte Torte mit Kürbis & Orangenscheiben
Tarte à la **crè**me	Sahnetorte
Tarte des **de**moiselles **T**atin	„Gestürzter", süßer Apfelkuchen aus Mürbeteig
Tarte à l'**éco**loche	Torte mit braungebrannten (nicht auf Ibiza) Äpfeln, karamelisiertem Apfelkompott & Vanillepudding (*Flandern*)
Tarte **fe**uilletée aux **p**ommes	Apfel-Blätterteigkuchen
Tarte **f**lambée	Dünner Hefeflammkuchen mit Zwiebeln Speck; oft mit Sahne oder crème fraîche überbacken (*Elsass*)
Tarte aux **fr**amboises	Himbeertorte (*Auvergne*)
Tarte **fr**angipane à l'**or**ange	Mandel-Orangen-Torte
Tarte au **fro**mage	Käsekuchen
Tarte au **fro**mage **b**lanc	Quarktorte (*Elsass*)
Tarte aux **fr**uits	Obstkuchen
Tarte aux **gi**rolles	Torte mit Pfifferlingen (*Limousin*)
Tarte aux **gr**osseilles à **m**aquereau	Stachelbeertorte
Tartes aux **he**rbes	Blätterteig- oder Mürbetaschen mit korsischem Brocciu-Frischkäse, mit Spinat oder Mangold gemischt, Zwiebeln und Kräutern (*Korsika*)

Tarte **ly**onnaise	Torte mit einem Belag von verschlagenen *Lyoner* Eiern, Kirschen, Mandeln und Bröseln
Tarte au **mat**(t)on	Torte mit Quark und Mandeln (*Belgien*)
Tarte **mai**son	Hausgemachte Torte
Tarte au **me**gin	Quarktorte (*Provence*)
Tarte **mé**ringuée	Zwei Böden aus Meringemasse mit einer variablen Füllung wie Früchten, Eis, Schlagsahne u. a.
Tarte aux **mi**rabelles	Mirabellenkuchen (*Elsass, Lothringen*)
Tarte aux **my**rtilles	Heidelbeerkuchen (*Elsass und Auvergne*)
Tarte **no**rmande	Apfelkuchen mit zerlassenem Apfelgelee überzogen (*Normandie*)
Tarte à l'**oig**non	Zwiebelkuchen mit Speck, Sahne & Eiern (*Elsass, Südpfalz*), wird meist zu „Federweißem" gereicht
Tarte à **pâte b**risée	Mürber (nicht müder) Apfelkuchen
Tarte aux **pe**tits **su**isses	Käsetorte
Tarte aux **pi**gnons	Pinienkernkuchen mit Orangen, Dörrobst und Aprikosenmarmelade (*Provence, Côte-d'Azur*)
Tarte aux **po**ires **B**elle **A**ngevine	Kuchen mit in Rotwein eingelegten „Belle-Angevine-Birnen"
Tarte aux **po**mmes	Apfelkuchen
Tarte aux **po**mmes à l'**al**sacienne	Apfelkuchen mit einer Eier-Sahne Masse bedeckt (*Elsass*) (Die Elsäßer haben gute Hühner und Eier!)
Tarte aux **que**tsches	Zwetschgenkuchen (*Elsass, Lothringen, Palatina*)
Tarte aux **ra**isins	Traubenkuchen, mit einer Eiweißschnee-Masse überzogen, gehackten Mandeln der Nüssen
Tarte aux **ra**isins à la **pa**risienne	Traubenkuchen mit Beerengelee des Johannes oder Gelee von leckeren Äpfelchen
Tarte au **ri**z	Reistorte (nicht aus dem „Ritz" in Paris!)
Tarte **sa**umuroise	Mandelkuchen mit Grand Marnier-Likör getränkt (*Pays de la Loire*)
Tarte aux **so**les	Torte mit Seezungen- und Champignonfüllung
Tarte à la **to**mate	Kuchen mit einer Tomaten-Käse-Masse
Tarte **tro**pézienne	Runde eingecremte (aus Mandelmakronen, Eiern Orangenschalen und Sahne) Torte (*Côte d'Azur, St. Tropez*)
Tartelettes	Kleine Förmchen aus Mürbe- oder Halbblätterteig

Tartelette **Ca**vour (nach dem Graf Di Cavour)	Törtchen mit Trüffeln und einer Hühnerschaum-masse bedeckt, dann im Ofen gegart
Tartelettes aux **ce**rises	Leckere kleine Kirschtörtchen
Tartelettes **Châ**tillon	Mit Pilzen gefüllte Törtchen
Tartelettes aux **fo**ies de volaille	Törtchen mit Hühnerfleisch- und Lebermasse, Madeira; im Ofen gegart, mit Trüffelscheiben
Tartelettes aux **fr**aises	Erdbeertörtchen
Tartelettes aux **mi**rabelles	Mirabellentörtchen
Tartelette à la **rou**ennaise	Törtchen mit Entenfleischwürfeln & Entenfarce
Tartibas	Pfannkuchen mit Rosinen
Tartiflette	Kartoffeln mit Reblochon-Käse überbacken
Tartine	1. Bestrichene Brotscheibe, Butterbrot
	2. Großes Bauernbrot mit Rosinen, Eiern & Rahm
Tartine de **c**onfiture	Marmeladenbrot (macht die Oma am besten)
tartiner	bestreichen (z. B. Butterbrot)
Tartinette	Weiche Mettwurst der *Elsäßer*
Tartisseaux	Krapfen
Tasse (à café)	(Kaffee-)Tasse
Tasse de **c**afé	Eine Tasse Kaffee
Tasse de **t**hé	Teetasse, eine Tasse Tee
tassé (bien ~)	1. randvoll (Glas oder Tasse)
	2. sehr stark (Kaffee)
Tassergal	Blaufisch
Tastevin	Probierglas
Tatin **s**olognote	Heiß servierter „gestürzter" Apfelkuchen
Taupe (Touille) („Meerkuh")	Heringshai, Wanderfisch, bis ca. 3,70 m lang, wird auch unter dem Namen „Veau de mer" verkauft; wird meist wie Thunfisch zubereitet
tc. = **t**out **c**ompris	alles inbegriffen
Telline	„Tell-Muschel", längliche, flache Muschel
Temps de **c**uisson	Kochzeit
Tenancier de **b**ar	Barmixer
Tende-de-**t**ranche	Fleischstück aus dem Schenkel des Rindes, Unter-schale
tendineux	sehnig (Fleisch)
tendre	mürbe, zart

Tendron	Brustwirbel vom Kalb oder Rind
Tendrons de **veau** **bra**isés	Kalbsbrustwirbel geschmort
Tendrons de **veau** à la **bo**urgeoise	Kalbsragout mit verschiedenen Gemüse
Tendron de **veau** **ga**rdiane	Kalbsragout mit Champignons, Tomaten, Oliven
Térée	Muscheln über Piniennadeln gegrillt
Terrine	1. Tiefe Schüssel, Terrine
	2. Terrine, Fleischpastete, Topf- oder Napfpastete
Terrine de **br**ochet	Hechtpastete
Terrine de **ca**nard	Ententerrine
Terrine de **ca**neton	Pastete von einem lustig gewesenen Entchen
Terrine du **ch**ef	Napfpastete vom Hauskoch (nicht er selbst!)
Terrine de **ch**evreuil	Rehpastete
Terrine du **co**rdon **b**leu	Pastete mit Kalb-, Geflügel-, Flug-oder Haarwild
Terrine de **d**inde	Truthahnpastete
Terrine de la **fe**rme	Grobe Fleisch- oder Leber-Landpastete
Terrinne de **fo**ie **gr**asse	Gänseleberpastete
Terrine de **fo**i de **p**orc	Schweineleber-Napfpastete
Terrine de **fo**ie de volaille	Geflügelleber-Napfpastete
Terrine de **ma**ison	Napfpastete nach Art des Hauses (hausgemacht)
Terrine à la **mé**nagère	In Streifen geschnittene Kalbsnuss mit Schinken, Speckstreifen in Madeira & Cognac mariniert (!)
Terrine de **ri**s de **v**eau	Kalbsbriespastete im Napf
Terrine de **v**eau	Kalbspastete: Kalbsnuss, Schweinefilet, Speck
Terrinée	Fleischknochen und -Stücke, mit Schweineschwarten & Gemüse im Ofen gebraten (*Rennes*)
Terrinette	Kleines Pastetenportiönchen
(du) **Terroir**	„aus der Gegend" (die Landfrauen sind nicht gemeint!)
Tête	Kopf
Têtes d'**as**perges	Die schönen kleinen (potenzfördernden?) Spargelspitzen
Tête **ma**rbrée	Schwartenmagen
Tête de **po**rc **fa**rcie	Schweinskopf gefüllt (nicht der eines Politikers!)
Tête de **v**eau **Ca**illon	Zerteilter Kalbskopf und Kalbszunge in einer Fleischsauce mit Champignons, Maronen, Oliven, Kräutern, rohem Schinken, Madeira & Zwiebeln

Tête de **ve**au **no**rmande	*Normannischer* Kalbskopf, lieblich in Buttersauce
Tête de **ve**au **f**rite	Kalbskopf paniert, in der Fritteuse schwimmend gebacken und mit Sauce Tartare (↑) serviert
Tête de **ve**au **Or**ly	Kalbskopf in Bierteig gehüllt, in der Fritteuse schwimmend gebacken, mit Tomatensauce serviert
Tête de **ve**au **ra**vigote	Kalbskopf in Essig/Kräutersauce und hartgekochten Pariser Eiern (*Paris und Île-de-France*)
Tête de **ve**au en **tor**tue	In Stücke geschnittener, gekochter Kalbskopf, mit Kalbshirn, Kalbfleischklößchen, Kalbszunge mit Madeira, hartgekochten Eierchen, Champignons, Cornichons, Oliven und Trüffelscheiben serviert
Tête de **ve**au **vi**naigrette	Kalbskopf in Essig/Kräutersauce
Tetine	Kuheuter, meist gekocht (vorher ausgemolken)
Tétras	Auerhahn
Thé (au citron)	Tee (mit Zitrone)
Thé glacé	Eistee
Thé au **la**it	Tee mit Milch
Thé mélangé	Teemischung
Thé noir (vert)	Schwarzer Tee (grüner)
Théière	Teekanne
thermostable	hitzebeständig
Thon (rouge)	Thunfisch
Thon blanc (germon)	Weißer Thunfisch (feiner als der rote)
Thon à la **ba**squaise	Thunfischscheiben geschmort mit Schinken aus *Bayonne*, rotem Gemüsepaprika, Tomaten, Schalotten und Weißwein (*baskisch*)
Thon braisé à la **mé**nagère	Geschmorter Thunfisch „Hausfrauenart", in Olivenöl mit Zwiebeln, P + S, Tomatenfleisch, Weißwein, Petersilie, Lorbeer, Rosmarin und Thymian
Thon en **co**cotte	Geschmorter Thunfisch in Weißwein-Tomatensauce
Thon grillé	Gegrillter Thunfisch mit Zwiebeln, P + S, Petersilie, Thymian, Lorbeer, trockenem Weißwein, Olivenöl und Zitronensaft zubereitet; dazu Mayonnaise, Sauce remoulade (↑) oder Sauce tartare (↑)
Thon grillé **ba**squaise	Gegrillter Thunfisch mit Tomaten-Paprika-Püree

Thon à l'**it**alienne	Thunfisch in Öl, Zitronensaft und Gewürzen mariniert, mit Zwiebeln und Champignons in Olivenöl gebraten, mit gebundenem Mehlbutter-Fischweißweinsud übergossen
Thon à la **pr**ovencale	Thunfisch mit Sardellen gespickt, in Öl, Zitronen-saft und Gewürzen mariniert, mit Zwiebeln, Kapern, Tomaten & Knoblauch in Weißwein gedünstet (*Provence*)
Thon de **Sa**int-Jean	Thunfischscheiben mit Gemüsepaprika und Tomaten in Weißwein geschmort
Thonine, **Th**oun(in)a	Mittelmeerthunfisch
Thym	Thymian
Thourin, **t**ourin (Tourin de France)	Gebundene Zwiebelsuppe (wird bei der Tour de France wegen des „Rückstoßes" gerne genossen)
Tian	Überbackenes, Gratin (*Provence*)
Tian de **co**urgettes	Eierauflauf mit Reis, Mangold und Zucchinipüree
Tian de **pr**intemps	Gemüseauflauf mit Frühlingseiern (oh, oh!)
Tian au **ri**z	Reis/Eier-Auflauf mit Gemüse der Jahreszeit
tiède	lauwarm
Tiers	Drittel
Tilleul	Lindenblüte(ntee)
Timbale	1. Füll-, Becherpastete, in einer Zinnform zubereitet
	2. Geburts- Taufbecher (aus Silber oder versilbert)
Timbale à la **bo**lognaise	Pastete mit Muscheln, gebratenen Champignons, gehacktem Knoblauch, Schalotten und Schinken, heißer Butter, (weißen Trüffeln), mit Sauce bolognaise (↑) (Hackfleischsauce) und Parmesan ♥
Timbale de **br**ochet	Hechtpastete
Timbale à la **du**chesse	Pastete mit Hühnerfleisch, Champignons, Trüf-feln und einer weißen Rahmsauce gefüllt ♥
Timbale d'**es**cargots aux lardons et à l'**es**tragon	Schneckenpastete mit Speckstreifen in einer Estragonsauce
Timbale à la **fi**nancière	Pastete mit Hammelragout, einer Madeira-Trüffelsauce gefüllt und warm serviert ♥
Timbale de **fo**ie **g**ras	Pastete mit Gänseleber gefüllt
Timbale de **ho**mard au **p**orto	Füllpastete mit Hummer und Portwein

Timbale **L**ouis **N**apoléon	Pastete aus Briocheteig mit Fruchtwürfeln und Meringemasse; im Ofen überbacken
Timbale de **ma**caronis	Makkaroniauflauf mit Tomaten-Hackfleisch-Sauce
Timbale à la **mi**lanaise „Mailänder Art"	Gefüllte Pastete, mit Makkaronis und Spaghettis gefüllt, Schinken, Champignons, Tomatenpüree
Timbale de **mo**rilles **A**ntonin **C**arême ♥	Morchelpastete, mit Kalbsfarce , Ochsennieren-fett, Sauce Béchamel (↑), Sahne, Eiern, Trüffeln, Zitrone
Timbale **no**rmande	Pastete mit Fischfilets und Langustenschwänzen, die in Muschelsud gekocht wurden, gefüllt ♥
Tintaine	Kräuterlikör mit Anisgeschmack
Tioro (ttoro) **b**asque	Fischsuppe, bei der andere Fischarten als bei der Bouillabaisse vorher in Öl angebraten werden (*baskisch*)
Tire-**b**ouchon(s)	Korkenzieher
Tire-**b**ouchon(s) à **le**vier **t**irez!	Hebel-Korkenzieher (Werkzeug des Kellners) ziehen! (z. B.: die Tür oder wen oder was?)
Tiroir (à couverts)	Schublade (Besteckschublade)
Tisane	Kräutertee, Aufguss
tlj.	Abkürz. für „tous les jours" - (an) alle(n) Tage(n)
Toasts beurrés	Gebutterte Toasts (Röstbrote)
Toast au **fro**mage	Mit Käse überbackener Toast
Toast au **ja**mbon	Schinkentoast
Toile à laver	Lappen aus Leinen, zum Scheuern, Putzen usw.
Toilette(s)	1. Waschen; 2. Waschraum; 3. WC, Klo; 4. Pflege
Tomate	Tomate, Paradiesapfel
Tomates à l'**an**tiboise	Tomaten gefüllt mitThunfisch, Sardellen, Kapern, Eiern und Kräutermayonnaise (*Antibes*)
Tomates **co**ncassées	Tomaten geschmolzen, geschält in Würfeln
Tomates **fa**rcies	Tomaten, meist mit einer Fleischmasse gefüllt
Tomates **fa**rcies, **ma**igre	Tomaten gefüllt mit Weißbrot/Knoblauchmasse
Tomates **fa**rcies à la **ni**çoise	Tomaten gefüllt, meist mit Hackfleischmasse, Zwiebeln, Mangold und Parmesan
Tomates **ga**rnies	Tomaten, meist mit Kräutern, Sardellen, S + P und Mayonnaise
Tomates au **gra**tin à la **ni**çoise	Mit Semmelbröseln überbackene Tomaten, mit einer Sardellen-Knoblauch-Petersilien-Füllung

Tomates **gr**illées	Gegrillte Tomaten (hätten Sie das geahnt?)
Tomates **ni**nette	Tomaten mit Masse aus hartgek. Eiern, Thun-fisch, Sardellen, Mischgemüse & schwarzen Oliven
Tomates à la **po**rtugaise	Überbackene Tomaten mit einer Reisfüllung
Tomates (à la) **pr**ovençale	Tomatenhälften mit gehacktem Knoblauch und Bröseln bestreut, mit Olivenöl beträufelt, über-backen (*Provence*)
Tomates en **sa**lade	Tomatensalat; die Zubereitung ist variabel
Tomates au **th**on	Tomaten mit Thunfischfüllung
Tonneau	Fass (hoffentlich voll)
Topinambour	Topinambur, Erd-, Jerusalem-Artischocke, Ross-kartoffel, der Kartoffel ähnliche, süßliche Knolle
Torchon à **va**iselle	Spül-Lappen, Abwaschlappen
Torpille	Dem Rochen ähnlicher, großer Mittelmeerfisch
Torta	Aniskuchen mit Pinienkernen (*Korsika*) (hat schon Napoleon gegessen)
Tortue	Schildkröte (geschütztes Tier, keine Angaben!)
Tôt-**fa**it à la **mi**rabelle (*Krausgebackenes*)	Kuchen aus Mehl, Milch, Eiern und Zucker, mit Mirabellenschnaps(!) getränkt (*Lothringen*) ♥
toucher à …	rühren an …
Touille	Heringshai
Toulia	Zwiebelsuppe mit Lauch, Tomaten, Knoblauch und geriebenem Käse (reg.)
Toque	Kochmütze
Tourain, Tourin, Tourrin, Touril, Touri	Reg. verschiedene, meist mit Ei legierte Zwiebel-suppe, fast immer mit Knoblauch oder Tomaten zubereitet; im *Périgord und Bordeaux* mit Gänse- oder Schweineschmalz; in *Rouergue und Béarn* als Stärkung nach „anstrengender und süßer" Hoch-zeitsnacht gereicht (Tourin des noces) (schöner Brauch!)
Tourin à l'**Ao**ucou	Zwiebelsuppe mit eingelegter Gänsekeule (*Quercy*)
Tourin **lo**rraine	Zwiebelsuppe mit Eigelb legiert, Fleisch und Gemüse; wird auf Croûtons serviert (*Lothringen*)
Tourin à la **po**ulette	Zwiebeln mit Gänseschmalz & Mehl angebräunt, mit Brühe angegossen und Hühnerfleisch darin gegart

Tournedos ♥ ♥ (nicht Tornados!)	Lendenscheiben von circa 100 Gramm, (4-6 cm dick), gegrillt oder gebraten, oft auf Croûtons angerichtet, auch mit frischen Speckstreifen rund geschnürt; mit verschiedenen Garnituren serviert
Tournedos à l'**ar**lésienne	Tournedos „Art von *Arles*": auf Croûtons, gebackenen Auberginen, Tomaten, Zwiebelringen
Tournedos à la **bé**arnaise ♥	Tournedos (mit Speck rund geschnürt), auf Croûtons, mit Sauce béarnaise, Kalbsfond, neuen, jungen Bratkartoffeln, S + P, Petersilie
Tournedos **Beau**gency ♥	Tournedos mit Rindermarkscheiben belegt, Artischockenböden mit geschmolzenen Tomaten gefüllt, garniert, Sauce béarnaise (↑), Nusskartoffeln
Tournedos **Ber**cy	Tournedos auf Croûtons mit Ochsenmarkbutter belegt, Weißwein/Kalbsfond/Butter-Sauce, S + P
Tournedos à la **ber**gère	Lendenscheiben mit Speck, Pilzen und leicht in Butter glacierten Steckzwiebeln
Tournedos à la **bor**delaise	Tournedos mit pochierten Rindermark-Scheiben, Salz und Pfeffer, Sauce Bordelaise (↑), Petersilie
Tournedos **Car**ignan	Tournedos auf Anna-Kartoffelscheiben, Madeirasauce, garniert mit grünen Spargelspitzen und gefüllten Artischockenböden
Tournedos **cen**drillon	Tournedos „Aschenbrödelart", auf Croûtons, mit einem Gemisch aus Trüffeln und Zwiebelpüree auf Artischockenböden
Tournedos aux **ch**ampignons	Tournedos mit kleinen weißen Champignons in Butter und Weißwein zubereitet, mit Salz und Pfeffer, Petersilie und Kalbsfond
Tournedos **cha**sseur	Tournedos „Jägerart", mit Champignonscheiben (in Butter und Weißwein zubereitet), Estragon, S + P, Petersilie und Kalbsfond
Tournedos **Cho**ron	Tournedos auf Croûtons, mit grünen Spargelspitzen gefüllten Artischockenböden garniert, Nusskartoffeln und Sauce Choron (↑) ♥
Tournedos **Cla**mart ♥	Gegrillte Tournedos auf Croûtons, mit jungen, grünen Erbsen gefüllten Artischockenböden garniert, dazu Nusskartoffeln; bei Bocuse: Tournedos auf einer gebackenen Kartoffelmasse, die Erbsen in Torteletts gefüllt, S + P, Sherry, Kalbsfond

Tournedos **Co**lbert	Tournedos auf gebackenen Geflügelkroketten, mit gebackenen Eiern und Trüffeln belegt
Tournedos **da**uphinoise	Tournedos in Portwein-Sahne-Sauce
Tournedos **fo**restière ♥	Tounedos „auf Försterart", auf Croûtons, mit Waldpilzen (Morcheln, Steinpilzen, Pfifferlingen)
Tournedos **Ga**brielle	Tournedos auf gebackenen Geflügelkroketten, mit Rindermark und Trüffeln belegt, mit Madeira sauce und halben gedünsteten Salatköpfen
Tournedo **g**rillé Mirabeau	Rinderfiletscheibe mit Sardellen, Tomaten, Oliven
Tournedos **He**nri IV	Tournedos auf runden Croûtons mit Sauce béarnaise (↑) & Kalbsfond/Bratensaft umgeben, mit Nusskartoffeln & Artischockenböden umlegt ♥
Tournedos à la **hu**ssarde	Gegrillte Tournedos „Husarenart", auf Croûtons, mit großen Champignonköpfen mit Zwiebelpüree gefüllt garniert, dazu Sauce Hussarde (↑)
Tournedos à la **ma**réchale „Marschallsart"	Tournedos auf Croûtons, mit Trüffeln belegt und grünen Spargelspitzen garniert, Nusskartoffeln
Tournedos **Ma**rie-Louise	Tournedos auf Croûtons, mit Champignon-Zwiebelpüree & gefüllten Artischockenböden garniert, Herzoginkartoffeln, Pommes duchesse (↑)
Tournedos à la **ma**rseillaise	Tournedos „Marseiller Art" auf Croûtons, mit in Sardellenfilets eingerollten Oliven belegt, mit Tomaten provençales und Sauce provençale (↑)
Tournedos **Ma**scotte	Tournedos gebraten mit Artischockenböden, Trüffeloliven, Olivenkartoffeln, Kalbs- und Weißweinjus
Tournedos **Ma**sséna	Tournedos auf Croûtons mit Trüffelsauce, mit Rindermark belegt, und mit Artischockenböden und Sauce béarnaise gefüllt ♥
Tournedos **Mi**stral	Tournedos auf Croûtons, garniert mit Auberginen, Oliven und Tomaten provençales (↑)
Tournedos à la **mo**elle	Gegrillte Tournedos mit Rindermark-Scheiben belegt, Sauce Bordelaise (↑), Petersilie
Tournedos à la **pé**rigourdine	Tournedos „Perigord" auf Croûtons, mit Trüffelscheiben und Madeira-Sauce (*Périgord*) ♥ ♥

Tournedos à la **pi**émontaise	Tournedos „Piemonter Art", auf tomatiertem & mit Käse gemischtem Risotto, Tomaten und ~ - Sauce
Tournedos au **po**ivre **v**ert	Filetscheiben mit grünem Pfeffer & frischer Sahne
Tournedos à la **po**rtugaise	Tournedos „Portugiesisch", auf Croûtons mit Weißwein/Bratensaft, mit Duxelles gefüllten Tomaten, Schmelzkartoffeln & Sauce Portugaise (↑)
Tournedos **Ri**voli	Tournedos auf Anna-Kartoffeln Pommes Anna (↑), Sauce Périgueux (↑), mit Trüffeln in Streifen ♥
Tournedos **Ro**ssini	Tournedos auf Croûtons, mit Gänsestopfleber Trüffel & Madeira-Bratensoße *(Paris)* ♥
Tournedos **St.-Germain**	Tournedos mit Karotten & Erbsenpüree
Tournedos La **Vall**ière	Tournedos auf Croûtons, Sauce Bordélaise (↑), mit Spargelspitzen gefüllten Artischockenböden, dazu Schlosskartoffeln
tourner	wenden, umdrehen; tournieren; in Formen schneiden oder ausstechen
Touron	Dem Marzipan ähnliche Paste mit Mandel und den Nüsschen (!) der Hasel
Tourte	Gedeckte Torte aus Mürbe- oder Blätterteig, mit verschiedenen Füllungen von Fleisch, Fisch bis zu Gemüse oder Obst u. a.
Tourte d'**anguilles**	Aalpastete
Tourte de **bette**	Kuchen mit roten Beeten
Tourte de **blé**a	*Nizzaer* rote Beetetorte mit Pinienkernen
Tourte de **can**ard	Ente im Teigmantel (wer hat ihn ihr angezogen?)
Tourte **cha**rolaise	Birnentorte mit Sahne
Tourte **cha**ude	Heiße Torte (nicht die schöne Nachbarin!)
Tourte de **cou**rge	Kürbistorte (*La Grasse*)
Tourte aux **ép**inards	Blätterteigkuchen mit Spinatfüllung
Tourte à la **fr**angipane	Blätterteigtorte mit einer Mandelcreme
Tourte au **fro**mage	Süßer Käsekuchen
Tourte **ga**sconne	Apfeltorte mit Armagnac! ♥
Tourte des **ga**stronomes	Blätterteigpastete mit Kalbsbries, Champignons
Tourte **lo**rraine (*Lothringen*)	Mit Kalb- und Schweinefleischmasse bedeckte Torte, Zwiebeln, Knoblauch, Petersilie, in Weißwein geschlagenem Eigelb und Sahne gebacken

Tourte **l**yonnaise (*Lyon*)	Gedeckte Torte mit Wurst-Käse-Zwiebel-Füllung
Tourte aux **oi**gnons	Zwiebeltorte (*Elsass*)
Tourte **pi**carde aux **pi**ntadeaux et aux **en**dives	Sehr herzhafter Kuchen aus der *Picardie* mit Perlhuhnfleisch, Chicorée und dicker Sahne darauf
Tourte de **po**ulet olivade	Torte aus Mürbeteig mit Hühnerfleisch & Oliven
Tourte au **ro**quefort	Mit Blätterteig überdeckte Torte, mit einer Füllung von Roquefortkäse, Quark, Eiern und crème fraîche
Tourte de **sa**umon	Gedeckte Torte mit Lachsfüllung (*Auvergne*)
Tourte **to**urangelle	Torte überdeckt mit einer Masse aus im eigenen Fett eingelegtem Schweinefleisch, mit einem Eier-Sahne-Guß (*Pays de la Loire*)
Tourte de **tr**uffes	Gedeckte Torte mit Trüffel- und Gänseleberpastetenfüllung (*Périgord, Limousin, Quercy*)
Tourte à la **vi**ande	Blätterteigtorte mit Fleischfüllung (*Auvergne*)
Tourte au **vin b**lanc	Blätterteigtorte mit in Weißwein marinierter Füllung aus Schweine- und Kalbfleisch (*Elsass*)
Tourteau	Taschenkrebs (zwickt!)
Tourteau **p**oitevin (Tourteau fromage)	Kuchen aus Mürbeteig, mit Frischkäse gebacken, bis er sich hoch wölbt und eine dunkle Kruste bekommt (*Poitou*)
Tourteau **p**runé	Kuchen mit köstlichen Backpfläumchen
Tourtons	Flache Kuchen aus Buchweizen (*Limousin*)
Tourtous **f**arcis	Buchweizenpfannkuchenrolle mit Steinpilzen, Rohschinken, Steinpilzen, Hühnerfleisch, Knoblauch und Walnüssen gefüllt; mit geriebenem Cantal-Käse überbacken (*Limousin*)
tout(e)	ganz, ungeteilt, alles, jedes
Tous le **p**lats sont garnis de légumes	Alle Gerichte werden mit Gemüse serviert
Tous nos **p**oissons sont garnis	Alle unsere Fischgerichte werden mit Beilagen serviert (z. B.: mit Dampfkartoffeln)
Tous nos **v**iandes sont garnies	Alle Fleischgerichte werden mit Beilagen serviert
Tous nos **p**rix sont **n**ets	Alle unsere Preise sind Endpreise

Tout **c**hangement de **g**arniture **d**onne **l**ieu à un **s**upplément	Jede Änderung der Beilage wird mit einem Preisaufschlag versehen
Tout **c**ompris	Alles inbegriffen
Toute-**é**pice	Schwarzkümmel (nichts anderes!)
Toutes nos **v**iandes sont **s**ervies avec une **g**arniture	Alle Fleischgerichte werden mit (Gemüse-) Beilage serviert
toxique	giftig! (schlimmer als die böseste Schwiegermutter!)
Train de côtes	Die Rinderhochrippen von der 6. bis zur 12. Rippe
Train de **c**ôtes à la **br**oche	Rinderhochrippen am Spieß
Train de **l**iè**v**re	Hasenrückenstück, meist angebraten
Traiteur	1. Feinkosthändler
	2. Partyservice
	3. Fertiggerichtehersteller (mein Gooottt!)
Tranche	1. Scheibe, Schnitte
	2. Mittelschwanzstück
Tranche de **bœ**uf **g**rillé	Gegrillte Rindfleischscheibe
Tranche **g**ra**s**se	1. Mittelschwanzstück des Rindes
	2. Oberschale des Rinderschenkels
Tranche **na**politaine	*Neapolitanisches* Eis (mit Biskuit)
Tranche de **pa**in	Brotscheibe
Tranchelard	Sehr scharfes Messer für Speck, Schinken, Fisch
trancher (tranché)	In Scheiben schneiden, tranchieren (geschnitten)
Trancheuse	Allesschneider, Schneidemaschine
Tranchoir	Tranchierbrett, großes Holzbrett, Hackbrett
Trappiste	In einem katholischen, Trappisten-(Zisterzienser-) Kloster hergestellter Käse
travailler	arbeiten, kneten, be- oder verarbeiten
Travers	Schweinerippchen
trempé(e)	durchnässt, vollgesogen
tremper	1. eintunken, eintauchen
	2. einlegen, einweichen
	3. ziehen lassen
	4. verdünnen (Wein)
Trénels	Masse aus Hammelnieren, Schinken, Eiern, Knoblauch und Petersilie; Kuttelgericht

Tresse de loup	Zu einem Zopf geflochtenes Lachs- und Seebarschfilet
Trévise	Radicchio-Salat, italienischer Endiviensalat
Trianons de légumes	Mischgemüse
Triboulet	Steinbutt, Glattbutt
Tricholeme terreux	Graublättriger Erdritterling (stolzer Speisepilz)
Trigle	Knurrhahn, Seehahn (Meerfisch)
Tripa	Hammeldärme mit roten Beeten, Hammelblut und Kräutern gefüllt (*Korsika*)
Tripade	Rührei mit Spargel
Tripeaux	Gefüllte Hammelfüße (*Auvergne*)
Tripée	Gericht aus Abfällen von geschlachtetem Schwein
Tripe à l'djotte (?)	Schweinefleisch-Grünkohl-Wurst (*Belgien*) 🖐
Triperie	Die Innereien; Kaldaunengeschäft (nicht die Apotheke)
Tripes	1. Kutteln, Kaldaunen (Vormagenteile der Kuh)
	2. Dicke, runde Blutwurst
Tripes (à la mode) de Caen	Kutteln mit Karotten, Suppengemüse & Zwiebeln
Tripes de la Ferté-Macé	Kutteln am Spieß gebraten
Tripes à la lyonnaise (nach „stolzer" Lyoner Art)	Kutteln in Butter mit Zwiebeln vorgebraten, mit Schmalz fertiggegart, mit Petersilie bestreut (*Lyon*)
Tripes à la niçoise	Kutteln im Weißweinsud mit Karotten, Zwiebeln und Knoblauch (*Nizza, Côte d'Azur*)
Tripes à la paloise	Kutteln und Kalbsfüße in Weißwein mit Gänsefett zubereitet, Bayonner Schinken, Armagnac, saurer Sahne; ziemlich scharf gewürzt (Gegend um *Pau*)
Tripes à la rébouleto	Abgekochte Kutteln in Essig-Öl-Sauce
Tripes de thon	Thunfisch mit Gemüse in Weißwein & Kräutern
Tripotcha	Kräftig gewürzte, mit Kalbs-und Hammel-Kaldaunenfleisch zubereitete Blutwurst (*baskisch*)
Tripous, Tripoux	Kutteln; verschiedene Zubereitungen wie mit Schinken, Schweinefleisch, Hammelhaxe, Kalbsgekröse, Gemüse, Kräutern, Knoblauch (*Auvergne*)
Tripoux rouergats	Lammkutteln im Kalbsnetz gebraten
Troche, troque	Streifenfisch, Priesterfisch (vor dem Verzehr beten!)
Trompete-des-morts	Totentrompete, Herbsttrompete (Speisepilz), dem Pfifferling ähnlich ♥

Tronçon	Abgeschnittenes Stück, langes dünnes Endstück
Trognon	Kerngehäuse, Strunk oder Salatherz
trop	zuviel, zu sehr
trop cuit	zu lange gekocht (Fleisch)
Troque, troche	Streifenfisch, Priesterfisch
troquet	(ugs.) Kneipe (wenn es im Munde „trocknet": reingehen!)
Trou	Loch
Trou de milieu	Schnaps zwischen vielen Speisegängen
Trou normand	Das sagenumwobene Loch, in das nicht nur die
(„Normannisches Loch")	Normannnen zwischen den Speisegängen fallen
	& dann einen Calvados trinken müssen (auch E.+ U.)
Trouch(i)a	Omelett mit Mangold, Kerbel, Parmesan (Nizza)
Truffado (Truffade)	Kartoffelgericht mit Käse, Speckwürfeln und
d'Aurillac	Knoblauch im Ofen überbacken (Auvergne)
Truffado à la	Kartoffelscheiben mit Tomaten und Speckstrei-
dauphinoise	fen in Olivenöl gebraten
Truffe(s)	Trüffel(n), die teuerste und begehrteste Pilzart;
	die besten kommen aus dem Périgord (schwarze),
	die weißen aus dem Piémont; sie sind auch wegen
	ihres Duftes und Geschmacks so berühmt
Truffes sous la cendre	In Cognac marinierte Trüffeln, mit dünnsten
	Speckscheiben eingehüllt, in eingebuttertem
	Pergamentpapier in heißer Asche gebacken (eine
	Spezialität) Périgord, Limousin, Quercy)
Truffes au champagne	Gewürzte Trüffeln in Champagner und Röst-
	gemüse gegart
Truffes à la crème	In Scheiben gedünstete , in Cognac marinierte, in
	einer heißen, mit süßer Sahne , Ei und Mehl
	gebundenen Sauce übergossen
Truffes sous pâte	Mit Trüffeln gefüllte Blätterteigtasche
Truffes au porto	Trüffeln in Portwein gedünstet, mit Kalbsbrühe
	und Sahne fertiggegart
Truffes à la serviette	Trüffeln in Blätterteigtaschen mit Madeira/
	Sherrysauce (in der Serviette oder Silberschale serviert?)
Truffes au vin	Trüffeln in Weinsauce
truffé(e)	getrüffelt; das gilt für die Sauce oder den Belag
Truffe Souvaroff	Trüffelsuppe
Truffiat	Deftig gewürzter Kartoffelkuchen (Berry)

Truie de **me**r	Drachenkopf, ugs. Meersau (Knochenfisch)
Truite	Forelle, (Lachsforelle)
Truite de l'**Ad**our	Pyrenäenflussforelle, meist frittiert und Petersilie
Truite aux **am**andes	Forelle mit Mandeln in Butter-Sahne-Sauce gebraten (*Elsass, Périgord, Limousin, Quercy*)
Truite **arc-en-ci**el	Regenbogenforelle
Truite au **bl**eu	Forelle „blau", gekocht in Essigsud, mit brauner Butter (auch kalt mit Mayonnaise) oder Sauce Ravigote
Truite en **ch**emise	Mit Kräuterbutter überzogene Forelle in Pergament gebraten
Truite au **ch**ampignons	Gebratene Forelle mit Champignons (*Lothringen*)
Truite **co**mmune	Bachforelle
Truite à la **crè**me	Forelle im Ofen gegart, vor dem Servieren mit einer Mischung aus frischer Sahne, Zitronensaft und Kräutern übergossen
Truite d'**él**evage	Zuchtforelle
Truite **fa**rio	Bergforelle, Backforelle
Truite **fu**mée	Geräucherte Forelle
Truite **fo**urrée au **fu**met de Chablis	Gefüllte Forelle in Chablis-Weißwein gekocht
Truite **Ga**varine	Mit Kräuterbutter überzogene Forelle in Pergamentpapier gebraten
Truite en **ge**lée	Kalte Forelle in Aspik
Truite de **la**c(ustre) oder Truite des **la**cs	Seeforelle
Truite (de rivière) à la **me**uniére	Bachforelle „Müllerin": gemehlt und in Butter gebraten, mit S + P, Petersilie und Zitronensaft
Truite de **me**r	Lachsforelle, Meerforelle
Truite (à la mode) du **Mo**rvan	Panierte Forelle mit Champignons, Petersilie und etwas Essig beträufelt (*Auvergne*)
Truite **na**varraise	Gebratene Forelle mit Kräuter-Tomaten-Sauce
Truite aux **no**ix	Forelle mit einer Walnusssauce überbacken
Truite en **pa**pillote	Mit Butter überzogene Forelle in Pergamentpapier
Truite au **pi**gnons	Gebratene Forelle mit Pinienkernen (*Languedoc*)
Truite au **ri**esling	Forelle mit Kräutern in Riesling geschmort (*Elsass*)
Truite de rivière	Bach- oder Flussforelle
Truite **sa**umonée	Lachsforelle

Truite saumonée froide sauce verte — Gekochte Lachsforelle, kalt mit einer Kräuter-mayonnaise serviert

Trulet — Blutwurst mit Kalbsbries, Speck, Zwiebeln und Mangold (*Nizza*)

Ttoro — Fischsuppe (Bouillabaise) (↑)mit Atlantikfischen gekocht & Semmelbröseln überbacken (*baskisch*)

Ttoro à l'ancienne — Fischsuppe mit Stockfisch, Weißwein, Zwiebeln und Kräutern

Ttoro aux huitres — Fischsuppe, dazu mit Speck umwickelte, panierte und gebackene Austern serviert

Tuiles aux amandes — In schwerer Handarbeit rundgebogenes Mandelge-bäck mit Vanille, Zitronen- oder Orangenge-schmack (*Amiens*)

T.T.C. (Toutes taxes compris) — Einschließlich der Mehrwertsteuer

Turban de sole Nantua — Seezungenfilets mit Sauce Nantua (↑)

Turban de riz — Reisrand, Reiskranz (Turban des Sultans von Riz)

Turbot — Großer Steinbutt, einer der besten Plattfische ♥ ♥

Turbot à l'arlésienne — Steinbutt in Weißwein-Fischfond geschmort, mit gebratenen Zwiebelringen gefüllt, mit Tomaten-hälften garniert, mit Sauce Bercy (↑) bedeckt

Turbot aux amandes — Gekochter Steinbutt mit Mandeln überbacken ♥

Turbot braisé au champagne — Steinbutt in Champagner geschmort ♥

Turbot feuillantine — Gekochter Steinbutt mit Austern & Trüffelschei-ben belegt & mit dem Fisch-Sahne-Fond darüber

Turbot au fumet de Meursault — Steinbutt in Meursalt (Weißwein) gekocht

Turbot à la normande — Steinbutt in Apfelwein gegart, mit Sahnesauce, Austern und Champignons ♥ (*Normandie*)

Turbot poché — Gekochter Steinbutt

Turbot Saint-Jaques (des heiligen Jakobs Butt) — Gedünsteter Steinbutt mit Jakobsmuscheln und frischer Sahne ♥

Turbot ou turbotin poché — Steinbutt in Salz- und Zitronenwasser, mit wenig Hitze gegart; dazu Salz- oder Dampfkartoffeln; dazu verschiedene Saucen oder Buttervariationen

Turbotière — Steinbuttkessel, aber auch das Steinbuttgericht

Turbotin	Kleiner, junger Steinbutt; einer der besten Plattfische ♥ ♥
Turbotin braisé à l'**am**iral	Kleiner Steinbutt in einer Weinsauce mit Zwiebeln Krebsbutter, Austern, Muscheln und Krabben
Turbotin poché aux **ar**omates	Kleiner Steinbutt im Würzsud gegart
T.V.A. (taxe à la valeur ajoutée)	Mehrwertsteuer

V

Vache	Kuh
Vacherin	Torte aus Baiser, Eiscreme und Sahne
Vacherin au chocolat	Baisertorte mit Schokoladeneis und Schlagsahne
Vacherin aux fraises	Baisertorte mit Eiscreme und Erdbeeren
Vacherin glacé	Halbgefrorene Torte aus Baiser, Eiscreme und Früchten
Vacherin glacé au **ca**ssis	Halbgefrorene Torte aus Baiser, Eiscreme und Johannisbeerlikör
Vairon	Ellritze, Ellerling (kleiner Süßwasserfisch)
Vaisselle	Tafel-, Tischgeschirr
Vallée d'Auge	Geflügelteile mit Calvados flambiert, in Apfelwein gedünstet, mit Rahmsauce & Äpfeln (*Normandie*)
Vandoise	Weißfisch, Hasel, Häsling (Flussfisch)
Vanille	Vanille
Vanneau	Kibitzvogel
Vapeur	Dampf (à la vapeur: im oder über Dampf gekocht)
Varech	Seetang
varié(e)	verschieden, verschiedene, vielerlei
V.D.Q.S.	Vins délimités de qualité supérieure: ausgewählte Weine höchster Qualität
Veau	Kalb, Kalbfleisch von einem Milchkalb bis zu 1 Jahr alt, zwischen 85 und 100 kg schwer
veau (à la) bourgeoise	Kalbfleisch gespickt und geschmort
Veau à la casserole	Kalbsschmorbraten
Veau farci	Kalbsfilet, mit Leber-Kräuter-Masse gefüllt, auch mit Pilzen und Speck
Veau froid au **t**hon	Kalter Kalbsbraten mit Thunfisch-Sardellen-Sauce
Veau braisé aux **gi**rolles	Kalbfleisch geschmort mit Pfifferlingen

Veau braisé au jambon	Kalbsbraten mit Schinkenwürfeln geschmort
Veau Marengo	Kalbsragout mit Zwiebeln, Kräutern, Tomaten, Champignons in Weißweinsauce, mit Röstbrot ♥ siehe auch Garnitures (↑)
Veau matelote	Kalbsbruststücke angebraten, mit brauner Sauce und Rotwein gekocht; mit Champignons serviert
Veau de mer	Heringshai, dem Thunfisch ähnlich
Veau de tomates	Mit Tomaten geschmortes Kalbfleischragout
Velours (Samt)	Sämige Karottensuppe mit Tapioka gebunden
VELOUTÉ	1. Schwitze für Saucen
	2. Cremesuppe, sahnige Suppe, Eigelb gebunden (Samtsuppe), meist mit variablen Einlagen
Velouté Balzac	Gerstensamtsuppe mit Sellerie- & Lauchstreifen
Velouté Brillat-Savarin	Hühner- und Kaninchenfleischpüree mit Karotten, Champignons, Trüffelscheiben und Madeira
Velouté Carmen	Tomatensamtsuppe mit Reis, grünen Paprikastreifen und Tomatenwürfeln
Velouté Comtesse	Spargelsamtsuppe mit Sauerampferstreifen
Velouté de crevettes	Samtsuppe mit Krabben, Austern und Gemüse
Velouté Darblay	Kartoffelsamtsuppe mit einer Einlage von Lauch- und Karottenstreifen und Schnittlauch
Velouté Dartois	Samtsuppe aus weißen Bohnen mit Karotten- und Lauchstreifen
Velouté Derby	Reissamtsuppe mit Zwiebeln und Curry gewürzt
Velouté dieppoise	Fischsuppe mit Sahne, Muschelfond, Krabben, Muscheln, Lauch und Champignons
Velouté Dominique	Samtsuppe mit Rahm, Emmentaler Käse, Sellerie
Velouté Doria	Gurkensamtsuppe mit oval ausgestochenen Gurken und Reis als Einlage
Velouté d´épinards	Spinatsamtsuppe
Velouté de feves	Dicke Suppe mit pürierten weißen Bohnen
Velouté Florentine	Spinatsamtsuppe
Velouté Germinal	Samtsuppe mit Huhn bereitet, Estragonessig, Kräuterbutter, mit Spargelköpfen, Hopfensprossen und Kerbel
Velouté Jeanette	Samtsuppe aus Schwarzwurzeln mit Geflügelwürfeln

Velouté **Ma**rie-Louise	Geflügelsamtsuppe mit Gerstenschleim und Gemüsestreifen
Velouté **pr**incesse	Hühner-Cremesuppe mit Sahne, Eigelben, Mehl, Butter, Spargelspitzen, Suppengrün, Gewürzen
Velouté **Sa**int-Hubert	Samtsuppe mit Wildgeschmack und Einlagen von Wildbretwürfeln und Trüffelscheiben
Velouté de **po**isson	Gebundene Fischsuppe
Velouté à la (de) **to**mate	Tomatencremesuppe
Velouté à la **tou**lousaine	Samtsauce mit Geflügelleber und -Klößchen, Hahnenkämmen (!), Trüffeln ♥
Velouté à la **tr**ouvillaise	Samtsüppchen mit Fisch- & Garnelenschwänzlein
Venaison	Wildbret (Fleisch vom Haarwild)
Vengeron	Weißfisch, Rotfeder
Ventre	Bauch
Ventrèche	Gesalzene & geräucherte Schweinebrust (*Rouergue*)
Ventre de **p**orc	Schweinebauch
Venus	Venusmuschel (die schöne Muschel der Venus!)
Venus à **v**errue	Warzige Venusmuschel (die nicht so schöne M.)
Verdure	Essbare Kräuterlein, aber auch Gartengemüse
véritable	echt, tatsächlich
Verge	Bananenförmiges Fleischstück mit Haut, muss frisch & „prall" sein; lassen Sie es sich vor der Zubereitung vom Koch zeigen und machen sie einen Drucktest, der Koch wird entzückt sein!
Verjus	Saft von noch nicht reifen Trauben, wird oft anstatt Essig als Würze benutzt; saurer Wein
Vermicelle(s)	Fadennudel(n), Fadennudelsuppe
Vermouth	Wermut (nicht Wehmut, die kommt erst später)
Vernis	Große, essbare Seemuschel
Verre	Glas
Verre à **ap**éro	Aperitifglas
Verre à **bo**urgogne	Burgunder-(Rot-)Weinglas
Verre à **cou**vercle	Glas mit Deckel
Verre à **ea**u	Wasserglas
Verre **ét**allonné	Geeichtes Glas
Verre de **la**it	(Ein) Glas Milch
Verre à **Pa**latina	Pälzer Schoppeglas mit emme ½ Liter drin
Verre à **vi**n	Weinglas
(Un) **Ver**re de vin	(Ein) Glas Wein

verser	1. eingießen
	2. weg-, ver-, ausgießen (schütten)
verser goutte à goutte	tröpfchenweise eingießen, (Tröpsche fer Tröpfche)
Verseuse (isolante)	Kanne (Isolierkanne)
Vert-pré	Gegrilltes Fleisch mit Kräuterbutter & Kräutern wie Kerbel, Sauerampfer usw., dazu Strohkartoffeln und grünes Gemüse (nicht immer gleich) siehe auch Garnitures (↑)
Verveine	1. Eisenkraut(tee)
	2. Markenkräuterlikör mit mit Eisenkraut und 35 anderen Kräutern
Vesiga	Ausgelöstes, getrocknetes Rückenmark des Störs
Vesse-de-loup	Bovist, Flaschenstäubling (Speisepilz)
Vesse-ciselée (perlée)	Hasenbovist (Flaschenbovist)
Vessie de porc	Schweinsblase oder Schweinenetz
Veuillez consulter notre carte du vin	Bitte lesen Sie unsere Weinkarte
Viande(s)	Fleisch, Fleischgericht
Viande de bœuf	Rind- oder Ochsenfleisch
Viande de boucherie	Schlachtfleisch
Viande de cheval	Pferdefleisch
Viande de conserve	Büchsenfleisch (frisch aus der Dose)
Viande congelée	Gefrierfleisch
Viande cru (tartare)	Rohes Fleisch
Viande froide	Kalter Braten
Viandes froides	Bratenaufschnitt
Viande à la gelée	Fleisch in der Sülze
Viande (de) hachée	Hackfleisch
Viande de mouton	Hammel- oder Lammfleisch
Viande de porc (fumée)	Schweinefleisch (geräuchert)
Viande salée	Pökelfleisch
Viande sèchée	Fleisch (luft-)getrocknet, meist geräuchert
Viande de veau	Kalbfleisch
Viandox	Fleischextraktbouillon (wie von Maggi und Knorr)
Vichy	Zubereitung runder Karottenscheiben, auch das
(Thermalbad im „zentralisierten" Massiv)	„Eau de Vichy" ist als Mineralwasser berühmt

Vichyssoise	Kartoffel-Lauch-Suppe mit Schnittlauch und Sahne, warm oder kalt (nach der Jahreszeit)
vide	leer
Vide-pommes	Apfelkernausstecher
vider	1. (ent-)leeren
	2. ausnehmen (Fische), entkernen
	(Früchte, kein Begriff von der Bank oder dem Finanzamt)
vieille	alt
Vieille de mer	Gefleckter Lippfisch (Meerfisch, Barschart)
vieilli en cave	im (auf dem) Fass abgelagert
Viennoiserie	Milchweißbrot, gezuckert (Wiener Brot)
Vigneau, Vignette, Vignot	Gemeine (die böse) Strandschnecke, Meerschnecke
Vilain	Döbel, Aitel (Flussfisch)
Vin	Wein
Vin aigre	Saurer Wein (gibt es sowas in La France?)
Vin de l'année	Jungweinchen, vom gleichen Jahr
Vin d'appellation d'origine contrôlée (A.O.C.)	Kontrollierter Qualitätswein, der den strengen Kriterien von Qualität und Benennung entspricht
Vin blanc	Weißwein
Vin bourru	Frischer, angegorener Wein, Federweißer
Vin en bouteille	Flaschenwein
Vin brûlé	Glühwein
Vin en carafe	Offener Wein im „Krügchen" serviert
Vin chaud	Glühwein
Vin clairet	Blassroter Wein (früher aromatisiert)
Vin de comptoir	Offener, billiger Wein
Vin de consommation courant (V.C.C.)	Wein zum sofortigen Verbrauch, oft gar nicht so schlecht; keine Konservierung (Chemie) darin
Vin délimité de qualité supérieure (V.D.Q.S.)	Qualitätswein unterhalb der "A. O. C." - aber häufig ebenbürtig (hat mit dem Weingesetz etwas zu tun)
Vin doux	Lieblicher, süßer Wein, auch Most
Vin fin	Feiner (großer) Wein
Vin en fût	Wein vom Fass
Vin giclé	Schorle
Vin gris	Heller Roséwein
Vin mousseux	Schaumwein

Vin de **ne**ige	Eiswein (nur im Elsaß oder Lothringen?)
Vin **no**uveau	Neuer Wein, früh nach der Weinlese abgefüllter, ungelagerter Wein (Beaujolais Primeur - na ja?)
Vin **or**dinaire	Einfacher Landwein (Volkswein)
Vin de **pa**ille	Strohwein aus dem *Jura*; die Trauben werden auf Strohmatten gelagert und bekommen durch diese Trocknung einen stärkeren Gehalt.
	(In Deutschland leider inzwischen verboten)
Vin de **pa**ys	Landwein (unterste Qualitätsstufe)
Vin du **pa**ys	Wein der (dieser) Gegend
Vin en **pi**chet	Wein im Krug
Vin **pr**imeur	Neuer Wein, ab dem 15. November für spezielle Weinkenner abgefüllt ☹
(meist Beaujolais)	
Vin **ro**sé	Roséwein, Weißherbst, Schillerwein
Vin **ro**uge	Rotwein
Vin de **sa**ble	Wein, meist aus Südfrankreich (im Sand gewachsen)
Vin **sec**	Trockener Wein
Vin de **ta**ble	Tischwein, Tafelwein, meist offen in der Karaffe ausgeschenkt (unkontrollierte Qualität), meist besser als „Vin de pays"
Vin de **tê**te	Spitzenwein
Vin **vi**eux	Alter Wein (im besten Reifezustand - wie wir)
Vin à **vo**lonté	Wein nach Belieben
Vinaigre	Essig
Vinaigre **ar**omatisé	KräuteressigJ
Vinaigre **bal**samique	Balsamico-Essig ♥
Vinaigre de **ci**dre	Apfelessig, Obstessig
Vinaigre de **vin**	Weinessig
Vinaigre de **Xé**rès	Sherry-Essig
Vinaigrette	Kräuteressigsauce siehe:(↑) Sauce vinaigrette
Vinaigrier	Essigflasche (Karaffe)
Violet (*de Provence*)	Kleine Artischockenart, grün oder violett
Violettes **p**ralinées	Zuckerkandierte Veilchen
Viscosité	Zähflüssigkeit, Klebrigkeit
Visitandines	Kleine *lothringische*, runde oder ovale Küchelschen mit gemahlenen „Mandelschen"
visqueux	zähflüssig, klebrig
Vitalons	Süße Teigklöße in Milch gekocht (*Picardie*)

Vitoulets	Kalbsfrikadellen (*Belgien;* nicht von Mc. Donalds)
vivant	lebend
Vive	Petermännchen, Stacheldrache (Plattfisch der Küstengewässer, circa 25 cm lang), sehr geschmackvolles, festes Fleisch (auch Chipolata-Würstchen genannt)
Vive à la normande	Mit Sardellenfilets gespicktes Petermännchen, in Weißwein gegart, in Sahnesauce serviert
Vittel (Eau de ~)	Mineralwasser aus den Vogesen
Vivier à l'eau de mer	Meerwasserbassin für Fische und Krustentiere
viveurs	Zubereitungen, pikant & scharf (Cayennepfeffer)
Voilier porte-glaive	Meerbarbe (↑) Rouget
Voiture	Vorspeisen-, Käse- Dessert-Wagen oder das Auto
Voir la carte!	Schauen Sie in unsere Karte!
Volaille	(Weißes) Geflügel
Volaille de Bresse à la broche	Qualitätshähnchen am Spieß gebraten (aus *„La Bresse"*)
Volaille froide	Kaltes Geflügelfleisch
Volaille et gibier	Geflügel und Wild
Vol-au-vent	Hohe, runde Blätterteigpastete, meist mit Fleisch- oder Fischstückchen gefüllt, Champignons, Sauce
Vol-au-vent à la normande	Hohe, runde Blätterteigpastete mit Austern, Champignons, Muscheln, Seezungenstreifen, Sahnesauce
Vol-au-vent de huîtres	Blätterteigpastete mit Austern, Champignons, Fischklößchen, Krabben und Trüffeln
Vol-au-vent de ris de veau	Große mit Kalbsbries gefüllte Blätterteigpastete (für mehrere Personen)
Vol-au-vent de volaille	Große Blätterteigpastete mit Geflügelfleisch und -klößchen mit Sahnesauce
Volonté (à volonté)	Belieben, Laune, nach Belieben (soviel man will)
Votion	Zucker-Zimt-Kuchen aus *Belgien*
Vouvraysien	Mandelkuchen (*Loiretal*)
vraie	echt, rein, wahrheitsgemäß, wirklich, tatsächlich

W

Waldorf (Salade ~)
Waldorfsalat aus Apfel, Sellerie, Banane, Walnüssen, Zitronensaft und Mayonnaise

Wasserstrimlas
In Wasser gekochte Spätzle der *Elsässer*

Waterzooï
Sehr würziger Fischsuppentopf mit Bouillon, Süß wasser- und Meeresfischen, Aal, Geflügelstücken, Lauch, Sellerie, Petersilienwurzel, Zwiebeln, Butter, Eigelb, Sahne, auch mit Klößchen vom Schweinderl, (*Flandern* (ohne Bier?))

Welsh rare bit
siehe (↑) Rôti galloise

Whisky
Getreidebranntwein, heute als Apéritif in Frankreich öfter als die „Anisettes" getrunken (???)

X

Xamango
Endstück vom Bayonner Räucherschinken über Nacht mit Brühe aus Weißkohl, Karotten, Lauch, nelkengespickten Zwiebeln, Kartoffeln & Tomatenpüree eingelegt

Xérès
Sherry

Y

Yaourt, **Y**ogourt
Joghurt (Quark mit Dickmilch verarbeitet)

yaourtière
Joghurtbereiter (Gerät)

Yassa
Kreolisches Fisch/Geflügel/Hammelgericht

Yerbilhou
Maismehl(brei) (*baskisch*)

Z

Zabaione
Weinschaumsauce (↑) Sabayon

Zampone
Schweinsfuß entbeint mit Fleischfarce, Pökelzunge, Speck, Gänseleber, Trüffeln und Pistazien, nach Erkalten mit Sauce Cumberland serviert

Zéphir
Schaumomlett aus Fisch- oder Fleischfarce und Schlagsahne

Zephir de **h**omard au **c**oulis	Hummercremesuppe
Zeste	Zitronen- Pommeranzen-, Orangenschale usw., in dünnsten Streifen
Zesteur	Zesten-, Schalenmesser
Zirkiro	Gegrillter Hammelspieß (*Baskenland*)
Zinc	1. Theke, Tresen; 2. Kleine Bar
zingara (à la ~)	„Zigeunerart" siehe (↑) Garnitures
Zizi	Apéritif aus Johannisbeerlikör (Cassis), Himbeerlikör und Champagner (*Lyon*)
Zuchette, **Z**uchetti	Zucchini

Käse (Fromages)

Die folgenden Angaben sind so zu verstehen:

...% für Fett in Trasse (Trockenmasse). Bei manchen, speziell kleinen Herstellern, kann das aber variieren. (Wie beim Lotto: Ohne Gewähr!). Ist keine Beschreibung angegeben, variiert meist der Fettgehalt und ist nicht festgelegt.

Die *kursiven* Angaben benennen die Herkunft des Käses.

(A.O.C.) bedeutet die Echtheitsgarantie für Qualität und Herkunft (36 Sorten); Dabei sind auch ganze Gruppen von Käsen mit diesem Zeichen geschützt, allerdings stark kontrolliert und nach verschiedenen Vorschriften, hergestellt!

Über Form, Aussehen, Festigkeit, Geruch und Geschmack habe ich möglichst viele Angaben gemacht. Jedoch ändern sich diese Eigenschaften, je nach dem Reifezustand, der Jahreszeit, der Lagerung und der Temperatur.

Manche Käse haben eine Herstellerprägung, besonders die Pyrenäenschafskäse.

Ich habe mich bemüht, möglichst alle Käsesorten, 600 an der Zahl (!), aufzuführen! Doch kommen dauernd neue Käsesorten und Bezeichnungen hinzu.
Was von mir nicht (aber oft auf der Verpackung) angegeben ist:

Artisanal	von einem einzelnen Hersteller, der kann aber Milch dazukaufen.
Coopértives	in einer einzigen Genossenschafts-Molkerei hergestellt
Fermier	von einem einzelnen Hersteller nach tradioneller Methode hergestellt. Er darf nur die Roh-Milch seiner eigenen Tiere verwenden!
Industriel	industriell, aus der Milch verschiedener Lieferanten, auch aus anderen Regionen, hergestellt

Käse (Fromages)

Mein Tipp: Nicht Aussehen oder „Duft" bestimmen die Qualität und den Wohlgeschmack des Käses; der „stinkende und hässliche" ist oft der beste! (für Kenner).

Am besten schmeckt Käse meist bei circa 18° oder Zimmertemperatur. Und noch etwas: die „Light-Produkte" verfälschen den wahren Geschmack, weil gerade das Fett der Hauptgeschmacksträger ist. Lieber etwas weniger, aber mit mehr Genuss verzehren! Genießen!!

(n. B.) bedeutet: „nichts Besonderes", er ist das Geld nicht wert (denke ich).

A

Abbaye de Belloc *Aquitanien, Pyrenäen,* *Abbaye Notre-Dame* *de Belloc*	Runder Schafskäse, 60%, feiner, fester Teig, natürliche Rinde, leicht „karamellensüßlicher", starker, lang anhaltender, aromatischer Geschmack ♥
Abbaye de Citeaux *Burgund*	Runder Kuhmilchkäse, 45%, gewaschene Rinde, löchrig, mild, wie Schweizer Käse, aber besser ♥
Abbaye de la Joie de Notre-Dame	Runder Kuhmilchkäse, 50%, mild, fein, elegant, dem Port-du-Salut (↓) ähnlich, *Bretagne*
Abbaye du mont de Cats *Godewaersvelde*	Runder Kuhkäse, 45-50%, löchrig, mild, dem Port-du-Salut (↓) ähnlich, *Nord-Pas-De-Calais*
Abbaye de la Pierre-qui-Vire/Boule des Moines	Runder, junger, weicher Bio-Kuhmilchkäse, ca. 40% mit Knoblauch, Schnittlauch und Pfeffer, *Burgund*
Abondance (A.O.C.) *Haute Savoie, Rhône-Alpes*	Kuhmilch-Bergkäse mit brauner Naturrinde, 48%, in Sennhütten der *Rhône-Alpes* und *Savoyen* produziert; geschmeidig, kleinlöchrig, starker Geruch, zart; Geschmack: typisch, pikant, nachhaltig ♥
Aisy Cendré	Salziger Kuhmilchkäse, halbfest, mit unreifem, festem Kern, unter Rebholzasche 1 Monat gelagert, 45-50%, kräftig, schmackhaft, *Auxois, Burgund* ♥
Aligot (Tomme Fraîche) *Auvergne, Midi-Pyrénées*	Großer (20 kg), sechseckiger, frischer Blockkuhkäse, 45%, ungesalzen, elastisch, oft als Kochkäse im Kartoffel-, im Maronenpüree oder zu Kartoffeln

ALPAGE	Bergkäse (Überbegriff)
Altier	Würziger Ziegenkäse, 45%
Amalthée	Runder, milder Ziegen-„Camembert" 45%, *Isère* ♥
Ambert, **C**rottin d'Ambert	Runder, weicher Ziegenkäse, circa 45%, Naturschimmelrinde, *Saint-Just, Auvergne*
Ami du **C**hambertin, (L'~)	Runder Kuhmilchkäse, 50%, rötliche, mit Tresterschnaps (!) gewaschene Rinde, *Burgund*
Amou	Schafskäse mit gelber Kruste
Anneau du **V**ic-Bilh	Kringelförmiger Ziegenkäse, 45%, weicher, weißer Teig, mit Holzkohle bestäubter Schimmelrinde, säuerlich-salzig, wird jung gegessen, *Midi-Pyrénées*
Apérobic	Rundkegelförmiger Ziegen-/Kuhkäse, 45%, weich, mild, angenehmer Schimmelgeschmack, *Burgund*
Aravis **p**ersillé (des ~)	Blauschimmel-Schafs-/Ziegen-/Kuhmilchkäse, 45%
Ardi-Gasna *Aquitanien*	Runder halbfester Schafskäse mit gelb-grauer Naturrinde, circa 50%, Reifezeit 3 Monate - 2 Jahre (!), vorzüglich, mit angenehmem Aroma, *Baskenland* ♥
Arômes au **G**ène de **M**arc *Rhône-Alpes*	Runder Ziegen-/Kuhmilchkäse, circa 45%, 1 Monat in Tresterschnaps gelagert und dadurch aromatisiert
Arômes au **V**in Blanc	Runder Ziegen-/Kuhmilchkäse auf einem Drahtrost über (der Arme) Wein gelagert, *Rhône-Alpes*
Asco	Ziegen-/Kuhmilchkäse, *Korsika*, 45%
Aubisque **P**yrénées *Aquitanien, Béarn*	Rarer Schafs-/Kuhmilchkäse mit Herstellerstempel, rund, halbfest, circa 45%, sanft, mild, Naturrinde ♥
Aunis	Dreieckiger Schafskäse, *Charente-Maritime*
Autun	Rundzylindrischer, weicher, kompakter Ziegen-/Kuhmilchkäse, % variabel, voller, auserlesener, harmonischer Geschmack, *Burgund*

B

Baguette **L**aonnaise oder **B**aguette de **T**hiérarche	Quaderförmiger Kuhmilchkäse, 45-50%, kräftig, geschmeidig, pikant, *Picardie*
Bamalou, (E ~) *Midi-Pyrénées, Comté de Foix*de	Runder Kuhmilchkäse, 50%, der deftigste unter den Pyrenäenkäsen, bräunliche, rotgefleckte Rinde, Teig ist geschmeidig-ölig mit kleinen Löchern

A-Z Käse (Fromages)

Banon (à la Feuille)
Provence-Alpes-Côte d'Azur
Kleiner Ziegen- (im Frühling) oder Kuhmilchkäse (im Herbst), in Branntwein getaucht und in Kastanienblätter gewickelt, 45%, feiner, weicher, weißer Teig. Er nimmt Geschmack und Farbe der Blätter an

Barberey
Kuhmilchkäse, dem Camembert (↓) ähnlich ♥

Bargkass
Runder Kuhmilchkäse, % variabel, weicher, glatter elastischer Teig mit kleinen Löchern, voller, leicht säuerlicher Geschmack, kaum Geruch, *Lothringen*

Barousse
Midi-Pyrénées
Runder Kuhmilchkäse, halbfester, elastischer kleinlöchriger Teig, gewaschene rosig-braune Rinde, je nach Jahreszeit und Lagerung, mild bis pikant

Basillac
Blauschimmelkäse, 45%, *Auvergne*

Bayard, (Le Petit ~)
Runder Blauschimmelkäse aus Kuhmilch, 45%, *Dauphiné, Provence-Alpes-Côte d'Azur*

Beaufort (Gruyère de ~) (A.O.C.)
(aus Milch einer uralten Bergkuhart, „Tarines"oder „Tarentaises" genannt)
Großer (ca. 75 cm), runder, schnittfester Kuhkäse, in Schnitten verkauft; in den Bergen von *Savoyen, Rhône-Alpes* hergestellt, 48%; feuchte, klebrige Rinde, geschmeidig, glatt, fruchtig, salzig ♥ ♥ (mit dem Comté (↓) beliebteste Käse Frankreichs)

Beaujolais Pur Chèvre (Petit ~)
Runder Ziegenkäse, 45%, weich bis hart, hell-braune-graublaue Rinde, *Rhône-Alpes/Dauphiné*

Beaumont
Runder Kuhkäse, 48%, mittelhart, elastisch, glatt, gewaschene, gelbe Rinde, *Rhône-Alpes, Savoyen*

Belval
Belval, Artois, Picardie
Halbfester, schnittfester Trappistenkäse aus Kuh-vollmilch, 42%, mild bis kräftig

Berger Plat
Runder, junger Schafskäse, 45%, mild im Geruch und Geschmack, Rinde weiß-beige, *Rhône-Alpes*

Bergues
Runder, fester, flacher Kuhmilchkäse, 10-20%, mit Bier gewaschene Rinde, mild, *Nord-Pas-de-Calais*

Besace de Pur Chèvre
Rhône-Alpes, Savoyen
Kugelförmiger, kleiner, junger Ziegenkäse, 45%, dünne Schimmelrinde, weich, mild

Bethmale
Bethmale, Comté de Foix
Runder Kuhmilchkäse mit Tradition, 45-50%, sehr mild, halbfest mit Kellergeruch, *Midi-Pyrénées*

Béthune
Weichkäse, 45%

Bigoton
Junger, leichter, einfacher Ziegenkäse, 45%, *Centre*

Bilou de **J**ura (Le Petit ~) | Runder, junger Ziegenkäse, 45%, *Franche-Comté* ♥
BLANC | Frischkäse
BLEU (fromage) | Runder meist aus Kuhmilch hergestellter Edel-
(der Käse, nicht ein Zustand, | pilzkäse mit Blau- oder Grünschimmeladern;
ist mit „bleu"(blau) gemeint) | meist in Stücken, Scheiben oder Dreiecken ge-
| schnitten, verkauft. Nachhaltiger leichter Schim-
| melgeschmack, etwas salzig und bitter, cremig,
| herzhaft bis deftig. Wer sich in diesen Käsege-
| schmack „eingegessen" hat, möchte ihn nicht
| mehr missen!

Bleu d'**A**uvergne | Blauschimmelkuhkäse, 50% , klebrig, krümelig,
(A.O.C.) | feucht. Geschmack salzig-herb & nachhaltig ♥ ♥
| *Auvergne, Cantal*

Bleu de **B**resse | Blauschimmel-Kuhkäse, 50-56%, kräftig, butterig,
(Bresse bleu) | geschmeidig, schmelzend, *Rhône-Alpes, Bresse* ♥

Bleu des **B**urgons | Fruchtiger Schnitt-Schimmelkäse, 55%, *Burgund*

Bleu des **C**ausses | Blauschimmel-Kuhmilchkäse in Kalksteinfelsen-
(A.O.C.) | kellern gereift, 45%, elfenbeinfarben, krümmelig,
| feucht; mild im Sommer, pikant im Winter
| *Midi-Pyrénées/Languedoc-Roussillon* ♥ ♥

Bleu de **C**orse | Blauschimmelschafskäse, 45%, brüchig, pikant
| bis scharf, *Korsika* ♥

Bleu de **C**ostaros | Runder, hoher Blauschimmel-Kuhmilchkäse,
| 45%, mit Käsemilben! Etwas hart, kleinlöchrig,
| klebrig, leichter Schimmelgeschmack, *Costaros,*
| *Auvergne*

Bleu de **G**ex | Blauschimmel-Kuhmilchkäse, 50%, geschmeidig,
| weich, etwas säuerlich, nussig, *Jura*

Bleu du **H**aut-Jura | Blauschimmel-Kuhmilchkäse, 50%, geschmeidig,
(A.O.C.) | weich, etwas säuerlich, nussig, *Jura* ♥

Bleu de **L**angeac | Runder, fester Blauschimmel-Kuhmilchkäse mit
| trockener Rinde, % variabel, salzig mit deutlichem
| Schimmelgeschmack, *Langeac, Auvergne*

Bleu de **L**aqueuille | Runder Kuhmilchkäse mit sehr viel Blauschim-
(gibt es seit 1850) | mel, 45%, weich, sehr pikant, *Auvergne*

Bleu de **L**oudes | Runder Kuhkäse mit wenig Blauschimmel
Loudes, Auvergne | elastisch, klebrig, leicht säuerlich, kaum Geruch

Bleu du **Q**uercy	Runder Blauschimmelkuhkäse, 45%, mild, sehr
(gut für „Bleu-Einsteiger")	leicht nach Schimmel schmeckend, *Midi-Pyrénées*
Bleu de **S**assenage	Runder Bergkuh-Blauschimmelkäse, 45-50%,
Vercors, Rhône-Alpes	weich, cremig, angenehme Fülle, etwas bitter
Bleu de **S**eptmoncel	Blauschimmel-Kuhmilchkäse, 50%, geschmeidig,
	weich, etwas säuerlich, nussig, *Jura*
Bleu de **T**ermignon	Kuhmilchkäse aus den Alpen, 50%, mit natürlich
(Termignon in 1.300 m Höhe)	entstandenem Blauschimmel, brauner, harter,
(besondere Spezialität!)	fast versteinerter Rinde, brüchig, mit umwerfen-
	dem, raffiniertem, mildem, süß-saurem Ge-
	schmack ♥, *Rhône-Alpes*
Bleu de **T**hiézac	Blauschimmel-Kuhmilchkäse, 45%, derb, scharf,
	mit heißer Salzlake zubereitet, *Cantal*
Bonbel	Milder Kuhmilch-Schnittkäse, 25-50%
Bondard/**B**onde/	Rundzylindrischer Kuhmilchkäse mit Weiß-
Bondon	schimmelrinde, geschmeidig, sahnig, fruchtig,
Haute-Normandie	45-60%
Bonde de **G**âtine	Rundzylindrischer Ziegenkäse, 40-45%, sauer-sal-
Centre	zig, auf der Zunge zergehend, sanft, aromatisch ♥
Bonjura	Schmelzkäse (gewürzt) aus der Dose, eigentlich
	für die französischen Streitkräfte hergestellt
Bossons **m**acéré	Eingelegter Ziegenkäse, meist 48-58%
Bouca, (**L**e ~)	Kegelförmiger Ziegenkäse, 40-45%, weich, ausge-
	wogen säuerlich-salzig, starker Milchgeruch,
	Centre
Boudane	Kuhmilchkäse, siehe Tome de Ménage (↓)
Bougon	Runder, flacher Ziegen-/Kuhkäse, 50%, weicher
	Teig mit Weißschimmelrinde, *Poitou-Charentes*
Bouille, (**L**a ~)	Kleiner, hoher, runder Doppelrahm-Kuhkäse,
Haute-Normandie	60%, weich, geschmeidig, kräftig, fruchtig
Boule de **L**ille/	Kugelförmiger Kuhmilchkäse, dem Edamer ähn-
Mimolette **F**rançaise	lich, 40%, halbweich bis hart, *Nord-Pas-de-Calais*
Boule des **M**oines	Kugelförmiger Bio-Kuhkäse, wie Abbaye de la
(damit spielen Mönche „Boule")	Pierre-qui-Vire (↑), mit Knob- und Schnittlauch
	gewürzt
Boulette d'**A**vesnes	Kegelförmiger Kuhkäse, 45%, pikant, mit Pfeffer,
	vollmundig, mit Paprika bestäubt, *Nord, Flandern*

Boulette de **C**ambrai *Nord-Pas-de-Calais*	Rundkegelförmiger, milder, frischer Kuhmilchkäse, 45%, mit Salz, Pfeffer, Estragon und Petersilie
Bourguignon	Weichkäse mit Schmierrinde
Bourricot, (Le ~) *Cantal*	Runder, halbfester Kuhmilchkäse, 30%, *Auvergne*
Boursault	Rundzylindrischer Kuhkäse, 70%, etwas säuerlich, cremig, leichter Schimmelgeruch, *Île-de-France*
Boursin	Kleiner runder Kuhmilchkäse, 70%, cremig, mild, variabel gewürzt, z. B.: mit Pfeffer, Kräutern, Knoblauch u. a., *Haute-Normandie, Île-de-France*
Bouton de **C**ulotte *Burgund, Mâconnais*	Kleiner Ziegen/Kuhkäse, 45%, bröckelig, trocken, kräftig, pikant, kann auf der Zunge prickeln
Bouton d'**O**c *Midi-Pyrénées*	Birnenförmiger kleiner Ziegenkäse, 45%, weich, fein und angenehm, mit „Strohhalmstiel"
BrebioU (pur brebis)	Reiner baskischer Schafsmilchkäse, 50%, dünne weiße Rinde, cremig und mild ♥
BREBIS auch Pur Brebis	Überbegriff für Schafskäse; im Baskenland oft mit dem Stempel des Herstellers versehen, meist halbfest, mit natürlicher Rinde, mild, kräftig und herzhaft ♥
Brebis du **B**ersend	Runder Schafskäse, 45%, halbfest, *Rhône-Alpes*
Brebis (frais du) **C**aussedou	Quadratischer, weicher, frischer Schafskäse, 45%, leicht und süßlich, *Midi-Pyrénées*
Brebis du **L**ochois (Pur)	Runder Schafskäse mit weichem Teig, 45%, Naturschimmelrinde, *Perrusson, Centre*
Brebis **P**ays **B**asque le **C**ayolar	Runder Schafskäse, klebrig, grauer, halbfest - fester, glänzender Teig, löchrig, braune Rinde, *Aquitanien*
Brebis de **P**ays de **G**rasse	Quadratischer Schafskäse, 40%, halbfest, mild, leicht säuerlich, *Provence-Alpes-Côte-d'Azur* ♥
Brebis (des) **P**yrénées	Halbfester, runder Schafskäse, trockene, harte, bräunliche Naturrinde, *Vallée d'Ossau, Aquitanien*
Bressan	Rundzylindrischer Ziegen-/Kuhmilchkäse, 45%, süß-säuerlich, harmonisch, *Rhône-Alpes, Burgund*
Bresse **B**leu	siehe (↑) Bleu de Bresse
Breuil/**C**enberona	Runder Schafsfrischkäse, 30%, *Aquitaine*

Brie	Weicher, gesalzener Kuhmilchkäse, geschmeidig, sahnig, mild, 45%; mit Weißschimmelrinde, auf Stroh gereift; aus der Tortenform geschnitten ♥. Kenner essen ihn auch überreif, mit „rostiger" Rinde
Brie de Coulommiers	Zarter, fruchtiger Brie, 45%; das frische, etwas schimmelige Aroma ist anhaltend, *Île-de-France* ♥
Brie Fermier	Brie aus eigener Milcherzeugung, *Île-de-France*
Brie de Meaux (A.O.C.)	Sehr milder, etwas süßlicher, cremiger Brie, leichter Schimmelgeschmack, 45%, *Île-de-France/ Burgund/Champagne-Ardenne/Centre/Lothringen* ♥
Brie de Melun (A.O.C.)	Sehr milder, cremiger, leicht gesalzener Brie, 45%, *Île-de-France/Champagne-Ardenne/Burgund* ♥
Brie de Montereau	Runder Kuhmilchkäse, 45%, dem Brie de Meaux (↑) ähnlich, *Île-de-France*
Brie de Nangis	Runder junger, weicher Brie, 45%, *Île-de-France*
Brie Noir	Fester (1 Jahr gelagerter), runder Kuhmilchkäse, im Geschmack voll und samtig, *Île-de-France*
Brie le Provins	Runder Kuhmilchkäse, 45%, langanhaltender Milchgeschmack, klar und sauber, *Île-de-France*
Brillat-Savarin	Runder, weicher, cremiger, milder Kuhmilchkäse, 75% (!), mit Weißschimmelrinde, *Normandie* ♥
Brin d'Amour *Korsika*	Quadratischer (12 cm) Schafskäse, ca. 45%, cremig, leicht säuerlich, grauer, mit Rosmarin und Bohnenkraut bestreuter Naturrinde, *Haute-Corse*
Brique	Flacher, viereckiger Ziegen-/Kuhmilchkäse
Brique Ardèchoise	Quaderförmiger Ziegenkäse, ca. 45%, *Rhône-Alpes*
Brique du Forez *Auvergne/Rhône-Alpes*	Quaderförmiger Ziegen-/Kuhmilchkäse, 40-45%, natürliche Schimmelrinde, geschmeidig, nussig
Briquette de Coubon	Quaderförmiger Kuhmilchkäse, circa 45%, weicher Teig, natürliche Schimmelrinde, *Auvergne*
Brocciu (poivré) / Broccio / Fromage de Lactosérum (A.O.C.)	Runder bis kegelförmiger Ziegen- oder Schafskäse, 45%, mild bis kräftig, variabel, gesalzen, auch gepfeffert; wird auch warm gegessen, *Korsika*
Brousse	Ziegen-/Kuh-/Schafskäse, *Korsika/Provence*, 45%

Brousse du **R**ove	Kegelförmiger Schafs-/Kuhmilch-Frischkäse, 45%, *Provence-Alpes-Côte d'Azur*
Brousse de la **V**ésubie	Frischkäse, im Becher; aus Ziegen- oder Schafsmilch, 45%, zart, mild, aus der Gegend um *Nizza*
Bûche	Blauschimmelkäse, *Gex*, siehe Bleu-de-Gex (↑)
Bûchette d'**A**njou *Pays de la Loire*	Ziegenkäse, klein,, frisch, rundzylindrisch, 45%, leicht säuerlich, mit Holzkohlenasche bestäubt (n. B.)
Bûchette de **B**anon	Frischer rundzylindrischer Ziegenkäse, 45%, mit Bohnenkraut, *Provence-Alpes-Côte d'Azur* (n. B.)

C

Cabécou/**C**abécou de **G**ramat (A.O.C.)	Runder kleiner Ziegenkäse, 45%, fein, nussig, weich, *Midi-Pyrénées, Languedoc*
Cabécou de **P**icadou *Midi-Pyrénées*	Cabécou mit gestoßenem Pfeffer im Walnussoder Platanenblatt gereift, vorher mit Pflaumenschnaps benetzt, sehr würzig ♥ (dazu ein Schnäpschen!?)
Cabécou de **R**ocamadour (A.O.C.)	Runder Kuhkäse, 45%, zart, sahnig mit Nachgeschmack von Zucker und Sahne, *Midi-Pyrénées* ♥
Cabrion	Ziegenkäse in Platanenblättern gereift, 45%
Cabrioulet	Ziegenkäse, siehe Tomme de Chèvre (↓)
Cachaille, *Provence*	Gewürzter Ziegen-/Schafskäse, im Glas eingemacht
Cachat, *Aix-en-Provence*	Junger, cremiger Ziegenkäse in Marc eingelegt
Caillé	Frischkäse mariniert oder vermischt, *Provence*
Caillé de **L**ait de **V**ache *Aquitanien, Baskenland*	Frischer, runder Kuhmilchkäse, rindenlos, mit Honig oder Zucker und Armagnac, oft als Dessert serviert
Caillebotte	Cremiger, zarter Frischkäse aus Ziegen- oder Kuhmilch, Fettgehalt variabel, *Poitou-Charentes*
Caillebotte de **P**arthenay	Ziegenkäse, *Poitou-Charentes*
Calenzana (Le Niolo) *Korsika*	Quadratischer weißer Ziegen-/Schafskäse, ca. 45%, feucht, bröckelig, kaum Rinde, kräftig, *Haute-Corse*

Camembert	Runder Kuhmilchkäse, geschmeidig, cremig, mild, säuerlich; das Original kommt aus der *Normandie* mit 45% Fett ♥. Da der Name aber nicht geschützt ist, wird er auch andernorts hergestellt, schon ab 20%!; es gibt mehrere (zu viele?) Hersteller
Camembert affiné au Cidre à la Maison	Junger Camembert wird 15 Tage in Apfelwein (Cidre) eingelegt (für Genießer ♥) *Franche-Comté*
Camembert de Normandie (oft A.O.C.)	Camenbert, 45%, aus der *Normandie*; von dort kommt das Original der Camemberts ♥
Cancaillotte (Cancoillotte)/ Metton	Kuhmilchkäse, körnig, krümelig, mit Metton-käse (↓) verfeinert, oft mit Butter, Knoblauch und Wein angereichert, im „Becher" abgepackt, *Franche-Comté*
Cantal (und Salers) (A.O.C.) *Zentralmassiv*	Ältester (seit 2000 Jahren) französischer Kuhmilch-käse, 45%, schnittfest, je nach Reife weiß bis gold-gelb, mild bis kräftig, geschmeidig, fest, fein, nus-sig, gesalzen, *Auvergne/Midi-Pyrénées/Limousin* ♥
Cantalon	Kleiner Cantal (↑)
Capri Lezéen *Poitou-Charentes*	Runder, weicher Ziegenkäse, 50%, in Kastanien-blättern; klebrige Rinde mit leichtem Blauschim-mel
Caprice des Dieux	Runder Kuhmilchweichkäse, 60%, cremig, mild, buttrig, kaum Geruch, *Champagne-Ardenne* ♥
Capricorne de Jarjat *Rhône-Alpes*	Runder Ziegenkäse, 45%, prickelt im Mund, mit scharfem Schimmelgeschmack (für Fortgeschrittene ♥)
Carré de Bray	Eckiger Weichkäse, camembertartig, kräftig, 45%
Carré de Chaunay	Eckiger Ziegenkäse, 45%
Carré de l'Est	Quadratischer Kuhmilchkäse, 40-50%, elastisch, *Elsass, Champagne-Ardenne, Lothringen* ♥
Carré frais	Eckiger Frischkäse aus Kuhmilch
Cathelain, (Le ~)	Runder, junger Ziegenkäse, 45%, leicht säuerlich, zergeht auf der Zunge, *Rhône-Alpes, Savoyen*
Caussedou, (Le ~)	Kleiner, quadratischer Schafskäse, 45%, weicher, milder Teig, (Blau-)Schimmelrinde, *Midi-Pyrénées*
Cenberona	Schafskäse, siehe Breuil (↑)
Cendré	Kuhkäse, 20-30%, *Burgund/Champagne/Orléanais*

Cervelle de Canut/ Claqueret Lyonnais ♥	Kuhfrischkäse mit Schalotten, Knoblauch und Kräutern angemacht, etwas säuerlich, *Rhône-Alpes*
Chabichou (Fermier)/ Chabis (A.O.C.)	Kleiner, zylindrischer Ziegenkäse, 45% , herzhaft, pikant, *Poitou-Charentes*
Chabichou du Poitou ♥ Poitou-Charentes (A.O.C.)	Kleiner, zylindrischer Ziegenkäse, 45%, weiß-gelb-blaue Schimmelrinde, zart, süßlich, leicht säuerlich
Chambarand	Kuhmilchkäse, 45%, geschmeidig, cremig, mild, nussig, *Dauphiné*
Chaource (A.O.C.)	Junger, kleiner, zylindrischer Kuhmilchkäse, 50%, mit Weißschimmelrinde, cremig, mild, zergeht auf der Zunge, *Champagne, Ardennes, Burgund* ♥
Charentais	Ziegenkäse, 55%
Charolais/Charolles Burgund	Rundzylindrischer Ziegen-/Kuhkäse, 45%, weich, fein, Schimmelrinde, anhaltender Geschmack
Châteauroux	Ziegenkäse, *Loire*
Chaumes Aquitanien	Runder halbfester Kuhkäse, 50%, neutral bis kräftig und würzig, goldgelbe Rinde, kaum Geruch
Chef-Boutonne	Junger, leichter, pyramidenförmiger Ziegenkäse, 45%, *Poitou-Charentes* (n. B.)
Cendré des Riceys	Kuhkäse, siehe Riceys-Cendré (↓)
CHÈVRE	Ziegenkäse („Ziege"), mild bis streng, meist 45%
Chèvre Fermier Lothringen	Runder Ziegenkäse, 45%, ausgewogen, salzig-säuerlich, leichte blau-braune Schimmelrinde,
Chèvre Fermier Alpilles	Runder, junger Ziegenkäse, 45%, weicher, zarter Teig mit ausgeprägtem Geschmack, natürliche Schimmelrinde, *Provence-Alpes-Côte d'Azur*
Chèvre Fermier du Château-Vert	Runder Ziegenkäse, 45%, schwach säuerlich und süßlich, holzkohlengepulverte, weiß-graue Schimmrinde, *Provence-Alpes-Côte d'Azur*
Chèvre à feuille	Weichkäse aus Ziegenmilch
Chèvre Frais	Kleiner, runder Ziegenfrischkäse, 45%, *Centre*
Chèvre à l'Huile d'Olive et à la Sarriette	(Frischer) Ziegenkäse mit Bohnenkraut in Olivenöl eingelegt, *Provence-Alpes-Côte d'Azur*
Chèvre de Pays	Ziegenkäse, siehe Fromage au Lait de Chèvre(↓)
Chevrette des Bauges	Halbfester, runder Ziegen-/Kuhkäse, mit fester, braun-grauer Naturschimmelrinde, *Rhône-Alpes*
Chevrotin	Kleiner Ziegenkäse, dem Tom(m)e (↓) ähnlich

Chevrotin d'Alpage Vallée de Morzine	Runder Ziegenkäse, meist 45%, hellgelber Teig, süßer Duft, Honiggeschmack, *Rhône-Alpes* ♥
Chevrotin des Aravis *Savoyen* ♥	Kleiner, hoher Ziegen-/Kuhkäse, 45%, feuchte, orangenfarbene Rinde, mild, zart, fein harmonisch
Chevrotin Cabrion	Ziegelsteinförmiger Ziegen-/Kuhmilchkäse
Chevrotin de Mâcon	Kleiner Ziegenkäse, *Saône-et-Loire*
Chevrotin de Macôt	Kleiner, hoher Ziegenkäse, 45%, gelb/rosabraune Schimmelrinde, halbfest, *Savoyen, Rhône-Alpes*
Chevrotin du Mont Cenis *Rhône-Alpes*	Großer (ca. 45 cm) , runder Ziegenkäse, 45%, halbfest, löchrig, elastisch, klebrig, glatte Rinde
Chevrotin de Montvalezan *Savoyen, Rhône-Alpes*	Runder Ziegenkäse, 45%, halbfester, klebriger, glatter, elfenbeinfarbiger Teig, mit Kellergeruch
Chevrotin de Moulinas	Pyramidenförmiger Ziegenkäse
Chevrotin de Peisey-Nancroix, *Rhône-Alpes*	Runder kleiner (10-12 cm) Ziegenkäse, circa 45%, halbfest, klebrig, ausgereift, deliziös ♥
Chevroton	Ziegen-/Kuhmilchkäse, *Auvergne*
Chèvroton du Bourbonnais	Ziegenkäse, 40-45%, weich, mild, etwas säuerlich
Cierp de Luchon	Schafs-/Kuhmilchkäse, *Pyrenäen*
Citeaux	Kuhmilchkäse, 45%, halbfest, geschmeidig sehr fruchtig und kräftig, *Burgund* ♥
Civray *Poitou-Charentes*	Kleiner, rundzylindrischer, weicher Ziegenkäse, 45%, fein, süßlich und doch herzhaft ♥
Clacbitou	Sehr kleiner, rundzylindrischer weicher Ziegenkäse, jung, 45%, *Charolais, Burgund*
Claqueret Lyonnais	Angemachter Kuhfrischkäse, Cervelle de Canut (↑)
Clochette *Poitou-Charentes*	Kegelstumpfförmiger Ziegenkäse, 45%, weiches, angenehmes Aroma, natürliche Blauschimmelrinde
Cœur d'Arras	Herzförmiger Kuhkäse, 45%, cremig, vollmundig aber mild, *Nord-Pas-de-Calais*
Cœur d'Avesnes	Herzförmiger Kuhkäse, , 45%, cremig, vollmundig, aber süßlich mild, *Nord-Pas-de-Calais*
Cœur de Berry	Herzförmiger Ziegenkäse, 45%, mit Holzkohlenpulver bedeckt, *Centre*
Cœur de Bray	Herzförmiger Kuhmilchkäse, 45%, *Normandie*

Cœur de Camembert au Calvados	Camembert ohne Rinde in Calvados getränkt (eine Freude für Maigret, E. und U.), *Normandie*
Cœur de Lion	Runder Weichkäse, 45-55%, gelber Teig, buttrig, cremig, auf der Zunge zergehend, deliziös ♥ ♥
Cœur de Neufchâtel	Herzförmiger Kuhmilchkäse, 45%, *Normandie*
Comté (Gruyère de ~) oder **Gruyère Comtois** (A.O.C.)	Großer (bis 70 cm), runder Kuhkäse, in Schnitten verkauft, 45%, in den Bergen des *Jura* hergestellt, geschmeidig, glatt, fruchtig, salzig; mit dem Beaufort (↑) der beliebteste Käse Frankreichs
Confit d'Epoisses	Kuhkäse in Weißwein und Marc eingelegt, *Provence*
Cornilly, (Le ~) *Centre*	Rundzylindrischer Ziegenkäse, 45%, weicher bis harter Teig, weiße bis braune Rinde, je nach Reifung
Couhé-Vérac *Poitou-Charentes*	Quadratischer, weicher Ziegenkäse, 45%, im Platanen- oder Kastanienblatt, nussiger Geschmack
Coulommiers (siehe unter **Président** ¯)	Runde, verschieden große Kuhmilchkäse, 45-50%, mit Weißschimmelrinde, blassgelber Teig, weich, kräftig, frisch und sahnig, *Île-de-France* ♥
Crayeux de Roncq	Weicher Kuhkäse 55%, fein, kräftig, *Flandern*
Crémet	Kleiner Frischkäse
Crémet nantais, *Bretagne*	Zarter, cremiger Frischkäse aus Kuhmilch, 45-50%
Croix-d'Or	Kleiner Ziegenkäse
Crottin	Schafskäse, 45-55%
Crottin d'Ambert	Runder, weicher Ziegenkäse, circa 45%, Naturschimmelrinde, *Saint-Just, Auvergne*
Crottin de Berry à l'Huile d'Olive	(Frischer) Ziegenkäse, 45%, mit Kräutern der Provence, Pfeffer & Knoblauch in Olivenöl eingelegt *Provence-Alpes-Côte d'Azur*
Crottin de Chavignol (A.O.C.) ♥ (schmeckt zum Frühstück auch unreif (weiße Rinde))	Kleiner, hoher, runder (4cm) Ziegen-/Schafskäse, 45%, sollte reif sein (bräunliche Rinde); fester, glänzender Teig, duftet, ausgewogener, robuster Wohlgeschmack, *Poitou/Burgund/Berry/Loire*
Crottin de Pays	Runder, weicher Bergziegenkäse, 45%, natürliche Schimmelrinde, *Midi-Pyrénées*
Croûte rouge de Hollande	Edamer Schnittkäse mit roter Wachsrinde, bis 55%
Croupet *Île-de-France*	Runder, weicher, cremiger Kuhmilchkäse, 75% (!), Weißschimmelrinde, zerläuft leicht (auf der Zunge)

Curé de **B**onneville	Weichkäse
Curé **N**antais	Kuhmilchkäse, siehe Nantais (↓)

D

Dauphin *Nord-Pas-de-Calais,* *Picardie*	Fisch-, Herz- oder Quaderförmiger Kuhmilchkäse, 50%, ziegelrot, fest, körnig, sehr pikant, mit Petersilie, Estragon, Pfeffer und Nelken gewürzt
Délice de **S**aint-**C**yr *Île-de-France* ♥	Runder, weicher, cremiger Kuhmilchkäse, 75% (!), Weißschimmelrinde, zerläuft leicht (auf der Zunge)
Demi-sel	Kuhmilchfrischkäse, 40-45%, *Normandie*
Double-**C**rème	Doppelrahmfrischkäse, 60-75%
Dreux à la **F**euille (Feuille de Dreux) *Dreux, Île-de-France*	Flacher, runder, geschmeidiger Kuhmilchkäse, 28-40%, sehr fruchtig, mit einem auf den Weißschimmel aufgelegten Kastanienblatt
Duc Dauphiné	Kleiner frischer Weichkäse aus Kuhrohmilch, 60%, mild, leicht gesalzen, gibt es auch mit Pfeffer- oder Kräutermantel mit 50%, *Savoyen*

E

Échournac	Kuhmilch-Schnittkäse, 45-50%, halbfest, elastisch, mild und duftig, *Périgord* ♥
Emmental (français)	Großer (ca. bis 1 m), runder Kuhmilchkäse, 45%, aus pasteurisierter Milch hergestellt, geschmeidig, glatt, mit großen Löchern, aber dicht und schnittfest, mild, harmonisch, fruchtig, in *ganz Frankreich*
Emmental **G**rand **C**ru	Emmental(er) (↑) aus Frischmilch, mind. 45%
Entrammes	Kuhmilchkäse, siehe (↓) Port-du-Salut
Époisses de **B**ourgogne (A.O.C.)	Runder Weichkäse aus Kuhmilch mit gewaschener Rinde, 45-50%, geschmeidig, cremig, sehr pikant, auf der Zunge zergehend, *Auxois, Burgund* ♥ ♥
Ervy	Dem Brie (↑) ähnlicher Käse
Esbareich, *Midi-Pyrénées*	Runder Kuhmilchkäse, wie der Barousse (↑)
Exelsior, *Normandie*	Cremiger, milder, brüchiger Kuhmilchkäse, 72%!
Explorateur	Runder, cremiger, auf der Zunge zerschmelzender Kuhmilchkäse, 75% (!), *Île-de-France, Brie* ♥

F

Faisselle de Chèvre	Ziegenkäse im Becher (wird gelöffelt), *Midi-Pyrénées*
Faisselle de fromage blanc	Frischkäse im Körbchen oder Steinguttopf
Feuille de Dreux	siehe (↑) Dreux à la Feuille
Figue Aquitaine	Halbkugelförmiger, kleiner, weicher Ziegenkäse, 45%, krümelig, oft mit Holzkohlenpulver bestreut
Filetta, (La Fougère à ~)/ Pâte de Fromage	Runder, junger, weicher Ziegen-/Schafskäse, 45-50%, mit Farnblatt darauf, *Korsika*
Fin de Siècle Haute-Normandie	Runder Kuhmilchkäse, 72%, weich, cremig, auf der Zunge zerlaufend, weiße Schimmelrinde ♥
Fium'Orbo, (Le ~) Korsika	Runder, kleiner Ziegen-/Schafskäse, 50%, vollwürziges Aroma, klebrige Rinde, *Haute-Corse*
Fleur du Maquis Korsika Haute-Corse	Runder Schafskäse, 45%, weicher, würziger Teig, mit Peperonis, Wacholderbeeren, Bohnenkraut und Rosmarin gereift, Naturschimmelrinde ♥
Fondu au Marc	Milder Käse, in (ungenießbare) Weintraubenkernrinde gehüllt, *Savoyen*
Fontainebleau	Cremiger, milder Kuhmilch Frischkäse, 60-75%, sehr gut verdaulich, *Île-de-France* ♥
Fougeru(s), (Le ~) Brie, Île-de-France	Runder, elastischer, geschmeidiger Kuhmilchkäse, 45-50%, mit Weißschimmelrinde, kräftig, pikant, leicht salzig, mit Farnblatt(-Aroma)
Fourme	Halbfester Schnittkäse aus Kuhmilch
Fourme d'Ambert (A.O.C.) Rhônes-Alpes, Auvergne	Runder, hoher (19 cm) Blauschimmel-Kuhmilchkäse (in Scheiben verkauft), 45-50%, geschmeidig, fest, äußerst (zu?) mild, cremig, nussig
Fourme du Cantal	Cantal (↑) als Schimmelkäse, mild bis kräftig
Fourme de Chèvre Ardèche	Rundzylindrischer, weicher Ziegenkäse, 45%, natürliche blaugraue bis bräunliche Rinde, *Midi-Pyrénées*
Fourme de Montbrison	siehe Fourme d'Ambert (↑)
Frinault	Runder, hochwertiger, weicher Kuhmilchkäse, 50%, mit Asche von Rebenholz bestreut, *Centre*
Fromage(s)	Käse(sorten)

AZ Käse (Fromages)

Fromage affiné	Ausgereifter Käse
Fromage allégé	Fettarmer (neudeutsch: light) Käse, mehr was für Kranke
Fromage assortis	Verschiedene Käsesorten
Fromage Blanc	Quark-, Frisch-, Weißkäse aus Kuhmilch, 40%, oft gewürzt, auch als Dessert, gesüßt, mit Früchten
Fromage Blanc Fermier	Herzförmiger Kuhmilchfrischkäse, *Midi-Pyrénées*
FROMAGE DE BRÉBIS	Überbegriff für Schafskäse, aber auch für spezielle Schafskäsesorten aus kleinen Käsereien
Fromage de Brebis	Runder Schafskäse, mind. 50%, weicher, robuster Teig, so auch sein Geschmack, Naturschimmelrinde, *Languedoc-Roussillon*
Fromage de Brebis (Corse)	Runder Schafskäse, 50%, *Korsika, Corse-du-Sud*
Fromage de Brebis (des Pyrénées)	Runder, lange gelagerter, schwerer Schafskäse, der Teig gelb und fest, die Naturrinde bräunlich und hart. Dieser Käse ist so köstlich, dass man ihn lange kauen und im Mund behalten sollte. ♥ ♥ *Aquitanien*
Fromage de Brebis du Pays	Runder Schafskäse, 50%, *Languedoc-Roussillon*
Fromage de Brebis et Vache Fermier	Runder Schafs-/Kuhmilchkäse, drei Monate gereift, ziemlich fest, kleinlöchrig, feste Rinde, *Aquitanien*
Fromage de Brebis Vallée d'Ossau (A.O.C.)	Runder, halbfester Schafskäse, 50%, beim Händler gereift, erlesen und elegant, *Aquitanien* ♥ ♥
Fromage Cendré	Runder, weicher Kuhkäse, 20-30%, zwei Wochen in weißer Holzkohlenasche getrocknet, modrig *Champagne-Ardenne,* (n. B.)
FROMAGE de CHÈVRE	Ziegenkäse, Überbegriff
Fromage de Chèvre Ariège	Weicher Ziegenkäse, 45%, weiße Schimmelrinde, rund, die Säure und Süße kräftig, *Foix, Pyrenäen* ♥
Fromage de Chèvre de Coin	Runder Ziegenkäse, 45%, weicher Teig, Naturschimmelrinde, wie hausgemacht, *Auvergne*

Fromage de Chèvre Fermier *Midi-Pyrénées*	Runder, kleiner, hoher Ziegenkäse, 45%, kompakter, fester, rissiger Teig, Naturrinde (mit Herzprägung), kräftig im Geschmack; gibt es auch frisch ♥
Fromage de Chèvre Larzac	Runder Ziegenkäse, 45%, *Midi-Pyrénées*
Fromage des Chaumes	Kuhmilchkäse, *Aquitaine*
Fromages au choix	Käse zur Auswahl (z. B.: auf der Speisekarte)
Fromages Corse	Meist kleine bis mittelgroße, runde Schafs- und Ziegenkäse von *Korsika* mit eigenem Charakter ♥, wird dort meist ziemlich frisch auf dem Markt verkauft
Fromage Corse *Korsika*	Runder, halbfester Ziegen/Schafskäse, 48%, etwas salzig, mit gewaschener fester Rinde, *Haute-Corse*
Fromage Corse Niolo *Korsika*	Runder Schafskäse, 45%, weich, würzig, feuchte, grau-blaue-rötliche Schimmelrinde, *Haute-Corse*
Fromage du Curé	Kleiner Weichkäse aus Kuhmilch, 40%, *Bretagne*
Fromage de Dreux	Weich-/Schnittkäse aus Kuhmilch
Fromage fermenté	Käse nach einem Gärungsprozess
Fromage Fermier	Käse von einem einzigen Hersteller, nur von eigener Milch, nach traditioneller Methode hergestellt
Fromage Fermier	Runder Ziegenkäse, hart, trocken, *Lothringen* (n. B.)
Fromage Fermier Brebis *Korsika*	Runder, weicher Schafskäse, 45%, mild, fast geruchlos, gewaschene helle Rinde, *Haute-Corse* ♥
Fromage Fermier pur Brebis, *Limousin*	Runder Schafskäse, 45%, innen weich, am Rand hart, salzig-süß, harmonischer Nachgeschmack ♥
Fromage Fermier de Chèvre de la Tavagna	Runder, ziemlich harter Ziegenkäse, 45%, scharfer Geruch, *Korsika, Haute-Corse*
Fromage Fermier au Lait de Brebis	Runder (9-26 cm), halbfester Schafskäse, circa 45%, leicht gesalzt, Naturrinde, *Béarn, Aquitanien*
Fromage Fermier au Lait Cru de Brebis	Runder Schafskäse aus Rohmilch, mild, traditionell hergestellt, *Rouergue, Midi-Pyrénées* ♥
Fromage Fermier au Lait de Vache	Runder (11-20 cm), halbfester Kuhmilchkäse, circa 45%, Naturrinde, *Béarn, Aquitanien*
Fromage Fort ... *Rhône-Alpes* (es gibt viele Zubereitungen - und für denjenigen, der es deftig mag: ♥ ♥)	Aus Kuh- oder Ziegenkäse mit Flüssigkeiten, auch Cidre oder Schnaps & Gewürzen vergoren, meist als Brotaufstrich, offen, schöpfkellenweise verkauft. Starker Geruch, deftig im Geschmack; (für „Fortgeschrittene", die oft auch einen Schnaps dazu trinken)

Fromage frais	Frischkäse, meist aus pasteurisierter Milch, 45%
Fromage Frais	Kleiner Kuhfrischkäse, geschmeidig, süß-säuerlich, mit Lorbeerblatt, *Languedoc-Roussillon*
Fromage aux herbes	Frischkäse mit Kräutern und Knoblauch
Fromage d'Hesdin *Nord-Pas-de-Calais*	Runder Kuhmilchkäse, 40-42%, leicht süßlich, dem Trappe de Belval (↓) ähnlich, mild duftend ♥
Fromage d'Italie	Leberkäse
Fromage du Jas	Runder Ziegen-?, ich denke eher Schafskäse, 45%, etwas süß-säuerlich, *Provence-Alpes-Côte d'Azur*
Fromage de Lactosérum	Ziegen-/Schafskäse, siehe Brocciu (↑)
Fromage Pur Lait de Brebis	Runder Schafskäse, *Corse-du-Sud, Korsika*
Fromage au Lait de Chèvre/Chèvre de Pays	Weicher, runder Ziegenkäse, circa 45%, natürliche Schimmelrinde, *Auvergne*
Fromage de Monsieur/ Monsieur Fromage	Runder, kleiner, hoher Kuhmilchkäse, 60%, weich, buttrig, weiße Schimmelrinde, *Basse-Normandie*
Fromage de Montagne (Bergkäse)	Runder Kuhmilchkäse, circa 45%, Teig halbfest, dottergelb, löchrig; weiche, rosig-weiß gefleckte, feuchte Rinde, „kräftiger „Duft", *Midi-Pyrénées* ♥
Fromages de Montagne/ Le Pic de la Calabasse/ Le Rogallais ♥	Runde Kuhmilchkäse, 45-50%, kleinlöchrig, fester Teig, auf der Zunge zergehend, meist lange gelagert, braune Rinde mit Schimmelflecken, *Midi-Pyrénées*
Fromage de Montagne de Lège, *Midi-Pyrénées*	Runder Kuhmilchkäse, ca. 35 cm, 45%, gelber, löchriger Teig, kräftig, klebrige, rotbraune Rinde ♥
Fromage aux noix	Buttriger Weichkäse mit Nüssen
Fromage d'Or	Weichkäse, siehe (↓) Maroilles
Fromage d'Ossau Laruns	Runder Schafskäse, circa 45%, halbfest, herzhaft, bräunliche Naturrinde mit Herstellerprägung ♥ *Laruns, Aquitanien*
Fromage de Pays, Mixte *Aquitanien, Baskenland*	Runder Schafs-/Kuhmilchkäse, circa 45%, halbfest, gelber, kleinlöchriger, buttriger, feuchter, etwas süßlicher Teig, Naturrinde ♥
Fromage au poivre	Französischer Pfefferkäse
Fromage des Pyrénées	Kuhmilchkäse, 50%, geschmeidig, halbfest, mild, etwas säuerlich, *Pyrenäen, Baskenland*
Fromage de Troyes	Weichkäse, dem Camembert ähnlich

FROMAGE de VACHE   Überbegriff für Kuhmilchkäse
Fromage de **V**ache   Runder Kuhmilchkäse, halbfest, kräftig, würzig, Naturrinde, *Pyrenäen, Ossau-Tal, Aquitanien*
Fromage de **V**ache **B**rûlé   Runder Kuhmilchkäse, circa 45%, halbfest, mit
    Aquitanien, Baskenland   Eichenholzkohle aromatisiert, fein, säuerlich
Fromagée du **L**arzac   Milder Schafskäse im Topf, 50%, *Midi-Pyrénées*
Fromages **à pâte du**re   Hartkäse
Fromages **à pâte molle**   Weichkäse
Fropain des **m**ages   Schnittkäse, 56%

G

Galet de **B**igorre   Weicher, runder Ziegenkäse, 45%, wunderbares
    Midi-Pyrénées   harmonisches Salz-Zucker-Säure-Aroma ♥ ♥
Galet **S**olognot   Weicher, runder Ziegenkäse, 45%, schöner süß-
    Centre   säuerlicher Geschmack, „duftige" Schimmelrinde ♥
Galette des **M**onts du   Runder, fast noch flüssiger Kuhmilchkäse, 45%,
    Lyonnais   mit sehr zartem Milchgeschmack, *Rhône-Alpes*
Gaperon   Halbkugeliger Kuhkäse, 30-45%, halbfest, trocke-
    Auvergne   ne, harte Rinde, elastisch, Knoblauch und gemah-
    lener Pfeffer im Teig, kräftig-pikant, geräuchert ♥ ♥
Gardian   Frischkäschen aus Kuh- oder Schafsmilch, 45%,
    mit Kräutern und Lorbeer, *Provence, Côte d'Azur*
Gastanberra   Baskischer Schafsfrischkäse, 45-50%, *Aquitaine*
Géromé   siehe (↓) Munster-Géromé
Gervais   Doppelrahmfrischkäse aus Kuhmilch und Sahne
Gex   Blauschimmelkuhmilchkäse, *Jura*; Bleu de Gex (↑)
Gournay   Kleiner Weichkäse aus Kuhmilch, 45%, *Normandie*
Gournay **F**rais,   Herzförmiger Kuhfrischkäse, 45%, mild-aroma-
    tisch, *Normandie*
Grand **C**olombier des   Runder Ziegen-/Kuhmilchkäse, 45%, *Rhône-Alpes*
    Aillons
Grand **V**atel   Runder Kuhmilchkäse, 75%, weich, buttrig, auf
    der Zunge zergehend, weiße Schimmelrinde, ♥
    Burgund
Grappe (La ~)   Ziegen-/Kuhmilchkäse, *Savoyen*
Grataron d'**A**rèches   Runder Ziegenkäse, 45%, weicher, klebriger, fester
    Teig, etwas salzig, *Savoyen, Rhône-Alpes*

Käse (Fromages)

Gratte-Paille *Île-de-France*	Kleiner Kuhmilchkäse-Quader, 70%, weich, voller sahniger Geschmack, Weißschimmelrinde ♥
Greuilh	Sehr frischer Schafskäse, oft mit Marmelade verzehrt, *Aquitaine*
Gris de Lille (Puant de Lille/Puant Macéré)	Quadratischer Kuhmilchkäse, 45%, geschmeidig, weich, kräftig, gesalzen, „duftet", („der Stinker von Lille"), *Nordfrankreich*
Gruyère (wird oft gerieben oder geraspelt auch zum Überbacken verwendet)	Kuhmilchkäse, („Greyerzer", Schweizer Käse), in Frankreich Bezeichnung für alle großformatigen Hartkäse, 45%, fest, geschmeidig, mild, fruchtig, wird in *ganz Frankreich* hergestellt
Gruyère de Beaufort	Fester Kuhmilchkäse, siehe Beaufort (↑)
Gruyère de Comté/ Gruyère Comtois	Fester Kuhmilchkäse, siehe Comté (↑)
Guerbigny *Picardie*	Herzförmiger weicher Kuhmilchkäse, 45%, feuchter, klebriger Teig, deftiger Geruch & Geschmack

H

Hollande	Edamer-Käse, siehe Croûte rouge de Hollande (↑)

J

Jonchée (bretonne/ Jonchée niortaise)	Ziegen- Frischkäse, 45%, sehr weich und säuerlich, *Poitou*
Jurassic Fromi	Größerer runder Hartkäse aus Kuhmilch, 48%, kleinlöchrig, fruchtig, feste Rinde, *Jura*

L

Lacandou, (Le ~)	Runder Schafskäse, 45%, weich, mit natürlicher, weißer Schimmelrinde, *Aveyron, Midi-Pyrénées*
Laguiole (A.O.C.)	Großer (D. 40 cm, H. - 40 cm) traditioneller Kuhmilchkäse, dicke Rinde, 45%, fester, goldfarbener Teig, geschmeidig, Geschmack nachhaltig, leicht säuerlich, *Midi-Pyrénées, Auvergne, Languedoc-Roussillon* ♥

Langres (A.O.C.) *Champagne, Lothringen*	Runder, hoher Kuhmilchkäse, 50%, geschmeidig, fest, klebrig, kräftig, pikant, salzig, der Teig hell bis beige, die Rinde rot bis hellbraun eingefärbt
Larron	Magermilchkäse
Laruns *Aquitanien/Pyrenäen*	Runder Schafskäse, circa 45%, grau, bröcklig, hart, sehr harmonisch, mit „animalischem Duft", ♥
Laumes	Runder Schafs- oder Ziegenkäse, die Rinde mit Weinbrand gewaschen, *Burgund*
Levroux, *Centre/Loire*	Pyramidenstumpfförmiger Ziegenkäse, 45%
Ligueil	Runder Ziegenkäse, *Loire*
Livarot (A.O.C)	Runder, hoher Kuhmilchkäse mit Grashalmen eingebunden, 40%, geschmeidig, fein nach Wild- oder Dörrfleisch schmeckend, *Normandie* ♥
Lormes	Ziegenkäse, *Loire*
Lorraine	Großer Münsterkäse (6 kg), wenig gereift
Losange de Thiérache	Rautenförmiger Käse
Lou Magré	Runder Kuhmilchkäse, 25% (Geschmacksache, 25%!?), *Midi-Pyrénées*
Lou Pennol	Ziegenkäse, siehe Tome de Chèvre du Tarn (↓)
Loubières	Ziegenkäse, siehe Tomme de Chèvre (↓)
Lucullus *Île-de-France*	Runder Dreifachrahm-Kuhmilchkäse, 75%, weich, cremig, wie Butter auf der Zunge zergehend ♥

M

Mâconnais	Kegelförmiger Ziegenkäse, 45%, halbfest, brüchig, mild und nussig, *Burgund,*
Macquelines	Käse, ähnlich dem (↑) Brie
Magnum	Fetter Frischkäse aus Kuhmilch
Mamirolle	Quaderförmiger Kuhkäse, 40-45%, fest, elastisch, mild bis kräftig, *Doubs, Franche-Comté*
Manicamp	Viereckiger Kuhmilchkäse, *Thiérache*
Maredsous	Schnittkäse, *Belgien*, 45%
Maroilles (Marolles) (A.O.C.)	Quadratischer Weichkäse aus Kuhmilch, 45-50%, mit Rotschmiere, geschmeidig, cremig, pikant, ♥ *Picardie, Flandern, Artois, Nord-Pas-de-Calais*
Matocq (A.O.C.)	Runder Schafskäse, 50%, halbfest, glatt, etwas salzig, Naturrinde, *Asson, Béarn, Aquitanien* ♥

Matocq (ohne A.O.C.)	Runder Kuhkäse, 50%, halbfest, glatt, etwas
(für den Export)	salzig, Naturrinde, *Asson, Béarn, Aquitanien* ♥
Metton	Körniger Kuhmilchkäse, *Franche-Comté*
Mignon	Kleine Version des (↑) Maroilles
Mignot	Weichkäse, recht scharf
Mimolette	Kuhmilchkäse, 45%, fest, zart, nussig, *Flandern*
Mimolette Française	Kuhmilchkäse, siehe Boule de Lille (↑)
Mixte	Runder Käse ½ Schafs- und ½ Kuhmilch, herzhaft, volles Aroma, % variabel, *Aquitanien, Baskenland*
Monceau	Käse, ähnlich dem (↑) Maroilles
Monsieur Fromage	Frischkäse, mild, siehe Fromage de Monsieur (↑)
Mont-Cenis, *Savoyen*	Blauschimmel-/Ziegen-/Kuhmilchkäse, 45%
Mont d'Or	Kuhmilchkäse, siehe Vacherin du Haut-Doubs (↓)
Mont d'Or du Lyonnais (Mont d'Or de Lyon)	Runder, flacher Ziegen-/Kuhmilchkäse, 45%, herzhaft, salzig, aber nicht sauer, *Rhône-Alpes* ♥
Montrachet	Ziegenkäse, 40-45%, halbfest, nussig
Monts-des-cats	Kuhmilchkäse (Trappistenkäse), 45-50%, halbfest, sauermilchig, *Flandern*
Montségur	Milder Schnittkäse, 45%
Morbier	Runder (ca. 40 cm) Kuhkäse, 45%, mit dunkler Mittelfurche (!?), halbfest, innen elfenbeinfarbig, geschmeidig, fruchtig, nachhaltiger Geschmack (jaah!), *Franche-Comté, Savoyen*
Mothais à la Feuille	Runder Ziegenkäse auf Platanenenblättern gereift, 45%, weich, nussig bis pikant, *Poitou-Charentes*
Mothe-Saint-Héray, (La ~)	Weißschimmelziegenkäse, 45%, *Nordw.frankreich*
Mouflon, (Le ~) *Corse-du-Sud*	Quadratischer, fälschlich als Ziegenkäse bezeichnet, ist aber vom Mufflon (Schaf), hergestellt, 50%
Moularen *Montlaux*	Runder Schafskäse, 50%, weicher, sahniger Teig, der auf der Zunge zergeht, gewaschene, orangefarbene Rinde, *Provence-Alpes-Côte d'Azur* ♥
Moulis, (Le ~) *Midi-Pyrénées* (für Fortgeschrittene ♥)	Runder Kuhmilchkäse, 48%, löchriger, gelber bis bräunlicher, öliger Teig, streng, pikant, etwas auf der Zunge beißend, trockene, braune Rinde

Munster/ **M**unster-**G**éromé (A.O.C.) <small>(Münsterkäse)</small>	Runder Weichkäse aus Kuhmilch mit Gelb-schmiere, dem „Limburger" ähnlich, auch im Geruch, *Elsass*, *Lothringen*
Murol	Kleiner, kringelförmiger Kuhmilchkäse, 45%, gel-ber Teig, orangenrote, gewaschene Rinde, ela-stisch, halbfest, mild, *Auvergne*
Murolait	Kleiner, zylindrischer (Mittelstück des Murol (↑)) Kuhmilchkäse mit roter Wachshülle, 45%, halb-fest, mild, *Auvergne*

N

Nantais/ Curé Nantais/ **Fromages du pays** **Nantais dit Curé**	Quadratischer Kuhmilchkäse, 40%, glatte, feuchte Rinde, kleine Löcher, geschmeidig, halbfest, kräftig bis deftig, *Pays Nantais*, *Pays de la Loire*
Neufchâtel (A.O.C.)	Verschieden geformter Kuhmilchkäse mit samtiger, trockener Weißschimmelrinde, 45-50%, vollmun-dig, zart, säuerlich, *Normandie/Picardie* ♥
~ **B**onde/ ~ **D**ouble **B**onde	Rundzylindrische Neufchâtelkäse (↑)
~ **B**riquette	Quaderförmiger Neufchâtel
~ **C**arré	Quadratischer Neufchâtel
~ **C**œur, ~ **C**œur de **B**ray, ~ **Gr**and **c**œur	Herzförmiger Neufchâtel
Niolin/Niolo, (Le ~) *Haute-Corse/Korsika*	Quadratischer Ziegenkäse, 50%, weich, klebrig, prickelnd pikant, ausgeprägter (!) Geruch ♥

O

Oléron	Schafskäse von der Insel *Oléron*
Olivet *Orleáns, Centre*	Pyramidenförmiger Kuhmilchkäse mit Weiß-schimmelrinde, vollmundig, zart, fruchtig
Olivet Cendré	Runder, weicher Kuhmilchkäse, 40-45%, in Reben-asche gelagert, leichter Schimmelgeruch, *Centre*
Olivet au Foin *Centre*	Wie Olivet Cendré (↑), aber in Heu gelagert, 45%
Oloron	Schafskäse, cremeartig, *Béarn*

Ossau Fermier Runder Pyrenäen-Schafskäse, halbfest, % ?, klein-
löchrig, sehr harmonisch, auf der Zunge zuerst
trocken, dann mit angenehmem süß-saurem
Aroma ♥, *Aquitanien, Pyrenäen*

Ossau-Iraty-Brebis Runder Käse aus der Milch von Manech-Schafen
Pyrénées (verschieden groß) hergestellt, 50%, geschmeidig, cremig bis fest,
(A.O.C.) nussig, charakteristisch, *Aquitanien, Baskenland,* ♥

Oustet Frischkäse, *Ariège*

P

Palouse des Aravis Runder, halbfester Ziegenkäse, in der Sennhütte
(Pur Chèvre d'Alpage) hergestellt und gelagert, fester, trockener, kräftig-
pikanter Teig, harte Rinde, *Grand-Bornand,
Rhône-Alpes*

Parfait Überfetter Weichkäse aus Kuhmilch

Passe-l'an Sehr lange gereifter Hartkäse aus Kuhmilch

Pâte de Fromage Käsepaste aus Ziegen/Schafsmilch, 50%, siehe
auch Filetta (↑), *Korsika, Haute-Corse*

Pâte molle Weichkäse

Pâte fine Fort Kuhmilchkäse im Becher, mit Gewürz & Weißwein
Rhône-Alpes

Pâté de Fromage Quarkkuchen, Käsekuchen

Pavé, (Le ~) Quadratischer Ziegenkäse mit Blauschimmelrinde,
45%, bissfest, etwas trocken, mit harmonischem
Geschmack von Süße/Säure und Salz, *Rhône-Alpes*

Pavé d'Auge Quadratischer, hoher Kuhkäse, 50%, fest, pikant,
geschmeidig, etwas bitter, *Normandie*

Pavé Blésois Quadratischer Ziegenkäse, 45%, reiner, auf der
Centre Zunge prickelnder Teig, trockene Schimmelrinde

Pavé de la Ginestarié Quadratischer Berg-Ziegenkäse, 45%, weicher Teig,
die Rinde mit Naturschimmelflecken, schmeckt
angenehm leicht nach Stroh, auf dem er gelagert
wurde ♥, *Albi, Midi-Pyrénées*

Pavé du Plessis, (Le ~) Eckiger, weicher, kleinlöchriger Kuhkäse, 50%,
Haute-Normandie mild, süß-salzig, die Naturrinde weiß bis orange-
farbig

Pavé de Roubaix *Nord-Pas-de-Calais*	Quaderförmiger Kuhkäse, 45%, schnittfest, mit sehr harter, farbiger Rinde, der Teig karottenfarbig
Pélardon des Cévennes	Runder Ziegenkäse, 45%, kompakt bis bröcklig, nussig, ohne Rinde, harmonisch, intensiver (nachhaltiger) Geschmack, *Languedoc-Roussillon*
Pélardon des Corbières	Runder Ziegenkäse, 45%, geschmeidig, mild, etwas säuerlich, ♥, *Languedoc-Roussillon*
Pérac	siehe Pérail de Brebis Lou Pérac (↑)
Pérail de Brebis	Kleiner, runder Schafskäse, 45-50%, weich, rahmig, glatt, mild, samtig, weiße Naturschimmelrinde ♥, *Midi-Pyrénées*
Pérail de Brebis Lou Pérac	Prämierter, runder Schafskäse, („Schafs-Camembert") 50%, zart, vollmundig, *Midi-Pyrénées* ♥
Persillé	Rundzylindrische Blauschimmelkäse, meist aus Ziegenmilch, meist in *Savoyen, Rhône-Alpes* hergestellt
Persillé des Aravis	Kleiner Ziegenkäse
Persillé de la Haute-Tarentaise,	Wie der folgende (↓) Blauschimmelziegenkäse, circa 45%, aber fester, weil doppelt so lange gelagert, *Rhône-Alpes*
Persillé de la Tarentaise	Blauschimmelziegenkäse, 45%, cremig, säuerlich
Persillé de Tignes *Rhône-Alpes, Savoyen*	Blauschimmelziegenkäse, 45%, entfaltet seinen vollpikanten, salzigen Geschmack, wenn der Teig brüchig und die senffarbene Rinde hart wird
Persillé de Savoie	Blauschimmelziegenkäse aus *Savoyen*, Überbegriff
Persillé du Semnoz *Rhône-Alpes*	Halbfester Ziegen/Kuhkäse, 45%, klebriger Teig mit grün-blauem Schimmel; braun-graue, feste Rinde
Petit Pardou, (Le ~) *Laruns, Aquitanien*	Kleiner (ca. 10 cm), runder Pyrenäen-Kuhmilchkäse, 50%, ländlich angenehmer, solider Geschmack ♥
Petit-Suisse	Rundzylindrischer Mini-Kuhfrischkäse, 40%, weich, *in ganz Frankreich* süß-säuerlich, siehe auch *Suisse* (↓)
Pèvre d'Aï	Ziegen-/Kuhmilchkäse, siehe Poivre d'Âne (↓)
Pic de la Calabasse, (Le ~)	Kuhmilchkäse, siehe Fromage de Montagne (↑)
Picadou	Ziegen-/Kuh-/Schafs-Käse, siehe Cabécou (↑)
Picodon (A.O.C.)	Runder würziger Ziegenkäse, 45%, *Rhône-Alpes/ Provence, Côte d'Azur/Languedoc-Roussillon*

Picodon de l'**A**rdèche	~ streng, salzig, pikant
Picodon de **C**rest	~ mild, würzig, säuerlich
Picodon du **D**auphiné	~ würzig, voll ausgereift
Picodon de **D**ieulefit	~ mit Weißschimmel und weichem Innenkern
Picodon de la **D**rôme	~ bröcklig, salzig-mild bis pikant
Picodon à l'**H**uile d'**O**live	~ in Olivenöl eingelegt
Pierre-qui-**v**ire	Fester Kuhmilchkäse, 45%, kräftig, duftig, *Burgund*
Pierre-**R**obert	Runder Kuhmilchkäse, 75%, weich, sehr mild, (zum „Lutschen für Käseanfänger"), *Île-de-France*
Pitchou, (Le ~) *Rhône-Alpes*	In Traubenkernöl & Kräutern der Provence eingelegter „St.-Marcellin-Käse" (↓), 50%, im Becher verkauft, kräftig, würzig, etwas säuerlich ♥
Pithiviers au **F**oin *Centre*	Runder, weicher Kuhmilchkäse, 40-45%, kräftig, geschmeidig, die Weißschimmelrinde mit Heuduft
Poivre d'**Â**ne/**P**èvre d'**A**ï *Provence-Alpes-Côte d'Azur*	Kleiner, weicher Ziegen-/Kuhmilchkäse, 45-50%, in aromatischen Blättern, wie Thymian & Bohnenkraut eingewickelt gereift, pfeffriger Geschmack ♥
Pont-l'**E**vêque (A.O.C.) ♥	Quadratischer Kuhmilchkäse, 45%, weich, kräftig, geschmeidig, herzhaft, typisch, *Normandie/Loire*
Port-**S**alut, *Entrammes, Pays de la Loire*	Runder, halbfester Kuhmilchkäse, 50%, weich, mild, etwas klebrig, elastisch, gelbgefärbte Rinde
Port-du-**S**alut/ **E**ntrammes *Pays de la Loire*	Nach alter Tradition hergestellter, runder Kuhmilch Schnittkäse, mild bis pikant, orangenfarbene Rinde ♥
Pouligny-**S**aint-**P**ierre (A.O.C.) (Spitzname: Pyramide oder Eifelturm)	Pyramidenförmiger Ziegenkäse, 45%, der Teig ist sehr weiß, fein, feucht, krümelig, die Rinde bräunlich, mit blauem Schimmel, riecht nach Ziegenmilch und Stroh, salzig-süßer Geschmack, *Centre/Loire* ♥ ♥
Pourly	Kleiner, runder, hoher Ziegenkäse, 45%, frisch, fein, leicht, nussig, *Auxerrois, Burgund*
Poustagnac	Frischkäse mit Paprikaschoten
Providence	Milder Trappistenkäse
Président (Coulommiers)	Dem Camembert ähnlicher Weichkäse, 52%, angenehm mild und cremig, *Lothringen*

Puant de **L**ille	Kuhmilchkäse, 45 %, siehe Gris de Lille (↑)
Puant **M**acéré	Kuhmilchkäse, 45 %, siehe Gris de Lille (↑)
Pyramide (blanche)	Ziegenkäse (ohne Belag), *Nordwestfrankreich*, 45%
Pyramide (cendrée)	Ziegenkäse (mit Holz- oder Pflanzenkohle), 45%
Pyrénées	Zylinderförmiger Kuhmilchkäse, *Pyrenäen*

Q

Quart	Kleiner Maroilles-Käse (↑)
Quatre-**V**ents	Kleiner runder Ziegenkäse, 45%, weicher Teig, Naturschimmelrinde, *Rhône-Alpes*
Quercy (Petit ~) *Quercy*	Kleiner Ziegenkäse, ca. 45%, weicher Teig, der Kern meist noch unreif, mit Maulbeerbaumblättern darauf

R

Raclette in *ganz Frankeich* und auch der *Schweiz, aber* eigentlich aus *Savoyen*	Runder, fester Kuhmilchkäse, 45%, hellgelber, kräftiger Teig, goldgelbe Rinde; leider meistens nur zum Schmelzen „missbraucht", dabei schmeckt er auch naturbelassen mit einem schönnen „Roten" ♥ig
Ramequin de **L**agnieu	Weichkäse aus Ziegenmilch
Reblochon (de **S**avoie) (A.O.C.) *Rhône-Alpes/Savoyen*	Runder Kuhmilchkäse, min. 45%, sehr geschmeidig, mild, speckig, würzig, cremig, sahnig, nussig, mit orangenfarbener, gewaschener Naturrinde ♥
Régime	Magerer Frischkäse
Remoudou	Weichkäse mit Rotschmiere, *Belgien*
Riceys, (Les ~)	Weichkäse aus Magermilch, 30-45%, *Nordwestfr.*
Riceys **c**endré, **C**endré des **R**iceys	Kuhmilchkäse, in der Rebholzasche gereift, mit Weißschimmel, geschmeidig, nussig, *Champagne*
Rigotte *Rhône-Alpes*	Runder, kleiner, junger, weicher Kuhmilchkäse, glatt, cremig, leicht säuerlich, 40-50%, kaum Rinde
Rigotte des **A**lpes	Hoher, Mini-Kuhmilchkäse, 45% (Tipp: pfeffern)
Rigotte de **C**ondrieu	Flacher, runder Ziegenkäse, 45%, *Rhône-Alpes* ♥
Rigotte d'**E**chalas	Hoher, runder Kuhmilchkäse, 50%, *Rhône-Alpes*
Rigotte de **S**te.- **C**olombe	Hoher, runder Kuhmilchkäse, 50%, *Rhône-Alpes*

Käse (Fromages)

Rocamadour (A.O.C.)	Ziegenkäse, 45%, halbfest bis bröckelig, milchig, nussig, *Quercy*
Rochefort	Kuhmilchkäse, 45%, ähnlich dem (↑) Cantal
Rocroi (cendré)	Kuhmilchkäse mit Weißschimmel (in Asche), 20-30%, geschmeidig, nussig, zart, *Ardennes*
Rogeret de Lamastre	Kleiner, weicher Ziegen-/Kuhmilchkäse, circa 45%, Naturschimmelrinde, *Lamastre, Rhône-Alpes*
Rollot *Picardie*	Runder oder herzförmiger Kuhmilchkäse, 45%, weich, klebrig, anfangs mild, wird dann deftig
Romans	Kuhmilchkäse, siehe Tomme de Romans (↓)
Ronde des **f**romages	Große Käseauswahl, Käseplatte (im Restaurant)
Roquefort (mind. 52%) (A.O.C.) (stark kontrolliert!) ♥ ♥ ♥ (Für den wirklichen Käseliebhaber der **König** unter allen Käsesorten!) Nicht nur ein Rotwein oder Rosé, auch ein süßlicher Weißwein mundet wunderbar dazu. Mein Tipp: Sollte er zu scharf (geworden) sein, etwas Butter untermischen	Ältester (vor a. d. 0079!) Edelpilzkäse Frankreichs, aus Schafsmilch hergestellt, meist in Scheiben, Keilstücken oder Ecken verkauft. Er darf nur in *Südfrankreich* und auf *Korsika* produziert werden, aber lagern muss er in den Naturhöhlen des Mont Combalou *bei Roquefort, Aveyron*. Er ist geschmeidig, zart, feucht, buttrig, etwas salzig und je nach Reifegrad umwerfend kräftig bis scharf. Den meistverkauften produziert die Société de caves et des Producteurs Réunis (60%) und Casino, aber den besten (meine Meinung) produziert Maria Grimal
Rougeret	Kleiner Ziegenkäse
Rouy	Weichkäse mit Rotschmiere
Ruffec	Hoher, runder Kuhmilchkäse, *Charente*
Rustique (Le ~)	Runder, milder Camembert, 45%, *Normandie*

S

Saingorlon,	Weicher Kuhmilchkäse, 50%, sehr pikant *Jura, Auvergne*
Saint-Agathon	Kleiner, runder, flacher Ziegenkäse, *Bretagne*
Saint-Albray	Aromatischer Kuhmilch-Weichkäse, 50%, *Béarn*
Saint-Benoît	Weichkäse, *Loire*
Saint-Claude	Kleiner Ziegenkäse, *Jura*
Saint-Félicien	Kuhmilchkäse mit Weißschimmel, 60%, zart geschmeidig, nussig, *Rhône-Alpes*

Saint-**F**élicien de **L**amastre	Kleiner, runder, weicher, milder Ziegenkäse, 45%, gelbe Naturschimmelrinde, *Lamastre, Rhône-Alpes*
Saint **F**lorentin	Weicher, milder, leicht gesalzener Kuhmilch-Frischkäse, 50%, *Burgund*
Saint-**G**orlon, **S**aingorlon	Würziger Kuhmilchkäse mit Innenschimmel, 48%
Saint **L**oup	Runder, hoher Ziegenkäse
Saint-**M**arcellin ♥ *Rhône-Alpes/Isère*	Runder Kuhmilch- oder Ziegenkäse, 40-50%, mit Weißschimmel, geschmeidig, mild, leicht säuerlich
Saint **M**arie	Frischer Kuhmilchkäse, *Loire*
Saint(e)-**M**aure (de **T**ourraine) (A.O.C.)	Runder, langer, zylindrischer Ziegen-Weichkäse, 45%, trockene Blauschimmelrinde mit Asche bestreut, der Teig bröckelig, harmonisch salzig-sauer, nussig duftend, *Centre/Poitou-Charentes* ♥
Saint-**N**ectaire (A.O.C.)	Runder, feiner Kuhmilchkäse mit schimmeliger Rinde, 45%, geschmeidig, cremig, nussig, pikant, auf der Zunge vergehend, fein-herb, mit unverwechselbarem Kellergeruch, *Auvergne* ♥
Saint-**P**ancrace *Rhône-Alpes*	Runder Ziegenkäse, 45%, fester, glatter Teig, der auf der Zunge süßlich und mild zergeht
Saint-**P**aulin	Runder Kuhmilchkäse, dem Port-Salut ähnlich, siehe dort (↑), elastisch, mild
Saint-**R**émy *Lothringen*	Quadratischer, kleiner Kuhmilchkäse, 45-50%, sehr neutral im Geschmack (na ja?), gewaschene Rinde
Saint-**W**inoc, (Le ~)	Runder Kuhmilchkäse (diktatormäßig), die Rinde mit Bier gewaschen, % variabel, strenger Geschmack, der Geruch ist stechend, *Nord-Pas-de-Calais*
Salakis	Blockförmiger Schafskäse, 50%, fein, ohne Rinde
Salers (und Cantal (↑)) (A.O.C.) (mit Aluminiuplakette) ♥ ♥	Ältester (seit 2000 Jahren) französischer Kuhmilchkäse, 45%, kompakt, fest, geschmeidig, gelb, glatt, kräftig mit unübertroffenem, fruchtigem Aroma, duftet (!), *Zentralmassiv, Midi-Pyrénées/Limousin*
San **P**etrone *Korsika*	Quadratischer Schafskäse, 45%, salzig-deftiger Geschmack, locker, ohne Rinde, *Haute-Corse*
Sancerre, **S**ancerrois	Kleiner runder, pikanter Ziegenkäse, 45-58%, *Cher*
Santranges	Kleiner, robuster, weicher Ziegenkäse, 45%, *Centre*
Sarteno	Ziegenkäse oder Schafskäse, 50%, fest, glatt, betont bis pikant, *Korsika* ♥

Saulxurois, (Le ~)	Quadratischer Kuhkäse, 45%, dem Carré de l'Est (↑) ähnlich, nur etwas salziger, *Champagne-Ardenne*
Savaron	Schnittkäse aus Kuhmilch
Séchon de **Ch**èvre **Dr**ômois	Runder kleiner, trockener Ziegenkäse, 45%, halbweich, salzig-süß, *Rhône-Alpes, Dauphiné*
Ségalou *Midi-Pyrénées*	Quader-brotförmiger Kuhkäse, 45%, ohne Rinde, weich, geschmeidig, angenehm, harmonisch
Selles-sur-**C**her (A.O.C.)	Runder Ziegenkäse, 45%, mit unebener, blaugrauer Schimmelrinde, feucht, lehmig, wirkt hart, zergeht aber auf der Zunge, harmonisch, sauer-süß-salzig, leichter Schimmelgeschmack, ♥ *Centre/Berry*
Septmoncel (Bleu de ~)(↑)	Edelpilzkäse aus Kuh- und Ziegenmilch, *Savoyen*
Sérac,	Ziegen-/Kuhfrischkäse, meist angemacht und gewürzt, *Rhône-Alpes*
Soleil	Frischer Doppelrahmkäse in einer Hülle aus in Rum getränkten Rosinen und Sultaninen
Sorbais	Kuhmilchkäse, ähnlich dem (↑) Maroilles
Soumaintrain *Burgund*	Runder, weicher Kuhmilchkäse, 45%, der Teig hell und cremig, die Rinde mit Salzlake gewaschen
Sourire **Lo**zérien	Runder Kuhmilchkäse, 25%, *Languedoc-Roussillon*
Suisse (Demi- ~ / Petit- ~)	Doppelrahmfrischkäse aus Kuhmilch, 60/75%
Suprême ♥	Runder (Camembert-ähnlicher) Weichkäse, 62%!

T

Tamié	Runder Kuhmilchkäse, 50%, weich, elastisch, mild ein wenig bitter, *Rhône-Alpes*
Tarentais	Kleiner, zylindrischer Ziegenkäse, 45%, frisch oder weich mit Schimmelrinde, *Savoyen, Rhône-Alpes*
Tartare (Le ~) *Périgord*	Sämiger Kuhmilch-Kräuterkäse & Knoblauch ♥
Taupinière, (La ~)	Halbkugelförmiger, weicher Ziegenkäse, 45%, sehr harmonisch und angenehm, *Poitou-Charentes* ♥
Thenay	Weichkäse aus Kuhmilch, *Loire/Orléanais*
Thoissey	Kleiner, runder, hoher Ziegenkäse
Tignard	Blauschimmelkäse

Tome oder **Tomme**	Kleiner Bergkäse, siehe (↓) **Tomme de Savoie**
Tome Alpage de la **Va**noise	Runder Kuhmilchkäse, 45%, ca. 17-18 cm, mit bunter Rinde, mild und aromatisch, *Rhône-Alpes*
Tome de Banon	Kleiner (ca. 6 cm) Ziegenkäse, 45%, goldgelbe Rinde mit Weißschimmel und Bohnenkrautzweig, der den Duft typisch macht, *Provence-Alpes-Côte d' Azur*
Tome Chèvre	Runder, dicker Ziegenkäse, ca. 45%, halbfest, mit Kellergeruch, einem trockenem mit roter Flechte überzogenem Stein gleichend, *Südkorsika*
Tome de Chèvre	Runder Ziegenkäse, ca. 45%, halbfest, nach Heu duftend, *ganz Korsika*
Tome de Chèvre **Belle**ville	Runder, löchriger, halbfester Bergziegenkäse, 45%, *Belleville, Rhône-Alpes*
Tome de Chèvre du **Tar**n/Lou **Pen**nol	Runder Ziegenkäse, 45%, trocken-schimmlige, geriefelte Rinde, weicher, weißer, kompakter Teig, sahnig, auf der Zunge zergehend ♥ *Tarn, Midi-Pyrénées*
Tome de Ménage/**Bou**dane	Runder Kuhmilchkäse, 45%, dottergelber, kompakter, speckiger Teig, Kellergeruch, *Rhône-Alpes*
Tome Mi-Chèvre du **Lè**cheron	Runder Ziegen-/Kuhmilchkäse, 45%, mild, fest, die Rinde ausgetrocknet, krustig, *Rhône-Alpes*
Tome Pays Basque	Runder Kuhmilchkäse, 45%, fest, unelastisch, leicht, zerbrechlich, harmonisch, zergeht auf der Zunge ♥, *Aquitaine*
Tomme	siehe **Tomme de Savoie** (↓), Überbegriff
Tomme d'Arles	Runder kleiner (ca. 9 cm), recht junger Ziegenkäse, 50%, *Provence-Alpes-Côte d'Azur*
Tomme de l'Aveyron (Petite ~) (*Causse du Larzac*)	Runder Kuhmilchkäse, 20 oder 40%, weich, elfenbeinfarbiger, feuchter, kleinlöchriger Teig, intensiver Geschmack, leicht säuerlich, *Midi-Pyrénées*
Tomme du Bougnat	Runder (ca. 30 cm) Kuhmilchkäse, 45%, natürliche, braungraue Rinde, intensiver Geschmack, *Auvergne*
Tomme de Brach	Runder , fester Ziegenkäse, 45%, kräftig bis derb *Limousin*
Tomme Capra	Runder (ca. 6 cm), Ziegenkäse, 45%, *Rhône-Alpes*
Tomme Corse *Korsika*	Runder, harter Schafskäse, 48%, süß-salzig-säuerlich, pfeffrig; graue bis rote Rinde, *Corse-du-Sud*

TOMME DE CHÈVRE Runder Ziegenkäse, siehe auch Chevrotin d'Alpage (↑)

Tomme de Chèvre/ Cabrioulet/Loubières Runder Ziegenkäse, circa 45%, gelbgrauer, löchriger halbfester Teig, die Rinde gleicht einem trockenen Stein, mit Keller- und Schimmelgeruch, kräftig, vollaromatisch, würzig ♥, *Loubières, Midi Pyrénées*

Tomme de Chèvre d'Alpage, Morzine Runder Almziegenkäse, 45%, halbfest, Teig gelbgrau, blumig duftend, *Morzine, Rhône-Alpes* ♥

Tomme de Chèvre Vallée de Morzine Runder Almziegenkäse, 45%, halbfest, Teig gelbcremefarbig, schwer, klebrig, auf der Zunge zergehend, mit intensivem Nachgeschmack *Morzine, Rhône-Alpes*

Tomme de Chèvre de Pays Runder Ziegen-Landkäse, 45%, halbfest, dunkelgelb, trocken, hellbraun-rote Schimmelrinde, mild, ohne Säuregeschmack ♥, *Gascogne, Midi-Pyrénées*

Tomme de Chèvre Pays Nantais Runder Ziegenkäse, 45%, cremefarbiger, feiner, fester Teig, orangefarbene, feuchte Rinde, schmeckt nach einer Mischung aus Wein & Ziegenmilch ♥ *Pays de la Loire*

Tomme de Chèvre Puimichel Runder Ziegenkäse, circa 45%, halbfest, heller Teig, feuchte, gewaschene, gelb-rötliche Rinde *Provence-Alpes*

Tomme de Chèvre Vallée de Novel Runder Ziegenkäse, 40%, weicher Teig, braune, feuchte Rinde, *Novel* am *Genfer See, Rhône-Alpes*

Tomme de Courchevel Runder Ziegenkäse, 45%, weicher Teig mit wenigen Löchern, vollmundiges Aroma, krustige Rinde, *Savoyen*

Tomme Fermière des Lindarets Runder Kuhmilchkäse, % variabel, löchriger Teig, weder zu trocken noch zu pikant, *Rhône-Alpes*

Tomme Fraîche siehe (↑) Aligot

Tomme de la Frasse Fermière Runder Kuhmilchkäse, % variabel, geschmeidig, fest, säuerlich, *Cluses, Rhône-Alpes*

Tomme du Faucigny Runder Kuhmilchkäse, 40%, würzig, aromatisch, der Teig ist gelb mit kleinen Löchern, *Rhône-Alpes*

Tomme Le Gascon	Runder Kuhmilchkäse, 45-50%, trockene Rinde, gelber, geschmeidiger Teig, viellöchrig, milchig-weicher, aber vollmundiger Geschmack *Gascogne, Midi-Pyrénées*
Tomme Grasse Fermière des Bauges	Runder Kuhmilchkäse, 45%, kräftig, pikant, die Rinde ist dick und krustig, *Rhône-Alpes*
Tomme Grise de Seyssel	Runder Kuhmilchkäse, 40%, löchrig mit deftigem (Socken-)Geruch, *Seyssel, Rhône-Alpes*
Tomme de Huit Litres	Runder Ziegenkäse, circa 45%, weiß, glatt, fast geruchlos, mild-aromatisch, *Provence-Alpes*
Tomme Label Savoie	Kuhmilchkäse, siehe Tomme de Lullin (↓)
Tomme de Lomagne	Runder Kuhmilchkäse, 30%, halbfest, gelber Teig, Natur- Schimmelrinde, *Gascogne, Midi-Pyrénées*
Tomme de Lullin	Runder Kuhmilchkäse, 40%, mit kleinen Löchern, zerschmilzt auf der Zunge, *Lullin, Rhône-Alpes*
Tomme au Marc de Raisin	Runder Kuhmilchkäse, 40%, 1 Monat in Marc (Tresterschnaps) eingelegt, *Rhône-Alpes*
Tomme du Mont Cenis	Runder Kuhmilchkäse, 45%, weicher, feuchter kleinlöchriger Teig, süßlich-milder Geschmack, angenehm klebrig auf der Zunge, *Rhône-Alpes*
Tomme de Montagne *Elsaß*	Runder Kuhmilchkäse, circa 45%, fest, buttergelb, gelb-weiße-rotfleckige Rinde, mild-aromatisch ♥
Tomme de Romans	Runder Kuhmilchkäse, 45-50%, weicher, weißer Teig, Schimmelrinde, Kellergeruch, *Rhône-Alpes*
TOMME DE SAVOIE (oft auch „Tome") 110 gr bis maximal 3,5 kg (selten)	Überbegriff für meist kleine, runde Käse, aus verschiedenen Milchsorten (auch gemischt), 20-50%, auf kleinen Berghöfen in *Savoyen, Rhône-Alpes* hergestellt. Der Name wird meist mit dem Namen des Dorfes verbunden, woher er kommt. Tom(m)es sind mild, cremig, elastisch, mit kleinen Löchern und schnittfest. (**Tipp:** Lassen Sie sich nicht von der relativ hässlichen Rinde und dem Kellergeruch von diesen schmackhaften Käsen abbringen!)
Tomme de Savoie au Cumin	Runder Kuhmilchkäse, 30-40%, etwas zäher Teig mit wildgewachsenem Kümmel, *Rhône-Alpes*
Tomme de Savoie maigre	Runder Kuhmilchkäse, 30%, *Rhône-Alpes/Savoie*

Tomme de **S**éranon	Kleiner (ca. 9 cm) Kuhmilchkäse, 45%, weicher, bröckliger, weißer Teig mit dünner, leicht schimmliger Rinde, *Provence-Alpes-Côte d'Azur*
Tomme de **T**hônes	Runder, hoher Kuhmilchkäse, 40%, *Rhône-Alpes*
Tomme de **V**endée	Flacher Ziegenkäse, 45%, halbfest, fast glatt, Naturrinde, salzig wohlschmeckend, *Pays de la Loire*
Tommette de l'**A**veyron	Runder, kleiner (ca. 8 cm) Schafskäse, circa 45%, halbweicher, gelber Teig, trockene Naturschimmelrinde, deftig-würzig, auf der Zunge zergehend ♥, *Midi-Pyrénées*
Tommette **M**i-**C**hèvre des **B**auges	Runder, kleiner (ca. 11 cm) Ziegen-/Kuhmilchkäse, 45%, halbfester, feuchter, weicher, klebriger gelbbräunlicher Teig mit trockener, krustiger Rinde, *Rhône-Alpes*
Toucy	Kleiner, weicher Ziegenkäse, 45%, leicht und angenehm, *Auxerrois, Burgund/Loire*
Toupin	Hartkäse mit Rotschmiere (lokal)
Tourmalet	Kleiner (ca. 10 cm), runder Pyrenäen-Schafskäse, 50%, ländlich angenehmer, solider Geschmack ♥, *Laruns, Aquitanien*
Tournon **S**aint-Martin	Flacher Ziegenkäse, *Loire*
Trappe (Véritable ~)	(Echter) Trappisten-Käse, 40%, runder, halbfester, elastischer, heller, löchriger Kuhmilchkäse, gewaschene, helle Rinde, sehr mild, *Pays de la Loire* (*Abbaye de la Coudre, Nähe Laval, Region Maine*)
Trappe de **B**elval	Runder Kuhmilchkäse von 40 Nonnen produziert (!), 40-45%, halbfest, elastisch, glatt, heller Teig, gewaschene, weiche Rinde, mild mit feinem (Nonnen-)Duft, *Artois, Abbaye de Belval, Nord-Pas-de-Calais*
Trappe Echourgnac (Trappistenkäse)	Runder Kuhmilchkäse, 45%, halbfest, elastisch, harmonisch & fein, dem Port-du-Salut (↑) ähnlich, *Abbaye d' Echourgnac, Périgord, Aquitaine*
Trappiste de **B**ricquebec	Trappistenkäse, *Manche, Normandie*
Trappiste de Chambaran	Runder, kleiner Kuhmilchkäse, 45%, halbfest, gewaschene, feuchte, rosafarbene Rinde, sehr mild, dem Port-du-Salut (↑) ähnlich, *Roybon, Rhône-Alpes*

Tricorne de **Ma**rans (Dreispitz)	Dreieckiger Schafs/Ziegen/Kuhkäse, 48%, frisch, weich, kräftig, schwach säuerlich, *Poitou-Charentes, Marans*
Triple-**C**rème	Dreifachrahmfrischkäse, 75%, sehr cremig
Triple-**c**rème **a**romatisé	Frischkäse mit Kräutern, *Île-de-France/Normandie*
Trois **c**ornes	Dreieckiger Kuhmilchkäse
Trôo	Ziegenkäse, der in Pflanzenasche reift
Trouville	Weichkäse
Truffier (Le ~)	Halbfester Kuh-Schnittkäse, 50%, fruchtig, würzig

U

U Rustinu und U **M**untanacciu	Runder weicher Schafskäse, 45%, feuchte, rötliche angeschimmelte Rinde, *Korsika, Haute-Corse*

V

Vachard, (Le ~)	Runder Kuhmilchkäse, halbfest, 30%, *Rhône-Alpes*
Vache Frais	Sehr junger Kuhmilchkäse, ohne Salz, *Aquitaine*
Vacherin	Weichkäse aus Kuhmilch
Vacherin d'**A**bondance **F**ermier	Runder, junger, weicher Kuhmilchkäse mit Tannenrinde umhüllt, sahnig, mild, leicht säuerlich ♥, *Savoyen*
Vacherin des **B**auges	Runder Kuhmilchkäse, *Rhône-Alpes* (nix Besonderes)
Vacherin du **H**aut-**D**oubs, (Mont d'Or) (A.O.C.)	Runder Kuhmilchkäse mit Tannenrindenstreifen umwickelt, 45-55%, cremig, salbig, sehr mild, leicht, rötliche, feuchte Rinde, *Franche-Comté, Doubs*
Valençay	„Gekappter", pyramidenförmiger Ziegenkäse, 45%, fest, mild, nussig, geascht, *Berry, Centre, Touraine*
Vallée de **M**orzine	Ziegenkäse, siehe Chevrotin d'Alpage (↑)
Vallée d'**O**ssau	Cremiger Schafskäse
Venaco, (Le ~)	Runder Ziegen-/Schafskäse, 45%, *Haute-Corse, Korsika*
Vendôme	Weicher Kuhmilchkäse mit Weißschimmel, 50%, fruchtig, blumig, *Orléans, Centre* ♥
Vendômois	Kleiner, runder Ziegenkäse, 45%, fein, leicht säuerlich, mit Holzkohlenasche bestäubte Rinde, *Centre*

Véritable **N**antais	Kleiner, viereckiger, milder Kuhkäse, *Bretagne*
Vézelay	Kleiner Ziegenkäse, *Burgund*
Vieille **T**omme à la **P**ièce	lange gereifter Tomme de Savoie (↑)
Vieux-**B**oulogne	Quadratischer Käse, 45%, aus Milch von Kühen, die am Meer weiden, hergestellt, halbfest, elastisch, cremig, mild, sehr fein. Die Rinde ist mit Bier gewaschen, rötlich und feucht mit durchdringendem Geruch, *Nord-Pas-de-Calais,* ♥
Vieux **C**orse, (Le ~)	Quadratischer Schafskäse mit Blauschimmel, 50%, schmierfähiger, klebriger, weißer Teig, ohne Rinde, salzig, deftig (wie ein alter Korse!), etwas für Kenner, ♥, *Haute-Corse, Korsika*
Vieux **G**ris	Kuhmilchkäse mit Rotschmiere, 45%, fest, zart, nussig, *Flandern, Picardie*
Vieux **H**ollande	Käse, ähnlich dem (↑) Mimolette
Vieux **L**ille	Sehr scharfer Kuhmilchkäse, *Thiérache, Picardie*
Villebarou	Runder Ziegenkäse, *Loire-et-Cher, Centre*

Regionen & Departements,

die bei den Begriffen im vorderen Buchteil aufgeführt sind. Die Nummern und Bezeichnungen in Klammern beziehen sich auf das jeweilige Departement, gut im Frankreich-Michelin-Reise-Atlas zu finden (vom ADAC). Frankreich besitzt 22 Verwaltungsregionen mit jeweils mehreren Departements, ingesamt sind es 96, die meistens nach Flüssen benannt sind. Nachstehend die Verwaltungsbezirke mit ihren jeweiligen Departements und ihren Numerierungen (gilt auch für die letzten Nummern der Kfz-Kennzeichen):

DEPARTEMENT	REGION-PROVINZ
01 Ain	**Rhône-Alpes**
02 Aisne	**Picardie**
2A Corse-du-Sud	**Corse** (Süd-Korsika)
2B Haute-Corse	**Corse** (Nord-Korsika)
03 Allier	**Auvergne**
04 Alpes-de Haute Provence	**Provence-Alpes-Côte d'Azur**
05 Hautes-Alpes	**Provence-Alpes-Côte d'Azur**
06 Alpes-Maritimes	**Provence-Alpes-Côte d'Azur**
07 Ardèche	**Rhône-Alpes**
08 Ardennes	**Champagne-Ardenne**
09 Ariège	**Midi-Pyrénées**
10 Aube	**Champagne-Ardenne**
11 Aude	**Languedoc-Roussillon**
12 Aveyron	**Midi-Pyrénées**
13 Bouches-du Rhône	**Provence-Alpes-Côte d'Azur**
14 Calvados	**Basse-Normandie**
15 Cantal	**Auvergne**
16 Charente	**Poitou-Charentes**
17 Charente-Maritime	**Poitou-Charentes**
18 Cher	**Centre**
19 Corrèze	**Limousin**
21 Côte d'Or	**Bourgogne** (Burgund)
22 Côte-d'Armor	**Bretagne**
23 Creuse	**Limousin**
24 Dordogne	**Aquitaine** (Aquitanien)

25 Doubs	**Franche-Comté**
26 Drôme	**Rhône-Alpes**
27 Eure	**Haute-Normandie**
28 Eure-et-Loir	**Centre**
29 Finistère	**Bretagne**
30 Gard	**Languedoc-Roussillon**
31 Haute-Garonne	**Midi-Pyrénées**
32 Gers	**Midi-Pyrénées**
33 Gironde	**Aquitaine** (Aquitanien)
34 Hérault	**Languedoc-Roussillon**
35 Ille-etVillaine	**Bretagne**
36 Indre	**Centre**
37 Indre-et-Loire	**Centre**
38 Isère	**Rhône-Alpes**
39 Jura	**Franche-Comté**
40 Landes	**Aquitaine** (Aquitanien)
41 Loir-et-Cher	**Centre**
42 Loire	**Rhône-Alpes**
43 Haute-Loire	**Auvergne**
44 Loire-Atlantique	**Pays de la Loire**
45 Loiret	**Centre**
46 Lot	**Midi-Pyrénées**
47 Lot-et-Garonne	**Aquitaine** (Aquitanien)
48 Lozère	**Languedoc-Roussillon**
49 Maine-et-Loire	**Pays de la Loire**
50 Manche	**Basse-Normandie**
51 Marne	**Champagne-Ardenne**
52 Haute-Marne	**Champagne-Ardenne**
53 Mayenne	**Pays de la Loire**
54 Meurthe-et-Moselle	**Lorraine** (Lothringen)
55 Meuse	**Lorraine** (Lothringen)
56 Morbihan	**Bretagne**
57 Moselle	**Lorraine** (Lothringen)
58 Nièvre	**Bourgogne** (Burgund)
59 Nord	**Nord-Pas-de-Calais**
60 Oise	**Picardie**
61 Orne	**Basse-Normandie**
62 Pas-de-Calais	**Nord-Pas-de-Calais**

63 Puy-de-Dôme	**Auvergne**
64 Pyrénées-Atlantiques	**Aquitaine** (Aquitanien)
65 Hautes-Pyénées	**Midi-Pyrénées**
66 Pyrénées-Orientales	**Languedoc-Roussillon**
67 Bas-Rhin	**Alsace** (Elsaß)
68 Haut-Rhin	**Alsace** (Elsaß)
69 Rhône	**Rhône-Alpes**
70 Haute-Saône	**Franche-Comté**
71 Saône-et-Loire	**Bourgogne** (Burgund)
72 Sarthe	**Pays de la Loire**
73 Savoie	**Rhône-Alpes**
74 Haute-Savoie	**Rhône-Alpes**
75 Paris	**Île-de-France**
76 Seine-Maritime	**Haute-Normandie**
77 Seine-et Marne	**Île-de-France**
78 Yvelines	**Île-de-France**
79 Deux-Sèvres	**Poitou-Charentes**
80 Somme	**Picardie**
81 Tarn	**Midi-Pyrénées**
82 Tarn-et-Garonne	**Midi-Pyrénées**
83 Var	**Provence-Alpes-Côte d'Azur**
84 Vaucluse	**Provence-Alpes-Côte d'Azur**
85 Vendée	**Pays de la Loire**
86 Vienne	**Poitou-Charentes**
87 Haut-Vienne	**Limousin**
88 Vosges	**Lorraine** (Lothringen)
89 Yonne	**Bourgogne** (Burgund)
90 Territoir-de-Belfort	**Franche-Comté**
91 Essonne	**Île-de-France**
92 Hauts-de-Seine	**Île-de-France**
93 Seine-Saints-Denis	**Île-de-France**
94 Val-de-Marne	**Île-de-France**
95 Val d'Oise	**Île-de-France**

Wichtige Städte & Provinzen

Agen, Stadt und Präfektur an der Garonne im Südwesten Frankreichs (47/Lot-et-Garonne)

Albi, sehr schöne Stadt und Präfektur, mit einer sehenswerten Katethrale, am Tarn im Südwesten Frankreichs, Midi-Pyrénées (81/Tarn) ♥

Alsace, auch Elsass genannt, Bezirk am Rhein, im Norden an die schöne Pfalz grenzend (67, 68), Hauptstadt ist Straßburg

Angoulême, Stadt und Präfektur an der Charente im Westen Frankreichs, Poitou-Charentes (16/Charente)

Anjou, Kleinstadt nahe der Rhône im Südosten Frankreichs, Rhône-Alpes (38/Isère)

Antibes, Kurort an der franz. Riviera mit malerischem Hafen im Südosten Frankreichs, Provence-Alpes-Côte d'Azur (06/Alpes-Maritimes)

Antillen (kleine ~), mit den französischen Inseln Guadeloupe & Martinique

Aquitaine, historische Landschaft zwischen den Pyrenäen, Cevennen und Loire, Atlantik (33/Gironde, 40/Landes, 64/Pyrénées-Atlantiques)

Arcachon, Badeort a. Atlantik, Südwest-Frankreich, Aquitaine, (33/Gironde)

Ardennen, Gebirge in Nordfrankreich, Luxemburg und Südbelgien, Champagne-Ardenne (08/Ardennes)

Argenteuil, Vorort an der Seine oberhalb von Paris im Norden Frankreichs, Île de France (95/Val d' Oise)

Ariège, Departement und Fluss im Süden Frankreichs zur spanischen Grenze 09 (Midi-Pyrénées)

Arles, Stadt am Rhônedelta im Südosten Frankreichs, Provence-Alpes Côte d'Azur (13/Bouches-du-Rhône)

Aude, Departement und Fluss im Süden Frankreichs, nahe der spanischen Grenze, Languedoc-Roussillon (11/Aude)

Aunis, Gegend in Poitou-Charente (Angoumois 17) am Atlantik

Angoumois, Gegend in der Charente um Cognac (16, 17)

Artois, nördlichste Gegend am Ärmelkanal (62)

Auvergne, historische Landschaft im südlichen Mittelfrankreich, frühere Hauptstadt: Clermont-Ferrand (Allier (03), Cantal (15), Haute-Loire (43) und Puy-de-Dôme (63)

Aveyron, Departement & Fluss im Süden Frankreichs, (12/Midi-Pyrénées)

Avignon, Stadt und Präfektur an der Rhône im Südosten Frankreichs, Provence-Alpes-Côte-d'Azur (84/Vaucluse) ♥

Wichtige Städte & Provinzen

Banyuls, Badeort am Mittelmeer im Süden Frankreichs, zur spanischen Grenze, Languedoc-Roussillon (66/Pyrénées-Orientales)

Baskenland, westlicher Teil der Pyrenäen im Süden Frankreichs (64, 65)

Basse Normandie, im Nordwesten Frankreichs, am Ärmelkanal (50, 14, 61)

Bayeux, Stadt am Ärmelkanal im Nordwesten Frankreichs, Basse Normandie (14/Calvados)

Bayonne, südostfranzösische Stadt an der Adour, zwischen (am) Atlantik und Westpyrenäen, Aquitaine (64/Pyrénées-Atlantiques)

Béarn, Heimat des französischen Königs Henri IV in der Gascogne (64, 65)

Bélon, Kleinstadt an dem gleichnamigen Fluss im Nordwesten Frankreichs, Bretagne (29/Finistère)

Belval, kleiner Ort in den Vogesen mit Käsereien (88/Voges)

Berry, histor. Landschaft Mittelfrankreichs frühere Hauptstadt: Bourges (18)

Biarritz, Hafenstadt am Atlantik im Südwesten Frankreichs, Aquitaine (64/Pyrénées-Atlantiques)

Bordeaux, Hafen-, Handels- und Weinstadt an der Garonne im Südwesten Frankreichs, Aquitaine (33/Gironde)

Bourget (Le ~), Vorort nordöstlich von Paris im Norden Frankreichs, Île de France, (93/Seine-Saint-Denis)

Bourgogne (Burgund) mit Côte d'Or (21, Nièvre (58), Saône-et-Loire (71), Yonne (89)

Brabant, Landschaft in Nordostbelgien und den südlichen Niederlanden

Bresse (La ~), fruchtbare franz. Landschaft zwischen Jura und Saône (88)

Brest, Atlantik-Hafenstadt im Nordwesten Frankreichs, Bretagne, (29/Finistère)

Bretagne, franz. Halbinsel zwischen Atlantik & Ärmelkanal (22, 29, 35, 56)

Burgund, historische Landschaft und Weinregion in Ostfrankreich, frühere Hauptstadt: Dijon (21) (siehe auch Bourgogne ↑)

Camargue, französische Rhônedelta-Landschaft im Süden Frankreichs (13)

Cancale, Badeort und Fischerdorf am Golf von Saint-Malo am Ärmelkanal im Nordwesten Frankreichs, Bretagne (35/Ille-et-Villaine)

Cantal, Departement, Erhebung und Hochfläche im französischen Zentralmassiv, Auvergne (15/Cantal)

Carcassonne, Stadt und Präfektur an der Aude und dem Canal du Midi im Süden Frankreichs, nahe der spanischen Grenze, Languedoc-Roussillon, (11/Aude) ♥ ♥

Carpentras, Stadt nahe der Rhône im Südosten Frankreichs, Provence Alpes Côte d'Azur (84/Vaucluse)

Castelnaudary, Kleinstadt am Canal du Midi im Süden Frankreichs, nahe der spanischen Grenze, Languedoc-Roussillon (11/Aude)

Centre (das „Zentrum"), südlich von Paris mit Cher (18), Eure-et-Loire (28), Indre (36), Indre-et-Loire (37),Loir-et-Cher (41) und Loiret (45)

Cevennen, südfranz. Schiefergebirge zwischen Ardèche & Herault (30, 34)

Champagne, nordfranzösische Landschaft im Pariser Becken (Reims, (51)

Champagne-Ardenne mit Ardennes (08), Aube (10), Marne (51), Haute-Marne (52)

Charente(s), Departement und Landschaft in Westfrankreich gegen den Atlantik zu, Poitou-Charentes (16/Charente)

Charente(s) maritime(s), Departement in Westfrankreich, Poitou-Charentes (17/Charente-Maritime)

Cherbourg, Hafenstadt am Ärmelkanal im Nordwesten Frankreichs, Basse Normandie (50/Manche)

Clamart, Vorort südwestlich von Paris, Île de France, (92/Hauts-de-Seine)

Clamecy, Kleinstadt an der Yonne und dem Canal du Nivernais in Mittelfrankreich, Bourgogne (58/Nièvre)

Cognac, Stadt an der Charente in Westfrankreich, Poitou-Charentes (16)

Collioure, sehenswertes Hafenstädtchen am Mittelmeer im Süden Frankreichs, an der spanischen Grenze, Languedoc-Roussillon (66/Pyrénées-Orientales) ♥

Corbières, Weinbaugebiet im Rouissillion, (11/Aude), südlich von Narbonne

Corse (Korsika) mit Corse-du-Sud (2A) und Haute-Corse (2B)

Côte d'Azur, die französ. Riviera im Alpenbereich (die blaue Küste) (06, 83)

Crest, Stadt a. d. Drôme im Südosten Frankreichs, Rhône-Alpes (26/Drôme)

Dieppe, Hafenstadt und Badeort am Ärmelkanal im Norden Frankreichs, Haute Normandie (76/Seine-Maritime)

Dijon, Hauptstadt der Bourgogne im Osten Frankreichs (21/Côte d'Or)

Dordogne, Departement im Westen Frankreichs, Aquitaine (24/Dordogne)

Dunkerque (Dünkirchen), Hafenstadt im Norden Frankreichs an der belgischen Grenze, Nord Pas-de-Calais (59/Nord)

Elsaß (Alsace), Bezirk am Rhein, nördlich an die schöne Pfalz grenzend (67, 68)

Flandres (Flandern), belgisch-französische Landschaft; der französische Teil befindet sich im Norden der Picardie (80)

Franche-Comté, Bezirk im Osten Frankreichs mit Doubs (25), Jura (39), Haute Saône (70), Territoire de Belfort (90)

Wichtige Städte & Provinzen

Garonne, Fluss (durch 31/Haute-Garonne und 47/Lot-et-Garonne),
beginnt in Spanien und endet im Atlantik

Garonne (La), **Hafenstadt** im Südosten Frankreichs, Provence-Alpes-Côte
d'Azur (83/Var)

Gascogne, histor. Landschaft Südwestfrankreichs, ehem. Hauptstadt:
Auch (32)

Gex, Stadt und Landschaft am Fuß des französischen Juras im Osten
Frankreichs, an der Schweizer Grenze, Rhône-Alpes (01/Ain)

Gironde, Departement im Südwesten Frankreichs, Aquitaine (33/Gironde)

Grasse (La ~), Stadt im Südosten Frankreichs, nahe des Mittelmeers,
Provence-Alpes-Côte d'Azur (06/Alpes-Maritimes)

Grenoble, Alpenstadt und Präfektur an der Isère im Osten Frankreichs,
Rhône-Alpes (38/Isère)

Havre (Le), Hafenstadt im Norden Frankreichs, Haute Normandie
(76/Seine-Maritime)

Hérault, Departement im Süden Frankreichs, Languedoc-Roussillon
(34/Héault)

Île de France, Bezirk im Norden Frankreichs, Paris und sein Umland mit
Ville de Paris (75), Seine-et-Marne (77), Yvelines (78), Essonne 91), Hauts-
de-Seine (92), Seine-Saint-Denis (93), Val-de-Marne (94) & Val-d'oise (95)

Isère, Departement im Osten Frankreichs, Rhône-Alpes (38/Isère)

Isigny (-sur-Mer), Hafenstadt im Nordwesten Frankreichs, Basse Normandie
(14/Calvados)

Jura, Departement im Osten Frankreichs, Franche-Comté (39/Jura)

Katalanien, Region im Nordosten Spaniens, reichte früher bis Narbonne
im Rouissillon (11, 66), daher gibt dort sehr viele katalanische Gerichte

Korsika, französische Insel im Mittelmeer, südöstlich von Frankreich
(2A, 2B)

Landes, Departement im Südwesten Frankreichs, Aquitaine (40/Landes)

Languedoc, Bezirk und Region im Süden Frankreichs (34)

Languedoc-Roussillon mit Aude (11), Gard (30), Hérault (34), Lozère (48)
und Pyrénées-Orientales (66) ♥

Lille, Hauptstadt von Nord Pas-de-Calais am Canal de la Deûle, ganz im
Norden an der belgischen Grenze, Nord Pas-de-Calais (59/Nord)

Limousin, Landschaft im Zentalmassiv, Hauptstadt: Limoges, mit Corrèze
(19), Creuse (23) und Haute-Vienne (87)

Loire, Rhône-Alpes (42/Loire)

Wichtige Städte & Provinzen

Loire (Pays de la ~) Departement & Fluss in Mittelfrankreich mit Sarthe (72), Loire-Atlantique (44), Maine-et-Loire (49), Mayenne (53) und Vendée (85)

Lorraine (Lothringen), historische Landschaft in Nordosten Frankreichs, Hauptstadt.: Nancy, mit Meurthe-et-Moselle (54), Meuse (55), Moselle (57), Vosges (88)

Lyon, Handels- und Hauptstadt der Rhône-Alpes an der Rhône und Saône, im Osten Frankreichs, Rhône-Alpes (69/Rhône)

Mâcon, Stadt und Weinbaugebiet an der Saône in Burgund (71/Saône-et-Loire)

Mans (Le), Stadt und Präfektur an der Sarthe und der Huisne im Nordwesten Frankreichs, Pays de la Loire (72/Sarthe)

Marennes, Stadt an der Atlantikküste im Westen Frankreichs, Pitou-Charentes (17/Charente-Maritime), berühmt für seine Austern

Marne, Departement und Fluss im Nordosten Frankreichs, Champagne-Ardenne (51/Marne)

Marseille, Hafenstadt am Mittelmeer im Süden Frankreichs, Provence-Alpes Côte d'Azur (13/Bouches-du-Rhône)

Metz, lothringische Hauptstadt an der Mosel, nahe der Luxemburger und der deutschen Grenze im Nordosten Frankreichs, Lorraine (57/Moselle)

Midi, der südliche Teil Frankreichs, das Sprachgebiet der Langue d'oc

Midi-Pyrénées mit Ariége (09, Aveyron (12), Haute-Garonne (31), Gers (32), Lot (46), Hautes-Pyrénées (65), Tarn (81) und Tarn-et-Garonne (82)

Montbéliard, Stadt und Fluss nahe der deutschen und schweizer Grenze im Osten Frankreichs, Franche-Comté (25/Doubs)

Montélimar, die Nougatstadt an der Rhône im Südosten Frankreichs, (26/Drôme)

Montpellier, Universitäts- und Hauptstadt des Departements Hérault (34), im Languedoc in Mittelmeernähe, im Süden Frankreichs ♥ ♥

Morvan, bewaldetes Granitgebirge in Mittelfrankreich, Ausläufer des Zentralmassivs zum Pariser Becken

Nancy, Präfekturstadt an der Moselle, Meurthe und dem Canal de la Marne au Rhin im Nordosten Frankreichs, Lorraine (54/Meurthe-et-Moselle)

Nantes, Hauptstadt der Pays de la Loire an der Loire und der Erdre, am Golf von Biscaya im Westen Frankreichs, Pays de la Loire (44/Loire-Atlantiques)

Nevers, Stadt und Präfektur an der Loire und der Nièvre in Mittelfrankreich, Bourgogne (58/Nièvre)

Nîmes, Stadt und Präfektur nahe dem Mittelmeer im Süden Frankreichs, dem Languedoc (30/Gard)

Nivillers (60/Oise), Ort im Norden Frankreichs, Picardie

Nizza (Nice), Hafenstadt, Kurort und Präfektur an der frz. Riviera im Süden Frankreichs, Provence-Alpes-Côte d'Azur (06/Alpes-Maritimes)

Nord-Pas-de-Calais mit Nord (59) und Pas-de-Calais (62)

Normandie, historische Landschaft am Ärmelkanal im Nordwesten Frankreichs

Normandie (Haute- ~) mit Eure (27) und Seine-Maritime (76)

Normandie (Basse ~) mit Calvados (14), Manche (50) und Orne (61)

Oléron (Ile d') (17/Charente-Maritime), Insel vor der Atlantikküste im Westen Frankreichs, südwestlich von La Rochelle; Austernzucht

Orléans (45/Loiret), Stadt südwestlich von Paris

Paris (75), Hauptstadt, Zentrum von Frankreich und Departement an der Seine im Norden Frankreichs, in der Île de France

Parma, italienische Stadt und Provinz in der Emilia-Romagna; Parmaschinken!

Pas de Calais (62), Departement ganz im Norden Frankreichs

Pau, Stadt und Präfektur an der Gave de Pau, am Rande der Pyrénéen im Südwesten Frankreichs in Aquitaine (64/Pyrénées-Atlantiques)

Pauillac, Stadt an der Gironde im Westen Frankreichs, Aquitaine (33/Gironde)

Pays d'Auge (23/Creuse), westlich des Périgord

Pays de la Loire, Bezirk im Nordwesten Frankreichs, an den Atlantik grenzend (44, 49, 53, 85) ♥

Périgord, Landschaft im Südwesten Frankreichs (24/Dordogne)

Picardie, Bezirk im Norden Frankreichs, mit dem französischen Flandern, Aisne (02), Oise (60) und Somme (80)

Piémont, historische Landschaft zwischen Alpen und Po-Ebene in Oberitalien

Poitou, historische Provinz in Westfrankreich, Hauptstadt Poitiers

Poitou-Charentes mit Charente (16), Charente-Maritime (17), Deux-Sèvres (79) und Vienne (86)), an den Atlantik grenzend

Port-la-Nouvelle (11/Aude), Hafen- und Badeort am Mittelmeer, nahe der spanischen Grenze am Mittelmeer, im Süden Frankreichs, Languedoc-Roussillon mit viele katalanische Spezialitäten

Wichtige Städte & Provinzen

Provence, historische Landschaft im Südosten Frankreichs, zwischen Mittelmeer, den Meeralpen, unterer Rhône und der Côte d'Azur; rustikale Küche mit viel Gemüse und Knoblauch ♥

Provence-Alpes-Côte d'Azur mit Alpes-de Haute-Provence (04), Hautes-Alpes (05), Alpes-Maritimes (06), Bouches-du-Rhône (13), Var (83) und Vaucluse (84)

Pyrenäen, Hochgebirge zwischen Atlantik und Mittelmeer (09, 31, 65)

Pyrénées-Atlantique (64), südwestliches Departement im Aquitaine (Béarn), die Küche sehr an die „baskische" angelehnt

Pyrénées-Orientales (66), Département im Rouissillon, grenzt an Spanien, am Mittelmeer; man kann sehr oft katalanische Küche antreffen ♥

Quercy (46/Lot), kaum fruchtbare Landschaft in Südfrankreich, Hauptstadt Cahors, aber das „Königreich" der Trüffeln

Reims, Hauptstadt des Champagneranbaus (51/Marne)

Remiremont (88/Vogesen), Stadt im südlichen Lothringen

Rhône-Alpes mit Ain (01), Ardèche (07), Drôme (26), Isère (38), Loire 42), Rhône (69), Savoie (Savoyen) (73) und Haute-Savoie (74)

Riviera (die französische) ist die Côte d'Azur zwischen Toulon und Ventimiglia (06, 83)

Roche (La ~), wichtige Hafenstadt am Atlantik (17/Poitou-Charente)

Rouen, Stadt im Departement Seine-Maritime (76, Haute Normandie)

Roussillon, südöstliche Mittelmeer Provinz (11, 66), oft katalanische Küche

Saintonge, Gegend in der Charente am Atlantik (17)

Savoyen, historische Gegend, östlich von Lyon bis zu den Alpen (38, 73, 74)

Sète, Badeort am Mittelmeer (34/Languedoc)

Straßburg, Haupstadt des Elsass ♥

Tarn, Fluss, der in den Cevennen entspringt und in die Garonne fließt, mit den schönsten Tälerschluchten (12, 47, 81, 82)

Toulon, Hafenstadt an der Côte d'Azur (83)

Toulouse, historische, sehr schöne große Universität-Stadt; mit vielen gastronomischen Spezialitäten ♥

Tours, Stadt an der Loire (37/Centre)

Vichy, Ort in der Auvergne (03), berühmt wegen seines Mineralwassers

Vogesen (Vosges), Fortsetzung im Süden des pfälzischen Wasgaumittelgebirges im Elsass, aber auch die Gegend wird so genannt (67, 68, 90)

Volnay, Ort bei „Le Mans" (72/Sarthe)

Im Hotel und Ferienhaus

A

Abendessen	dîner *m* (le)
Abendessen (spätes)	souper *m* (le)
Abendvorstellung	soirée *f* (la)
Abfahrtszeit	heure *f* (l') de départ
Abreise, Abfahrt	départ *m* (le)
abreisen	partir
Anzahlung (Hotel-zimmer)	arrhes *f* (les)
Ankunftszeit	heure *f* (l') d'arrivée
Anmeldeformular	fiche d'étranger *f* (la)
Anmeldung	inscription *f* (l')
Aschenbecher	cendrier *m* (le)
Aufenthalt	séjour (le), l'arret *m*
aufwecken	réveiller
Aufzug	ascenseur *m* (l')
ausfüllen (Formular)	remplir
ausgebucht	complet
ausgestattet mit...	équipé de...
Auskunft	renseignement *m* (le)
Aussicht	vue *f* (la)
außer Betrieb, defekt	hors service
Auto	voiture *f* (la)

B

Backofen	four *m* (le)
Bad, Badezimmer	bain *m* (le), salle *f* (la) de bains
Bademantel	peignoir de bain (le)
Badetuch	serviette (la) de bain
Badewanne	baignoir *f* (la)
Bahnhof	gare *f* (la)
Balkon	balcon *m* (le)
Besen	balai *m* (le)
bestätigen	confirmer
Bestätigung	confirmation *f* (la)
Besteck	couvert *m* (le)
bestellen (Zimmer)	retenir une chambre
bestellen (Frühstück)	commander le petit déjeuner
bestellen (Taxi)	demander un taxi *m*
Bett	lit *m* (le)
Bettdecke	couverture *f* (la)
Betttuch	drap *m* (le)
Bettwäsche	draps de lit *m* (les)
Brett	planche *f* (la)
Brotkorb	corbeille (la) à pain

C

Couch, Sofa	canapé *m* (le)

A-Z Deutsch-Französisch

D

Damentoilette	toilettes pour dames *f* (les)
Dank	remerciement *m* (le)
Dauer, Zeit	durée *f* (la)
Doppelzimmer	chambre *f* (la) pour deux personnes
Dosenöffner	ouvre-boîtes *m* (le)
Durchreisegast	client de passage (le)
Dusche	douche *f* (la)
Dusche mit WC	douche (la) avec W. C.

E

Einbettzimmer	chambre (la) à un lit
eintreffen	arriver
erster Stock	premier étage *f* (la)
Einzelzimmer	chambre *f* (la) pour une personne
Empfang	réception *f* (la)
Empfangschef	chef (le) de réception
Empfangsdame	réceptionnaire *f* (la)
Erdgeschoss	rez-de-chaussée (le)

F

Fahrstuhl	ascenseur *m* (l')
Farbfernseher	télé couleur *m* (le)
Faxgerät	fax *m* (le)
Fenster	fenêtre *f* (la)
Fensterladen	volet *m* (le)
Ferien	vacances *f* (les)
Ferienhaus	maison *f* (la) de vacances, résidence *f* (la)
Ferienwohnung	appartement *m* (l') de vacances
Fitnessraum	salle *f* (la) de remise en forme
Flaschenöffner	ouvre-bouteille (le), décapsuleur *m* (le)
Frühstück	petit *m* (le) déjeuner
Frühstückspreis	prix *m* (le) du petit *m* (le) déjeuner
Frühstücksraum	salle *f* (la) des petits déjeuners

G

Gabel	fourchette *f* (la)
Gang, Hausflur	corridor, couloir (le)
Garage kostenpflichtig	garage *m* (le) payant
Garage kostenlos	garage *m* (le) gratuit
Garderobe	vestiaire *m* (le)
Garten	jardin *m* (le)
Gepäck	bagages *m* (les)

Deutsch-Französisch A–Z

Geschirr	vaisselle *f* (la)
Glas	verre *m* (le)
Glühbirne	ampoule *f* (l') électrique
gut eingerichtet	confortable

H

Halbpension	demi-pension *f* (la)
Hallenbad	piscine (la) couverte
Handfeger	balayette *f* (la)
Handtuch	serviette (de toilette) (la)
Haus	maison *f* (la)
Heizkörper	radiateur *m* (le)
Heizung	chauffage *m* (le)
Herd	fourneau *m* (le)
Herrentoilette	toilettes *f* (les) pour messieurs
hinaufbringen (das Gepäck-)	monter les bagages *m*
hinunterbringen (das Gepäck-)	descendre les bagages *m*
Hochsaison	haute saison *f* (la)
Hof	cour *m* (le)
Hotel	hôtel *m* (l')
Hotel erstklassig	hôtel *m* (l') de (la) grande classe
Hoteldiener	valet (le) de chambre
Hotelhalle	hall *f* (l') de l'hôtel
Hotelkette	chaîne *f* (la) hôtelière
Hotelpage	chasseur *m* (le)
Hotelrechnung	note *f* (la)

I

im Voraus	à l'avance *f*
Inventar	mobilier *m* (le)
Inventarliste	inventaire *m* (l')

J

Jahresurlaub (eines Unternehmens)	fermeture annuelle (la)

K

Kaffeekanne	cafétière *f* (la)
Kaution	caution *f* (la)
Kinderbett	lit *m* (le) d'enfant
Kinder-ermäßigung	réduction *f* (la) pour enfants
Kinderzimmer	chambre (la) d'enfant
Kleiderbügel	cintre *m* (le)
Kleiderschrank (eingebauter ~)	armoire *f* (l') penderie *f* (la)
Klimaanlage	climatisation *f* (la), air *m* (l') conditionné
Kochlöffel (Holz-)	cuiller *f* (la) en bois
Kochtopf	casserole *f* (la)
Koffer	valise *f* (la)
Kopfkissen	oreiller *m* (l')
Korb	panier *m* (le)
Korkenzieher	tire-bouchon *m* (le)
Küche	cuisine *f* (la)
Kühlschrank (die Kurzform:)	frigidaire *m* (le), le frigo

433

Deutsch-Französisch

L

Lesezimmer	salon *m* (le) de lecture *f* (la)
Licht	lumière *f* (la)
Lichtschalter	interrupteur *m* (l')
Liftboy	liftier *m* (le)
(Schönheitschirurg)	
Löffel	cuillère (la), cuiller (le)

M

Matratze	matelas *m* (le)
Messer	couteau *m* (le)
mieten	louer
Mikrowelle	micro-onde *f* (la)

N

Nachsaison	arrière-saison *f* (la)
nachsenden (die Post)	faire suivre le courrier
Nachtportier(e)	concierge de nuit (le/la)
Nachttischlampe	lampe (la) de chevet
Nachtwächter	veilleur *m* (le) de nuit

P

Page	page, chasseur *m* (le)
Parkmöglichkeit	possibilité *f* (la) de stationnement

Parkplatz (gebührenpflichtig)	parking *m* (le) (payant)
Pauschalpreis	forfait *m* (le)
Pension	pension de famille (la)
Pfanne	poêle *f* (la)
Platte	plat *m* (le)
Preis	prix *m* (le)
Privatbad mit WC	salle (la) de bains et W. C. privés
pro Nacht	par nuit *f* (la)
pro Person	par personne *f* (la)

R

Radio	radio *f* (la)
Radiowecker	réveil-radio *f* (la)
Rechnung (im Hotel)	note, facture *f* (la)
Regal	étagère *f* (l')
Reibeisen	râpe *f* (la)
Reise	voyage *m* (le)
Reisetasche	sac (le) de voyage
Rezeption	réception *f* (la)
Rezeptionist,	réceptionnaire *m* (le),
Rezeptionistin	~ *f* (la)

S

Salatschüssel	saldier *m* (le)
Sauna	sauna *m* (le)
Schaumlöffel	écumoire *f* (la)
Schemel, Hocker	tabouret *m* (le)
Schere	ciseaux *m* (les)
Schlafzimmer	chambre à (la) coucher

Schlauch (Garten-)	tuyau (le) (de jardin)
Schmortopf	cocotte, marmite (la)
Schneidebrett	planche f à découper (la)
Schöpflöffel (-kelle)	louche f (la)
Schrank	armoire f (la)
Schüssel	plat (le), terrine (la)
Seife	savon m (le)
Seiher	passoire f (la)
Sektglas	flûte f (la)
Sessel	fauteuil m (le)
Sieb	tamis m (le)
Spiegel	miroir (le), glace f (la)
Spiegelschrank	armoire à glace f (l')
Sieb	passoire f (la)
Steckdose	prise (la) de courant
Stecker	fiche m (le)
Steppdecke	couvre-pied m (le)
Stockwerk	étage m (l')
Stuhl	chaise f (la)
Südbalkon	balcon exposé au sud (le)
Suite	appartement m (l'), suite f (la)

T

Tablett	plateau m (le)
Tagesportier	concierge de jour (le/la)
Tasse	tasse f (la)

Teekanne	théière f (la)
Telefon	téléphone m (le)
Telefonanschluss mit Direktwahl	téléphone (le) direct
Telefonzelle	cabine (la) de téléphone
Telefonzentrale	standard téléphonique (le)
Teller	assiette f (l')
Tiegel, Stieltopf	casserole, cocotte (la)
Tisch	table f (la)
Tischdecke	nappe f (la)
Tischgeschirr	vaisselle f (la)
Toilettenpapier	papier (le) de toilette
Topf	pot m (le)
Tresor	coffre-fort m (le)
Tür	porte f (la)

U

| Untertasse | soucoupe f (la) |

V

Verbindungstür	porte (la) commune
verlängern	allonger, prolonger
Verlängerungstag	jour supplémentaire (le)
Verlängerungswoche	semaine f (la) supplémentaire
vermieten, mieten	louer
Vorauszahlung	paiement d'avance (le)
Vorsaison	avant-saison f (la)

Vorauszahlung	paiement d'avance (le)
Vollpension	pension complè te (la)

W

Wandschrank	placard *m* (le)
Waschbecken	lavabo *m* (le)
Waschmaschine	lave-linge *m* (le)
Waschraum	cabinet (le) de toilette
Wasserhahn	robinet *m* (le)
Wasserspülung	chasse d'eau *f* (la)
wecken	réveiller
Wecker	réveil-matin *m* (le)
Werkzeug	outil *m* (l')
Wohnung	appartement *m* (l')
Wohnung, Unterkunft	logement *m* (le)
Wolldecke	couverture de laine (la)

Z

Zimmer	chambre *f* (la)
Zimmer (Mz.)	chambres *f* (les)
für Behinderte	pour handicapés
Zimmer mit Bad und WC	chambre avec salle (la) de bains et W. C.
Zimmer mit französischem Bett	chambre *f* (la) à grand lit
Zimmer mit Frühstück	chambre *f* (la) avec petit

	déjeuner
Zimmer zum Garten	chambre (la) sur le jardin
Ruhiges Zimmer	(une) chambre calme
Zimmermädchen	femme de chambre (la)
Zimmernummer	numéro de chambre (le)
Zimmerpreis	prix de la chambre (le)
Zimmerreinigung	nettoyage *f* (la) de la chambre
Zimmerschlüssel	clé (le) de la chambre
zurückfahren	retourner
Zwischenstecker	fiche inter-médiaire (le)

Im Hotel und Ferienhaus

A

alèse *f* (l')	Bettunterlage
arrhes *f* (les)	Anzahlung (Hotelzimmer)
arriver	eintreffen
ascenseur *m* (l')	Aufzug

B

bagages *m* (les)	Gepäck
baignoir *f* (la)	Badewanne
balai *m* (le)	Besen
balayette *f* (la)	Handfeger
balcon *m* (le)	Balkon
barbecue *m* (le)	Holzkohlengrill

C

calme	ruhig (gelegen)
canapé *m* (le)	Sofa, Couch
canapé (le) convert	Klappcouch
chaîne (la) hôtelière	Hotelkette
chambre *f* (la)	Zimmer
chambre *f* (la) à un lit	Einbettzimmer
chambre (la) à grand lit	Zimmer mit französischem Bett
chambres *f* (les) pour handicapés	Zimmer für Behinderte
chambre *f* (la) sur le jardin	Zimmer zum Garten
chambre (la) pour une personne	Einzelzimmer
chambre (la) avec petit déjeuner (le)	Zimmer mit Frühstück
chambres avec salle de bains et W. C.	Zimmer mit Bad und WC
chef (le) de réception	Empfangschef
clé (le) de la chambre	Zimmerschlüssel
(canapé) Clic-Clac	Ausziehcouch
coin *m* (le) cuisine	Kochecke
commander (le petit déjeuner)	bestellen (Frühstück)
concierge (le/la) de nuit	Nachtportier(e)
confirmation *f* (la)	Bestätigung
coquetier *m* (le)	Eierbecher
cour *m* (le)	Hof
couvre-pied *m* (le)	Steppdecke
coussin *m* (le)	(Polster-)Kissen
couvert *m* (le) à salade	Salatbesteck
couvercle *m* (le)	Deckel
couverture *m* (le)	Bettdecke
cuvette *f* (la)	Schüssel, Kessel

D

décrottoire *m* (le)	Fußabstreifer
demi-pension *f* (la)	Halbpension

départ *m* (le)	Abreise
draps de lit *m* (les)	Bettwäsche

E

écumoire *f* (la)	Schaumlöffel
égouttoir (l') à vaisselle	Geschirrab-tropfer
entonnoir *m* (le)	Trichter
equipement *m* (l')	Ausstattung
equipé de …	ausgestattet mit …

F

femme (la) de chambre	Zimmermädchen
fermeture (la) annuelle	Jahresurlaub
fiche (la) d'étranger	Anmelde-formular

G

garage *m* (le) payant	Garage kosten-pflichtig
garage *m* (le) gratuit	Garage kostenlos

H

hall *m* (l') de l'hôtel	Hotelhalle
heure *f* (l') de départ	Abfahrtszeit
heure *f* (l') d'arrivée	Ankunftszeit
hôtel *m* (l')	Hotel

hôtel *m* (l') de grande classe	erstklassiges Hotel

I

insricption *f* (l')	Anmeldung

J

jardin *m* (le)(clos)	Garten (abgeschlossen)

L

lampe *f* (la) de chevet	Nachttischlampe
Lave-linge *m* (le)	Waschmaschine
liftier *m* (le)	Liftboy
lit *m* (le)	Bett
logement *m* (le)	Wohnung, Unterkunft
louche *f* (la)	Schöpfkelle
louer	vermieten, mieten

M

mezzanine *f* (la)	Zwischenhalb-geschoss, Galerie, Innenbalkon
micro-onde *f* (la)	Mikrowelle
mini four *m* (le)	Kleinbackofen
Meubles de pin	Möbel aus Kiefer

N

nettoyage (la) de la chambre	Zimmer-reinigung

note *f* (la)	Hotelrechnung
numéro de chambre	Zimmernummer

O

oreiller *m* (l')	Kopfkissen

P

parking (le) (payant)	Parkplatz (gebührenpflichtig)
parking *m* (le) privé	Privatparkplatz
peignoir (le) de bain	Bademantel
pelle (la) à poussière	Kehrschaufel
période *f* (la)	(Buchungs-) Zeitraum
petit *m* (le) déjeuner	Frühstück
piscine (la) couverte	Hallenbad
placard *m* (le)	Wandschrank
plaque (la) de cuisson	Kochmulde
plaques *f* (les) vitro-ceramiques	mit Fliesen
poubelle *f* (la)	Mülleimer
prix (le) de la chambre	Zimmerpreis
prix *m* (le) du petit déjeuner	Frühstückspreis

R

ravier *m* (le)	kleine ovale Schale

RDC.	Erdgeschoss
réception *f* (la)	Empfang
réceptionnaire *f* (la)	Empfangsdame
réfrigérateur *m* (le)	Kühlschrank
résidence *f* (la)	Wohnanlage
retenir (une chambre)	bestellen (ein Zimmer ~)

S

salle *f* (la) de bains	Bad, Badezimmer
salle *f* (la) d'eau	Dusche, Waschbecken
salle (la) des petits déjeuners	Frühstücksraum
salle (la) de remise en forme	Fitnessraum
savon *m* (le)	Seife
séjour *m* (le)	Aufenthalt
serpillière *f* (la)	Scheuertuch
serviette (la) de toilette	Handtuch

T

table *f* (la) de chevet	Nachttisch
tablett *f* (la)	Platte, Ablage (Bad)
tabouret *m* (le)	Schemel, Hocker
télé couleur *m* (le)	Farbfernseher
toilettes *f* (les) pour messieurs	Herrentoilette
toilettes *f* (les) pour femmes *f* (les)	Damentoilette

V		valet (le) de chambre	Hoteldiener
vaisselle *f* (la)	Geschirr	vue *f* (la)	Aussicht

Wichtige Vokabeln für Urlaub, Einkauf, Restaurant & Hotel

ALLGEMEINES

abbestellen	annuler, décommander
Abbestellung	annulation *f* (l')
Abschleppdienst	service (le) de dépannage
alt	vieux *m*, vieille *f*
ändern	changer
Änderung	changement *m* (le)
Anfrage (auf ~)	sur demande *f* (la)
ankommen	arriver
anmelden (sich-)	s'inscrire
anrufen	téléphoner, appeler
Appetit	appétit *m* (l')
Anschrift	adresse *f* (l')
Ansichtskarte	carte *f* (la) postale
Arznei	médicament *m* (le)
gegen:	contre:
Blasen-entzündung	cystite *f* (la)
Brechdurchfall	cholérine *f* (la)
Durchfall	diarrhée *f* (la)
Erkältung	refroidissement (le)
Fieber	fièvre *f* (la)
Halsschmerzen	mal (le) de gorge
Kopfschmerzen	mal (le) à la tête
Schnupfen	rhume *m* (le)
Sodbrennen	aigreurs *f* (les)
Zahnschmerzen	mal *m* (le) aux dents
aufhalten (sich-)	séjourner
aufwärmen	rechauffer
Augenblick, einen	un instant *m* (l')
Ausflug	excursion *f* (l')
Ausflugsmög-lichkeiten	possibilités *f* (les) d'excursion *f* (l')
ausgezeichnet	excellent(e)
Auskunft	renseignement *m* (le)
Auskunft erteilen	renseigner
Ausweispapiere	papiers *m* (les)
Autovermietung	location (la) de voitures
Badeanzug	maillot *m* (le) de bain
Badehose	slip *m* (le) de bain
Bademantel	peignoir *m* (le) de bain
baden	baigner
Bank (Geldinstitut)	banque *f* (la)

Deutsch-Französisch A-Z

bar (in bar bezahlen)	en espèces *f* (les)	**D**amenbinde	(la) serviette *f* hygiénique
beabsichtigen	avoir l'intention de...	danach	ensuite
		danke!	merci
Beanstandung	réclamation *f* (la)	danken (jemandem)	remercier quel-
Bedingungen	conditions *f* (les)		qu'un
Benzin	essence *f* (l')	Dose	boîte *f* (la)
Benzin bleifrei	(l') essence *f* sans plomb	Duft	arôme *m* (l')
		Durst	soif *f* (la)
Dieselöl	gasoil, gazole *m* (le)	Dutzend	douzaine *f* (la)
		einfach	ordinaire, simple
Super(benzin)	super(carburant) (le)	**E**isdiele	glacier *m* (le)
		entschuldigen Sie ...	excusez-moi!? ...
Beschwerde	réclamation *f* (la)	Erfrischung	rafraîchissement
Besichtigung	visite *f* (la)		(la)
Besichtigungsfahrt	circuit (le) touri- stique	Ermäßigung gewähren	accorder une réduction *f* (la)
bezahlen	payer	essbar	comestible,
bitte! (auf danke)	je vous en prie,		mangeable
(einfach:)	pas de quoi,	essen	manger
(besonders nett)	avec plaisir	Esskastanie	marron *m* (le)
bitte (z. B. haben Sie ...?)	s'il vous plait (avez vous...?)	**F**ahrrad	bicyclette *f* (la), vélo *m* (le)
Bitte (die)	demande *f* (la)	falsch(e)	faux, fausse
bitter(e)	amer, amère	Farben	couleurs *f* (les) (↓)
bleiben	rester	Fass	fût (la), tonneau
brauchen	avoir besoin de ...		(le)
Brief	lettre *f* (la)	faxen	faxer
Briefkasten	boîte *f* (la) aux lettres	fein(e)	fin, fine
		fertig (bereit)	prêt(e)
Briefmarke	timbre *f* (la) poste	fertig (vollendet)	fini
Briefpapier	papier *m* (le) à lettre	fett	gras(se)
		Fett	graisse *f* (la)
Briefumschlag	enveloppe *f* (l')	Feuer	feu *m* (le)
bringen	apporter	flambiert	flambé(e)
Brille	lunettes *f* (les)	Flasche, Pfand~	(la) bouteille
buchen	réserver, retenir		consignée
buchstabieren	épeler		

441

Flohmarkt	(le) marché (le) aux puces	Geruch	odeur *f* (l')
		gesalzen(e)	salé(e)
Folie	papillote *f* (la)	Geschäft, Laden	magasin *m* (le)(↓)
fragen	demander	Geschenk	présent *m* (le)
Frau	femme (la);	Geschmack	goût *m* (le)
(Anrede:)	Madame (Mme.)	geschmackvoll(e)	savoureux, savoureuse
Frauenarzt	gynécologue		
Fräulein (Anrede)	Mademoiselle	geschmort(e)	braisé(e); sauté(e)
frei	libre		
Freibad	(la) piscine de plein air	gestern	hier
		Getränk	boisson *m* (le) (↓)
frisch	frais, fraîche	Gewichte	poids m (le/les)
funktionieren	fonctionner	Gramm	gramme *m* (le)
Gas	gaz *m* (le)	Pfund	livre *f* (la)
Gasthof, Gasthaus	auberge *m* (l')	Kilogramm	kilogramme *f* (le)
gebacken oder frittiert	frit(e)	Zentner	(les) cinquante kilos *m, pl*
gebeizt(e), eingelegt	mariné(e)	Tonne	tonne *f* (la)
		Gewürze	épices *f* (les), condiments *m* (les)
gebraten(e)	rôti(e)		
gedämpft(e)	étuvé(e)		
gefroren(e)	glacé(e)	gezuckert(e), gesüßt	sucré(e)
gefüllt(e)	farci(e)		
gegrillt(e)	grillé(e)	groß(e)	grand(e)
gehackt(e)	haché(e)	gut(e)	bon(ne)
gekocht(e)	cuit(e), bouilli(e), poché(e)	gut durch-gebraten	bien cuit(e)
Geld	monnaie *f* (la)	**H**aartrockner	sèche-cheveux *m* (le)
Geldbörse	porte-monnaie *m* (le)	halb(e)	demi, demie
Gemüse	légumes (↓) *m* (les)	Hälfte	moitié *f* (la)
		hart(e)	dur, dure
genug	assez	Haltestelle	arrêt *m* (l')
gepfeffert	poivré, poivrée	heiß(e)	très chaud(e)
geräuchert	fumé(e)	Herz	cœur *m* (le)
geräumig	vaste; spacieux, spacieuse	heute	aujourd'hui
		Hilfe	aide *f* (l')
gerieben(e)	râpé(e)	Hitze	chaleur *f* (la)

holen	aller chercher, venir chercher
Holzkohlenfeuer	feu *m* (le) de bois
Honig	miel *m* (le)
Hund	chien *m* (le)
Hunger	faim *m* (le)
in Betrieb sein	marcher
inbegriffen, inklusiv	compris
jung(e)	jeune, jeune
kalt(e)	froid, froide
kaltes Wasser	eau *f* (l') froide
kaputt	cassé, abimé
Kasse	caisse *f* (la)
Kassierer, Kassiererin	caissier (le), caissière
kaufen	acheter
klar(e)	clair, claire
klein(e)	petit, petite
Kleidung	vêtements *m* (les)
Kneipe, Schenke	taverne *f* (la)
kochen (Flüssigkeit)	bouillir
kochen (Speisen)	cuire
Komfort	confort *m* (le)
komfortabel	confortable
Kopf	tête *f* (la)
kosten, probieren	goûter
kosten (Preis)	coûter
kostenlos(e)	gratuit(e)
krank	malade
Krankenhaus	hôpital *m* (l')
Kreditkarte	carte *f* (la) de crédit
Krug	(le) pichet, (la) cruche
Kuchen	gâteau *m* (l')(¯)
Küche	cuisine *f* (la)
laut(e)	bruyant(e)
lauwarm	tiède
lebend(e)	vif, vive; vivant(e)
Lebensmittel (Mz.)	alimentaires *m* (les)
leer	vide
leicht(e)	léger, légère
Licht	lumière *f* (la)
links	à gauche
Liter	litre *m* (le)
halber Liter	demi litre *m* (le)
mager	maigre
Mal, einmal, zweimal	fois, une fois, deux fois
Marone	marron *m* (le)
Marzipan	massepain *m* (le), pâte *f* (la) d'amandes
mit	avec
mögen, lieben	aimer
möglich	possible
Monat	mois *m* (le) (¯)
morgen	demain
Morgen	matin *m* (le)
Nachfrage	demande *f* (la)
Nachricht hinterlassen	laisser un message *m*
Nachricht übermitteln	transmettre un message *m*
Nacht	nuit *f* (la)
Nachtlokal	boîte *f* (la) de nuit
Nahrungsmittel	aliments *m* (les)
Nähzeug	(le) nécessaire à coutures
Nähfaden	fil *m* (le) à coudre
Nähnadel	aiguille *f* (la) à coudre
Name	nom *m* (le)
notieren	noter

443

Nummer	numéro *m* (le)
Nuss (Walnuss)	noix *f* (la)
Obst	fruits *m* (les) (↓)
Öffnung	ouverture *f* (l')
ohne	sans
Panne	panne *f* (la)
parken	stationner
Parkplatz	parking (le), parc à voitures
Pass, Reisepass	passeport *m* (le)
Person	personne *f* (la)
Personalausweis	carte *f* (la) d'identité
Pferd	cheval *m* (le)
Postamt	poste *f* (la)
Post nachsenden	faire suivre le courrier
Postkarte	carte *f* (la) postale
Preis	prix *m* (le)
probieren, verkosten	déguster
Prospekt	prospectus *m* (le)
Quittung	quittance *f* (la)
Raststätte	restoroute *m* (le), relais *m* (le) routier
Rastplatz	aire *f* (l') de repos
rauchen, räuchern	fumer
rechts	à droite
Regenschirm	parapluie *m* (le)
reif	mûr, mûre
rein	pur, pure
reinigen	nettoyer
Reinigung	nettoyage *f* (la)
Reinigung (chemische)	nettoyage à sec
reservieren	réserver
Reservierung	réservation *f* (la)
Rettungsdienst	service (de) secours
roh	cru, crue
ruhig	calme, tranquille
Salat	salade (↑) Hauptteil
sauber	propre
sauer	aigre
säuerlich	aigrelet, aigrelette
schäumend	mousseux, mousseuse
Scheck	chèque *m* (le)
schicken	envoyer
Schlüssel	clé (la), clef (le)
schmutzig	sale
Schwimmbad	piscine *f* (la)
Schwimmbad beheizt	piscine (la) chauffée
Seife	savon *m* (le)
senden	envoyer
Senf	moutarde *f* (la)
servieren	servir
Sirup	sirop *m* (le)
Sommer	été *f* (l')
Sonne	soleil *m* (le)
Spannung (elektrische)	voltage *m* (le)
Sparkasse	caisse (la) d'épargne
Spezialarrangement	conditions spéciales
Spitzenkomfort	très grand confort (le)
Stadtplan	plan *m* (le) de la ville habituel
Stadtviertel, Bezirk	quartier *m* (le)
stark(e)	fort(e)
stören	déranger
Straße	rue *f* (la)

Strand	plage *f* (la)
Streichhölzer	allumettes *f* (les)
Strom (elektrischer-)	courant *m* (le)
Stück	pièce (la), morceau (le)
Stunde	heure *f* (l')
süß	doux, douce
Süßigkeiten	douceurs *f* (les)
Tag	jour (le); journée (la)
Tagung	(le) séminaire, congrès
täglich	tous les jours
tagsüber	pendant la journée
Tanzabend	soirée *f* (la) dansante
tanzen	danser
Tasche	sac *m* (le)
Telefon	téléphone *m* (le)
Telefonbuch	annuaire *m* (l') téléphonique
telefonieren	téléphoner
Telefonnummer	(le) numéro de téléphone
Telefonzelle	(la) cabine téléphonique
Telegramm	télégramme *m* (le)
teuer(e)	cher(e)
Tierarzt	vétérinaire
Toilette	toilettes *f* (les)
Treppe	escalier *f* (l')
trinken	boire
Trinkwasser	eau *f* (l') potable
trocken	sec, sèche
Trödelmarkt	(la) foire à la brocante
Tür	porte *f* (la)
Tüte (Eis-)	cornet *m* (le)
Tüte (Papier-)	sac *m* (le) en papier
übermorgen	après-demain
übernachten	passer la nuit
überwachter Parkplatz	parking gardé *m* (le)
Uhr (-Zeit)	heure *f* (l')
Unfall	accident *m* (le)
Verbot	défense *f* (la)
verdünnen	allonger
verfügbar	disponible
verkaufen	vendre
Verkehrsverein	(le) syndicat d'initiative
verlieren, verloren	perdre, perdu
verstehen	comprendre
viel	beaucoup
Visitenkarte	carte *f* (la) de visite
vorher	d'avance
Vorname	prénom *m* (le)
vorziehen	préférer
Wäsche	linge
Wagen (Auto)	voiture *f* (la)
warm	chaud, chaude
waschen	laver
Wasser	eau *f* (l')
wechseln (Geld-)	changer de l'argent
weich	mollet, mollette
Weihnachten	noël *m* (le)
weiterfahren	continuer (le voyage)
wenig (von) ...	peu de ...
Werkstatt	atelier *m* (l')
Werkzeug	outil *m* (l')
wiegen	peser

Winter	hiver *m* (l')
Woche	semaine *f* (la)
Wohnsitz (ständiger-)	domicile (le) habituel
wünschen, verlangen	désirer
würzen	assaisonner
zäh	coriace
zahlen	payer
Zahnarzt	dentiste *m* (le)
Zahnbürste	brosse *f* (la) à dents
Zahnpasta	dentifrice *f* (la)
zart	tendre
Zeit	temps (le)
Zeitraum	période *f* (la)
Zeitschrift	magazine *m* (le)
Zeitung(en)	journal (le(s) (journaux)
Zigaretten	cigarettes *f* (les)
Zigarre	cigarre *m* (le)
zurück sein	être de retour
zusätzlich	en sus, en plus
zuwenig	trop peu

Essen, Trinken und Lebensmitteleinkauf

Belegtes Brot	canapé, sandwich (le)
Birnenkompott	compote de poires (la)
Brei	bouillie *f* (la)
Butter	beurre *m* (le)
Butterbrot	tartine *f* (la)
Buttermilch	lait *m* (le) de beurre, babeurre *m* (le)

Dickmilch	lait caillé *m* (le)
Erdbeerkonfitüre	(la) confitüre de fraises
Erdnüsse	cacah(o)uètes *f* (les)
Essig	vinaigre *m* (le)
Essiggurken (kleine)	cornichons *m* (les)
Feigenkonfitüre	confiture (la) de figues
Grieß	semoule *f* (la)
Grütze	gruau (le), bouillie (la)
Haferflocken	flocons d'avoine *f* (les)
Haselnuss	(l') aveline, noisette *f* (la)
Hefe	levain (le), levure *f* (la)
Joghurt	yaourt, yogourt *m* (le)
Johannisbeergelee	gelée (la) de groseilles
Kandiszucker	sucre candi *m* (le)
Käse	fromage *m* (le)
Kuhmilchkäse	fromage (le) de vache
Schafskäse	fromage (le) de brebis
Schmelzkäse	fromage (le) fondu
Ziegenkäse	fromage (le) de chèvre
Käseplatte	plateau (le) de fromage
Kirschkonfitüre	(la) confiture de cerises
Kokosnuss	noix *f* (la) de coco

Marmelade	(la) confiture, marmelade
Mehl	farine *f* (la)
Milch	lait *m* (le)
Milchreis	riz *m* (le) au lait
Milchschokolade	chocolat (le) au lait
Nudeln	nouilles, pâtes *f* (les)
Öl	huile *f* (l')
Erdnussöl	huile *f* (l') d'arachide
Olivenöl	huile *f* (l') d'olive
Sonnenblumenöl	huile *f* (l') de tournesol
Traubenkernöl	huile (l') de pépins de raisins
Pistazien	pistaches *f* (les)
Pudding	flan *m* (le)
Quark	fromage blanc *m* (le)
Schokolade	chocolat *m* (le)
Vanillecreme	crème (à la) vanille
Vollmilch	lait entier *m* (le)
Weinessig	vinaigre de vin *m* (le)
Zucker	sucre *m* (le)

Pilze (Champignons)

Champignons (↑) Hauptteil	champignons *m* (les) de couche, ~ de Paris
Fußpilz	mycose *f* (la) (du pied)
Morcheln	morilles *f* (les)
Pfifferling	chanterelle, girolle (la)
Steinpilze	cèpes *m* (les)
Trüffelpilz	truffe *f* (la)

Fleisch und Wurst

Brust	poitrine *f* (la)
Eisbein	jambonneau *m* (le)
Filet	filet *m* (le)
Filetsteak für 2 Personen	châteaubriand *m* (le), entrecôte *m* (l') double
Fleisch	viande *f* (la)
Fleischpastete	pâté (le), terrine (la)

Fleischzubereitung:

(innen) blutig (Steak)	saignant, saignante
durch(gebraten)	assez cuit, bien cuit
halb durch-gebraten (innen voll rosa)	à point, medium
sehr kurz angebraten, (mit Bratkruste)	(au) bleu
Frankfurter Würstchen	saucisses de Francfort
Frikassee	fricassée *f* (la)
Gulasch	goulache *m* (le)
Hackfleisch	hachis *m* (l') de viande
Hammel, ~Fleisch	mouton *m* (le)
Hammelfuß	pied *m* (le) de mouton

Hammelkotelett	côte (la) de mouton, (la) côtelette de mouton
Hammelnieren	(les) rognons de mouton
Hammelschulter	(l') épaule *f* de mouton
Hammelzunge	langue (la) de mouton
Hase	lièvre *m* (le)
Hasenpastete	pâté de lièvre
Hasenrücken	râble de lièvre
Hauskaninchen	lapin (le) domestique, lapin *m* (le) de clapier
Haxe	jarret *f* (la)
Hirn	cervelle *f* (la)
Hirsch	cerf *m* (le)
Kalb, Kalbfleisch	veau *m* (le)
Kalbsbraten	rôti *m* (le) de veau
Kalbsbries	ris *m* (le) de veau
Kalbsfilet	filet *m* (le) de veau
Kalbsfrikassee	fricassée *f* (la) de veau
Kalbsfuß	pied *m* (le) de veau
Kalbshaxe	jarret *m* (le) de veau
Kalbskeule	cuisseau *m* (le)
Kalbskotelett	côte *m* (le) de veau; côtelette (la) de veau
Kalbsleber	foie *m* (le) de veau
Kalbsniere	rognon *m* (le) de veau

Kalbsroulade	oiseau *m* (l') sans tête
Kalbsschnitzel	escalope *f* (la) de veau
Kalbszunge	langue *f* (la) de veau
Kaninchen	lapin *m* (le)
Kaninchenpastete	pâté *m* (le) de lapin
Kaninchenrücken	râble de lapin *m* (le)
Kotelett	côte (le), côtelette (la)
Kutteln	tripes *f* (les)
Lachsschinken	jambon (le) saumoné
Lamm, Lammfleisch	agneau *m* (l')
Lammkeule	gigot d'agneau (la)
Lammkotelett	côte *f* (la) d'agneau; côtelette (la) d'agneau
Lammleber	foie *f* (la) d'agneau
Lammrücken	carré *m* (le) d'agneau
Lammsattel	selle *f* (la) d'agneau
Lammschulter	épaule d'agneau
Leber	foie *f* (la)
Lunge (bei Tieren)	mou *m* (le)
Magen	estomac *m* (l')
Minutensteak	entrecôte *f* (l') minute
Niere (vom Tier)	rognon *m* (le)
Ochse	bœuf *m* (le)

Ochsenschwanz	queue f (la) de bœuf
Ochsenzunge	langue f (la) de bœuf
Räucherspeck	lard m (le) fumé
Reh, Rehfleisch	chevreuil m (le)
Rehkeule	(le) cuissot de chevreuil
Rehkotelett	(la) côtelette de chevreuil
Rehragout	civet (le) de cheveuil
Rehrücken	selle (le) de chevreuil
Rehschlegel	gigot (le) de chevreuil
Rind, Rindfleisch	bœuf m (le)
Rinderbraten	rôti m (le) de bœuf
Rinderfilet	filet m (le) de bœuf
Rindermark	moelle f (la)
Rinderrippen-scheibe	côte f (la) de bœuf
Rinderrippenstück	contrefilet m (le), faux filet m (le)
Rippenstück	côte f (la)
Roastbeef	rosbif m (le)
Roulade	paupiette f (la)
Rücken	selle m (le)
Rückenstück	carré m (le)
Rückenstück, (hinten)	râble m (le)
Schinken	jambon m (le)
Schinken, gekocht	jambon m (le) cuit, jambon (le) de York, jambon m (le) de Paris

Schinken geräuchert	jambon m (le) fumé
Schmorfleisch	daube f (la)
Schnitzel	escalope f (l')
Schulterstück	épaule f (l')
Schwein, (-efleisch)	porc m (le)
Schweinebraten	rôti m (le) de porc
Schweinekotelette	côte de porc, côtelette de porc f (la)
Schweinemetzgerei	charcuterie f (la)
Schweinerücken-braten	carré (le) de porc m (le)
Schweineschmalz	saindoux m (le)
Schweineschnitzel	escalope (la) de porc
Schweinsfuß	pied m (le) de porc
Speck	lard m (le)
Speck, (durchwachsen)	petit salé m (le)
Wurst	saucisson m (le)
Würstchen	(la) saucisse, saucisson (le)
Würstchen, Frankfurter ~	saucisse f (la) de Francfort
Wurstwaren (vom Schwein)	cochonailles f (les)
Zunge	langue f (la)
Zwischenrippen-stück	entrecôte f (l')

Geflügel (Volaille)

Ente(rich)	canard m (le)
Ente, junge	caneton m (le)
Entenbrust	(le) ma(i)gret de canard

Deutsch-Französisch

Entenkeule	gigot *m* (le) de canard
Fasan	faisan *m* (le)
Flügel	aile *f* (l')
Gans	oie *f* (l')
Gänseklein	abats *m* (les) d'oie
Gänseleber	(le) foie gras, foie d'oie
Gänseleberterrine	(la) terrine *f* de foie d'oie
Geflügel	volaille *f* (la)
Geflügelklein	(les) abattis *m* de volaille
Geschmortes	braisé *m* (le)
Hahn	coq *m* (le)
Hähnchen	poulet *m* (le)
Huhn	poule *f* (la)
Hühnchen	poulet *m* (le)
Hühnerflügel	aile *m* (l') de poulet
Hühnerfrikassee	fricassée (la) de poulet
Hühnerleber	foie *f* (la) de volaille
Kapaun	chapon *m* (le)
Masthuhn	poularde *f* (la)
Perlhuhn	pintade *f* (la)
Perlhuhn, (junges)	pintadeau *f* (la)
Pute	dinde *f* (la)
Rebhuhn	perdrix *f* (la)
Rebhuhn, (junges)	perdreau *m* (le)
Truthahn	dindon *m* (le)

Gemüse (Légumes)

Artischocken	artichauts *m* (les)
Aubergine	aubergine *f* (l')
Blumenkohl	chou-fleur *m* (le)
Bohnen	haricots *f* (les)(↑)
Bohnen, **g**rüne	haricots *f* (les) verts
Broccoli (Brokkoli)	Brocoli *m* (le)
Chicorée	endive *m* (le)
Erbsen	petits pois *m* (les)
Fenchel	fenouil *m* (le)
Frühgemüse, -Obst	primeurs *f* (les)
Grünkohl	chou *m* (le) vert
Gurke	concombre *f* (la)
Karotten, Möhren	carottes *f* (les)
Kartoffeln	pommes *f* (les) de terre (↑)
Kichererbsen	pois *m* (les) chiches
Knoblauch(zehe)	(la) gousse) d'ail *m* (l')
Knollensellerie	céleri-rave *m* (le)
Kohl	chou *m* (le)
Kohlrabi	chou-rave *m* (le)
Kürbis	gourde (la), courge (le) citrouille *f* (la)
Lauch	poireau *m* (le)
Linsen	lentilles *f* (les)
Maiskolben	épi *f* (l') de maïs
Melone	melon *m* (le)
Meerrettich	raifort *m* (le)
Möhren	carottes *f* (les)
Paprikaschote	*m* (le) poivron, piment doux
Porree	poireau *m* (le)
Radieschen, Rettich	radis *m* (le)
Rettich, schwarz	radis *m* (le) noir
Rosenkohl	chou (le) de Bruxelles

Deutsch-Französisch A–Z

Rote Bete	(les) betteraves f rouges	Frucht	fruit m (le)
Rotkohl	chou m (le) rouge	Granatapfel	grenade f (la)
Rüben	raves f (les)	Grapefruit	grape-fruit, pamplemousse m (le)
Rüben, (kleine weiße)	navets m (les)		
Rübe, (rote Rübe)	betterave f (la) rouge	Himbeere	framboise f (la)
		Johannisbeere	groseille f (la)
		Johannisbeere, (rot)	groseille f (la) rouge
Rüben, Zuckerrüben	betteraves (les) à sucre		
		Johannisbeere, (schwarz)	cassis, m (le) groseille f (la) noire
Sauerkraut	choucroute f (la)		
Schalotte	échalote f (l')		
Schwarzwurzel	salsifis m (le)	Kirsche	cerise f (la)
Sellerie, (Knollen-)	céleri-rave m (le)	Netzmelone	melon m (le) brodé
Sellerie, (Stauden-)	céleri (le) en branches		
		Pfirsich	pêche f (la)
Spargel (grüne)	(les) asperges m (vertes)	Pflaume	prune f (la)
		Rhabarber	rhubarbe f (la)
Spinat	épinards m (les)	Sauerkirsche	griotte f (la)
Wachsbohnen	(les) haricots m jaunes	Stachelbeere	groseille f (la) à maquereau, groseille f (la) verte
Weißkohl, Weißkraut	chou (le) blanc, chou m (le) vert pommé		
		Wassermelone	pastèque f (la), melon d'eau m (le)
weiße Rüben	navets m (les)		
Zucchino	courgette f (la)		
Zwiebel	oignon f (l')	Weintraube (ganz)	grappe f (la
		Weintraube, -beere	raisin m (le)

Obst (Fruits)

		Weintraube, (blaue)	raisin noir m (le)
		Weintraube, (weiße)	raisin blanc m (le)
Apfel	pomme f (la)	Zitrone	citron m (le)
Apfelsine	orange f (l')	Zwetschge	quetsche f (la)
Aprikose	abricot m (le)		
Birne	poire m (le)		
Brombeeren	mûres sauvages m (les)		

Backwaren, Gebäck, Kuchen

Dattel	datte f (la)	Apfelkuchen	tarte (la) aux pommes
Erdbeeren	fraises m (les)		
Feige	figue f (la)	Backwerk, süß	pâtisserie f (la)
		Baiser	meringue f (la)

451

Blätterteig	(pâte) feuilletée f (la)
Bretzel	bretzel m (le)
Brot	pain (↑)(le)
Holzofenbrot	pain (le) cuit au bois
Mischbrot	pain de campagne (le)
Roggenbrot	pain de seigle m (le)
Schwarzbrot	pain noir, pain bis (le)
ungesäuertes Brot	pain azyme m (le)
Stangenweißbrot	baguette, flûte f (la)
Weißbrot	pain blanc m (le)
Käseschnitte	tarte (la) au fromage
Kirschkuchen	gâteau m (le) aux cerises
Krapfen	beignet m (le)
Honigkuchen	pain d'épices m (le)
Hörnchen	croissant m (le)
Lebkuchen	pain m (le) d'épices
Löffelbiskuits	(les) biscuits m à cuiller
Makronen	macarons m (les)
Mandelkuchen	(le) gâteau d'amandes
Sandgebäck	sablé m (le)
Schokoladentorte	gâteau (le) au chocolat
Teegebäck	sablé m (le)
Torte	gâteau (le), tarte (la)
Törtchen	tartelette f (la)
Waffel	gaufre, gaufrette f (la)
Weißbrot	pain blanc m (le), baguette f (la)
Weißbrötchen	(les) petits pains m blancs
Zwieback	biscotte f (la)
Zwiebeltorte	tarte à l'oignon, tourte f (la) aux oignons

Getränke (Boissons)

alkoholfreies Getränk	boisson f (la) sans alcool
Aufguss, Kräutertee	infusion m (l'), tisane f
Apfelbranntwein	calvados m (le), eau-de-vie de cidre
Apfelsaft	jus m (le) de pommes
Bier	bière (la) (↑)
Birnengeist	eau-de-vie-de-poire, Williamine f (la)
Branntwein	eau-de-vie m (l')
Champagner	champagne m (le)
Espresso	café exprès m (le)
Flasche	bouteille f (la)
Flasche, halbe	demie bouteille f (la)
Himbeergeist	eau-de-vie-de-framboise f (l')

Deutsch-Französisch A-Z

Kirschwasser	eau-de-vie-de-Kirsch
Mineralwasser mit Kohlensäure	eau *f* (l') minérale gazeuse
Mineralwasser ohne Kohlensäure (stilles)	eau *f* (l') minérale sans gazeuse
Mirabellenschnaps	eau (l')-de-vie-de-mirabelle
Orangenlimonade	(la) limonade à l'orange
Orangensaft	jus *m* (le) d'orange
Pfefferminztee	(l') infusion *f* de menthe
Portwein	porto *m* (le)
Quittenschnaps	(l') eau-de-vie-de-coing
Rum	rhum *m* (le)
Schaumwein (Sekt)	vin m (le) mousseux
Schnaps	eau-de-vie *f* (l')
Sodawasser	eau de seltz *f* (l')
Sherry	xérès *m* (le)
Tomatensaft	jus *m* (le) de tomate
Wein	vin *m* (le)
Wein vom Fass	vin *m* (le) en fût
Wein, leichter	vin *m* (le) léger
Wein, offener	vin en carafe, vin en pichet
Wein, trockener	vin sec *m* (le)
Glühwein	vin brulé *m* (le)
Landwein	vin de pays *m* (le)
Roséwein	vin rosé *m* (le)
Rotwein	vin rouge *m* (le)
Süßwein	vin doux *m* (le)
Weißwein	vin blanc *m* (le)

Wermut	vermout(h) *m* (le)
Zitronenlimonade	limonade (la) au citron
Zitronensaft, (frisch gepresst)	citron (le) pressé
Zwetschgenwasser	(l') eau-de-vie-de-quetsch

Fische (Poissons)

Aal	anguille *f* (l')
Alse (Maifisch)	alose *f* (l')
Barbe	barbeau *m* (le)
Barsch	perche (la), bar (le)
Brasse, Brachse	brème *f* (la)
Bückling	hareng saur *m* (l')
Butt	barbue *f* (la)
Dorsch	merluche *f* (la), tacaud *m* (le)
Fischbrühe	fumet (le) de poisson
Fischragout	matelote *f* (la)
Fischscheibe, -Steak	darne (la)(de poisson)
Fischsuppe	bouillabaise *f* (la), soupe (la) de poisson
Flunder	(le) flet, flondre, flandre
Forelle	truite *f* (la)
Forelle, geräuchert	truite *f* (la) fumée
Goldbarsch	(la) dorade, vraie dorade *f*

453

Goldbrasse	daurade, dorade *f* (la)		(la) merluche
		Seelachs	colin *m* (le)
Hecht	brochet *m* (le)	Seewolf	Loup marin *m* (le)
Heilbutt	flétan *m* (le)		
Hering	hareng *m* (l')	Seeteufel	baudroie, lotte de mer *f* (la)
Hering, geräuchert	hareng *m* (l') fumé		
		Seezunge	sole *f* (la)
Hering, mariniert	hareng *m* (l') mariné	Seezungenfilet	filet *m* (le) de sole
Heringsfilet	filet *m* (le) de hareng	Schwertfisch	espadon *m* (l')
		Steinbutt	turbot *m* (le)
Makrele	maquereau *m* (le)	Stint	eperlan *m* (l')
		Stockfisch	(la) morue, merluche *f*
Meeraal	anguille *f* (l') de mer	Stör	esturgeon *m* (l')
Meer-, Seewolf	(le) bar, loup de mer *m*	Süßwasserfisch	(le) poisson d'eau douce
Meerforelle	truite *f* (la) de mer	Thunfisch	thon *m* (le)
		Tintenfisch	(le) calmar, (le) chipirone, (la) seiche
Muräne	Murène *f* (la)		
Ostseehering	hareng *m* (l') baltique	**W**eißbarsch	able *m* (l') de mer
Rochen	raie *f* (la)		
Rotbarbe	rouget *m* (le)	Wittling, Weißfisch	Merlan *m* (le)
Rotzunge (Plattfisch)	flet (le), limande (la)	Wolfsbarsch	bar *m* (le)
		Zander	sandre *m* (le)
Salm	saumon *m* (le)		
Salzhering	hareng *m* (l') salé		
Sardelle	anchois *m* (l')		
Sardine	sardine *f* (la)	**A**ustern	huitres *f* (les)
Schellfisch	(l') églefin, aigrefin *m*	**G**arnelen	crevettes *f* (les)
		Hummer	homard *m* (l')
Scholle	plie (la), carrelet (le)	**J**akobsmuscheln	coquilles Saint-Jacques *f* (les)
Seeaal	congre *m* (le)	**K**rabben	crevettes *f* (les)
Seebarsch	bar *m* (le)	Krake	poulpe, pieuvre *m* (le)
Seehecht	(le) colin,		

Krusten- und Schalentiere (Crustacés)

Deutsch-Französisch A–Z

Krebse (Fluss-~)	écrevisses f (les)
Krebsschwänze	(les) queues f d'écrevisses
Krustentiere	crustacés m (les)
Languste	langouste f (la)
Langustenschwänze	queues f (les) de langoustines
Miesmuscheln	moules f (les)
Scampi	langoustine f (la)
Schalentiere	coquillages f (les)
Schalen- und Krustentiere	fruits m (les) de mer
Schnecken	escargots m (les)
Taschenkrebs	crabe m (le)
Venusmuschel	praire f (la), clam
Weinbergschnecke	escargot m (l')

Fachgeschäfte (Magasins Spécialisés)

Apotheke	pharmacie f (la)
Bäckerei	boulangerie f (la)
Baumarkt	bricomarché m (le)
Blumenhändler(in)	fleuriste m (le), f (la)
Buchhandlung	librairie f (la)
Delikatessengeschäft	le traiteur m (le)
Drogerie	droguerie f (la) (pour articles de ménage)
Einkaufszentrum	(le) centre commercial
Eisenwarengeschäft	quincaillerie f (la)
Fischgeschäft	poissonnerie f (la)

Fischmarkt	(le) marché aux poissons
Fleischer	boucher m (le)
Fleischerei, Metzgerei	boucherie f (la)
Friseursalon	salon de coiffure (le)
Gemüse- und Obstgeschäft	magasin de fruits et primeurs m (le)
Juwelier	joaillier m (le)
Juweliergeschäft	bijouterie f (la), grand magasin m (le)
Kaufhaus, Warenhaus	
Konditor	pâtissier m (le)
Konditorei	pâtisserie f (la)
Kurzwarengeschäft	mercerie f (la)
Lebensmittelgeschäft	épicerie f (la), magasin (le) d'alimentation
Lederwarengeschäft	maroquinerie f (la)
Markt (Tages-)	marché m (le)
Markthalle	marché m (le) couvert
Milchgeschäft	crèmerie f (la)
Obstgeschäft	fruiterie f (la)
Obst- und Gemüsemarkt	marché aux fruits et légumes m (le)
Parfümerie, Drogerie	parfumerie f (la)
Schreibwarengeschäft	papeterie f (la)
Schuhgeschäft	magasin de chaussures m (le)
Schuhmacher	cordonnier m (le)

455

Spirituosen-geschäft	magasin de spiritueux m (le)
Supermarkt	supermarché m (le)
Süßwarengeschäft	confiserie f (la)
Tabakgeschäft	buro de tabac m (le), débit de tabac
Verbrauchermarkt	grande surface f (la), hypermarché m (le), su-permarché m (le)
Waschsalon	laverie automa-tique
Weinhandlung	négociant en vins (le)
Zeitungsgeschäft	marchand (le) de journaux

Im Restaurant

Abendessen	dîner m (le)
Abendessen (spät)	souper m (le)
alles inbegriffen	tout compris
Appetithäppchen	amuse-gueule m (l')
Auflauf (im Ofen)	gratin (le), soufflé (le)
Aufpreis, Aufschlag	(en) supplé-ment (le)
Ausgang	sortie f (la)
Auswahl	assortiment m (l'), choix m (le)
Aschenbecher	cendrier m (le)
auf Vorbestellung	sur commande f (la)
Becher	gobelet (le), coupe (la)

bedienen	servir, faire le service
Bedienung	service m (le)
Beilage	garniture f (la)
mit Beilagen	... garni
besetzt	occupé, occupée
Besteck	couvert m (le)
bestellen	commander
Bestellung	commande f (la)
Brotkorb	corbeille(la) à pain
Damentoilette	f (les) toilettes pour dames
Diabetiker(in)	diabétique (m le, f la)
Diät	régime f (la)
diätetisch	diététique
Diätkost	cuisine (la) de régime
Ei	œuf m (l')
Eiergerichte	(les) œufs m (↑)
Eierkuchen, dünn	crêpe f (la)
Eierpfannkuchen	omelette f (l')
essen	manger
Fleischbrühe	consommé m (le)
Fleischsaft	jus de viande m (le)
Eis	glace f (la)
Eis, gemischtes	glace panachée f (la)
Eisbecher	coupe glacée f (la)
Eisbombe	bombe glacée f (la)
Eiskaffee	café liégeois m (le)
Eiswürfel	glaçon m (le)

Eisschokolade	chocolat liégeois (le)
empfohlen	recommandée
entkorken	déboucher
Essig-Kräuter-Sauce	sauce (la) vinaigrette
Gabel	fourchette f (la)
Gang, Gericht	plat m (le)
gar	assez cuit, bien cuit
Garderobe	vestiaire m (le)
Gast	client (le);
weiblicher Gast	cliente (la)
Gebackenes	friture f (la)
Gedeck	couvert m (le)
Gehacktes	hachis m (l')
Gemüse	légumes m (les)
Gemüsesuppe	soupe (la) de légumes
Grillgerichte	grillades f (les)
Gemüsebeilage	(la) garniture de légumes
Gemüsesalat	salade (la) de légumes
Gericht	plat m (le)
Glas	verre m (le)
Grill	gril m (le)
Hauptgericht	plat principal, plat de résistance m (le)
Herrentoilette	toilettes f (les) pour messieurs
Jahresurlaub	(la) fermeture annuelle
Kaffee	café m (le)(↑)
Kartoffeln	pommes de terre f (les) (↑)
Käsefondue	fondue (la) au fromage
Kellner, Ober	garçon m (le)
Kinder(sitz)stuhl	chaise f (la) d'enfant
Klare Suppe	consommé m (le)
Kraftbrühe	consommé m (le)
Kroketten	croquettes f (les)
Koch	cuisinier m (le)
Köchin	cuisinière f (la)
Löffel	cuillère (la), cuiller (le)
Mahlzeit	repas m (le)
Mayonnaise	sauce mayonnaise
Messer	couteau m (le)
Mittagessen	déjeuner m (le)
Nachtisch, ~speise	dessert m (le)
natur, ohne Sauce	nature
Nichtraucher (Mz.)	non-fumeurs m (les)
Notausgang	sortie (la) de secours
Ober	garçon m (le)
Obstsalat	salade m (le) de fruits
Orangenlimonade	(la) limonade d'oranges
Orangensaft	jus d'oranges m (le)
Orangensaft, frisch gepresst	orange pressée f (l')
Pastete (mit Teigmantel)	pâté f (la)
Pfannkuchen	crêpe f (la)

Pfeffermühle	moulin *m* (le)à poivre	Steak (fast roh)	steak (le) bleu
Pfefferstreuer	poivrier *m* (le)	Steak (blutig, halb roh)	steak (le) saignant
Rechnung (Restaurant)	addition *f* (l')	Steak (durchgebraten)	steak (le) bien cuit
Reis	riz *m* (le)	Steak (halb durch)	steak (le) medium,
Rohkost	crudités *f* (les)		oder steak à point
Röstbrot	pain grillé		
Remouladensauce	sauce (la) rémoulade	Suppe	soupe (la), potage (le),
Saft (auch Bratensaft)	jus *m* (le)		consommé (le)
Salz	sel *m* (le)		(↑)
salzlos	sans sel	Suppe, gebunden	potage *m* (le) lié
Salzstreuer	salière *f* (la)	Süßspeisen	entremets *f* (les)
Scheibe	tranche *f* (la) Steak	**T**ablett	plateau *m* (le)
Schenkel	gigot (le), cuisse *f* (la)	Tagesgericht	plat du jour *m* (le)
Schlagsahne	crème (la) Chantilly,	Tageskarte	carte du jour *f* (la)
	crème (la) fouettée	Tee	thé *m* (le)
		Tee mit Milch	thé (le) au lait
Schokoladencreme	(la) mousse au chocolat	Tee mit Zitrone	thé (le) au citron
		Teigwaren	pâtes, nouilles *f* (les)
Schokoladeneis	glace (la) au chocolat	Teller	assiette *f* (l')
Schüssel	plat (le), terrine (la)	Tisch	table *f* (la)
		Tischtuch	nappe *f* (la)
Selbstbedienung	libre service, self-service *m* (le)	Trinkhalm, Strohhalm	paille *f* (la)
Spanferkel	cochon *m* (le) de lait	**T**oiletten	lavabos, toilettes (les)
Speisekarte	carte (la), menu (le)	Toilettenpapier	papier hygiéni-que, papier-toi-lette *m* (le)
Speisesaal	salle (la) à manger	Trinkgeld	pourboire *m* (le)
Stammgast	(l') habitué, client *m* (le)	**V**anille-Eis	glace (la) à vanille
		vegetarisch	vegetarien

Deutsch-Französisch

Verdauungsschnaps	digestif *m* (le)
Vorgericht	entrée *f* (l')
Vorspeise	hors d'œuvre *f* (l')
Wahl	choix *m* (le)
nach Wahl	au choix *m*
Weinkellner	sommelier *m* (le)
Wein/Sektkühler	seau à glace *m* (le)
Wirt, Wirtin	(le)patron, patronne (la)
Zahnstocher	cure-dent *m* (le)
Zubereitung	préparation *f* (la)
Zucker	sucre *m* (le)
Zuschlag, Nachschlag	supplément *m* (le)
Zwiebelsuppe	soupe à l'oignon *f* (la)
Zwischengericht	entremets *m* (les)

Gewürze (Condiments)

Basilikum	Baslic *m* (le)
Cayennepfeffer	Poivre (le) de Cayenne
Curry	cary, cari, curry, currie, kari *m* (le)
Dill	aneth *m* (l')
Kerbel	cerfeuil *m* (le)
Knoblauch	ail *m* (l')
Kräuter (der Provence)	herbes *f* (les) (de Provence)
Kresse	cresson *m* (le)
Kümmel	cumin *m* (le)
Lorbeer	laurier *m* (le)
Majoran	marjolaine *f* (la)

Nelke (Gewürz-)	clou de girofle *m* (le)
Oregano	origan *m* (l')
Paprika süß	paprika *m* (le), piment *m* (le) doux
Paprika scharf	piment *m* (le
Petersilie	persil *m* (le)
Pfeffer (weißer)	poivre *m* (le)
Pfeffer, (grüner)	poivre *m* (le) vert
Pfeffer, schwarzer	poivre *m* (le) noir
Rosmarin	romarin *m* (le)
Safran	safran *m* (le)
Salbei	sauge *m* (le)
Salz	sel *m* (le)
Schnittlauch	ciboulette *f* (la)
Sternanis	anis (l') de la Chine, anis (l') étoilé
Thymian	thym *m* (le)
Zimt	Canelle *f* (la)

Farben (Couleurs)

blau	bleu(e)
braun	brun, brune
gelb	jaune
grau	gris, grise
grün	vert, verte
rosa	rose
rot	rouge
schwarz	noir, noire
weiß	blanc, blanche

A-Z Französisch-Deutsch

Wochentage

Montag	lundi *m* (le)
Dienstag	mardi *m* (le)
Mittwoch	mercredi *m* (le)
Donnerstag	jeudi *m* (le)
Freitag	vendredi *m* (le)
Samstag	samedi *m* (le)
Sonntag	dimanche *m* (le)

Monate und Jahreszeiten

Januar	janvier *m* (le)
Februar	février *m* (le)
März	mars *m* (le)
April	avril *m* (l')
Mai	mai *m* (le)
Juni	juin *m* (le)
Juli	juillet *m* (le)
August	août *m* (le)
September	septembre *m* (le)
Oktober	octobre *m* (l')
November	novembre *m* (le)
Dezember	décembre *m* (le)
Frühling, Frühjahr	printemps *m* (le)
Sommer	été *m* (l')
Herbst	automne *m* (l')
Winter	hiver *m* (l')

Feiertage (Jours Fériés)

1. Januar	le jour de l'an
Karfreitag	le vendredi saint
Ostern	les Pâques
Ostermontag	le lundi de Pâques
1. Mai	le premier mai

Christi-Himmelfahrt	l'asenscion *m*
Pfingsten	la Pentecôte
Pfingstmontag	le lundi de Pentecôte
14. Juli (Nationalfeiertag)	le quatorze juillet
15. August	le quinze août
1. Nov. (Allerheiligen)	la Toussaint
Weihnachten	le Noël

Zahlen

0, null	zéro *f* (la)
1, eins, eine	un, une
2, zwei	deux
3, drei	trois
4, vier	quatre
5, fünf	cinq
6, sechs	six
7, sieben	sept
8, acht	huit
9, neun	neuf
10, zehn	dix *m* (le)
11	onze
12	douze
13	treize
14	quatorze
15	quinze
16	seize
17	dix-sept
18	dix-huit
19	dix-neuf
20	vingt
21	vingt et un
22	vingt-deux
23	vingt-trois usw.

30	trente	92	quatre-vingt-douze usw.
31	trente et un		cent f (la)
32	trente-deux usw.	100	cent un
40	quarante	101	cent deux usw.
50	cinquante	102	deux cents
60	soixante	200	deux cent un
70	soixante-dix	201	mille f (la)
71	soixante et onze	1.000	mille un usw.
72	soixante-douze	1.001	mille cent
	usw.	1.100	deux mille
80	quatre-vingt(s)	2.000	dix mille
81	quatre-vingt-un	10.000	cent mille
82	quatre-vingt-deux usw.	100.000	million m (le)
90	quatre-vingt-dix	1.000.000	
91	quatre-vingt-onze		

Kauderwelsch-Sprechführer

Leute kennen lernen und einfach loslegen: Sprechen

«Wort-für-Wort»

Einen ersten Einblick in die Sprache gewinnen, um die wichtigsten Situationen meistern zu können. Mit Erklärung der Grammatik in einfacher Sprache. Alle Beispielsätze werden doppelt ins Deutsche übertragen: zum einen Wort-für-Wort, zum anderen in „ordentliches" Hochdeutsch.

«Slang»:

Die authentische Umgangssprache kennen lernen. Sich in die Lebensart, das Lebensgefühl und die Lebensphilosophie der Menschen vor Ort einfühlen.

«AusspracheTrainer»

gibt es zu fast allen Sprachführern. Sie machen die wichtigsten Sätze und Redewendungen des Konversationsteils der Kauderwelsch-Bücher auf Audio-CD hörbar.

«Kauderwelsch DIGITAL»

Komplett digitalisierte Kauderwelsch-Bände zum Lernen am PC. Alle fremdsprachlichen Wörter werden auf Mausklick vorgesprochen, Bonus auf der CD-ROM: der AusspracheTrainer – auch für Ihr Audioabspielgerät.

Über 220 Bände, mehr als 150 Sprachen
Eine Übersicht über alle Kauderwelsch-Produkte finden Sie unter

www.reise-know-how.de